G 20515

**Paris
1870-72**

Buchner, Louis

L'homme selon la science, son passé, son présent, son avenir

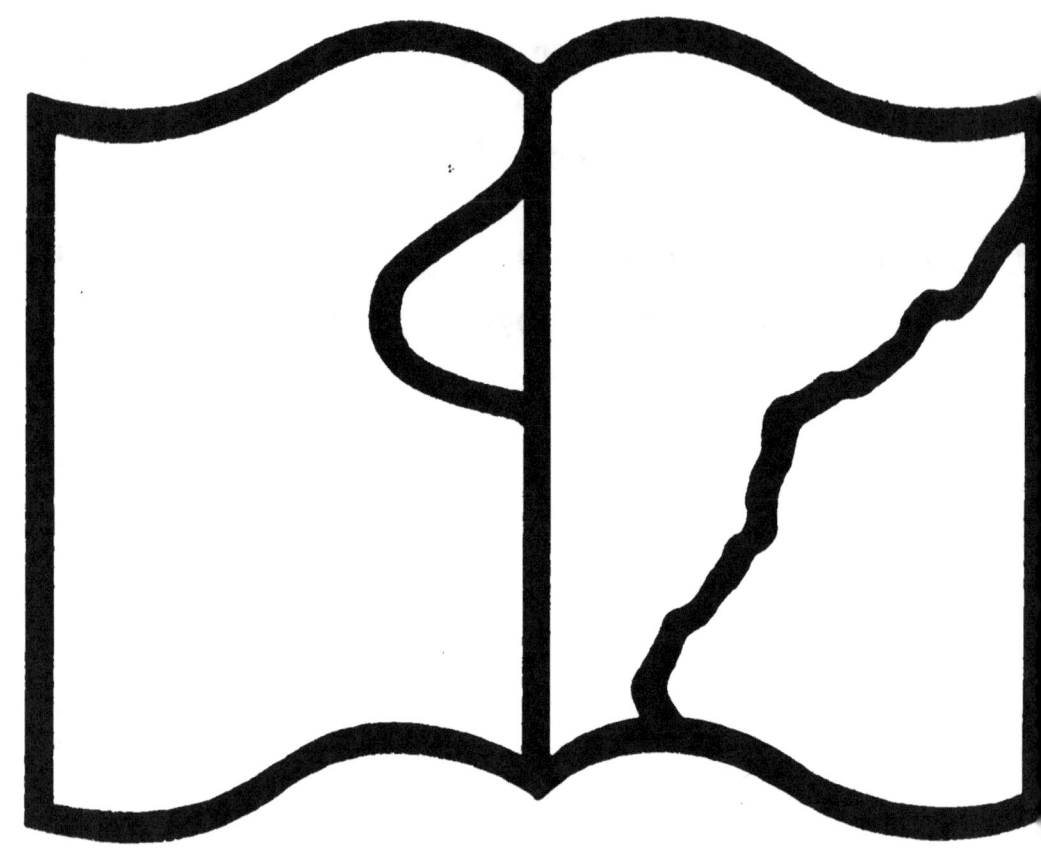

**Symbole applicable
pour tout, ou partie
des documents microfilmés**

Texte détérioré — reliure défectueuse

NF Z 43-120-11

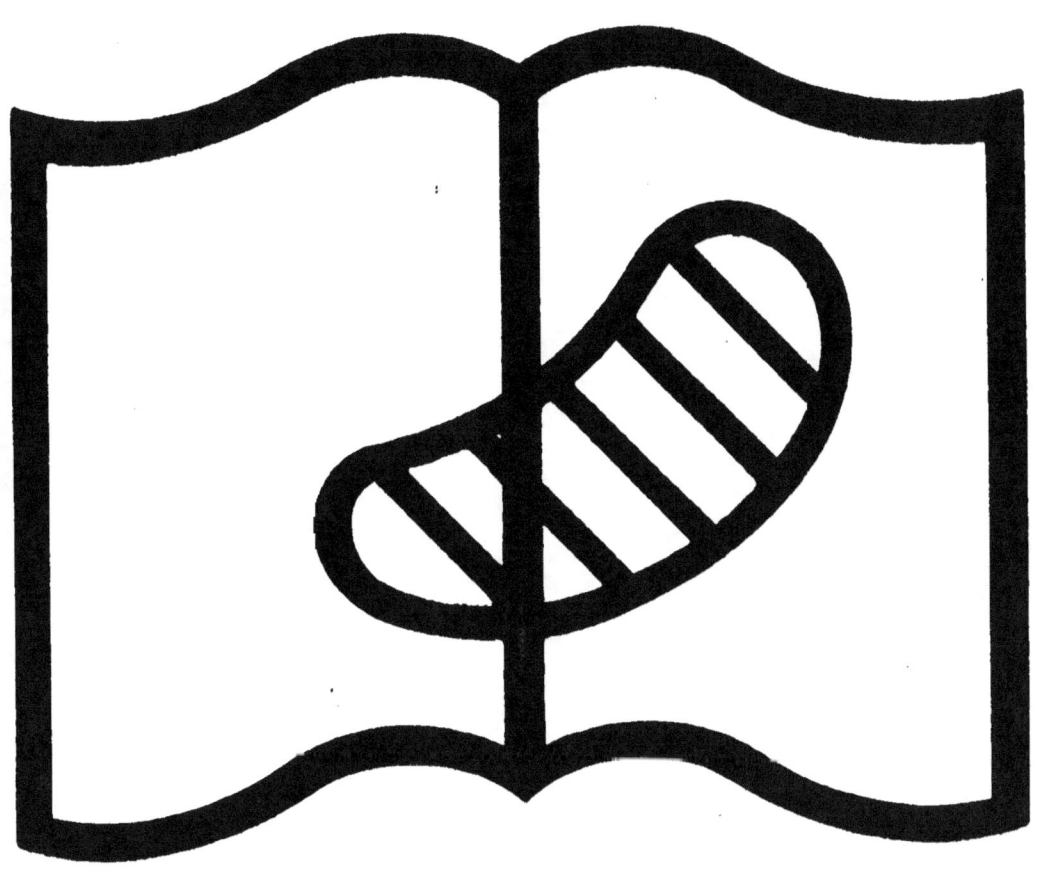

Symbole applicable
pour tout, ou partie
des documents microfilmés

Original illisible

NF Z 43-120-10

Reliure Traditionnelle 1985

L'HOMME
SELON LA SCIENCE

PARIS. — IMP. SIMON RAÇON ET COMP., RUE D'ERFURTH, 1.

L'HOMME
SELON LA SCIENCE

SON PASSÉ, SON PRÉSENT, SON AVENIR

OU

D'OÙ VENONS-NOUS? — QUI SOMMES-NOUS?

OÙ ALLONS-NOUS?

EXPOSÉ TRÈS-SIMPLE
SUIVI D'UN GRAND NOMBRE D'ÉCLAIRCISSEMENTS ET REMARQUES SCIENTIFIQUES

PAR

LE DOCTEUR LOUIS BÜCHNER

AUTEUR DE *FORCE ET MATIÈRE*

TRADUIT DE L'ALLEMAND PAR LE DOCTEUR CH. LETOURNEAU

ORNÉ DE NOMBREUSES GRAVURES SUR BOIS

PARIS

C. REINWALD ET Cie, LIBRAIRES-ÉDITEURS

15, RUE DES SAINTS-PÈRES, 15

1872

L'HOMME
SELON LA SCIENCE

PREMIÈRE PARTIE
D'OÙ VENONS-NOUS?

PARIS. — IMP. SIMON RAÇON ET COMP., RUE D'ERFURTH, 1.

L'HOMME
SELON LA SCIENCE

SON PASSÉ, SON PRÉSENT, SON AVENIR

OU

D'OÙ VENONS-NOUS? — QUI SOMMES-NOUS?
OÙ ALLONS-NOUS?

EXPOSÉ TRÈS-SIMPLE
SUIVI D'UN GRAND NOMBRE D'ÉCLAIRCISSEMENTS ET REMARQUES SCIENTIFIQUES

PAR

LE DOCTEUR LOUIS BÜCHNER
AUTEUR DE *FORCE ET MATIÈRE*

TRADUIT DE L'ALLEMAND PAR LE DOCTEUR CH. LETOURNEAU

ORNÉ DE NOMBREUSES GRAVURES SUR BOIS

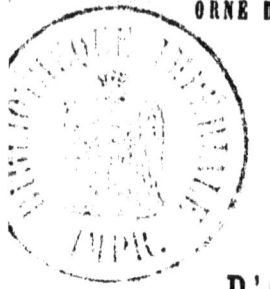

PREMIÈRE PARTIE
D'OÙ VENONS-NOUS?

PARIS
C. REINWALD, LIBRAIRE-ÉDITEUR
15, RUE DES SAINTS-PÈRES, 15

1870

AVANT-PROPOS

Ce livre a pour origine une série de leçons publiques faites çà et là par l'auteur dans le courant des quatre ou cinq dernières années. Les grandes découvertes scientifiques, œuvres de notre temps ou d'un passé très-récent, au sujet de l'antiquité du genre humain, de son origine et aussi de la place qu'il occupe dans la nature, formaient le sujet de ces leçons. La question est grande ; elle est d'un incomparable intérêt ; au point de vue du développement, de l'extension des idées générales que formule le réalisme philosophique touchant le monde et la vie, elle a une importance qui d'ici longtemps ne sera pas suffisamment appréciée; c'est pourquoi l'auteur n'a que faire d'indiquer minutieusement, dans cet Avant-propos, les motifs, les raisons qui l'ont décidé à fondre ensemble les points essentiels de ces leçons et à en offrir un exposé très-simple à un public plus nombreux, cela dans un but de diffusion scientifique. Pour éviter à la majorité des lecteurs le trouble, la fatigue, la confusion, qui auraient pu résulter de la profusion des matériaux, des moellons de ce travail, l'auteur a cru convenable d'user d'un procédé fréquemment employé : Ce qui constitue, à vrai dire, l'étoffe, la substance des propositions contenues dans le texte, il l'a rejeté dans un appendice contenant des citations, des détails scientifiques, des développements plus amples, des remarques, le tout relié au texte par des numéros correspondants. Ce procédé doit, dans l'opinion de l'auteur, rehausser la valeur scientifique du livre, sans pourtant le rendre moins abordable au grand public, dont on a cru devoir se préoccuper avant tout dans le texte principal.

La faveur extraordinaire que le public a accordée jusqu'à présent, et sans exception, à toutes les productions littéraires de l'auteur, cette faveur qui a été son principal excitant, ce qui l'a encouragé à poursuivre sa route, ne saurait manquer à ce nouvel opuscule, qui a surtout pour objet d'aider à la diffusion des connaissances et au progrès intellectuel. L'auteur est d'autant mieux fondé à le croire, que la deuxième partie de ce livre contiendra une étude analytique populaire touchant l'une des questions les plus brûlantes, une question qui, depuis quelques années, a tout spécialement agité les esprits. Cette question, si souvent mal comprise et résolue dans les sens les plus divers, est celle de la généalogie simienne de l'homme. Si, en prenant pour garants des hommes de science, des esprits positifs, l'auteur est assez heureux pour vulgariser sur ce sujet si neuf et si controversé des appréciations justes, libres de tout préjugé, dégagées de toute ignorance ; ce résultat seul lui paraîtra assez important pour le payer de sa peine.

Quant aux adversaires, aux ennemis, aux calomniateurs, qui tâcheront de remplacer la lumière par les ténèbres, la vérité par le mensonge, la réalité par des phrases, sans doute ils ne nous manqueront pas plus cette fois que les précédentes. L'auteur, à qui font défaut le temps, le loisir et le désir d'une polémique plus longue, pense que le meilleur moyen de combattre ici de tels adversaires est de terminer cet Avant-propos par un passage emprunté à un écrivain anglais. Celui-ci a défendu les propres opinions de l'auteur (exposées d'ailleurs dans nombre d'écrits) avec tant d'éclat, de décision, qu'il n'est pas nécessaire d'ajouter un mot de plus à son apologie.

« Rien de plus fréquent, dit le docteur Page (Man., etc. Edinburgh, 1867), que les accusations jetées aux tendances de la science moderne du haut de la chaire des prédicateurs ou des professeurs de rhétorique par des gens qui, non-seulement ignorent les éléments de la science, mais qui de plus se sont liés par des formules, des articles de foi, avant même que leur esprit fût assez mûr et leur savoir assez grand pour qu'il leur fût possible de trier, parmi ces entraves, ce qui est essentiel de ce qui ne l'est point. Et ici l'on peut remarquer une fois pour toutes que, quiconque admet des formules ou des articles de foi, soit en philosophie, soit en théologie, ne peut être un amant de la vérité, ni même un juge impartial pour les opinions d'autrui; car son parti pris le rend intolérant pour les convictions les plus honorables. On peut avoir des convictions, on en doit avoir, mais de telles qu'elles puissent changer suivant les progrès de la science. De telles convictions n'entravent point le progrès, tandis qu'une opinion considérée comme vérité dernière, une croyance défendue avec violence, non-seulement coupent court à toute recherche, mais inspirent même de la haine contre tout contradicteur. Cette haine, en admettant même qu'elle ne soit guère redoutable, blesse et aigrit; de là vient la répugnance de tant de savants à proclamer ouvertement leurs opinions. Il est temps d'en finir avec ces ménagements; il est temps de dire hardiment à ces hommes de foi que le scepticisme et l'infamie, s'il y en a, sont tout à fait de leur côté. Pas de scepticisme plus fâcheux que celui-là, qui met en doute les données les plus respectables et la plus consciencieuse observation ; pas d'infamie plus grossière que celle-là, qui tient en méfiance les conclusions d'un arrêt bien fondé et impartial. »

Ces paroles d'or mériteraient d'être gravées sur l'airain et affichées à l'entrée de toutes les églises, de toutes les écoles, de tous les bureaux de rédaction.

L'Auteur.

Darmstadt, mai 1869.

L'HOMME SELON LA SCIENCE

INTRODUCTION

> La grande tâche de la vie, celle même dont nous avons le plus immédiatement à nous occuper, sera d'autant mieux comprise et d'autant plus intelligemment remplie, que l'homme concevra mieux quelle est sa place dans la nature et quelles sont ses relations avec l'ensemble de ce qui est. — D. PAGE.
>
> Si l'on passe en revue l'ensemble des faits que les investigations modernes ont rassemblés de tous côtés, si l'on pèse bien leur importance pour la connaissance de l'homme, on ne peut douter de la fin des idées anciennes et de l'inauguration d'une tout autre conception de la nature. — SCHAAFHAUSEN.
>
> L'histoire naturelle moderne a fourni une conception de l'univers bien autrement élevée que celle de l'antiquité ; pour elle le monde matériel a cessé d'être le jouet d'un frivole caprice ; l'histoire, d'être un duel inégal entre Dieu et l'homme. Elle embrasse passé, présent et avenir dans un tout grandiose en dehors duquel rien ne peut exister. — A. LAUGEL.

Phases du développement intellectuel de l'humanité. — La question de la place de l'homme dans la nature, envisagée comme étant pour l'humanité la question des questions. — Origine et généalogie du genre humain. Il est l'œuvre de la nature. — Comparaison de cette découverte avec celle de Nicolas Copernic. — Erreurs *géocentrique* et *anthropocentrique*, d'après Häckel. — Que les craintes relatives au danger des nouvelles découvertes sont sans fondement. — Causes de l'ancienne erreur au sujet de la place de l'homme dans la nature. — La nature et la matière méprisées. — Antiquité du genre humain. — La formation de l'homme date de plus de 6,000 ans.

Dans son excellent traité sur la place de l'homme dans la nature, M. Huxley, le célèbre anatomiste et savant professeur anglais, compare les phases du développement intellectuel par lesquelles l'humanité s'achemine de plus en plus vers la vérité, aux mues périodiques d'une chenille qui dévore et grandit.

De temps en temps, dit-il, la vieille enveloppe tégumentaire devient trop étroite pour l'animal qui croît; c'est pourquoi elle se déchire et est remplacée par un tégument nouveau plus large et plus ample. Il en est tout à fait de même pour le développement progressif de l'esprit humain. De temps à autre, l'esprit de l'homme, nourri par un continuel accroissement de connaissances, se trouve à l'étroit dans son enveloppe théorique ; celle-ci se déchire, une autre lui doit succéder. A partir de la renaissance scientifique du quinzième siècle, l'esprit humain reçut une nourriture abondante et fortifiante. L'éducation de l'esprit humain, commencée auparavant par les Grecs, avait été interrompue par un temps d'arrêt, un long sommeil intellectuel de quatorze siècles. D'où provint ce temps d'arrêt? je ne le chercherai pas ici, quoique la cause en soit évidente pour quiconque connait l'histoire réelle et non pas cette autre histoire fabriquée à dessein par les théologiens et les philosophes. La croissance de la science cessant d'être enrayée, de plus fréquentes déchirures des téguments vieillis, de plus nombreuses mues intellectuelles étaient inévitables. Citons celle que provoqua, au seizième siècle, l'écroulement du vieux système astronomique et l'influence de la réforme, ou, à la fin du dix-huitième siècle, la diffusion des lumières et l'influence de la grande Révolution française ! Aujourd'hui aussi l'essor extraordinaire des sciences naturelles depuis environ cinquante ans a fourni à l'esprit humain une telle abondance d'aliments fortifiants et excitants que la vieille enveloppe va se déchirer à nouveau et plus grandement, qu'elle va craquer de toutes parts; cela paraît inévitable.

Mais assurément (c'est en ces termes que M. Huxley continue son excellente comparaison) ces mues périodiques, ces ruptures tégumentaires peuvent fort bien ne se point faire sans encombre; elles peuvent provoquer diverses maladies, commotions ou indispositions chez l'animal qui se métamorphose; or, il en est absolument de même dans le monde intellectuel, où ces révolutions entraînent également des dangers, des malaises de toute sorte. Il est donc du devoir de tout bon citoyen, de tout bon patriote, d'aider de tout son pouvoir, par tous les moyens à sa disposition (si petits soient-ils), à l'heureux et prompt achèvement de cette phase, de cette crise nécessaire; il doit faire son possible pour faciliter la rupture, pour aider au rejet des téguments vieillis, afin de donner de la place, de la liberté au corps qui grandit.

C'est par cette comparaison magistrale que M. Huxley, au début de son livre, cherche à montrer qu'il a le droit, ou mieux, le devoir de prendre part aux grands débats scientifiques de son siècle. La même comparaison peut aussi servir d'excuse, de justification à l'auteur de ce livre, pour avoir traité sous une forme familière une question aussi importante, aussi épineuse que celle de la place de l'homme dans la nature, et pour avoir offert au public un exposé des efforts de la science moderne dans le but de dissiper ou de détruire les vieilles erreurs, les vieux préjugés.

Sans doute, M. Huxley a encore raison, quand il appelle cette question de la place de l'homme dans la nature, des relations de l'humanité avec l'univers, la question des questions pour l'homme, et quand il signale ce problème comme étant au fond de tous les autres, comme nous intéressant plus profondément qu'aucun autre. « D'où est venue notre espèce? dit-il. Quelles sont les limites de notre pouvoir sur la nature? quelles sont celles des forces naturelles sur nous? Vers quel but tendons-nous? Autant de problèmes à résoudre, autant de problèmes qui, toujours à nouveau, s'imposent à tout homme venant au monde, et avec un intérêt qui jamais ne s'amoindrit. » On peut formuler plus simplement ces vieilles questions qui de tout temps ont occupé l'esprit humain ; elles nous crient : D'où venons-nous? qui sommes-nous? où allons-nous? — Ces questions, jusqu'à présent plongées dans la profonde obscurité d'un mystère qui paraissait impénétrable, la science moderne les a éclairées ou du moins éclaircies pour la première fois.

Dans les siècles passés, c'était naturellement et nécessairement les idées philosophiques et théologiques générales qui dictaient la réponse à de telles questions. Le problème surtout, qui nous occupe ici particulièrement et principalement, était, tout récemment encore, enfoui sous une telle montagne d'ignorance et de préjugés que, précisément au point de vue scientifique, on dut le déclarer insoluble et indigne de figurer dans un traité scientifique quelconque. Il arriva donc que la question fondamentale entre toutes, celle de l'origine, de la généalogie ou de la filiation du genre humain, fut par les savants du passé, d'accord en cela avec l'opinion presque universelle, déclarée transcendante, c'est-à-dire au-dessus de l'intelligence et de la science, du moins de la science expérimentale. Qui eût pensé, qui eût même soupçonné, il y a moins de dix ans, que dans un si court espace de temps, par le progrès du savoir et de l'induction scientifique, une lumière si éclatante, si irréfragable, serait projetée sur ce mystère des mystères, sur le plus antique passé et la première origine de l'homme ?

On peut dire sans exagération que, parmi tous les progrès de l'esprit humain, celui-là se place au premier rang, et que la découverte de l'origine *naturelle* de l'homme, la démonstration de sa place réelle dans l'univers se rangent à côté, sinon au-dessus des plus grandes découvertes de tous les temps. Aussi les savants modernes, qui ont le plus approfondi la question, se sont vus contraints d'en parler dans les mêmes termes ou dans des termes analogues : « Connaître la véritable origine de l'homme, dit le professeur Schaafhausen, c'est là, pour toutes les conceptions humaines, une découverte si fertile en conséquences, qu'un jour ce résultat sera considéré sûrement comme le plus grand qu'il était donné à l'homme d'atteindre. » Selon l'opinion exprimée par M. le professeur Häckel, dans son *Histoire de la création naturelle* (Berlin, 1868, p. 487), la connaissance de l'origine naturelle et spécialement de l'origine animale de l'homme entraînera tôt ou tard une révolution complète dans toutes les conceptions de l'homme au sujet de l'univers.

Certainement, au point de vue de l'importance, au point de vue des conséquences à longue portée, une seule découverte peut rivaliser avec celle-là, c'est la découverte du mouvement de la terre autour du soleil comme centre, c'est l'édification du système astronomique de Copernic (1). De toutes les mues de l'esprit humain dont nous parlions tout à l'heure et qui, grandes ou petites, sont si nombreuses dans l'histoire du développement de la civilisation, cette découverte astronomique est bien certainement l'une des plus importantes, l'une des plus saillantes. A peine aujourd'hui pouvons-nous nous figurer quelle énorme influence, après la longue léthargie du moyen âge, la grande découverte de Nicolas Copernic exerça au milieu du seizième siècle sur les contemporains et même sur le siècle suivant ; seule, la découverte de l'Amérique peut se comparer avec celle-là, à cet égard et comme ayant reculé les bornes de l'horizon intellectuel chez nos ancêtres.

Partant de cette idée, le professeur Häckel, dans une excellente leçon sur l'origine et la généalogie du genre humain (Berlin, 1868), signale deux erreurs comme les plus grandes, les plus funestes qui aient fait jadis et qui font encore obstacle aujourd'hui au développement de l'esprit humain ; et il les appelle excellemment : « *l'erreur géocentrique* » et « *l'erreur anthropocentrique.* » L'erreur géocentrique considérait la terre comme le centre, le point capital de l'univers, qui d'ailleurs, pensait-on, était fait uniquement pour ce point central et ses habitants. Selon l'erreur anthropocentrique, qui domine encore aujourd'hui dans la plupart des esprits, l'homme est aussi le centre, le but unique du monde organisé ; il est l'image de Dieu, le maître, le pivot du monde terrestre. C'est d'ailleurs pour l'usage de l'homme que tout le mécanisme de ce monde a été arrangé ou existe ; tout y a trait aux besoins spéciaux de l'homme.

La première de ces erreurs a été, comme on le sait, détruite ou écartée par Copernic, Kepler, Galilée, Newton. Lamarck, Gœthe, Lyell, Darwin et leurs adhérents ou successeurs ont fait justice de la seconde.

C'est de cette seconde erreur, de son élimination, de ce qui doit la remplacer que traitera particulièrement ce livre. Mais, avant de pénétrer plus avant dans son sujet, l'auteur croit devoir appeler l'attention sur un phénomène qui, jusqu'à présent, s'est toujours reproduit, l'histoire nous l'apprend, lors des grandes découvertes scientifiques. Naturellement la découverte dont il s'agit ici l'a aussi rencontré sur son chemin. Nous voulons parler de cette crainte dénuée de tout fondement, qui s'empare des esprits au sujet des conséquences soi-disant effroyables de pareilles découvertes, de l'inauguration d'une nouvelle conception scientifique ou philosophique de l'univers. Au temps où le système de Copernic commença à prévaloir, on regarda non-seulement la religion, mais aussi tout l'ordre du monde moral comme ébranlé ou en péril, et l'on crut que, par le changement des vues jusqu'alors admises au sujet de la position réciproque des corps célestes, la foi et les mœurs, la religion et la morale, l'État et la société allaient être sapés par la base, ou du moins allaient subir le plus grave dommage. Mais on sait que de toutes ces conséquences redoutées, de toutes ces effroyables prophéties rien ne se réalisa. Au contraire, l'humanité a progressé énormément depuis lors, non-seulement intellectuellement, c'est-à-dire du côté des idées, mais encore moralement ou du côté des mœurs; et justement elle l'a fait avec l'aide et en partie par l'influence de cette extension de connaissance.

Il est à prévoir qu'il en sera aujourd'hui comme autrefois; toutes les déclamations, toutes les tirades des obscurantistes et des gens timorés contre le nouveau progrès non-seulement seront sans effet contre la vérité, mais en outre les craintes qu'elles éveillent ne se réaliseront nullement. Aux yeux de l'auteur et vraisemblablement de tout bon esprit, chaque progrès intellectuel de l'humanité, chaque pas qu'elle fait vers la vérité est en même temps un progrès au double point de vue matériel et moral!

Quant à l'erreur dite *anthropocentrique*, contre laquelle est particulièrement dirigée la nouvelle découverte de la place réelle de l'homme dans la nature, cette erreur est en elle-même aussi concevable qu'excusable. En effet, si nous faisons abstraction des faits scientifiques si nombreux, que d'infatigables recherches ont mis aujourd'hui à notre disposition, à première vue, l'homme nous semblera un être si absolument, si fondamentalement différent de la nature ambiante, qu'à peine pourrons-nous blâmer nos ancêtres d'avoir méconnu et même de ne point avoir soupçonné l'intime, l'indissoluble connexion de l'univers et des phénomènes vitaux, sans en excepter ceux de la vie humaine. « Aux yeux du passé, dit le professeur Perty dans ses *Leçons anthropologiques* (Leipzig et Heidelberg, 1863), l'homme fut un être étranger à la terre, un voyageur placé sur elle par un pouvoir incompréhensible. Pour le présent, dont la vue est meilleure et plus juste, l'homme n'est plus un être jeté accidentellement sur le globe par un acte arbitraire ; son développement, soumis à des lois régulières, a suivi celui de la terre et l'organisation générale de cette terre ; c'est un être qui est en harmonie, dès sa naissance, avec la nature terrestre, qui en dépend comme la fleur et le fruit dépendent de l'arbre qui les porte. »

Un écrivain anglais exprime encore plus nettement la même pensée dans les termes suivants : « L'homme occupa jadis dans l'opinion des savants une place distincte dans le grand ensemble du monde. C'était dans le plan général de la nature un phénomène unique, et vouloir le traiter selon les procédés habituels de la méthode inductive, vouloir le soumettre aux lois qui régissent les autres faits naturels, c'était presque commettre un acte d'impiété publique et scandaleuse. » (*Anthropological Review*, 1865, n° 9.)

Aujourd'hui les idées à ce sujet sont bien changées. Si, en effet, en s'appuyant sur la science et sur les grandes découvertes modernes, en écartant tous les antiques préjugés, on cherche la place de l'homme dans la hiérarchie des êtres, on arrive aussitôt à des conclusions diamétralement opposées aux idées anciennes. On trouve ou l'on reconnaît que l'homme, non-seulement par ses propriétés physiques, mais aussi bien par ses propriétés intellectuelles, est uni de la façon la plus intime avec la nature ambiante, et que, s'il s'élève au-dessus d'elle, c'est seulement par un perfectionnement plus grand et plus varié de ses forces et de ses facultés. Tout au contraire, jadis, par un étonnant aveuglement, on considérait la nature, qui pourtant a enfanté l'homme, non point comme une amie, comme une parente, mais bien comme le plus grand obstacle que pût rencontrer l'homme sur le chemin de la vie et surtout sur la route qui mène au développement des plus hautes facultés intellectuelles. Je pourrais citer, en les empruntant à nos plus célèbres philosophes, de nombreuses propositions qui expriment très-nettement cette pensée. Parfois même on alla jusqu'à déclarer tout simplement que la nature était une déchéance de l'esprit, et l'on accabla des plus grossières invectives ce qui fait la base de l'univers, *la matière*. Certes, une pareille conduite était aussi sensée que celle de l'enfant levant la main contre son père.

On sait trop jusqu'à quel point a été poussé le mépris de la nature mise en opposition avec le monde spirituel par ceux qui voient l'univers à travers les idées religieuses et spécialement les idées chrétiennes et théologiques ; insister sur ce point serait inutile. Ce fanatisme insensé et furieux de l'homme contre sa propre chair devrait déjà s'être évanoui devant les grandes découvertes dont il est ici question. Ce qu'il faut tâcher maintenant par dessus tout, dans l'intérêt de l'individu et dans celui de l'humanité, ce n'est pas de mépriser, d'avilir la nature, c'est de la connaître aussi intimement que possible pour arriver à la comprendre, à l'honorer et à la maîtriser. Cette connaissance toujours grandissante est la raison de l'énorme influence, de la puissante autorité que les sciences naturelles ont acquise dans ces dix dernières années, et qui, avec le temps, deviendra de plus en plus dominante.

Toutefois (et dans l'intérêt de l'exactitude historique je ne dois pas omettre de le remarquer), la vraie place de l'homme dans la nature a été vue ou reconnue par des penseurs éminents et isolés longtemps avant la mise en lumière des observations que nous possédons aujourd'hui; mais c'était là des jugements solitaires, intuitifs; l'indispensable base de la démonstration expérimentale leur faisait défaut; c'est pourquoi ils ne purent parvenir à s'accréditer. Cette base, la science moderne a réussi, pour la première fois, à la leur fournir.

Parmi ces données scientifiques, il faut placer en première ligne les recherches aussi nouvelles qu'intéressantes relatives à l'antiquité du genre humain. Cette antiquité, dans le sens où nous l'entendons, laisse bien loin derrière elle toute tradition historique. Jusqu'à présent, l'on n'avait ni connu, ni soupçonné cette existence préhistorique de l'homme, et cela même suffisait à barrer le chemin à une juste appréciation de la place de l'homme dans la nature. En effet, si l'on croit, avec la tradition biblique jusqu'ici dominante, qu'il y a cinq à six mille ans environ, l'homme a été créé et placé sur la terre par une toute-puissance souveraine ou par une force créatrice; que certainement il était alors, dans ses traits essentiels, ce qu'il est encore aujourd'hui, si même il n'était plus parfait, alors naturellement nul fil qui puisse, par des lois régulières, relier l'homme au reste du monde, aucune place non plus pour une opinion différente de l'ancienne. Alors il ne faut pas sortir du point de vue qu'adoptent encore aujourd'hui nos almanachs populaires « pour la ville et la campagne » ou « pour le citadin et le paysan ». Chaque année, ces almanachs indiquent à nouveau, sur leur couverture de papier gris, la création du monde comme ayant eu lieu quelques milliers d'années avant la naissance du Christ (exactement 5817 ans, dit Calvisius ; 5628 ans, selon l'Almanach des campagnes pour la Hesse, édition de 1868), et ils la font suivre tôt après de la création de l'homme. Cette opinion de l'almanach populaire, qui est tout juste le contraire de l'opinion scientifique, a été blessée à mort par les découvertes relatives à l'antiquité de l'homme. En effet, ces découvertes, ces investigations, ont démontré que, tout en étant la cime, le rameau le plus jeune de l'arbre organique, l'homme a pourtant derrière lui un passé en comparaison duquel les milliers d'années de l'histoire et de la tradition s'évanouissent presque comme un instant. La première partie de notre livre va démontrer par des faits cette proposition.

I

D'OÙ VENONS-NOUS ?

> L'histoire naturelle a remonté dans le passé de l'homme jusqu'à une époque qui est au delà de toute tradition historique ; elle a reculé l'ancienneté de notre espèce jusque dans ce passé où l'Européen guerroyait avec les animaux des cavernes diluviales. L'homme alors non-seulement mangeait la chair du mammouth, du rhinocéros, et extrayait la moelle de leurs os, mais en outre il déchirait, en cannibale, la chair de ses semblables. Alors l'homme faisait paître ses troupeaux de rennes entre les glaciers ; le long de nos lacs, il se construisait des huttes sur pilotis ; sur les rivages du nord de l'Europe, il entassait des monceaux de coquillages, débris de ses repas.
>
> Prof. SCHAAFHAUSEN, *Essai sur les questions anthropologiques actuelles.*
>
> La science moderne ne se contente pas de démolir les fondements, caducs à la vérité, de la chronologie classique et de reporter l'origine de l'homme à une époque si lointaine, qu'en comparaison notre histoire écrite ne semble plus qu'un instant fugitif perdu dans une série de siècles que le regard ne peut embrasser elle va encore plus loin, etc.
>
> A. LAUGEL, *l'Homme préhistorique*

Ancienneté, état primitif et développement du genre humain ; sa barbarie originelle.

En l'année 1852 (il y a maintenant dix-sept ans), on découvrit par hasard en France, sur le versant méridional des Pyrénées, dans le voisinage de la petite ville d'Aurignac, département de la Haute-Garonne, une caverne qui, depuis, est devenue célèbre sous le nom de « caverne d'Aurignac. » Dans cette caverne, que fermait une lourde plaque de grès, on trouva les squelettes ou les ossements d'au moins dix-sept individus, hommes, femmes et enfants, qui y avaient été inhumés. Malheureusement, on n'explora d'abord la caverne que très-imparfaitement, et les ossements furent enterrés ailleurs.

Ce fut seulement huit ans après, en 1860, que l'endroit fut plus soigneusement et plus scientifiquement examiné et décrit par le célèbre paléontologiste français, M. E. Lartet, qui, depuis longtemps, connaissait à fond les nombreuses cavernes à ossements du Sud de la France et leur contenu. Cette exploration établit que la caverne d'Aurignac était un lieu de sépulture de l'âge de pierre, et de cet âge seulement, puisqu'elle avait servi de gîte à un grand nombre d'animaux dits antédiluviens, depuis longtemps disparus de nos contrées. Lorsque le sable qui recouvrait le versant de la montagne fut enlevé, on vit que primitivement le sol de la caverne se continuait avec une sorte de terasse libre située devant l'entrée. Cette terrasse devait avoir joué jadis un rôle important dans les cérémonies funéraires. On y trouva une couche de cendres et de charbons de bois de six pouces d'épaisseur, recouvrant une sorte d'âtre grossier formé de quelques plaques de grès. Cet âtre était rougi par l'action du feu et reposait immédiatement sur la couche calcaire sous-jacente. Il est surtout à remarquer que l'on trouva dans les cendres et dans la terre qui les recouvrait une grande quantité d'os d'animaux et d'objets ouvrés. On compta au moins une centaine de ces objets ; tous étaient en pierre et la plupart en silex. C'étaient des couteaux, des pointes de flèches, des pierres de fronde, des éclats de silex, etc. On trouva aussi un de ces rognons de silex si communs dans les montagnes crayeuses de France et d'où sont tirés les ustensiles de silex ; des éclats en avaient été détachés. On trouva encore une sorte de marteau de pierre, de forme ronde, avec deux cavités creusées latéralement ; on l'avait tiré d'une roche étrangère au pays. Cet outil a pu servir à travailler le silex ; pour le manier, on plaçait le pouce et l'index dans les cupules creusées sur chaque face. Il y avait encore des objets ouvrés en os, en bois de chevreuil et de renne ; savoir : des aiguilles, des alènes, des pointes de flèches, des couteaux plats, etc. On trouva en outre une canine de jeune ours des cavernes ; cette canine, perforée dans le sens de sa longueur, avait été travaillée d'une façon toute spéciale ; on crut y reconnaître la forme d'une tête d'oiseau. Sûrement ce dut être un amulette ou un ornement destiné à être suspendu au cou.

Les ossements d'animaux étaient fort nombreux et, pour la plupart, provenaient d'espèces ayant vécu dans la période quaternaire ou diluviale ; c'est la période géologique qui a précédé immédiatement la nôtre. On n'y compta pas moins de dix-neuf espèces et, parmi elles, justement celles qui caractérisent le diluvium, comme l'ours des cavernes, le mammouth ou éléphant antédiluvien, le rhinocéros lanigère, le cerf géant d'Irlande, le cheval, le renne et l'aurochs. En outre, le plus grand nombre des ossements avaient appartenu à des herbivores, tandis que les carnassiers et aussi le mammouth n'étaient représentés que par de rares échantillons. On en peut conclure que ces derniers étaient ou trop forts ou trop grands pour que l'homme primitif les pût habituellement chasser et tuer. Tous les os à moelle, sans exception, avaient été brisés et fendus pour en extraire la moelle, qui, pour l'homme primitif, était une friandise. La plupart des os étaient rayés, striés longitudinalement, comme si on les avait raclés avec un instrument grossier, par exemple un couteau de pierre, pour en détacher la chair adhérente. Les dents des animaux carnassiers avaient laissé leurs traces sur beaucoup de ces os, et les portions dites spongieuses avaient été rongées. Ces carnassiers n'avaient pu être que des hyènes, puisque les coprolithes ou excréments pétrifiés de ces animaux se rencontraient en grande quantité autour des débris. Sur beaucoup d'os on voyait les traces du feu, et la nature de ces traces prouvait que les ossements étaient encore frais quand ils avaient été exposés au feu.

Au dehors de la grotte aucun os humain. Au contraire, on en trouva un certain nombre dans l'intérieur de la grotte. C'étaient des os de la main ou du pied, qui avaient échappé au premier déblayement. Ils étaient exactement dans le même état que les ossements d'animaux éteints, par exemple ceux de l'ours des cavernes, du mammouth, etc., et l'analyse chimique décela dans les uns et dans les autres la même quantité de substance organique. Tous les os d'hommes ou d'animaux offraient les caractères d'une haute antiquité; ils étaient friables, poreux et happaient à la langue.

Outre les os humains, on trouva dans l'intérieur de la grotte un certain nombre d'os appartenant aux espèces animales déjà trouvées dehors; mais, différence essentielle, on ne découvrit sur ces os aucune trace de violence, nulle morsure, nulle brisure, pas de traces du feu, etc. Ainsi l'on trouva, entre autres, le squelette d'une jambe d'ours des cavernes, dont les os avaient conservé leurs rapports naturels; d'où l'on peut conclure que cette portion de squelette a été apportée dans la grotte, encore intacte et recouverte de sa chair! En outre, on trouva dix-huit petites plaques d'une substance analogue à de la nacre. Ces plaques, qui provenaient d'un mollusque marin, le *cardium*, étaient toutes forées au centre ; elles ont pu être enfilées et portées en collier. Enfin la grotte contenait encore un certain nombre de couteaux de pierre très-bien conservés et ne paraissant pas avoir servi, de plus, quelques instruments de corne, etc. *Dans l'intérieur de la grotte, nulle trace des charbons si nombreux à l'extérieur !*

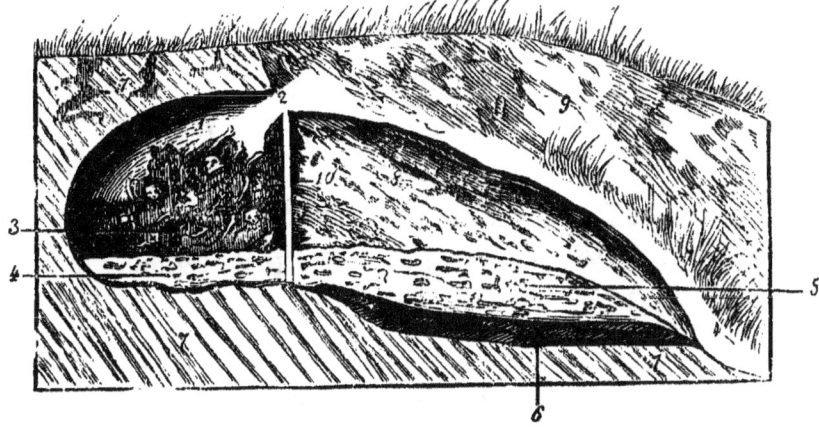

Fig. 1. — Coupe longitudinale de la grotte d'Aurignac.

1. Grotte interne. — 2. Trou de lapin. — 3. Ossements humains. — 4. Amas d'os et de provisions dans la grotte. — 5. Les mêmes en dehors. — 6. Couche de charbon. — 7. Rocher de la colline. — 8. Cailloux cachant la plaque de grès fermant la grotte. — 9. Talus de la colline avec cailloux. — 10. Plaque de grès.

(Reproduit d'après les *Leçons sur l'homme* par Carl Vogt. Paris, C. Reinwald.)

Dans une troisième exploration, M. Lartet examina les décombres provenant de la première fouille et amoncelées près de la grotte. Il y trouva beaucoup de silex travaillés, des os d'hommes et d'animaux, des dents, aussi des débris nombreux d'une poterie grossière, travaillée à la main et desséchée au soleil ou à demi cuite, enfin divers objets destinés à l'ornementation, des bijoux sculptés dans les portions osseuses les plus dures.

La signification de cette remarquable découverte se déduit tout naturellement de ce qui vient d'être dit : évidemment la grotte d'Aurignac est un antique lieu de sépulture de l'âge de pierre, où l'on a successivement inhumé les restes de dix-sept personnes. Ces hommes étaient de petite stature. En dire plus est malheureusement impossible, puisque leurs squelettes n'ont pas pu être retrouvés. Les objets trouvés dans la grotte semblent indiquer qu'alors, suivant une coutume qui a été et est encore en vigueur chez les peuplades sauvages, on déposait dans la tombe, à côté du mort, de la viande, des instruments, des armes et même des objets destinés à la parure. La lourde plaque de grès placée devant l'entrée de la grotte servait évidemment à la fermer temporairement et à repousser les animaux sauvages.

Encore plus intéressante que la grotte elle-même est l'esplanade qui la précède et que nous avons décrite ; c'était évidemment là que les parents et les compagnons des morts inhumés célébraient le banquet des funérailles. D'incontestables preuves nous en sont fournies par l'âtre, les charbons, les os d'animaux trouvés, par la brisure de ces os, les traces de l'action du feu qu'on y remarque, par les instruments, qui vraisemblablement ont servi à racler les os pour en détacher la chair. Les assistants une fois partis, après avoir, comme cela se faisait à chaque inhumation, poussé la plaque de grès devant l'entrée de la grotte, les hyènes venaient nuitamment se régaler des cadavres ; les traces de leurs morsures sur les os, leurs coprolithes le prouvent assez. Grâce à cette découverte, nous pouvons nous représenter assez exactement le genre de vie et les mœurs de l'Européen primitif dans un temps où il n'y avait point d'histoire et où l'Europe était hantée par ces grands et puissants quadrupèdes que l'on considère comme caractérisant une période géologique maintenant passée. C'est à tort que l'on a appelé cette période *antédiluvienne*, mais néanmoins, depuis lors, la faune a complétement changé. L'antique tableau qui se déroule ainsi devant nous coïncide, dans son ensemble, avec ce que nous apprennent les relations des voyageurs sur les usages de peuplades lointaines et sauvages. Ainsi nous possédons, entre autres, une relation publiée par un voyageur anglais, John Carver, qui, dans les années 1766-1768, parcourut l'Amérique du Nord et assista à une cérémonie funéraire dans une tribu indienne qui habitait alors au confluent du Mississipi et du fleuve Saint-Pierre, dans l'État actuel de l'Iowa. La description contenue dans cette relation a la plus grande analogie avec ce que nous apprend la découverte d'Aurignac et, comme le raconte sir Ch. Lyell (*Antiquité du genre humain*), elle a servi de modèle à notre grand poëte Schiller, qui, dans son poëme bien connu, *Nadowessische Todtenklage*, décrit tout à fait de la même manière les rites observés lors des funérailles d'un chef indien.

L'âge réel de la grotte d'Aurignac a été évalué par les savants à cinquante mille ou cent mille années. Que cette évaluation soit juste ou non, cette remarquable découverte ne nous autorise pas moins à formuler les conclusions suivantes :

1° Longtemps avant toute tradition et toute histoire, une race de sauvages, encore au début le plus grossier de la civilisation et très-analogues aux sauvages actuels, a existé en Europe ;

2° Cette race était contemporaine du mammouth, du rhinocéros antédiluvien, etc., d'animaux depuis longtemps disparus, et qui, selon une remarque déjà faite, sont considérés comme caractérisant une période géologique écoulée, ou comme antédiluviens (2).

Ces conclusions, qui reculent l'existence de l'homme sur la terre dans un éloignement tel qu'on ne le soupçonnait même pas jusqu'ici, seraient pleinement justifiées, quand même nous n'aurions d'autre preuve que la découverte d'Aurignac. Mais le fait de l'antique existence de l'homme et de sa contemporanéité avec des animaux antédiluviens, ce fait si longtemps contesté avec une extrême violence et néanmoins parfaitement démontré aujourd'hui, ne repose pas seulement sur la découverte d'Aurignac. Nous avons cité cette découverte seulement comme exemple, comme échantillon ; mais nous pouvons nous appuyer sur une série considérable de faits analogues observés dans presque toutes les contrées du globe, en Angleterre, en France, en Italie, en Espagne, en Allemagne, en Belgique et même en Amérique, en Asie, en Australie, etc. Partout les circonstances sont identiques ou analogues ; ce sont partout des cavernes où l'on a trouvé mêlés à des ossements d'animaux antédiluviens, soit des débris humains, soit des objets manifestement travaillés de main d'homme, et souvent les choses sont disposées de telle sorte, qu'après un examen minutieux, on ne peut douter de la contemporanéité de l'homme et des animaux. Les découvertes de Schmerling et Spring dans les nombreuses cavernes belges sont d'une époque relativement plus anciennes ; elles sont particulièrement célèbres, et, dès 1833 et 1834, Schmerling en avait tiré la conclusion très-légitime de la contemporanéité de l'homme et des animaux diluviens ou antédiluviens[1]. Mais, grâce au préjugé alors régnant, les conclusions de

---

[1] Le livre dans lequel Schmerling a publié ses importantes observations a pour titre : *Recherches sur les ossements fossiles découverts dans les cavernes de la province de Liége*, 1833. « Il est impossible, dit le professeur Fuhlrott, de lire sans intérêt la relation de Schmerling ; on sent avec lui combien il est difficile de faire admettre une vue qui heurte les préjugés enracinés de l'époque. Et, en effet, ni la solidité de la démonstration de Schmerling, ni la conviction chaleureuse avec laquelle il la soutint, ne purent alors lui gagner d'adhérents. »

Schmerling furent prêchées dans le désert, comme l'avaient été celles des savants français Tournal et Christol, qui, dès 1828 et 1829, avaient fait de pareilles découvertes dans les non moins nombreuses cavernes du midi de la France, et en avaient tiré les mêmes conclusions. Les déductions formulées par le géologue anglais Buckland, dans ses *Reliquiæ diluvianæ* (1822), avaient eu le même sort, ainsi que celles du paléontologiste allemand le baron de Schlotheim, qui, en 1820-1824, avait fait à Géra, en Thuringe, dans une brèche osseuse, des découvertes d'après lesquelles il avait conclu à la contemporanéité de l'homme et des animaux diluviens. De même les intéressantes découvertes du naturaliste danois Lund, dans les nombreuses cavernes à ossements du Brésil, ne purent pas même convaincre leur auteur de la fausseté du préjugé qui le dominait. Depuis lors, bien des explorations minutieusement faites ont eu lieu en Angleterre, en France, en Belgique, dans beaucoup de cavernes à ossements, et çà et là dans le sol même de ces contrées ; toutes ont conduit au même résultat. Parmi ces cavernes nous devons mentionner ici, tout spécialement, la caverne belge, appelée le *trou du frontal;* tout y est tellement identique, ou du moins tellement analogue avec ce que l'on a trouvé dans la caverne d'Aurignac, que les deux cavernes se peuvent décrire presque dans les mêmes termes. Là aussi on trouva, dans une grotte fermée par une dalle de grès, les ossements de quatorze hommes de petite taille qui y avaient été inhumés ; devant la grotte était aussi une esplanade où avait lieu le repas funéraire, et, sur cette esplanade, un âtre portant les traces de l'action du feu, ainsi que des couteaux de silex, des ossements d'animaux, des coquillages, etc., en grand nombre.

Mais tous ces restes d'un antique passé avaient été, comme nous l'avons déjà dit, impuissants à renverser un préjugé invétéré et dominant sans conteste dans le monde savant. Aujourd'hui même, en dépit des preuves contraires, ce préjugé règne encore dans une certaine région scientifique et surtout dans le public étranger à la

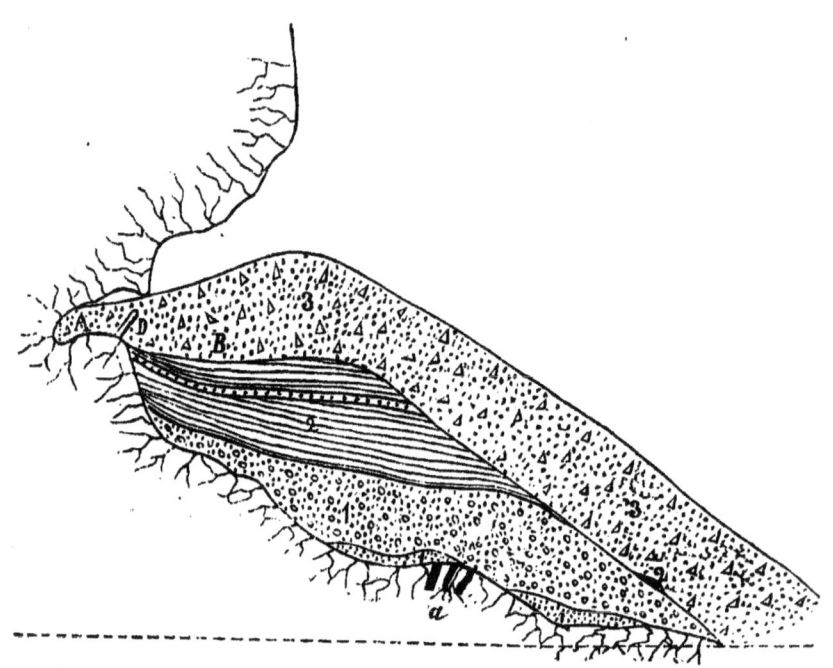

Fig. 2. — Coupe géologique du *trou du frontal*, à l'échelle de 0ᵐ,002 1/2 par mètre pour les longueurs et les hauteurs.

a. Argile d'origine hydrothermale produite par l'action qui a excavé la caverne. — 1. Sable et cailloux roulés. — 2. Limon fluviatile et gravier. — 3. Argile à cailloux anguleux. — A. Sépulture de l'âge du renne. — D. Dalle destinée à fermer la sépulture. — B. Restes des repas de l'homme de l'âge du renne, à la base de l'argile à cailloux anguleux. Ces restes de repas s'expliquent de la même manière que ceux observés par M. Lartet, à l'entrée de la grotte d'Aurignac. — R. Rocher formant les parois de la caverne.

(Reproduit d'après le Compte rendu du *Congrès international d'anthropologie et d'archéologie préhistorique.* 2ᵉ session, 1867. Paris, C. Reinwald.)

science. Il consiste à supposer que l'homme ne peut pas être plus ancien que la plus récente, la dernière de nos périodes géologiques, celle qu'on appelle l'alluvium. On désigne ainsi un terrain produit par l'action que nos fleuves actuels exercent sur leurs rives et leurs embouchures. Pendant cette période, la surface terrestre était essentiellement ce qu'elle est aujourd'hui ; c'était le même équilibre de la terre et des eaux, le même monde vivant, faune et flore. D'après ce préjugé, il est très-vraisemblable que l'existence de l'homme ne remonte pas au delà d'une période antérieure au plus de quelques milliers d'années à l'ère chrétienne. Cette opinion préconçue, sanctifiée par l'âge et appuyée, comme on le croyait, par une grande autorité scientifique, fut, en outre, nourrie, fortifiée par une série de circonstances ; les plus importantes furent nombre d'anciennes illusions au sujet de prétendus os humains fossiles (pétrifiés) que l'on reconnut plus tard être simplement des ossements d'animaux (3), et enfin la prétendue opposition du célèbre anatomiste et naturaliste G. Cuvier (4). Mais ce qui, plus encore que ces deux circonstances, contribua à faire méconnaître la vérité, c'est que ce préjugé s'accordait fort bien avec une vue philosophique très répandue, qui, peu à peu, était devenue l'opinion favorite du public. Suivant cette opinion, l'homme étant la floraison suprême, la couronne de la création, ou, en quelque sorte, sa clef de voûte, n'a pu apparaître sur la scène de l'être avant la dernière, la plus récente période géologique, celle qu'on appelle *alluvium*; de plus, l'homme forme non-seulement le plus haut degré de perfection, mais aussi la conclusion dernière de toute la création organique.

Les recherches nouvelles menaçaient naturellement d'amoindrir ou même de réduire en poudre cette vue, cette opinion commode, et, comme la plupart des hommes, par amour du repos, du bien-être intellectuel, ne craignent rien tant que le renversement de leurs vieilles croyances, on versa pour lutter contre l'idée nouvelle, la dernière goutte de son sang. Pourtant une circonstance était favorable aux adversaires de la nouvelle doctrine, et les aidait beaucoup à combattre l'idée d'un homme fossile (5) et les inductions que suggéraient les cavernes à ossements.

Tant que l'on connut seulement les découvertes faites dans les grottes et dont nous avons parlé, on disait : En admettant même la réalité de toutes ces découvertes, de tous leurs résultats, comment se fait-il qu'il ne se rencontre aucun débris humain, aucune trace de l'activité humaine dans des terrains à l'air libre et antérieurs à l'alluvium, dans des couches qu'éclaire la pleine lumière du jour? Pourquoi trouve-t-on invariablement ces restes dans des trous, des cavernes sombres, où il est toujours possible que les débris de l'homme et des animaux aient été charriés ensemble tardivement et accidentellement par un grand cataclysme, et où surtout tant de particularités obscures, énigmatiques, s'observent dans l'ensemble des découvertes?

Devant ces graves questions, l'investigation scientifique qui ne se repose jamais, n'est pas restée sans réponse. C'est ici le lieu de raconter l'émouvante histoire d'un homme, qui, méconnu et dédaigné pendant vingt longues années, lutta vainement contre le grand préjugé de la jeunesse du genre humain, et finit pourtant par triompher et être justement apprécié. Je veux parler du célèbre archéologue français, du découvreur de haches en silex antédiluviennes, Boucher de Perthes, d'Abbeville, dans la Somme. La Somme est un fleuve du Nord de la France, de la Picardie. Elle se jette dans la Manche. Dans la plus grande partie de son cours, la Somme coule à travers des couches de craie blanche que recouvrent partiellement des terrains tertiaires. A ces couches tertiaires sont superposés des lits puissants de cailloux roulés, de sable, de gravier, d'argile, datant de la période diluviale dont nous avons souvent parlé. Dans le voisinage des vil-

Fig. 3. — Coupe de la vallée de la Somme, près d'Abbeville, d'après Prestwich.

S. Somme. — M. Niveau de la mer. — 1. Tourbe dans la vallée. — 2. Argile sous-jacente. — 3. Gravier reposant immédiatement sur la craie. — 4. Diluvium gris avec os et hachettes. — 5. Lehm calcaire ou loess. — 6. Lehm brun et terre végétale. — 7. Craie.

les d'Amiens et d'Abbeville, ces couches furent mises à nu dans une grande étendue, ici pour l'exploitation de carrières à sable, là pour construire les fortifications

 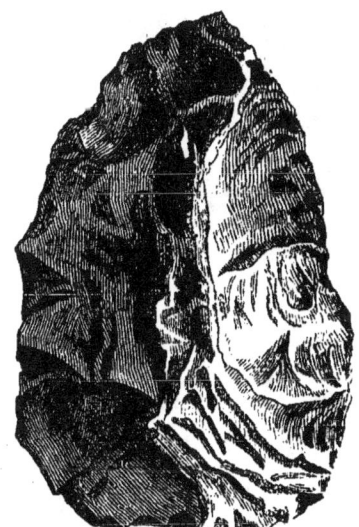

Fig. 4. — Face.   Fig. 5. — Profil.
Hache, type de Saint-Acheul, taillée de toute part.
(D'après les *Leçons sur l'homme* de C. Vogt. Paris, C. Reinwald.)

d'Abbeville, ailleurs et dans des temps plus modernes, pour le tracé d'un canal et d'une voie ferrée (1830-1840).

Déjà on avait trouvé dans ces couches diluviales, à une profondeur de 20 à 30 pieds, et près de la craie sous-jacente, des os d'animaux diluviens disparus (comme l'éléphant, le rhinocéros, l'ours, l'hyène, le cerf, etc.); on les avait envoyés à Paris, à Cuvier, qui

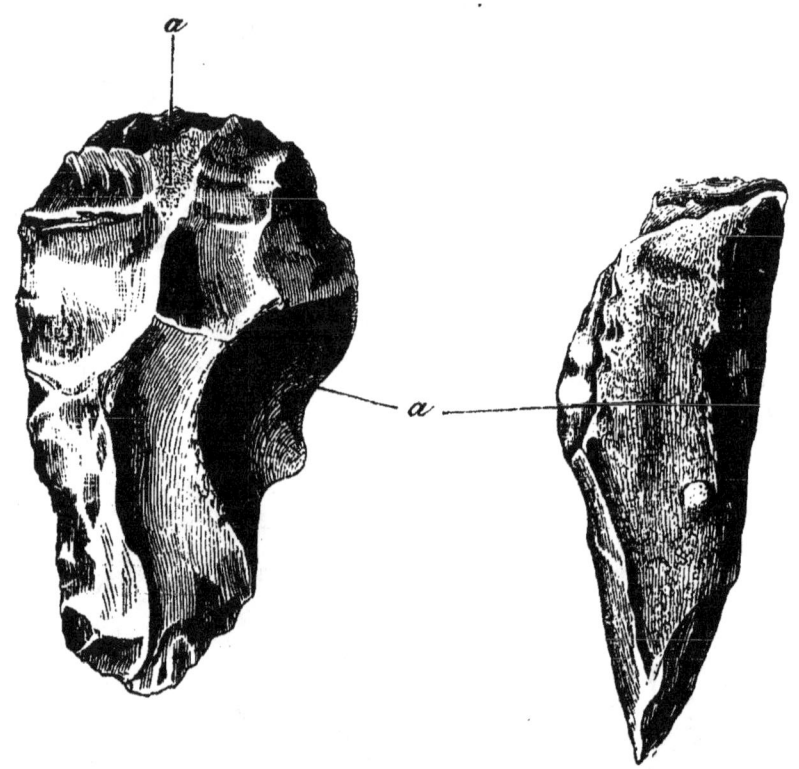

Fig. 6. — Face.   Fig. 7. — Profil.

Hache, type de Saint-Acheul, grossièrement taillée et montrant encore, en *a*, *a*, l'enveloppe primitive du module de silex.

(D'après les *Leçons sur l'homme* de C. Vogt. Paris, C. Reinwald.)

les détermina et les décrivit. Ce fut là et à la même place que Boucher de Perthes trouva ces célèbres haches en silex, de la forme la plus grossière, qui ont renouvelé complétement la question de l'âge du genre humain. Il paraît que Boucher de Perthes avait, dans les années 1805 et 1810, vu, dans des cavernes italiennes, des silex ouvrés qui, à cause de leur coloration spéciale, lui avaient paru d'une haute antiquité. Ses connaissances archéologiques lui permettaient de distinguer ces haches en silex des Celtæ, c'est-à-dire des armes de pierres polies par le frottement, d'une époque beaucoup plus récente. Ces Celtæ, qui ont été trouvés en maint endroit, se voient en grand nombre dans toutes les collections d'archéologie. En 1838, Boucher de Perthes présenta, pour la première fois, les haches trouvées par lui à la Société scientifique d'Amiens, mais sans résultat. Ce fut sans beaucoup plus de succès qu'il porta les mêmes objets à Paris en 1839. En 1841, il commença à former sa collection depuis si célèbre. En 1847 parut son livre des *Antiquités diluviennes*. Mais cet ouvrage non plus n'excita aucune attention jusqu'au jour où, en l'année 1854, un savant français nommé Rigollot, jusqu'alors et depuis longtemps adversaire déterminé des vues de Boucher de Perthes, se convainquit par ses propres yeux de leur justesse et fit lui-même avec succès des recherches dans les environs d'Amiens. D'autres l'imitèrent bientôt, notamment des Anglais et parmi eux le célèbre géologue sir Ch. Lyell, en présence duquel, en deux explorations, on ne retira pas moins de soixante-dix haches en silex; puis vinrent les savants Prestwich, A. Gaudry et d'autres. Bientôt les hommes de science affluèrent de tous côtés ; tous ceux, qui vinrent en personne et examinèrent eux-mêmes, s'en allèrent convertis. A la vérité, comme on le suppose facilement, des objections de toute sorte s'élevèrent. On prétendit que ces haches étaient des produits naturels ; tantôt c'était une éruption volcanique, tantôt c'était la gelée qui les avait formées. D'autres, qui n'osaient pas en contester l'origine, voulaient qu'elles fussent arrivées dans les couches profondes, soit en s'enfonçant graduellement par leur propre poids, soit en tombant dans une crevasse du sol. Mais le peu de solidité de toutes ces objections ne tarda pas à être démontré. Plusieurs fois des commissions de savants se réunirent pour vérifier les faits, et parmi elles figuraient les noms les plus célèbres de France et d'Angleterre. Le résultat général de ces investigations se formula dans les importantes propositions suivantes :

1° Les haches en silex sont indubitablement l'ouvrage de l'homme ;

2° Elles se trouvent dans des couches diluviales vierges, c'est-à-dire non remaniées, non bouleversées par des accidents naturels, et la disposition de ces couches suppose un état de la surface terrestre essentiellement différent de l'état actuel ;

3° On trouve ces haches associées aux restes d'animaux antédiluviens, d'espèces actuellement éteintes, et elles attestent une antiquité du genre humain, qui remonte au delà de toute histoire, de tout souvenir[1].

Quant aux haches en silex, on en a peu à peu trouvé une telle quantité dans la vallée de la Somme, que leur nombre, il y a déjà quelques années, montait à plusieurs milliers, sans compter des milliers d'éclats, de rognures, de pièces inachevées, etc. Ces silex ouvrés, tirés des grands rognons de silex, si communs dans la craie blanche de la France, représentent en quelque sorte le premier, le plus bas degré de l'industrie humaine. On les obtenait en entre-choquant

---

[1] Carl Vogt s'exprime de la même manière dans ses *Leçons sur l'homme*, page 52 du premier volume : « Il est aujourd'hui incontestablement démontré que ces armes de silex n'ont pu être fabriquées que par l'homme, qu'elles ne proviennent d'aucune cause naturelle, qu'elles se trouvent en grande quantité dans des couches intactes non remaniées et que sans doute elles sont contemporaines des animaux éteints que j'ai cités. » Et A. Laugel (*l'Homme antédiluvien*), dit aussi : « Les plus grands sceptiques avouent maintenant que les pierres trouvées en si grande quantité par Boucher de Perthes doivent à la main de l'homme leur forme et leur tranchant. »

purement et simplement les masses siliceuses qui, par ce procédé, se fendaient en écailles, en éclats tranchants. Le silex (pierre à feu, pierre à fusil), quoique très-dur, se fend très-facilement, en dépit de sa dureté, surtout s'il est travaillé à l'état frais, alors qu'il est encore imprégné de l'humidité du sol, ou quand on le fait préalablement tremper longtemps dans l'eau. Une fois les gros morceaux de silex fendus, chaque pièce en était travaillée à petits coups jusqu'à ce qu'elle eût acquis une forme utile ; l'instrument était alors achevé (6). Que ce procédé ait été réellement employé et qu'il puisse conduire au but cherché, c'est ce qui a été expérimentalement démontré. Sur ces grossiers instruments de silex on ne trouve aucune trace d'un travail plus fini ; pas de polissage, pas de tranchant aiguisé, pas d'ornementation ; toutes choses habituelles pour les armes de pierre d'une époque postérieure. On ne trouve pas davantage de trou pour le manche, ni de cannelure extérieure ou d'encoche destinée à recevoir les doigts et à faciliter le maniement de la pierre. Ces haches de silex devaient être tenues à la main ou tout au plus fixées à un morceau de bois, selon un procédé encore en usage chez beaucoup de peuplades sauvages, où l'on a coutume de placer l'arme de pierre entre les mors d'une branche fendue, en tâchant de l'y fixer par des liens solides, l'un au-dessus, l'autre au-dessous.

D'ailleurs, on ne trouve dans la vallée de la Somme, au lieu du gisement de ces haches, aucune autre trace d'industrie humaine, notamment aucun de ces ustensiles en corne, en os, en coquillage, etc., si fréquents dans les terrains plus jeunes, et qui, par exemple, ne font jamais défaut dans les nombreuses cavernes à ossements. D'où l'on doit conclure, que les objets trouvés dans la vallée de la Somme sont en tout cas encore plus anciens que ceux de la caverne d'Aurignac, parmi lesquels on a rencontré un grand choix de cornes, d'os ouvrés et aussi des couteaux en silex, qui indiquent également un degré plus avancé de civilisation.

Nous pouvons donc considérer les haches en silex de la vallée de la Somme, que l'on désigne habituellement d'après leur lieu de provenance sous le nom de pierres ouvrées d'Amiens et d'Abbeville, comme les plus anciens vestiges d'industrie humaine connus jusqu'à ce jour, comme le début le plus barbare et le plus primitif de l'art humain. Que ce commencement, tout humble et tout grossier qu'il soit, a d'importance! quel profond intérêt il excite en nous! Car il nous montre par quels essais informes l'homme est obligé de débuter dans sa longue et pénible marche vers la civilisation, et combien est petite, combien est imperceptible à l'origine, cette culture de l'esprit destinée à atteindre plus tard un degré infini de grandeur et de puissance. C'est là le signe le plus propre à nous découvrir la grande et fondamentale loi de la nature et de l'homme; elle proclame, cette loi, que tout ce que l'humanité et l'univers possèdent ou acquièrent de grand et de merveilleux n'est point un don gratuit tombé du ciel, mais le produit d'un développement lent, pénible, bien simple, bien grossier au point de départ, le fruit d'une évolution graduelle des forces et des facultés qui sommeillent dans la nature et dans l'homme : « *Évolution*, mot magique; par lui nous arrivons à la solution de toutes les énigmes, qui nous entourent, ou du moins nous nous approchons de cette solution. » (Häckel, *Histoire de la création naturelle*. Berlin, 1868.)

« Ne dédaignons donc pas, dit le célèbre découvreur des haches en silex, Boucher de Perthes, dans son excellent écrit sur l'homme antédiluvien (*de l'Homme antédiluvien*, Paris, 1860), ne dédaignons pas ces premiers essais de nos pères ; s'ils ne les avaient pas faits, s'ils n'avaient pas persévéré dans leurs efforts, nous n'aurions ni nos villes, ni nos palais, ni ces chefs-d'œuvre qu'on y admire. Le premier qui frappa un caillou contre un autre pour en régulariser la forme, donnait en même temps le premier coup du ciseau qui a fait la Minerve et tous les marbres du Parthénon. »

Du reste, il ne faut pas oublier de remarquer qu'actuellement la vallée de la Somme n'est plus l'unique endroit où l'on ait trouvé les grossiers ustensiles de silex ci-dessus décrits. Une fois ces haches bien connues, une fois l'attention générale fixée sur elles, on en découvrit dans beaucoup d'autres localités françaises, par exemple dans la vallée de la Seine, où leur gisement dans le diluvium le plus inférieur, à côté des os d'espèces animales diluviennes, a été très-exactement constaté par Gosse. On en a aussi trouvé en beaucoup d'autres points de l'Europe, de l'Asie, de l'Amérique, etc. ; et là encore on les a rencontrées également dans les couches quaternaires ou diluviales en compagnie de ces restes d'animaux éteints déjà signalés ; là aussi les produits d'une industrie humaine plus avancée faisaient pareillement défaut. On ne voit pas toujours les ustensiles de silex mêlés avec les os des animaux dans un état d'isolement ; parfois on trouve des fragments entiers de squelette dont les os ont gardé leurs rapports normaux (Baillon), ce qui écarte déjà toute idée de mélange accidentel ou de transport par un courant. Une découverte très-probante de ce genre a été faite à Madrid, sur la rive du Manzanarès, par Catiano de Prado. Là, en 1845-1850, on rencontra dans le sable diluvien une portion considérable d'un squelette de rhinocéros et bientôt aussi un squelette presque complet d'éléphant; puis, dans une couche de cailloux roulés située au-dessous de ce sable diluvial à ossements on trouva des haches de silex taillées de main d'homme. Cette découverte, selon Charles Vogt (*Archives d'anthropologie*, 1866, fascicule I) lève toute espèce de doute.

Le plus habituellement les haches de silex ont été jusqu'ici trouvées dans les anciens lits des fleuves, en Angleterre et en France (en Angleterre on en a aussi rencontré sur plusieurs points du rivage de la mer). Le nombre de ces haches, d'abord très-petit, est peu à peu devenu si considérable, que sir John Lubbock évalue à trois mille le chiffre des ustensiles en silex de cet âge de pierre le plus ancien, qu'il appelle *paléolithique*, en comptant seulement ceux qui ont été déterrés dans le nord de la France et dans le sud de l'Angleterre. De ces ustensiles pas un n'est poli, et l'on ne trouve pas non plus parmi eux de métal, de poterie, d'objets travaillés en os, en corne, etc.

Quand les découvertes de la vallée de la Somme furent connues, on se souvint en Angleterre (et ce fait historiquement certain est très-remarquable), que déjà, en l'année 1797, de semblables haches en silex avaient été extraites en grand nombre, à une profondeur de douze

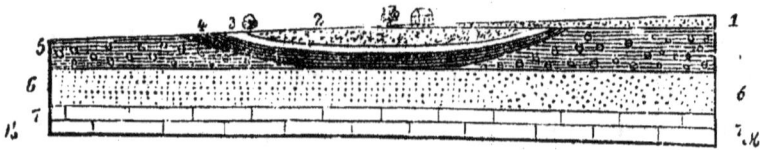

Fig. 8. — Coupe de Hoxne, d'après Prestwich.
MM. Niveau de la mer. — 1. Sable supérieur recouvrant en partie le bassin. — 2. Sable supérieur du bassin. — 3. Sable inférieur à ossements et haches. — 4. Argile tourbeuse employée pour la brique. — 5. Boue glaciaire (Boulderday) avec blocs erratiques. — 6. Sable et gravier inférieurs. — 7. Craie.

pieds, d'un terrain à briques exploité à Hoxne, dans le

comté de Suffolk. Avec ces haches étaient des os d'animaux antédiluviens ; n'en sachant que faire, on les jeta à pleins paniers sur la chaussée voisine. Cependant un archéologue anglais, John Frère, avait remarqué ce fait, et il en fit l'objet d'un mémoire communiqué à la Société archéologique anglaise, mais on n'y attacha alors aucune importance. Pourtant Frère avait déjà très-justement remarqué que les objets découverts provenaient d'une époque très-reculée et même remontaient à une période antédiluvienne. Si court que soit son écrit, il contient l'essence de toutes les découvertes, de toutes les spéculations postérieures au sujet de l'âge du genre humain. Dès l'année 1715, même à Londres, on avait extrait d'une carrière de semblables ustensiles en silex du type le plus ancien ; des os d'éléphants les accompagnaient ; mais alors on était encore moins capable d'en tirer des déductions justes (7).

Ce qu'il y a de remarquable, c'est la grande analogie de toutes ces haches, qu'elles aient été trouvées en France ou en Angleterre. Elle est telle, que les ouvriers carriers les ont désignées en bloc, d'après leur forme, par le nom de « langues de chats. » On peut dans une certaine mesure expliquer cette circonstance, si l'on remarque, qu'à l'époque diluvienne, l'Angleterre et la France n'étaient pas séparées par la Manche ; un isthme unissait les deux pays, dont les habitants pouvaient par conséquent facilement communiquer ensemble.

Enfin c'est ici le lieu de remarquer que les cavernes ont aussi fourni un riche butin de grossiers ustensiles en pierre, particulièrement de couteaux en silex ; mais pourtant ces pierres ouvrées sont pour la plupart d'un type assez différent et elles appartiennent à une époque quelque peu postérieure.

En voilà assez sur les haches en silex diluviennes dont les grands musées de Londres et de Paris offrent d'ailleurs des spécimens nombreux et remarquables. On a cherché à amoindrir leur importance au sujet de la haute antiquité du genre humain en demandant : Pourquoi donc ne trouve-t-on pas avec ces haches d'autres reliques de l'homme, et spécialement des ossements d'hommes, puisque l'on trouve bien ceux des animaux ? Cette objection, ardemment utilisée par les adversaires de la nouvelle doctrine, laissait place en effet à bien des doutes. Dans son livre déjà cité par nous, Lyell donna du fait en litige une explication très-ingénieuse, et à notre sens tout à fait suffisante. Mais cette explication est devenue sans objet, depuis que le découvreur même des haches en silex, Boucher de Perthes, a réussi à satisfaire aussi à ce desideratum. Le 28 mars 1863, il déterra lui-même dans une carrière, dans le gisement même des haches en silex, à une grande profondeur et tout près de la craie sous-jacente, une mâchoire humaine devenue depuis si célèbre sous le nom de mâchoire de Moulin-Quignon.

Fig. 9. — Mâchoire de Moulin-Quignon.
(D'après les *Leçons sur l'homme* par C. Vogt.)

Cette mâchoire, actuellement dans la galerie anthropologique du Muséum de Paris, est d'une coloration foncée, d'un noir bleu, et par sa conformation elle se rapproche quelque peu de l'animalité. Il est vrai que des objections contre l'authenticité de ce maxillaire furent soulevées, surtout de la part des savants anglais, peut-être un peu jaloux, et elles suscitèrent dans le monde scientifique de longs débats. Pourtant, le 13 mai 1863, une commission savante internationale décida que la mâchoire et son gisement étaient bien authentiques et que, de plus, cette mâchoire était contemporaine des haches en silex du diluvium (8). Jusqu'au 16 juillet 1864, cette intéressante découverte resta isolée. A cette date, Boucher de Perthes trouva presque au même endroit, à une profondeur de trois mètres et dans des conditions analogues, un certain nombre d'ossements humains. Ces ossements avaient le même aspect que le maxillaire en question, et parmi eux se trouvait un crâne dont la forme indiquait une race très-inférieure.

Ce ne sont point là d'ailleurs les seuls os humains fossiles qui aient été trouvés en dehors des cavernes. Dans son livre sur l'antiquité du genre humain, Lyell en énumère un grand nombre appartenant même à une époque relativement plus ancienne, par exemple l'homme fossile de Denise découvert par le docteur Aymard dans la France centrale, en Auvergne. Ces restes humains furent trouvés dans le tuf d'un ancien volcan, depuis longtemps éteint. Il faut donc que l'homme, à qui ces débris ont appartenu, ait vécu alors que le volcan était en activité. Or cette activité remonte à une période géologique depuis longtemps écoulée, puisque des ossements de l'hyène des cavernes et d'hippopotame ont été trouvés dans les blocs de tuf analogues du pays. Citons encore l'homme fossile des Natchez (Amérique du Nord) trouvé à la suite d'un tremblement de terre, en compagnie d'ossements de mastodonte et de mégalonyx, animaux éteints et contemporains d'une époque géologique écoulée, dans le ravin du mammouth. Mentionnons aussi un squelette humain trouvé par Ami-boué, en 1823, dans le lœss du Rhin, près de Lahr, dans le duché de Bade, non loin de Strasbourg (9). Or ce lœss est un produit de la période glaciaire. Ajoutons à notre énumération un maxillaire inférieur humain provenant du lœss de Maestricht (Belgique) que le tracé d'un canal fit découvrir (1815-1822). Des ossements d'animaux antédiluviens accompagnaient cet os, qui est maintenant au musée de Leyde.

L'état de ces os et celui du terrain ambiant étaient tels que, s'il se fût agi d'os d'animaux, personne n'eût émis le plus léger doute sur leur fossilité. Mais c'étaient des os humains, le doute parut donc très-légitime; tant le préjugé général est tenace! Aujourd'hui néanmoins Lyell, qui les a vus et examinés lui-même, les déclare incontestablement fossiles, c'est-à-dire provenant d'une époque géologique antérieure à la nôtre. Même décision de Lyell relativement au célèbre squelette de Néanderthal, qui, en 1856, fut trouvé dans une caverne calcaire de la vallée de Néander, près de Düsseldorf (10). Il sera parlé plus

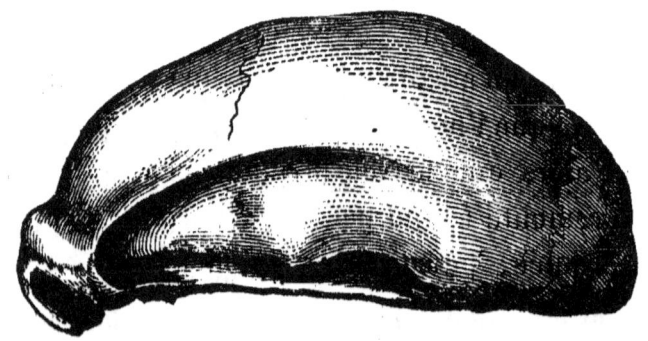

Fig. 10. — Crâne de Néander, vu de profil, d'après un moule de plâtre.
Leçons sur l'homme par C. Vogt.)

longuement du crâne de Néander, car il offre un intérêt tout spécial pour l'histoire primitive de l'homme.

Depuis le livre de Lyell d'ailleurs on a publié toute une série de faits analogues. Les os humains trouvés dans divers lieux, aussi bien au dedans qu'au dehors des cavernes, paraissaient aussi sûrement, aussi légitimement fossiles. Les énumérer ici plus exactement nous entraînerait trop loin (11). Pourtant, à l'occasion d'une autre étude analytique, certains d'entre eux seront l'objet d'une mention plus détaillée.

Mais nous n'avons pas épuisé toutes les preuves de la haute antiquité de l'homme. Il reste encore une troisième série d'arguments. Nous les allons parcourir ici très-rapidement en les empruntant presque uniquement au célèbre savant, à l'infatigable paléontologiste français, E. Lartet. Pour le paléontologiste et le zoologiste, ces preuves ne laissent subsister aucun doute au sujet de la contemporanéité de l'homme et des animaux diluviens, quand même on pourrait soupçonner que les terrains où gisent les ossements ont subi des remaniements postérieurs (12). *Ces preuves consistent dans la constatation des traces laissées par la main de l'homme sur des ossements d'espèces antédiluviennes.* Déjà avant Lartet, on avait observé des faits analogues. Ainsi, en Suède et en Islande, on avait découvert sur des os de *bos priscus* (bœuf ancien) et de cerf géant des traces de blessures faites de main d'homme et du vivant des animaux. On prétendait avoir constaté le même fait en Amérique sur des os de mastodonte. Mais E. Lartet le premier donna de la notoriété à ce fait en étudiant la question plus soigneusement et plus sérieusement. Il signale en France neuf espèces animales diluviennes caractéristiques : l'ours des cavernes, le lion des cavernes, la hyène des cavernes, le mammouth, le rhinocéros à narines cloisonnées, le cerf géant, le renne, l'aurochs et l'urus. Puis il distingue quatre périodes successives : celle de l'ours des cavernes est la plus ancienne ; vient ensuite celle du mammouth et du rhinocéros ; celle de l'urus est la plus récente. Sur les os de presque tous ces animaux Lartet a constaté les traces incontestables de l'action humaine. Les lésions avaient été produites pendant la vie de l'animal ou quand les os étaient encore frais. Les os étaient ou entaillés par des blessures ou travaillés ou brisés. Le dernier cas était le plus fréquent, et l'unique raison en est que l'on en avait voulu extraire la moelle. Ce fut, paraît-il, pour nos ancêtres des temps les plus reculés un mets fort recherché, comme il en est de même encore aujourd'hui chez beaucoup de peuples sauvages et civilisés (13). Sur beaucoup d'os on voit aussi une striation particulière ; il semble que l'on en ait raclé la chair avec des couteaux ou des éclats de silex.

Ce n'est pas tout encore. Ainsi l'on trouve des traces nombreuses de travail artistique, des dessins, des sculptures ébauchées, etc. Ce sont de grossières figures, des esquisses représentant le plus souvent les animaux qui vivaient à cette époque ; elles avaient été gravées avec un silex sur des os et des bois de renne, de cerf géant, etc. On trouva aussi aux mêmes endroits des morceaux, des lames de schiste sur lesquels on avait gravé des esquisses d'animaux, notamment celles de l'élan, du renne et même d'animaux plus anciens encore, par exemple du mammouth ou éléphant à longs poils, etc. On a même trouvé sur un morceau de bois de renne un dessin très-imparfait, figurant un homme entre deux têtes de chevaux bien nettement représentées. Sans doute ces dessins sont très-grossiers, souvent d'une grande naïveté ; c'est l'art dans son enfance ; mais pourtant, d'après le témoignage unanime de ceux qui les ont vus, on y reconnaît au premier coup d'œil les animaux ou les objets que l'artiste a voulu représenter. Par exemple le renne et le mammouth sont très-distinctement dessinés (14). De même M. de Lastic a trouvé dans la caverne de Bruniquel, sur les bords de l'Aveyron, un os ciselé sur lequel sont représentés une tête de cheval très-reconnaissable et une tête de renne non moins facile à reconnaître à la forme de son bois. On a aussi trouvé un manche de poignard en os ou en ivoire représentant le corps entier d'un renne. Le plus souvent les pièces gravées, travaillées et adaptées aux usages les plus divers sont en bois de renne.

E. Lartet a découvert et fait connaître en tout dix-sept endroits où ces essais artistiques ont été trouvés et où, selon lui, l'homme a indubitablement vécu avec les animaux ainsi figurés. Ce fut en l'année 1864, que lui et Christy présentèrent pour la première fois un certain nombre de ces pièces à l'Académie des sciences de Paris, et ils convainquirent par là les plus incrédules. Ces objets provenaient des cavernes de la Dordogne, si riches en ossements (15). Mais quelques années plus tard la quantité de ces étonnantes reliques était devenue si grande que, lors de l'Exposition internationale de Paris, en 1867, on put, en leur associant les autres pièces démonstratives de l'existence préhistorique de l'homme, en garnir une pleine vitrine. Un archéologue français bien connu, M. Gabriel de Mortillet, termine en ces termes un rapport sur cette partie de l'exposition :

« La contemporanéité de l'homme et des dernières espèces animales éteintes, la contemporanéité de l'homme et du renne indigène en France est largement, solidement, irrévocablement prouvée par la découverte des produits de l'industrie humaine abondamment mélangée avec les débris de ces animaux éteints ou émigrés dans des couches quaternaires intactes et au milieu des dépôts de cavernes qui n'ont jamais été remaniés. Sous ce rapport, les vitrines qui garnissent la partie gauche de la première salle de l'histoire du travail français ne peuvent laisser aucun doute. Elles suffisent grandement pour convaincre les plus incrédules, les plus obstinés.

« La vitrine de l'art de l'époque du renne fournit pourtant une démonstration encore plus péremptoire. L'homme a parfaitement représenté non-seulement le renne, animal émigré, mais encore le grand ours des cavernes, le tigre des cavernes, le mammouth, animaux éteints, et cela habituellement sur les dépouilles du renne et du mammouth eux-mêmes. L'homme était donc bien incontestablement le contemporain de ces animaux, dont il utilisait diverses parties et qu'il figurait si exactement. Il ne peut y avoir de démonstration plus convaincante. » (*Revue des Cours scientifiques*, 1867, p. 703.)

Les découvertes de Lartet et de ses successeurs ont trait seulement aux ossements des espèces diluviennes que nous avons nommées. Mais, dans ces dernières années, d'autres découvertes faites dans la même direction par un savant français, M. Desnoyers, ont été publiées, et si elles sont exactes, elles font remonter l'antiquité de l'homme jusqu'à une époque à laquelle personne n'avait encore osé songer, en dehors du moins des conjectures purement hypothétiques. Il s'agit de traces de l'action humaine sur des os d'animaux appartenant à la période tertiaire. Ces os ont été trouvés en France dans les couches de gravier de Saint-Prest, près Chartres, et les traces qu'ils portent seraient tout à fait analogues à celles observées sur les ossements de l'époque diluvienne. On sait que la période dite tertiaire est la troisième et dernière des trois grandes divisions suivant lesquelles on a classé les terrains à fossiles et même les phases géologiques (époques primaire, secondaire, tertiaire). L'époque diluvienne a succédé immédiatement à cette période tertiaire. Lyell, qui a examiné les pièces du procès, tient pour vraisemblables les conclusions qu'on en tire; pourtant c'est en termes dubitatifs qu'il s'exprime à ce sujet dans son *Antiquité du genre humain*. Au contraire, Charles Vogt (*Leçons sur l'homme* et *Archives d'anthropologie*) déclare la découverte certaine, incontestable. A ses yeux, la couche géologique qui a fourni les ossements est à coup sûr tertiaire, c'est-à-dire géologiquement plus vieille que les formations diluviennes de la France. Selon lui, ces terrains sont caractérisés par les ossements de l'*elephas meridionalis* et sont d'une époque qui a sûrement précédé la période glaciaire et les âges de l'ours des cavernes, du mammouth et du rhinocéros. Un savant Français, M. de Quatrefages, se range aussi à l'opinion de M. Desnoyers, dont le travail, dit-il, peut supporter l'examen le plus sévère et le plus minutieux. Le témoignage de M. Desnoyers a d'autant plus de valeur que, jusqu'en 1845, ce savant comptait parmi les adversaires les plus décidés de l'existence d'un homme fossile.

Pourtant le fait dont il est ici question a acquis une valeur bien plus grande à la suite d'une communication faite par l'abbé Bourgeois au Congrès international d'archéologie et d'anthropologie préhistoriques tenu à Paris en 1867. Dans ces mêmes couches tertiaires de Saint-Prest, où M. Desnoyers avait trouvé des os travaillés, M. Bourgeois a découvert aussi des haches en silex ou des armes de pierre. Il déclara en outre que, dans les terrains également tertiaires de la commune de Thenay, près Pontlevoy (Loir-et-Cher), il avait trouvé de nombreux silex ouvrés, et de cette découverte aussi bien que de quelques autres il conclut à l'existence de l'homme à une époque très-reculée, atteignant même la période ter-

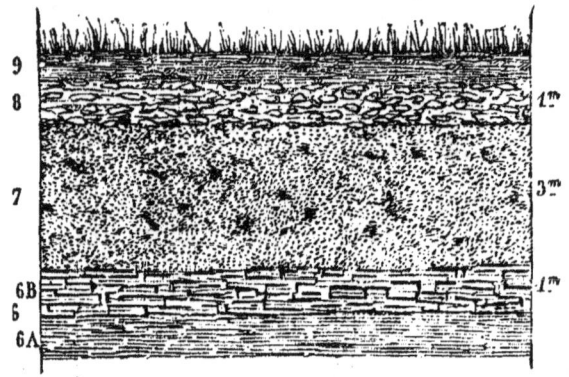

Fig. 11. — Coupe prise à l'entrée du chemin qui conduit à Choussy, commune de Thenay (Loir-et-Cher).

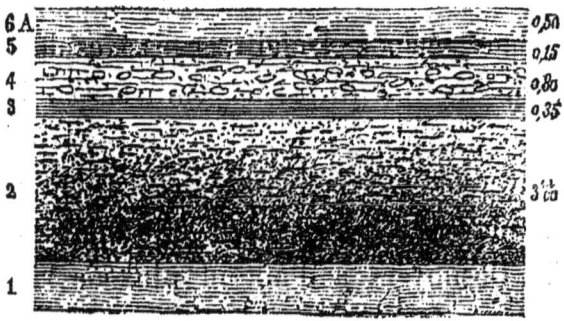

Fig. 12. — Coupe prise à la marnière de M. A. Chaumais, sur la rive gauche du ruisseau, Thenay.

9. Alluvion quaternaire avec silex polis et silex du type de Saint-Acheul. — 8. Faluns; silex taillés. — 7. Sables de l'Orléanais; silex taillés. — 6. B. Calcaire de Beauce compacte; sans silex taillés. — 6. A. Calcaire de Beauce à l'état de marne; sans silex. — 5. Marne argileuse avec *Acrotherium*; silex taillés très-rares. — 4. Marne avec nodules de calcaire; silex taillés. — 3. Argile; principal gisement des silex taillés. — 2. Mélange de marne lacustre et d'argile; quelques silex taillés. — 1. Argile à silex; sans silex taillés.

tiaire. M. Bourgeois ajouta que M. l'abbé Delaunay avait découvert dans les faluns des environs de Pouancé (Maine-et-Loire) des côtes et un humérus de *Halitherium*, profondément entaillées par un instrument tranchant.

Or le *Halitherium* est un cétacé herbivore de la période miocène ou tertiaire moyenne.

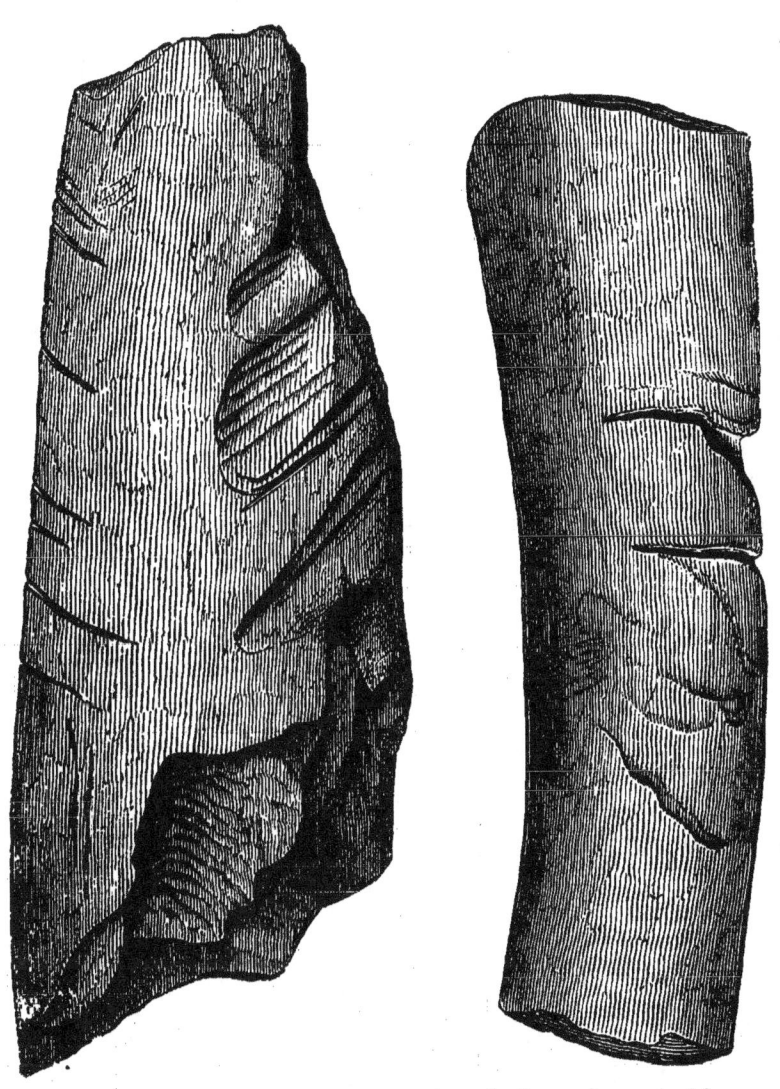

Fig. 13. — Côtes de Halitherium, des faluns de Pouancé, avec incisions.
(Coll. Bourgeois et Delaunay, gr. naturelle.)

Enfin M. A. Issel fit au même congrès une communication au sujet d'os humains fossiles offrant les caractères d'une très-haute antiquité, et qu'il affirma avoir été trouvés en Ligurie, dans l'enceinte même de la ville de Savone, dans des couches pliocènes, c'est-à-dire dans le dernier étage des terrains tertiaires (voy. le *Compte rendu du Congrès international d'anthropologie et d'archéologie préhistorique*, Paris, 1868).

Il faut naturellement attendre du temps et d'une critique plus minutieuse la confirmation de ces étonnantes découvertes. Mais si elles sont authentiques, elles fortifieront les conjectures des penseurs qui, s'appuyant sur des arguments purement théoriques, croient devoir reculer l'apparition de l'homme sur la terre jusque dans la dernière subdivision, peut-être même dans les deux autres subdivisions plus anciennes de la grande époque tertiaire.

Nous avons épuisé, du moins d'une façon générale, l'énumération des preuves de l'existence antédiluvienne de l'homme. Mais il faut mentionner à la suite de cette démonstration que, même en négligeant les époques dites antédiluviennes, notre époque, notre période géologique actuelle, celle que l'on appelle alluvium, terrain de nouvelle formation, plaide aussi pour une très-haute ancienneté du genre humain, pour une antiquité, qui laisse bien loin derrière elle les temps historiques et la tradition biblique. En effet, tandis que l'on ne peut assigner tout au plus à cette dernière tradition qu'une antiquité de cinq à sept mille années, la durée de l'alluvium embrasse, selon les évaluations des géologues, une centaine de milliers d'années au moins et laisse ainsi à l'existence de l'homme préhistorique un énorme laps de temps.

En outre, la démonstration de cette antiquité alluvienne a sur celle des époques plus anciennes encore cet avantage, qu'elle se formule immédiatement sur le vu des faits et ne découle pas de longs raisonnements. Les découvertes faites dans les terrains d'alluvion sont maintenant très-nombreuses, très-variées, et nous devons nous borner à ne citer ici que les plus connues, simplement à titre d'exemples.

Ainsi, en 1851-54, en creusant dans le delta du Nil, dans la basse Égypte, on trouva des objets travaillés par la main de l'homme et des fragments de poteries, à une profondeur de 60 à 70 pieds ; de telle sorte que, si l'on évalue à 5 pouces par siècle l'épaisseur du dépôt d'alluvion formé en cent ans, l'antiquité de ces vestiges humains atteint de 14,400 à 17,300 ans. Que si, avec M. Rosière, on estime seulement à 2 pouces 1/2 la couche formée en un siècle, on arrive alors à une antiquité de 30,000 ans pour un morceau de brique rouge trouvé par Linant-Bey, à une profondeur de 72 pieds. Burmeister admet que le sol de la basse Égypte s'exhausse de 3 pouces 1/2 par siècle et que, depuis l'apparition de l'homme dans cette contrée, 200 pieds d'alluvion ont été déposés ; conséquemment il assigne à l'homme dans ce pays une antiquité de 72,000 ans (voy. ses *Lettres géologiques*). — En Suède on a déterré une cabane de pêcheur vieille au moins de 10,000 ans et, dans le même pays, une découverte analogue a encore été faite. En creusant un canal entre Stockholm et Gothemburg, on a trouvé sous un dépôt d'osars, ou blocs de pierre erratiques, à angles tranchants, déposés par les glaces, dans la couche la plus profonde du sol, un âtre de pierres avec des morceaux de charbons de bois, d'où il ressort qu'à cet endroit l'homme a vécu pendant et même avant la période glaciaire. — En Floride (Amérique du Nord), on a trouvé des fragments de squelette humain dans un banc de corail dont l'âge a été évalué par Agassiz à 10,000 ans au moins. — Dans le delta du Mississipi, en creusant pour bâtir une usine à gaz, à la Nouvelle-Orléans, on trouva, sous six couches distinctes d'alluvion, à une profondeur de 16 pieds, des os humains, et parmi eux un crâne ayant tous les caractères des races de l'Amérique du Sud; le docteur Dowler en évalue l'antiquité à 50 ou 60,000 ans. Maintes fois on a contesté cette évaluation, maintes fois on a cherché à l'amoindrir; pourtant ce calcul est inattaquable, si l'on en croit Ch. Vogt, qui le cite tout au long dans ses *Leçons sur l'homme*. Selon M. Broca, tous les efforts faits pour rapprocher de notre époque l'antiquité de ce crâne célèbre n'ont pu abaisser cette antiquité à moins de 15,000 ans. — Lyell (*Antiquité du genre humain*) parle d'un terrain ancien, de formation marine, à Cagliari (Sardaigne) ; dans ce terrain on a trouvé des poteries qui ne peuvent avoir moins de 12,000 ans.

A Villeneuve, sur le bord du lac de Genève, pour le tracé d'un chemin de fer, on fit une tranchée, il y a quelques années, dans un amas alluvial en forme de cône, déposé par un torrent; or le docteur Morlot, après avoir examiné les objets contenus dans ce terrain, évalue à 7 ou 10,000 ans l'antiquité de l'homme en ce lieu (16).

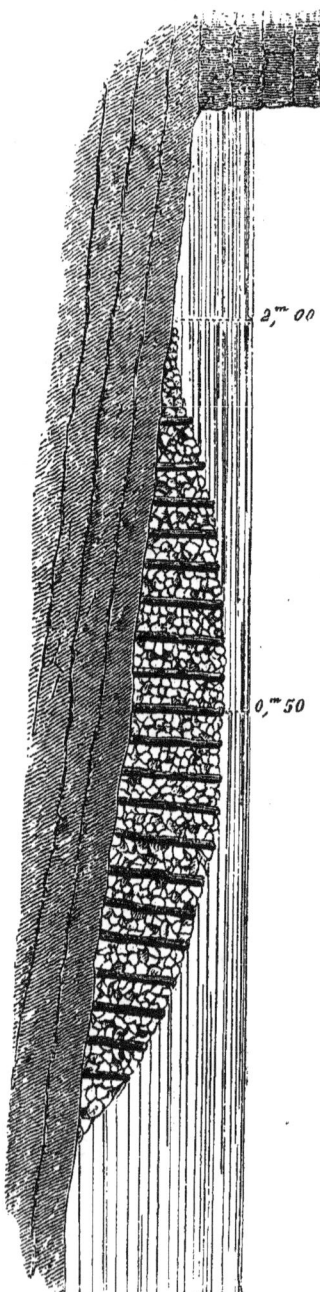

Fig. 14. — Coupe de la Tenevière (ou Palafitte) de Hauterive (lac de Neufchâtel), d'après E. Desor, *les Palafittes*.

A cet ordre de faits se rattachent les célèbres palafittes ou habitations sur pilotis de la Suisse et de l'Italie, qui ont fait tant de bruit dans ces dernières années et ont mis hors de doute l'existence antique, préhistorique en Europe d'un peuple dont la moitié de la vie se passait sur l'eau, mais au sujet duquel l'histoire se tait (17).

De leur côté, les vastes tourbières du Danemark et de l'Islande nous ont conservé des preuves nombreuses de la haute antiquité de l'homme dans ces régions (18).

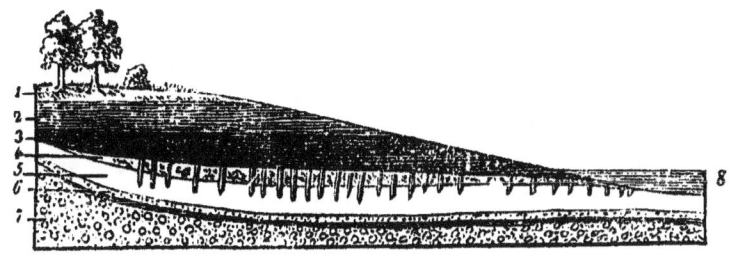

Fig. 15. — Coupe d'une construction sur pilotis dans une tourbière, d'après Vogt, *Leçons sur l'homme*.

1. Terre végétale. — 2. Tourbe. — 3. Tourbe plus compacte renfermant de vieux arbres. — 4. Couche archéologique à pilotis, qui sont plantés dans le blanc-fond 5. — 6. Couche de sable. — 7. Gravier grossier. — 8. Niveau actuel des eaux.

Il faut ajouter à tous ces faits les antiques monticules (mounds) ou ouvrages en terre des vallées du Mississipi et de l'Ohio en Amérique. Ils prouvent que là aussi, longtemps avant le chasseur peau-rouge, un peuple déjà assez civilisé occupait et cultivait la contrée (19). Signalons enfin les remarquables amas de coquillages ou Kjökkenmöddings (débris de cuisine) du Danemark ; ce sont d'énormes monceaux de coquilles de mollusques, notamment d'huîtres, situés sur le rivage de la mer. Ces mollusques ont servi à nourrir l'homme primitif, qui ensuite en a rejeté les écailles. Souvent ces monceaux ont 1,000 pieds de longueur sur 100 à 200 pieds de largeur et 5 à 10 pieds de hauteur. On les trouve sur les côtes de la Zélande, du

Jutland, de l'île de Fionie, de Moën, de Samsoé, etc., et sur celles de la Suède. Toujours on les rencontre le long des bras de mer et des criques, là où la mer brise avec le moins de force ; le plus habituellement ils sont immédiatement sur le bord de la mer, à moins que des alluvions ou un exhaussement du sol ne les en ait éloignés. Dans ces amas de coquillages on trouve toujours des preuves incontestables de l'existence de l'homme, par exemple des armes, des ustensiles de pierre, de corne, d'os, des fragments de poterie grossière, des coins, des couteaux de pierre en grand nombre ; nulle trace au contraire de blé, de bronze, d'acier, de fruits cultivés, d'animaux domestiques, le chien excepté. Les nombreux ossements d'animaux, que l'on trouve dans les débris de cuisine, appartiennent le plus souvent au bœuf primitif, à l'aurochs, au cerf, au chevreuil, au porc sauvage, au renard, au loup, au castor, au chien de mer, etc. On avait fendu tous les os à moelle pour en extraire le précieux aliment qu'ils contenaient ; pas d'os humains dans les débris de cuisine, vraisemblablement parce que ceux qui les ont amoncelés avaient l'habitude de brûler leurs morts[1]. Ces amas de coquillages doivent être très-anciens, et même ils doivent remonter à une période géologique antérieure, car la dimension des valves ou coquilles qui constituent ces amas (huître ou *ostrea edulis,* bucarde ou *cardium edule,* moule ou *mytilus edulis*), est plus grande que celle des mêmes

[1] Grâce aux efforts d'un archéologue danois, M. Worsæ, le Musée des antiquités du Nord et le Musée géologique de Copenhague renferment une quantité extraordinaire d'objets tirés des kjökkenmöddings et apportés là dans leur état naturel. Depuis longtemps les débris de cuisine étaient connus, mais on les prit pour des amas naturels jusqu'en 1847. A cette époque, trois savants danois distingués, MM. Steenstrup, Forchhammer et Worsæ, les examinèrent plus attentivement et en constatèrent l'origine artificielle.

espèces vivant actuellement dans la mer Baltique ; ces dernières sont plus petites de la moitié ou des deux tiers. La raison en est que présentement la mer Baltique, n'ayant plus qu'une étroite communication avec l'Océan et recevant d'autre part des fleuves nombreux, n'a plus tous les caractères d'une vraie mer ; elle n'est plus salée qu'à demi ; or, pour que les mollusques dont nous parlons atteignent leur plein développement, il leur faut la salure complète de l'Océan. Cela est particulièrement vrai pour l'huître comestible, qui, très-commune dans les débris de cuisine, ne se trouve plus aujourd'hui nulle part dans la mer Baltique, en exceptant cependant les parages voisins des détroits, par où cette mer communique avec le Grand Océan. De là l'on peut conclure qu'autrefois la Baltique avait une forme toute différente de sa forme actuelle et surtout qu'elle communiquait plus largement et plus librement avec l'Océan. D'ailleurs les débris de cuisine, malgré leur haute antiquité, ne remontent pas au delà des formations géologiques récentes ou alluviales, puisque l'on n'y trouve que les ossements d'animaux encore existants, en exceptant seulement le bœuf sauvage ou bœuf primitif (*bos primigenius, urus*), que pourtant César put voir encore. — Tout récemment aussi on a découvert ces débris de cuisine sur les côtes des deux Amériques (20).

Aux pilotis, tourbières, débris de cuisine, etc., se rattachent les tombeaux des Huns ou *tumuli*, qui autrefois passaient pour recéler les ossements d'une antique race de Huns, c'est-à-dire de géants, les prédécesseurs de l'homme actuel. Les *dolmens* ou tables de pierre si remarquables constituent avec les tumuli le dernier terme de la série des traces que l'homme préhistorique a laissées de son existence dans les terrains d'alluvion. Mais, si les

Fig. 16. — Dolmen de la pierre Turquaise, près Paris. — Communiqué par M. Leguay.

tombeaux et les monuments de pierre sont réellement gigantesques, l'homme qui les a élevés ne l'est nullement ; il est plutôt d'une stature inférieure à celle de l'homme de nos jours (21). Très-vraisemblablement, la race dont nous parlons fut expulsée par une race plus grande, plus vigoureuse, plus civilisée, celle des Celtes, avec qui commence l'aurore des temps historiques dans l'Europe centrale.

En mentionnant ces monuments nous arrivons au terme final de la série des faits propres à jeter quelque lumière sur l'existence préhistorique et la haute antiquité de l'homme sur la terre. En même temps nous achevons d'esquisser notre sujet. Ce sujet, nous avons dû nous borner à en indiquer les contours les plus généraux, les points les plus saillants ; de même que, dans les Alpes, on ne nomme au voyageur arrêté sur le haut d'une montagne, au centre d'un panorama alpestre, que les pics les plus saillants de la chaîne sans fin qui l'entoure, tandis que des centaines de cimes, de sommets moins élevés, mais pourtant remarquables aussi dans leur genre, sont dédaignés. Certainement les questions, que suggèrent ces faits au sujet de l'antiquité de notre espèce et de son origine, les conséquences que l'on est fondé à en tirer sont bien plus importantes, bien plus significatives que les faits eux-mêmes. A quel nombre d'années précisément s'élève l'antiquité de l'homme ? quelle est la proportion de cette antiquité, de ce laps de siècles relativement à l'antiquité de la terre ? que devient cette même proportion en regard de l'histoire connue et de la tradition ? pourquoi n'existe-t-il dans l'histoire aucune trace même légendaire de cet antique passé ? enfin quels ont été cette primitive époque et cet état primitif de notre espèce ? faut-il admettre que, parti d'un état grossier et inférieur, l'homme s'est élevé en luttant et peu à peu vers la civilisation? ou bien que déchu primitivement d'un haut développement intellectuel, il s'est ensuite efforcé d'y remonter graduellement? dans le premier cas, comment s'est effectué son progrès graduel jusqu'à la civilisation actuelle? — A toutes ces questions, qui sont étroitement liées aux plus grands intérêts de l'humanité, nous tâcherons de répondre plus loin dans la mesure de nos forces et dans les limites présentes de nos connaissances; mais auparavant remarquons que ces questions, et les conséquences qui en dérivent, intéressent autant notre cœur que notre intelligence, pour peu que nous songions à l'énorme série de générations, qui se sont éteintes avant nous, et à l'incommensurable grandeur de la création au sein de laquelle nous vivons.

En ce qui concerne d'abord la première question, c'est-à-dire la détermination en années de l'antiquité du genre humain, une telle évaluation est extraordinairement difficile, excepté pour les terrains d'alluvion. En effet, pour ces derniers terrains, nous connaissons approximativement à quel espace de temps correspond une hauteur donnée du dépôt et, par conséquent, d'après la profondeur à laquelle ont été trouvés les vestiges ou les restes humains, nous pouvons évaluer le temps qui a dû s'écouler depuis que ces débris ont été abandonnés dans leur gisement; mais une telle mesure nous fait défaut, dès que nous passons de l'époque actuelle à celle dite antédiluvienne, et il ne nous reste plus que des points d'appui très-peu sûrs. C'est pourquoi on a fait à cette question les réponses les plus diverses. C'est que nous ne connaissons nulle part en géologie de nombre absolu; partout nous n'avons que des nombres relatifs! Jamais nous n'avons pu déterminer exactement la durée de la période alluviale, qui nous sépare des temps dits antédiluviens. Nous devons nous baser sur des évaluations variables, suivant les lieux, et indiquant qu'aux différents points de la surface terrestre cette période a eu une durée diverse. Point de frontière bien déterminée entre l'alluvium et le diluvium dans le sens de la vieille géologie. Ces deux terrains se succèdent par une transition graduée, par conséquent nous ignorons combien l'existence de ces animaux antédiluviens, qui est pourtant la pierre angulaire de la question, a pu se prolonger çà et là dans l'époque alluviale ; sur l'époque de leur apparition pas plus que sur celle de leur disparition nous ne savons rien de plus exact. Pourtant il est à peu près certain que depuis le temps où se sont formées ces couches, qui renferment mêlés ensemble les débris de l'homme et ceux des espèces diluviennes, des changements géologiques importants ont dû s'effectuer à la surface de la terre. C'est là un point que, dans son *Antiquité du genre humain*, Lyell a démontré en détail, au point de vue géologique et avec une grande compétence. Ainsi, pour ne citer que quelques-uns de ces changements, à titre d'exemple, presque tous les fleuves d'Europe coulaient à cette époque dans des lits en partie autres et beaucoup plus élevés ; l'Angleterre et la France n'étaient pas séparées par la Manche ; elles formaient un même continent, sans interruption, de telle sorte que les hommes d'alors auraient pu aller à pied de Londres à Paris, si ces villes avaient existé. Alors la fière Tamise, sur laquelle voguent aujourd'hui les navires de toutes les nations, n'était qu'un humble affluent de notre Rhin national. La majestueuse Suisse, actuellement le rendez-vous convoité de tous les touristes, de tous les amants de la nature, était alors inaccessible au pied de l'homme, car de la cime des Alpes jusque par delà le Jura, depuis Genève jusqu'à Soleure, elle était enfouie sous d'immenses glaciers à l'influence léthifère. Sur leur dos puissant ces glaciers charriaient d'énormes fragments de rocher, qu'ils roulaient depuis les plus hautes régions alpestres jusqu'aux endroits où aujourd'hui ils semblent avoir été placés par des mains de géants. La mer faisait encore onduler ses vagues sur le grand désert de Sahara. Elles n'existaient donc point alors, ces plaines de sable arides et brûlantes, d'où s'élève ce vent chaud qui, franchissant la Méditerranée, va fondre comme par enchantement les neiges hibernales sur les sommets alpestres, et qui a transformé cette Suisse autrefois enfouie sous des glaces éternelles en un pays florissant couvert de villes et de hameaux, etc., etc. Enfin le monde vivant, animal et végétal, contemporain de cette époque, était aussi essentiellement différent de ce qu'il est aujourd'hui. Des modifications, des changements importants de la surface terrestre, du climat, de la répartition de la terre et des eaux, enfin du monde organisé, supposent partout, d'après les propositions bien connues de la géologie actuelle, des espaces de temps très-longs, relativement du moins à notre habitude de tout mesurer en prenant pour règle la courte durée de notre vie ; car, dans l'histoire de la terre, dans les phases de son développement, c'est à peine si un millier d'années compte autant qu'un instant de notre vie individuelle.

Ainsi l'époque diluvienne dont la longueur et l'extension semblent naturellement d'une très-haute importance pour la question qui nous occupe, n'est pas, comme on le croyait autrefois, l'œuvre d'une ou de plusieurs catastrophes subites, mais bien le résultat d'une phase très-lente, à divisions multiples et distinctes. Cette phase, pour se dérouler, a certainement exigé plus de temps qu'il n'en a fallu à la formation de l'alluvium. Nous possédons des preuves suffisantes de l'existence de l'homme pendant et avant l'époque *glaciaire*, sous-division de la période diluviale ou quaternaire, qui vraisemblablement remonte très-haut dans cette période (22). Il suit de là, que l'existence de l'homme ne coïncide pas seulement avec la terminaison de la période diluviale, mais qu'elle peut remonter bien au delà et même jusqu'à son origine. Ce fait est d'ailleurs démontré par la profondeur du gisement des haches en silex diluviennes, qui se trouvent dans les couches les plus inférieures du diluvium, tout proche de la craie sous-jacente. Si les découvertes de MM. Desnoyers, Bourgeois, etc., que nous avons citées ci-dessus, sont bien authentiques, alors l'existence de l'homme recule par delà l'époque diluviale et remonte bien avant dans la grande époque tertiaire. Dans ce cas, la durée de son existence ne se peut représenter que par des centaines de milliers d'années ! Sûrement, honoré lecteur, la grandeur de ce nombre t'étonne, et pourtant en regard de l'énorme laps de temps que la terre a vu s'écouler pendant les phases de sa formation et de son développement graduel, ce nombre n'est rien. On a essayé d'évaluer le temps nécessaire seulement à l'édification de l'ensemble des couches terrestres, et l'on est arrivé à 6 ou 700 millions d'années ! D'autres géologues ont donné une évaluation inférieure, mais la différence peut dépasser 100 millions d'années en plus ou moins sans changer le résultat général. On le voit, quelque vieux que paraisse l'homme comparativement à la durée de l'histoire et de la tradition, il est néanmoins très-jeune sur la terre et tout concourt à prouver qu'il fait partie de ses productions les dernières et les plus récentes. Car, même en admettant que l'homme ait vécu dès la fin ou vers le milieu de la période tertiaire, il ne remonte encore pas bien haut dans la grande échelle des couches terrestres. Lyell a divisé cette échelle, seulement dans la portion qui fournit des fossiles, en 36 degrés ; mais ce nombre paraît trop faible encore, puisque récemment on a découvert des couches pourvues de débris organiques, et qui autrefois étaient inconnues. Dans cette échelle l'homme de la période tertiaire n'atteint que les numéros 3 ou 4 et tout au plus les numéros 5 ou 6 ! D'innombrables générations de plantes et d'animaux, se déroulant pendant un laps de temps infini, l'ont donc précédé dans la longue succession des êtres, et il joue en quelque sorte l'acte dernier et rapide d'un drame immense dont le début se cache dans une profonde nuit.

D'après des vues théoriques, Lyell maintient comme très-vraisemblable l'existence de l'homme dès la période dite *pliocène*, c'est-à-dire pendant la dernière division de l'époque tertiaire ; au contraire, dit-il, il est invraisemblable que l'homme ait vécu dès la période *miocène*, c'est-à-dire pendant la division moyenne de cette époque tertiaire. Il base cette dernière opinion sur ce fait, qu'à cette époque les caractères généraux du monde vivant (faune et flore) étaient encore trop différents de ceux des êtres actuels. Le savant anglais Lubbock au contraire affirme que l'homme, tout au début de sa carrière, doit avoir vécu dès la période *miocène*, mais que nous pouvons espérer de rencontrer ses os ou ses traces seulement dans les chaudes régions tropicales encore trop peu explorées ! E. Wallace croit même que l'on doit reculer l'apparition de l'homme sur la terre encore plus en arrière, jusque dans la plus ancienne division de l'époque tertiaire, dans l'étage *éocène*.

On le voit, les opinions au sujet de l'antiquité de notre

espèce sont encore bien divisées. On voit surtout qu'assigner à cette antiquité un nombre fixe d'années est tout à fait impossible. Mais, et là-dessus tous les savants sont d'accord, sans excepter ceux-mêmes qui furent les plus récalcitrants, ce qui paraît parfaitement sûr, c'est que la durée de l'histoire s'évanouit comparativement à la durée de ces âges pendant lesquels notre espèce a réellement habité la terre, ou que, selon une remarquable expression de Lyell, ces périodes de l'histoire, dans une pareille comparaison, paraissent *l'œuvre d'hier*.

En fait l'histoire proprement dite, celle qui semble authentique, celle que nous ont transmise soit des traditions écrites, soit des témoignages dignes de créance, est loin de remonter aussi haut qu'on le croit ordinairement. Elle ne commence qu'avec l'établissement des olympiades grecques, c'est-à-dire en l'année 776 avant Jésus-Christ. Pourtant la fameuse guerre de Troie est certainement plus ancienne ; elle remonte jusqu'à 1,100 ou 1,200 ans avant Jésus-Christ ; mais, tout le monde le sait, ce qui la concerne n'est qu'un mélange de poésie et de vérité. Combien la chronologie grecque même remonte peu en arrière, puisque Hécatée de Milet, qui vivait 500 ans avant Jésus-Christ, exprime l'opinion que, depuis 900 ans les dieux ne se marient plus avec les hommes? Ce serait donc un total qui atteindrait 1,400 ans avant Jésus-Christ.

Par delà cette aurore de l'histoire, il n'y a plus que des mythes, des traditions, des légendes ou quelques dates fixées d'après d'antiques documents, ou bien enfin une histoire artificiellement composée d'après des monuments, des édifices, de vieilles inscriptions, etc. C'est ainsi que les traditions de la race aryenne atteignent jusqu'à deux mille ans avant Jésus-Christ. Les écrits sémitiques placent la naissance d'Abraham, le père du peuple juif environ deux mille ans avant Jésus-Christ[1] et le déluge dans le vingtième siècle avant Abraham. De la création au déluge, la Bible compte un à deux mille ans ; ce qui donne un total général de cinq à six mille ans avant Jésus-Christ.

La très-vieille histoire des Chinois contient deux dates isolées, les plus reculées. D'après leurs chroniques, le déluge, qu'ils mentionnent, a dû avoir lieu sous le règne de l'empereur *Yao*, 2357 ans avant Jésus-Christ, tandis que, dès 2698 avant Jésus-Christ, *Huangti* a dû découvrir l'écriture. Vers cette époque, alors que les Juifs menaient sous leurs patriarches une vie nomade, la civilisation des Chinois avait donc atteint un très-haut degré. L'histoire mythique ou légendaire de ce peuple comprend l'énorme nombre de 129,600 ans ; d'après leurs traditions, cette période se compose de douze grandes divisions de 10,800 ans chacune, et elle embrasse trois époques principales : le règne des ténèbres, le règne de la terre, le règne de l'homme. — Cela est analogue à ce que rapporte le professeur Spiegel des Babyloniens, qui assignent à la vie de leurs dix plus anciens patriarches une durée totale de 432,000 années.

D'après A. de Humboldt, Strabon dit des habitants primitifs de l'Espagne (les Turdules et les Turditains) : « Ils se servent de l'écriture et ont des livres de vieilles maximes, ainsi que des poésies et des lois versifiées, auxquelles ils attribuent une antiquité de 6,000 ans. » Enfin, pour ce qui a trait à l'histoire composée d'après les monuments et les inscriptions, il faut avant tout citer la plus ancienne, la plus importante contrée civilisée du monde, l'Egypte.

---

[1] D'après des évaluations basées sur une inscription gravée sur une tablette assyrienne, qui se trouve au *British Museum*, l'époque d'Abraham tomberait vers 2200 ans avant Jésus-Christ.

On connaît les résultats aussi intéressants que grandioses des recherches et des fouilles faites par les savants, grâce au déchiffrement des hiéroglyphes, dans cette terre des prodiges, dans cette primitive patrie de tous les arts, de toutes les connaissances; je me contenterai donc ici de dire que tous ces résultats ont encore été éclipsés par les nouvelles découvertes du Français Mariette. Ce savant a trouvé des sculptures, des inscriptions, des statues, qui remontent jusqu'à 4000 à 4500 ans avant Jésus-Christ. Il a trouvé également, dans les tombeaux et sur les parois des constructions tumulaires de cette époque, des peintures et des inscriptions, mettant hors de doute que, dès ce temps si reculé, une civilisation relativement avancée existait en Égypte. On voit d'ailleurs quelle haute idée avaient déjà les Grecs de la civilisation et de la puissance égyptiennes, puisque Homère (800 ans avant J.-C.) parle avec une grande admiration de la Thèbes égyptienne avec ses cent portes, de chacune desquelles sortaient deux cents chars armés pour la bataille, et pourtant Memphis était encore plus ancienne. Achille aussi s'écrie en se défendant : « Quand vous m'offririez de régner dans la Thèbes égyptienne aux cent portes, je ne céderais point la place. » Que l'on songe aussi aux quarante et quelques pyramides d'Égypte, qui ont exigé un millier d'années de travail et qu'il faut considérer comme les monuments d'une longue série de dynasties successivement couchées dans la tombe. Cela concorde d'ailleurs avec l'histoire mythique des Égyptiens, qui commence bien des milliers d'années avant l'ère historique réelle, puisque cette dernière débute par Ménès, premier roi historique de l'Égypte, 5000 ans avant Jésus-Christ (23).

Ces traditions si lointaines des peuples les plus anciennement civilisés concordent parfaitement avec les enseignements de la science moderne. Elles montrent que le souvenir confus d'un long passé enfoui dans les ténèbres des temps écoulés devait persister dans la mémoire de ces peuples. Si même l'on récusait toutes les preuves géologiques et paléontologiques fournies par nous, le seul fait de ces traditions ajouté à l'incontestable existence d'un haut degré de civilisation en Égypte, il y a plus de 6000 ans, suffirait à nous montrer que l'opinion jusqu'ici admise, cette opinion appuyée sur l'autorité biblique et suivant laquelle le genre humain n'a pas plus de 6000 ans, est absolument inadmissible. La profonde ignorance, dans laquelle on se trouvait jusqu'ici au sujet de l'existence préhistorique du genre humain, peut seule rendre raison de cette manière de voir. Sur ce point le regard se perdait dans une obscurité complète, impénétrable, qu'aucun rayon de lumière n'éclairait. Aujourd'hui au contraire il en est tout autrement. Une nouvelle science appelée par Boucher de Perthes *l'archéogéologie*, c'est-à-dire l'union de la géologie, de la paléontologie avec l'archéologie, a jeté sur la période préhistorique une lumière déjà suffisante et qui ira toujours grandissant.

Nombre de lecteurs demanderont ici : Mais comment se fait-il, que de tout ce long passé préhistorique l'histoire ne fournisse aucun témoignage? pourquoi règne-t-il à ce sujet une obscurité si complète et qu'aucun document immédiat ne vient éclairer?

Répondre à ces questions est facile.

Évidemment l'homme préhistorique était dans un tel état de barbarie et de grossièreté native, qu'il n'éprouvait pas le besoin d'une tradition historique et ne possédait aucun moyen de la fixer. Ce fut l'invention déjà très-compliquée et fort tardive de l'écriture qui pour la première fois fournit ce moyen. Jusqu'alors on connut seulement la tradition orale, qui en réalité a conservé la trace d'une très-haute antiquité. Mais cette tradition ne se pouvait exercer que dans des limites très-restreintes, entravée qu'elle était par la pauvreté d'un langage encore imparfait et par l'absence d'événements notables. Sans aucun doute la vie de l'homme primitif fut d'une simplicité, d'une uniformité extrêmes ; elle était désolante d'ennui ; du moins elle nous semble telle. C'était une lutte pénible et sans trêve contre les animaux sauvages et les nombreuses difficultés de la nature ambiante ! Pourtant les combats de l'homme primitif avec les grands animaux des époques diluviale et tertiaire peuvent avoir donné lieu à des hauts faits, dignes de la tradition ; et en réalité la lutte avec les animaux joue, comme on le sait, un rôle très-prédominant dans les plus antiques récits de tous les anciens peuples civilisés. Aussi a-t-on bien souvent et avec raison conjecturé que ces légendes n'étaient pas seulement œuvres de poésie et d'imagination, mais que, pour une part du moins, elles reposaient sur la vérité. On a pensé notamment que ces récits terrifiants de luttes effroyables avec des dragons, des monstres, des animaux étrangement conformés et d'une énorme grandeur venaient en partie de ce que l'homme avait réellement rencontré, vu et combattu les grands et singuliers animaux du diluvium et de l'époque tertiaire.

Quoi qu'il en soit, on peut considérer comme certain, que l'homme dans son état de barbarie et de rudesse natives était incapable d'avoir une histoire. Avant d'éprouver le besoin de transmettre à sa postérité le souvenir de sa vie, avant d'acquérir le moyen de fixer ce souvenir d'une façon durable, il lui a fallu s'élever à un certain degré, à un haut degré de culture. Cela n'est pas une simple hypothèse, mais bien l'expression même de la réalité, comme on le voit par l'exemple des sauvages actuels, qui depuis un temps immémorial vivent dans des conditions presque identiques et n'ont pourtant point d'histoire écrite, d'histoire réelle. On ne peut douter que l'état des peuples sauvages contemporains ne soit la meilleure image de l'état originel de l'homme et qu'il n'existe entre ces deux états une analogie presque parfaite. Tous les récits des voyageurs montrent qu'il y a une frappante similitude entre les armes, l'industrie, les habitudes, la manière de vivre des peuples sauvages qu'ils ont visités, et celles de l'homme primitif, autant du moins que les rares reliques de ce dernier nous permettent de le déchiffrer ou plutôt de le deviner (24).

Voilà qui nous conduit tout naturellement à la seconde et dernière partie de cette étude, c'est-à-dire aux questions qui ont trait à la condition primitive, aux commencements de l'homme et qui se rattachent immédiatement aux recherches touchant l'antiquité du genre humain. Comment était notre vieil ancêtre, l'homme primitif, physiquement et moralement? que faisait-il? comment vivait-il? de quoi pouvait-il se vêtir et se nourrir? comment put-il accomplir son graduel progrès vers la culture d'esprit, vers la civilisation? Et, ce qui est surtout important, de ces recherches au sujet de la primitive existence de l'homme, de ces recherches qui ruinent de fond en comble les croyances admises, qui nous découvrent un passé énorme, absolument obscur jusqu'ici, que pouvons-nous déduire touchant le sujet qui nous occupe, touchant la place de l'homme dans la nature et l'importante question : D'où venons-nous? Sur ce point nous faisons ici abstraction de toutes les autres preuves.

Mais explorer un tel terrain est d'autant moins sûr, d'autant plus périlleux, que le plus souvent force est de recourir aux conjectures, aux conclusions par analogie, bien plus qu'à des documents immédiats, et que l'imagination doit plus ou moins venir en aide à la raison, qui démontre, qui ordonne les arguments. Pourtant nous possédons une série de solides points d'appui qui nous peuvent fournir une image assez parfaite de l'état de l'homme primitif et de ses progrès extrêmement lents à travers des myriades d'années vers un graduel perfectionnement, vers un anoblissement graduel. Cela est particulièrement vrai, si nous voulons nous étayer des nombreuses observations faites sur les sauvages contemporains, qui, comme il a été dit, nous offrent, pour nous aider à déterminer l'état originel de nos premiers ancêtres, un prototype, un portrait très-net et très-instructif. Très-vraisemblablement pourtant, l'état général de l'homme primitif a été plus misérable, plus imparfait encore que celui de nos sauvages actuels les plus barbares, puisque de la période la plus reculée de son existence que nous connaissions il nous a seulement laissé en armes et ustensiles les grossiers coins de pierre ci-dessus décrits. Or ces instruments s'obtenaient en entre-choquant simplement deux de ces rognons de silex si faciles à fendre à l'état frais. A cette époque reculée, l'homme ne connut jamais le premier, le plus primitif des arts ; il ne sut point faire ces poteries dont les débris se rencontrent si fréquemment à une période postérieure. Encore moins fabriquait-il ces ouvrages si communs plus tard, en bois, en corne ou en os. La dissemblance entre l'homme des époques diluviale ou tertiaire et le civilisé de nos jours doit donc avoir surpassé celle qui existe entre le sauvage d'Australie et l'Européen instruit de notre temps. Cette différence est telle que, sans une instruction préalable, la raison se résout difficilement à admettre un lien logique entre ce passé et le présent et, plutôt que de reconnaître la vérité pourtant évidente, elle va se réfugier dans la théorie si invraisemblable d'une création de l'homme. Car, s'il est un point sur lequel nos observations ne laissent plus aucun doute, c'est que l'homme n'est point un fils du paradis, tombé tout fait et même, dans une certaine mesure, parfait du ciel sur la terre. Bien au contraire, comme tous les êtres organisés, c'est lentement, à travers des myriades d'années et des générations sans nombre, qu'il s'est développé ; c'est comme un sauvage grossier, s'élevant à peine au-dessus de l'animalité et presque écrasé par les forces de la nature, qu'il a débuté dans l'existence. Nu ou misérablement vêtu de la peau des animaux ou de l'écorce des arbres, vivant seul ou par familles isolées dans les bois, les cavernes, les fissures des rochers ou sur le bord des fleuves, n'ayant pour armes que ses pauvres haches en silex, ce sauvage, cet homme primitif eut à lutter presque sans trêve avec la puissante nature qui l'environnait et avec les grands animaux des époques diluviale ou tertiaire. Certainement il ne serait pas sorti victorieux de la bataille et surtout il ne l'aurait point engagée, s'il n'avait eu pour le soutenir une force intellectuelle proportionnellement grande [1].

---

[1] Souvent on a voulu considérer comme impossible ou invraisemblable que les premiers hommes aient pu, avec leurs misérables armes, tenir contre les gigantesques animaux du passé. Mais nous serons mieux renseignés par un regard jeté sur les sauvages actuels de l'Amérique, de l'Afrique et de l'Australie, qui ne craignent pas davantage d'aller avec leurs armes si pauvres, si imparfaites au-devant de grands animaux et qui les combattent victorieusement. « Il faut être aveugle, dit J. P. Lesley, pour ne point reconnaître les traces de cette guerre longue, dure, désespérée, sanglante, diaboliquement cruelle entre l'homme primitif et toutes les forces adverses de l'air et de la terre. Dans cette guerre, tous les avantages étaient du côté de la nature, et pourtant l'homme triompha, parce que les forces de l'esprit et de la raison lui vinrent en aide. » — « Si nous pensons à ce qu'étaient les armes et les outils de l'homme primitif, notre étonnement s'en accroîtra encore et nous nous demanderons comment la civilisation a pu trouver du temps et une issue pour naître. »

Quant à sa force corporelle, elle surpassait à peine celle de l'homme actuel, si même elle ne lui était pas inférieure. Disons ici que le préjugé si répandu relativement à l'existence d'une ancienne race de géants est complétement erroné et s'appuie sur ce fait que des ossements d'animaux gigantesques avaient été trouvés mêlés avec des os d'homme. Cependant on a rencontré quelques anciens squelettes ou quelques portions de squelettes humains, qui doivent avoir appartenu à des hommes relati-

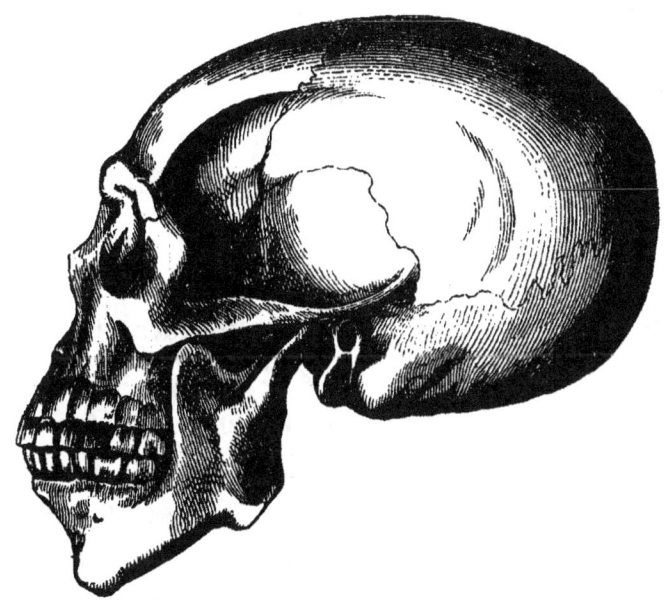

Fig. 17. — Crâne d'un nègre, comme type du prognathisme ; profil.
(D'après les *Leçons sur l'homme* de C. Vogt.)

vement grands et très-fortement musclés, par exemple le squelette célèbre de l'homme de Néanderthal ou les restes humains probablement contemporains du mammouth, qui ont été trouvés tout récemment par M. Louis Lartet dans une des cavernes du Périgord (la caverne des Eyzies). Ces os paraissent provenir d'une race sauvage, mais forte et bien musclée ; leur conformation incline vers le type simien ; les mâchoires sont prognathes [1], mais pourtant le cerveau est relativement bien développé. Au contraire, la plupart des découvertes de l'époque quaternaire indiquent une race petite, à crâne étroit, à mâchoires prognathes ; parfois le type se rapproche de celui du nègre ou du Mongol. Dans la période la plus ancienne de l'âge du mammouth et de l'ours des cavernes, l'homme était, selon M. Broca (rapport de 1865-67), de petite stature ; il avait une tête étroite, un front fuyant et des mâchoires proéminentes, en général une conformation du corps dont l'analogue ne se trouve plus aujourd'hui que chez les races les plus inférieures, en Australie et à la Nouvelle-Calédonie. Cela sera démontré plus loin, surtout quand nous décrirons la mâchoire humaine de forme simienne trouvée à *la Naulette* et les ossements analogues trouvés par le marquis de Vibraye dans la grotte d'Arcis-sur-Aube.

Mais cependant l'existence de cette race sauvage et de petite taille s'est prolongée jusque dans une période très-reculée de l'époque dite *du renne*, comme l'ont démontré notamment les découvertes faites dans les nombreuses cavernes belges de la province de Namur. Ces cavernes furent explorées par une commission scientifique spéciale et aux frais du gouvernement belge. Le rapport de cette commission, du 26 mars 1865, dit qu'auprès d'une grande quantité de bois de renne et d'os en partie travaillés, d'instruments de silex, de poteries noires, d'objets en coquillages destinés à la parure, etc., etc., on a trouvé beaucoup d'os humains qui tous avaient appartenu à des hommes de petite stature, analogues en cela à la plupart des Lapons actuels. Les débris trouvés dans le *Trou du*

---

[1] Prognathisme, saillie en avant des mâchoires et des dents.

Frontal, et dont nous avons déjà parlé, indiquent aussi, comme les ossements humains de la caverne d'Aurignac, une race plus petite que les races contemporaines. Selon le rapport rédigé par M. E. Dupont, l'homme des cavernes belges était « petit, bien musclé, vif et maladif. »

Que, durant *l'âge de bronze*, immédiatement postérieur à l'âge de pierre et pendant lequel l'homme savait déjà allier et travailler les métaux, une race de petite taille ait encore vécu, cela serait démontré par l'exiguïté de la poignée des armes en bronze, et cette circonstance avait généralement frappé les archéologues bien avant que l'on sût quoi que ce soit de l'homme diluvien.

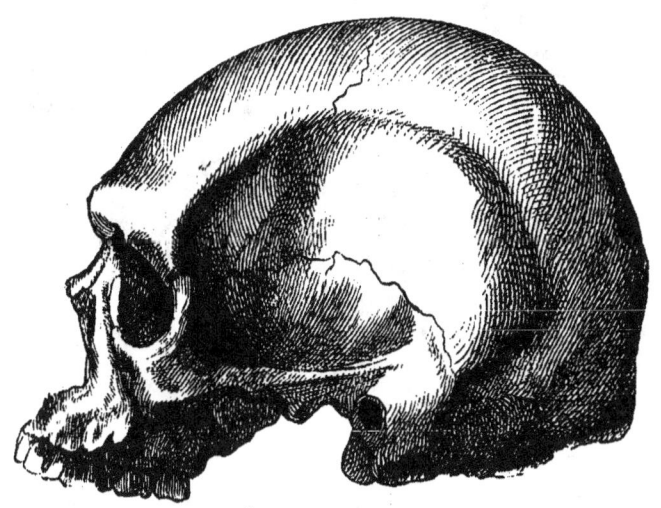

Fig. 18. — Profil d'un nègre australien, d'après Lucæ.

Si, du côté physique, l'homme primitif était inférieur à l'homme de nos jours (25), cette infériorité était naturellement bien autrement grande du côté intellectuel. Si l'énergie des facultés intellectuelles permettait à cet homme primitif de guerroyer victorieusement, malgré la faiblesse relative de son corps, avec des animaux qui le surpassaient tellement en grandeur et en vigueur, pourtant ces facultés, comparées au développement intellectuel des générations contemporaines, étaient extrêmement pauvres, extrêmement rudimentaires. Cela est démontré par de nombreux crânes humains antiques et primitifs, trouvés dans divers pays. En effet, ces crânes, pour peu qu'ils remontent à une antiquité un peu reculée, ont une forme grossière, imparfaite, qui correspond à un pauvre développement cérébral. Ils confinent en partie d'une

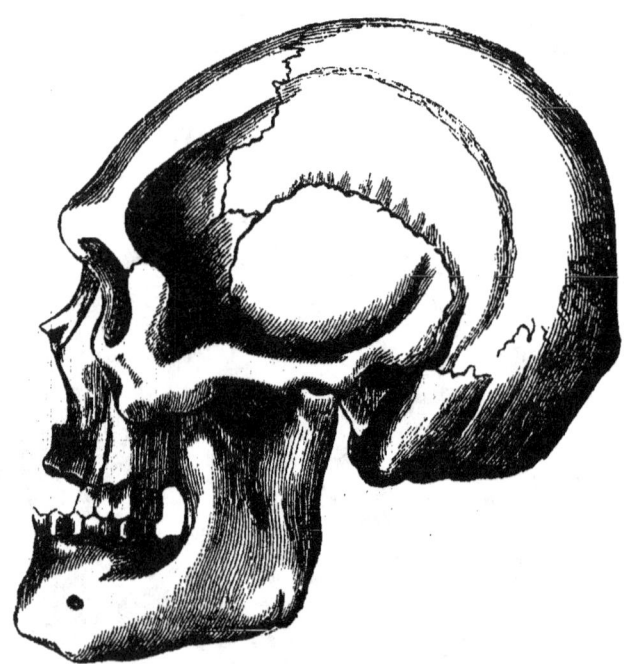

Fig. 19. — Crâne de Borreby, du Danemark (âge de pierre), de profil; d'après un dessin communiqué par M. Busk. (*Leçons sur l'homme* de C. Vogt.)

manière frappante aux types actuels les plus inférieurs, aux grossiers aborigènes d'Afrique et d'Australie. Citons les nombreux crânes négroïdes trouvés par Spring et Schmerling dans les cavernes belges (26); les crânes danois dits de Borreby (27); celui que Link découvrit parmi les crânes provenant des carrières à plâtre et réunis à Köstritz par Schlotheim. Ce dernier crâne était caractérisé par un remarquable aplatissement du front ; ajoutons-y les crânes d'une conformation analogue, que Lund trouva mêlés à des ossements d'animaux antédiluviens dans une caverne à ossements du Brésil ; les crânes du même genre, très-allongés en arrière, que Castelnau a rencontrés dans des conditions semblables, au Pérou, dans une caverne rocheuse des Andes[1] ; un crâne actuellement au musée de Stuttgart, et qui fut exhumé en 1700 à Canstatt en même temps que des os de mammouth. Ce dernier crâne, dont nous avons déjà parlé, ressemble au crâne cafre ; il a un front très-déprimé, fuyant en arrière et des arcades sourcilières très-proéminentes. Citons encore le crâne offert, il y a quelques années, par T. W. Smart à la Société anthropologique de Londres. Ce crâne, trouvé dans l'île de Portland, est d'une haute antiquité ; l'épaisseur de ses os, la saillie de ses bosses frontales indiquent un type très-inférieur ; il ressemble aux crânes nègres les moins élevés dans la série. (Voy. *Anthropological Review*, n° d'octobre 1865.) Ajoutons les crânes d'un type si inférieur trouvés dans un vieux tombeau à Caithness, dans le nord de l'Écosse ; parmi eux se trouve un crâne qui, de l'aveu de plusieurs autorités scientifiques, est le crâne le plus misérablement conformé qui ait été trouvé en Europe, si l'on excepte celui de Néanderthal (28). Mentionnons encore le crâne trouvé en Angleterre, à Cheltenham, sur les collines de Cotlwold et

---

[1] Une forte rétrogradation du front indique toujours un degré faible ou inférieur de développement cérébral, comme le prouve la conformation crânienne des races humaines les plus inférieures. Frère, dont la riche collection des crânes appartenant à tous les siècles de notre ère fait partie du nouveau Musée anthropologique de Paris, Frère donne comme caractéristique dans la comparaison de ces crânes le fait suivant : plus le type est ancien, plus aussi le crâne est développé en arrière, tandis que le front est aplati, de telle sorte que le relèvement graduel du front indique le passage des peuples sauvages à la civilisation.

sur lequel le Dr Bird a fait un rapport dans le journal déjà cité, en février 1865 (29) ; enfin le crâne de la vallée de l'Arno, près de Florence, décrit par le professeur Cocchi. Ce crâne à type négroïde a un front très-déprimé et est très-développé dans la région postérieure, etc., etc.

Toutes ces découvertes et bien d'autres, que nous ne pouvons indiquer ici, sont pourtant surpassées en intérêt et en importance par le fameux crâne déjà cité de Néan-

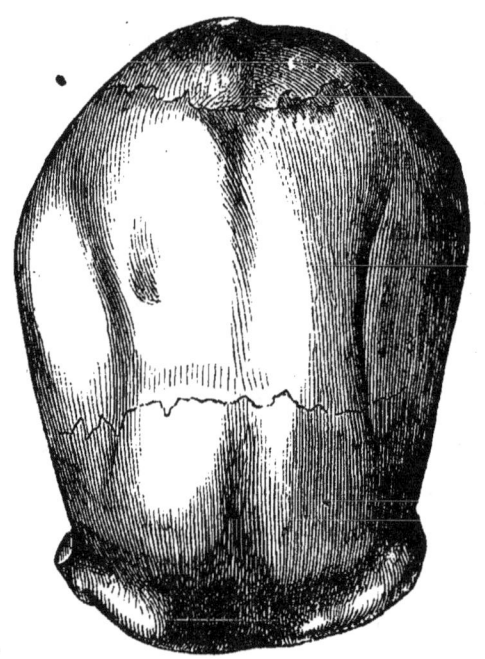

Fig. 20. — Crâne de Néander, vu de dessus. (D'après les *Leçons sur l'homme* de C. Vogt.)

derthal. Ce crâne, trouvé avec un squelette indubitablement fossile, en 1856, dans une caverne calcaire de la vallée de Néander, près Hochdal (entre Düsseldorf et Elberfeld) a été examiné et décrit par les docteurs Fuhlrott et Schaafhausen. Il a un frontal très-étroit, aplati et déprimé dans une étonnante proportion. En outre, les bosses frontales et les arcades sourcilières sont développées et saillantes à un point qui jusqu'alors n'avait pas été observé dans un crâne humain. Cette particularité devait donner à la face de l'homme de Néanderthal une

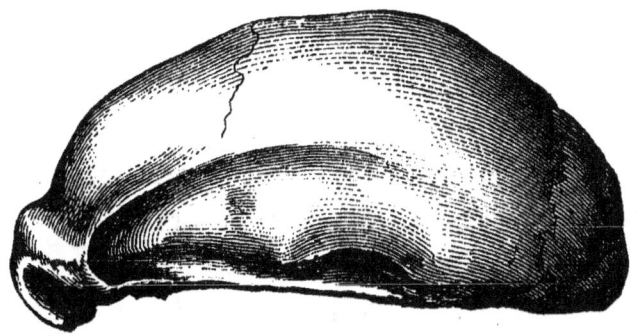

Fig. 21. — Crâne de Néanderthal. (D'après les *Leçons sur l'homme* de C. Vogt.

expression effroyablement bestiale, sauvage et simienne. Aussi la conformation du reste du squelette se rapprochait par bien des points des races humaines les plus inférieures. Ainsi les saillies et les crêtes, qui servent aux muscles de point d'attache, sont très-développées, d'où l'on peut conclure que l'homme était robuste, fortement musclé, mais aussi très-sauvage.

Cette remarquable découverte fit naturellement grand bruit dans le monde savant, même en dehors de l'Allemagne, en Angleterre et en France, où les moulages en plâtre du crâne de Néanderthal sont fort répandus. En Angleterre, le professeur Huxley, dont la compétence est connue, déclara après un minutieux examen, que le crâne de Néanderthal était le crâne le plus bestial et le plus simien qui existât, et qu'en outre c'était celui qui ressemblait le plus au crâne australien actuel. De même, au congrès des naturalistes de Giessen en 1864, le professeur Schaafhausen, répondant à des interprétations différentes, déclara que le crâne de Néanderthal constitue ce qu'on appelle un type de race, que tout le squelette, incontestablement fossile, ne peut avoir appartenu à un idiot et offre nombre de caractères observés récemment sur les squelettes des races très-inférieures. Enfin il ajouta que ce squelette avait nécessairement appartenu à un des autochthones ou habitants primitifs de l'Europe avant l'immigration indo-germanique (30). Cette interprétation devait naturellement soulever nombre d'objections de la part des gens intéressés à affaiblir une preuve aussi puissante; mais ces objections n'ont point amené de résultat notable. Les principales critiques des personnes insuffisamment informées consistèrent à considérer cette découverte comme un fait isolé, et le crâne, à cause de sa forme spéciale et soi-disant sans exemple, comme un cas de monstruosité ou d'exception à la règle. Mais il n'en est rien : aussi le professeur Huxley a pu déclarer avec raison, qu'en fait le crâne de Néanderthal n'est nullement isolé, comme on le pourrait croire au premier coup d'œil, mais qu'il forme en réalité le terme extrême d'une lente et graduelle série, embrassant aussi les crânes humains les plus élevés, les mieux développés. Par exemple, le crâne danois de Borreby, de l'âge de pierre, offre selon Huxley des caractères d'infériorité de la capsule cérébrale qui le rapprochent beaucoup du crâne de Néanderthal. Ces caractères sont la dépression du front en arrière, l'allongement postérieur de la tête, la saillie des arcades sourcilières. On en peut dire autant, du plus au moins, des autres crânes humains compris dans l'énumération qui précède, et aussi de beaucoup de crânes anciens ou de fragments de crânes trouvés surtout dans le nord de l'Europe (avec d'autres ossements). Le professeur Schaafhausen, dans son important écrit *sur la Crâniologie des races primitives*, les a étudiés un à un, et sur tous il a observé un aspect analogue, quoique moins accusé. Sur presque tous ces crânes, les caractères qui dominent particulièrement sont la forte saillie des arcades sourcilières avec un front bas, aplati, fuyant (31).

Du reste, abstraction faite du premier de ces caractères, c'est-à-dire de la saillie des arcades sourcilières, nous possédons dans le crâne de race Titicaca, trouvé en Bolivie, à Algodon-Bay, dans un antique tombeau, par Freiherrn de Bibra, qui l'apporta en Europe, un type crânien notablement inférieur encore au crâne de Néander, et plus bestial que lui par sa *petitesse excessive*, par l'étroitesse et l'aplatissement de son front, qui fait presque défaut. Au dire de Bibra, ce crâne a pour ainsi dire plus d'analogie avec un crâne de singe qu'avec un crâne d'homme, et l'analyse chimique des os faite par lui indique que ces os sont d'une très-haute antiquité (32).

De tout cela, ainsi que de beaucoup d'autres découvertes d'ossements humains, parmi lesquels un grand nombre de mâchoires inférieures très-bestiales de forme, et que nous mentionnerons ailleurs plus longuement, on peut conclure sûrement que notre plus ancien ancêtre en Europe, l'homme primitif, était infiniment inférieur à l'homme actuel, tant du côté corporel que du côté intellectuel. En d'autres termes, ce dut être un sauvage extrêmement grossier, à peu près muet, qui peu à peu, et d'abord avec une extrême lenteur, avec des efforts inouïs, poussé par un mobile interne ou par une impulsion du dehors, s'éleva à un certain degré de civilisation ou accomplit un vrai progrès intellectuel. Même il paraît presque ressortir des observations précédemment mentionnées que, pendant bien des milliers d'années, ce progrès fut à peu près nul. Du moins, un très-long espace de temps doit, d'après l'estimation de Lyell et d'autres (voy. la note 22), s'être écoulé entre le dépôt des couches de sable inférieures et supérieures qui, dans la vallée de la Somme, renferment des haches en silex. Or, entre les haches des couches supérieures et celles des couches inférieures, on ne remarque aucune différence importante ou facilement appréciable, d'où il résulte que l'industrie de l'homme primitif a dû demeurer presque stationnaire pendant un long temps. Pourtant il existe une dissemblance, mais si peu importante, qu'au dire de Lyell elle est visible seulement pour l'œil d'un observateur exercé et que le vulgaire ne la remarque nullement. Ainsi on a observé que la forme dite *ovale* est plus commune dans les couches profondes que la forme *longue*. Par une étude plus soigneuse sur des matériaux plus nombreux on arrivera sans doute à apprécier des différences plus délicates, et l'on aura alors une meilleure idée du développement graduel de la civilisation (33).

Cependant, dans une période un peu moins éloignée, les différences entre les armes de pierre deviennent si considérables, et le progrès industriel des peuples primitifs s'accuse tellement, que l'on s'en est servi pour partager *l'âge de pierre* en trois phases ou divisions distinctes et successives, caractérisées principalement par la forme et la perfection plus ou moins grande des armes et des instruments de pierre. Il y a un âge de pierre *ancien*, un âge *moyen* et un âge *récent*. Ces trois périodes embrassent pourtant un énorme laps de temps, puisque l'âge de pierre le plus ancien doit coïncider de bien près avec l'apparition de l'homme sur la terre, tandis que l'âge de pierre le plus récent se prolonge encore profondément dans les temps historiques et même persiste aujourd'hui chez beaucoup de peuplades sauvages.

Pour faire bien comprendre d'ailleurs cette expression « âge de pierre, » il faut rappeler que, récemment, à la suite des savants de l'Europe septentrionale, on a divisé en époques toute l'histoire préhistorique du genre humain et de son développement vers la civilisation. Cette division comprend les trois âges distincts de la pierre, du bronze et du fer, et quoique fort critiquée et mise en doute, elle a peu à peu conquis son droit de cité dans l'archéologie. Toutes ces périodes sont reliées par les plus lentes transitions; elles s'engrènent ensemble; pourtant, dans leur généralité, elles montrent très-bien la marche graduelle de la civilisation, qui, à proprement parler, commence seulement avec l'apparition du fer[1]. Le bronze, alliage ou mélange de cuivre et d'étain, était bien inférieur au fer, dont l'usage a rendu possible ce progrès de la civilisation qui nous a conduits au degré actuel. Mais la substance la plus imparfaite fut naturellement la pierre, dont le remplacement par le bronze ou l'airain constitua pour l'humanité ancienne un progrès bien plus grand encore que l'introduction plus tardive du fer.

Par cette division, qui permet de déterminer quelles ont été les plus anciennes époques du genre humain, on voit que la réalité a été tout juste le contraire de l'image rêvée par les poëtes de l'antiquité classique relativement à l'évolution des sociétés humaines, image qu'ils ont décrite dans leurs vers. Ils admettaient la succession d'un âge d'or, d'un âge d'argent, d'un âge de fer, et par suite une décadence sociale croissante; c'est précisément l'inverse qui s'est produit : « Les premiers habitants de notre pays n'eurent pas en partage une vie de pleine quiétude, d'éternelle sérénité, mais bien une existence

---

[1] Selon M. Gabriel de Mortillet, dont la compétence est reconnue, l'apparition du fer est encore tout à fait préhistorique, et les trois périodes de la pierre, du bronze et du fer, sont sorties lentement l'une de l'autre, du moins en Suisse et en Italie.

de dur et pénible labeur, de soucis cuisants et incessants. Quand enfin apparurent d'abord l'âge d'airain, puis l'âge de fer, ce ne fut point là dans la vie du genre humain une décadence, mais le plus grand perfectionnement, le plus rapide progrès accompli et possible vers l'affranchissement de l'homme. » (Virchow.)

Du reste, et nous l'avons déjà dit, il ne faut pas se figurer que des frontières bien accusées séparent ces trois anciennes périodes; au contraire, il est vraisemblable que partout il y eut des transitions graduelles. C'est surtout entre l'âge de bronze et l'âge de pierre qu'une de ces périodes transitoires a dû trouver place. Son existence est attestée par le mélange des instruments de pierre et de bronze trouvés dans divers lieux, dans divers tombeaux. Dans cette période de transition on trouve aussi des outils de cuivre pur; aussi nombre de personnes en ont pris occasion pour intercaler dans ces temps anciens un âge de cuivre (34). On trouve aussi ensemble dans maint endroit des objets de bronze et de fer; mais tandis que le bronze a été promptement et complétement remplacé par le fer, les armes de pierre se sont maintenues bien plus longtemps, et leur usage s'est prolongé, comme nous l'avons dit, profondément dans les temps historiques. Les dernières armes de pierre ont certainement été travaillées avec des instruments de fer; et l'on rapporte que les Bretons combattirent encore contre Guillaume le Conquérant avec des armes de pierre (35).

On a observé dans cet âge transitoire entre la pierre et le bronze un fait très-curieux pour l'histoire de l'évolution intellectuelle de l'homme : c'est que les premières armes de bronze furent encore faites sur le modèle des anciens instruments de pierre, de même que les plus vieux ustensiles de fer furent modelés sur le type des objets de bronze qui les avaient précédés. Certainement personne n'aurait songé à donner au métal souple et docile les formes grossières et incommodes des produits de l'âge de pierre si de pareils modèles n'avaient pas pré-

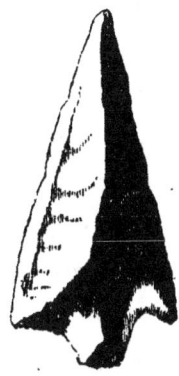 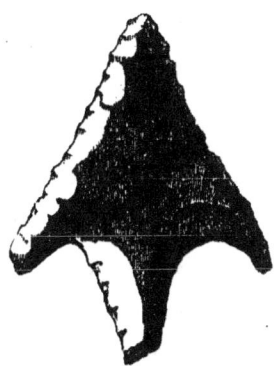

Fig. 22 Fig. 23
Pointes de flèches en silex. — *Greng*, lac de Morat. — Grandeur naturelle.
(Collection *Desor*.)

existé. Par cet exemple on voit très-nettement que l'esprit humain n'enfante rien immédiatement de son seul fonds,

Fig. 24 Fig. 25
Pointes de flèches en bronze. — *Font*. — Grandeur naturelle. (Collection *Desor*.)

mais que partout il est étroitement et régulièrement asservi à des lois d'évolution graduelle, sensuelle et aux aliments que lui fournissent les impressions du dehors. Notre premier ancêtre ne put pas s'élever spontanément à l'idée d'un véritable instrument métallique; il lui fallut d'abord remarquer que la matière nouvelle pouvait se plier à des formes meilleures, mais nous n'avons pas pour cela le droit de critiquer l'esprit étroit de ce premier ancêtre, nous qui, aujourd'hui même et sur une plus large échelle, commettons la même faute. En effet avec quelle peine extrême parvenons-nous à dépouiller ce qui est vieux, ce qui est caduc, aussi bien dans le domaine de l'esprit que dans celui de la matière! Songeons par exemple à la construction excessivement défectueuse de nos voies ferrées et de nos wagons, qui sont entièrement conformes aux routes postales et aux incommodes diligences d'autrefois. Pourtant avec les moyens dont nous disposons et si nous n'avions pas ces modèles sous les yeux, il serait facile d'arriver à une organisation infiniment mieux adaptée au but et en même temps moins dangereuse, plus agréable et plus commode (36).

Après cette digression revenons à notre objet principal, à l'âge de pierre, dont les trois phases ou divisions en âges *ancien*, *moyen* et *récent* nous peuvent fournir une excellente image de la marche graduelle et ascendante de la civilisation.

L'ancien âge de pierre est caractérisé par ces grossières haches faites sur le modèle de celles d'Amiens, d'Abbeville, d'Hoxne, etc. On les trouve principalement dans les couches de gravier ou de sable des anciens lits de fleuves, parfois aussi dans les plus anciennes cavernes. Ces haches n'offrent aucune trace d'un travail délicat. On les obtenait par le choc simple ou en les chapelant. Aucun poli, pas de trou pour le manche, nulle ornementation, etc., etc. Avec elles on ne trouve pas trace de métal, point de poterie, pas de débris d'animaux domestiques; au contraire, les ossements d'animaux diluviens depuis longtemps éteints, tels que l'ours des cavernes, le mammouth, le rhinocéros lanigère, etc., sont très-nombreux. John Lubbock (*Prehistoric Times*, etc., London 1865) appelle ce premier âge de la pierre : l'âge *paléolithique*, pour le distinguer du deuxième ou âge *néolithique*. On a selon lui, et comme nous l'avons déjà dit, découvert jusqu'ici environ trois mille de ces instruments de silex dans le nord de la France et le sud de l'Angleterre.

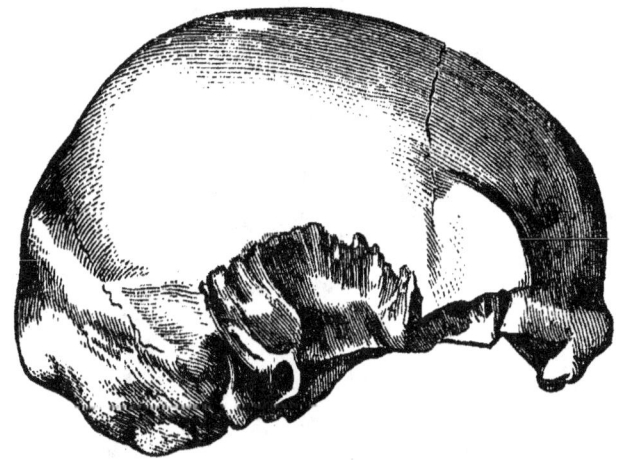

Fig. 26. — Crâne d'Engis, d'après le moule ; profil. (D'après les *Leçons sur l'homme*, par C. Vogt.)

M. E. Lartet croit devoir distinguer ici une ancienne période de l'ours des cavernes et une période plus récente de l'éléphant et du rhinocéros. D'autres, et parmi eux Ch. Vogt, ont considéré cette division comme superflue (37).

L'homme de cet ancien âge de pierre, qu'il faut regarder d'ailleurs comme le rejeton, le descendant d'une race plus vieille et plus grossière encore de la période tertiaire, était selon Ch. Vogt (*Archiv für Anthropologie*, 1866, Heft I), à en juger par les crânes d'Engis et de Néanderthal, un homme de haute taille ; il était robuste et son crâne était de forme allongée. Il honorait ses morts, connaissait le feu, construisait des foyers, fendait les os longs pour en extraire la moelle et les crânes pour en enlever le cerveau. Des coraux, des dents d'animaux for-

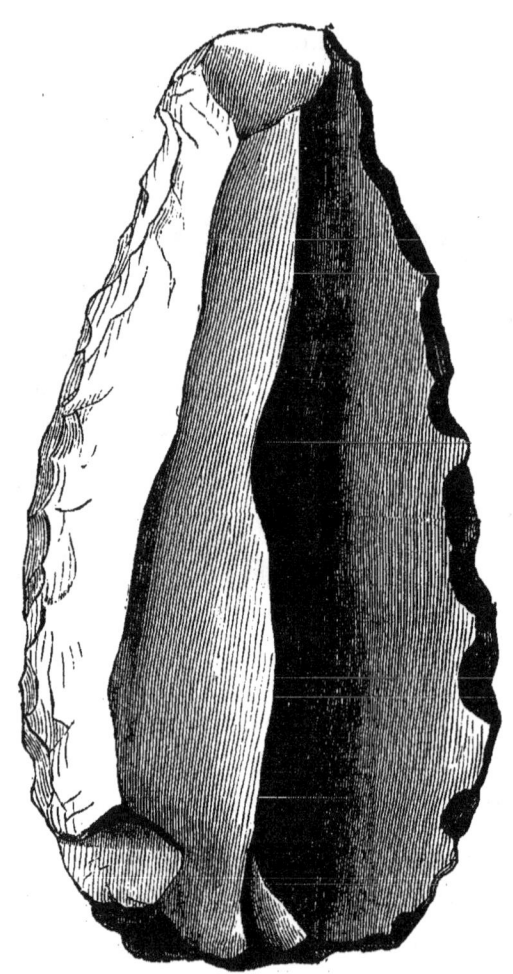

Fig. 27. — Silex taillé, carrières de Levallois. (Collection *Reboux*, grand. nat.)

maient sa parure. Ses vêtements étaient, soit des peaux d'animaux, soit des écorces foulées. Il avait des haches grossières, des couteaux grossiers détachés d'un rognon de silex, des os ouvrés pour différents buts. Il était répandu sur toute l'Europe centrale de ce côté des Alpes, à en juger du moins par la grande quantité d'instruments de silex trouvés dans les cavernes européennes.

Cette peinture n'est pas faite seulement d'après le grossier aborigène de l'époque diluviale. Le peintre paraît avoir eu alors sous les yeux une série d'objets trouvés dans les cavernes et provenant d'une période un peu postérieure. Westropp, qui distingue quatre stades dans le développement de la civilisation, appelle ce premier stade de l'humanité, le stade de la barbarie ; viennent ensuite les stades de la chasse, de la vie pastorale, puis de la vie agricole.

L'âge de pierre ancien se relie à l'âge moyen, qui est caractérisé par des armes de pierre, des instruments en silex d'un travail plus délicat et d'une perfection plus grande. On pourrait appeler cet âge : la période des couteaux de silex, car on les y trouve en nombre énorme, tandis que les haches sont proportionnellement bien moins nombreuses. Le plus habituellement cependant on désigne cette période sous le nom d'*âge du renne*, et l'homme de ce temps est appelé *homme du renne* à cause de la quantité considérable de bois de renne (et de cerf) travaillés et ciselés que l'on a trouvée dans les gisements de ce temps. Les os, les arêtes, les coquillages, etc., étaient travaillés, soit dans un but industriel ou d'utilité domestique, soit comme bijoux. Deux circonstances montrent pourtant combien l'homme de ce temps était peu avancé dans la civilisation : il n'avait pas d'animaux domestiques, le chien excepté ; et la seule poterie dont il nous ait laissé des débris est noire et grossière. Les ossements d'animaux que l'on a trouvés appartiennent, soit à des espèces éteintes, soit à des espèces encore vivantes, mais qui de temps immémorial ont rétrogradé dans les régions boréales. D'ailleurs, toute la période du renne est parfaitement préhistorique, puisque, de l'aveu unanime des savants, le renne a émigré de nos contrées avant la période historique.

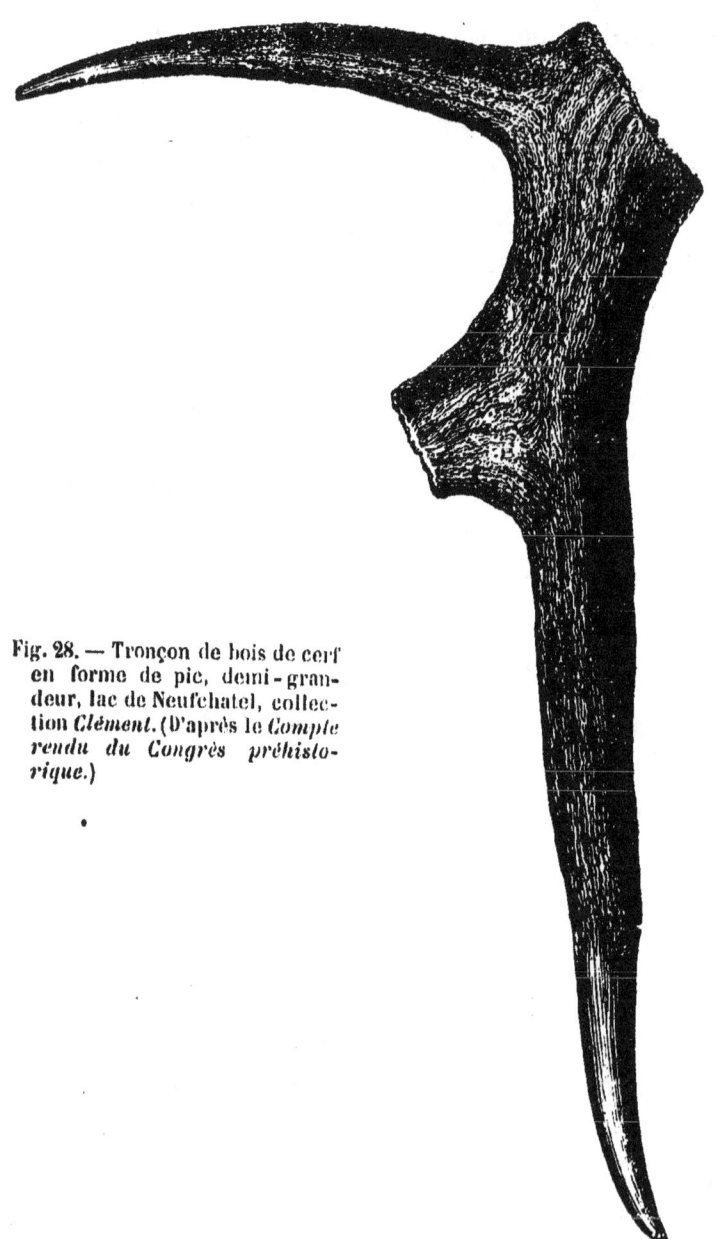

Fig. 28. — Tronçon de bois de cerf en forme de pic, demi-grandeur, lac de Neufchatel, collection *Clément*. (D'après le *Compte rendu du Congrès préhistorique*.)

A cet âge appartiennent la plupart des objets trouvés dans les cavernes, particulièrement dans les nombreuses cavernes du sud de la France qui ont fourni à l'antique histoire de l'homme un si riche butin. Il semble donc que l'homme de l'âge du renne ait vécu principalement, si ce n'est exclusivement, dans les cavernes. D'ailleurs ce ne fut pas seulement à cette époque, mais longtemps avant et après que les cavernes ont servi à l'homme d'habitations ou de retraites (38).

C'est aussi dans cette série qu'il faut ranger la caverne d'Aurignac, dont nous avons parlé en commençant, et où l'on a trouvé des couteaux de silex, des objets pour la parure, des instruments d'os, etc. Une particularité caractéristique est que, dans les cavernes de cet âge, on a trouvé beaucoup de restes humains, ce qui, on le sait, et jusqu'ici du moins, est rare dans les périodes plus récentes de l'âge de pierre. D'après Ch. Vogt, les crânes de ce temps ont le front aplati, la région postérieure très-développée, la voûte crânienne en forme de toit (comme chez les crânes australiens). A cette conformation se lie ordinairement un fort prognathisme, la brièveté de la tête, une faible structure générale, de sorte que le portrait général de l'homme du renne répond généralement au type lapon. Le grand développement du sens artistique, qui perce dans les sculptures, les dessins de l'homme du renne, que nous avons décrits, est très-remarquable; et le progrès qu'il fit faire à la civilisation en travaillant plus habilement ses armes, ses ustensiles, en inventant la poterie, est très-considérable. Selon Ch. Vogt, l'homme du renne excellait particulièrement à travailler les os. Évidemment il vivait de chasse et de pêche, et correspond par conséquent à la phase de la chasse, la deuxième des quatre phases de civilisation établies par Westropp. Pourtant cet auteur range dans cette phase les *kjökkenmöddings* ou débris de cuisine, où l'on ne trouve cependant que des silex taillés et point encore de silex polis par le frottement.

Dans ces dernières années, une lumière particulièrement éclatante a été projetée sur l'âge du renne et l'homme du renne par les fouilles minutieuses exécutées dans les cavernes belges et dont nous avons parlé, ainsi que par la célèbre découverte faite aux sources de la Schussen, à Schussenried (39).

A l'âge de pierre moyen se rattache l'âge de pierre récent ou l'âge de pierre néolithique de Lubbock. Ce qui caractérise cet âge, c'est la profusion d'armes de pierre et d'instruments de silex délicatement travaillés; c'est que ces instruments ne s'obtiennent plus simplement, comme jadis, par la taille, par des chocs, mais qu'ils sont aiguisés et polis par le frottement. En outre, ces objets sont **ornés de dessins gravés**; enfin ils sont munis de trous destinés à recevoir un manche. Ces instruments de pierre aiguisée ou polie sont depuis longtemps connus; ils fourmillent pour ainsi dire dans tous les musées et ont reçu à cause de leur forme le nom de *Celtæ* ou *Celts*, du mot latin *celtis*, ciseau. Le plus habituellement les Celtæ ont été trouvés dans le Nord, particulièrement en Danemark (40).

Ce qui distingue en outre cet âge de pierre récent des deux âges qui l'ont précédé, c'est que l'art du potier, si important pour le progrès de la civilisation, y a acquis une perfection plus grande, et que, dans les gisements de cette époque, on rencontre de nombreux débris de vases de terre travaillés à la main (41).

Un progrès non moins important de la civilisation se reconnaît à l'abondance des os d'espèces privées ou domestiquées et à des signes indiquant que l'on commence à cultiver le sol, à élever du bétail. L'homme de cette époque, plus voisin corporellement et intellectuellement de l'homme actuel, n'a donc pas été seulement chasseur, mais aussi, pour une part, berger et agriculteur. Il a su, plus tardivement, il est vrai, filer, tisser de grossières étoffes, bâtir des huttes, des habitations solides.

Les traces de cette antique période sont répandues presque par toute la terre, et habituellement on y rapporte toutes les découvertes faites dans les couches alluviales, par exemple les tourbières dont nous avons parlé, les débris de cuisine, les pilotis suisses, les habitations trouvées en Irlande sur le rivage de la mer, les tumulus ou monticules mortuaires, les dolmens, etc., etc. Il faut aussi comprendre dans cette époque les débris de la période dite celtique. D'ailleurs, dans ses manifestations dernières, cette phase se prolonge profondément dans les temps historiques.

En outre, il y a, dispersés par toute l'Europe, beaucoup de tombeaux qui, d'après leur contenu, appartiennent à l'une des deux dernières périodes de l'âge de pierre. Or ce contenu montre par la délicatesse, le perfectionnement graduel du travail observable sur les armes, les instruments, par les adaptations les plus variées des objets aux différents buts de la paix et de la guerre, la marche progressive des peuples de l'âge de pierre.

A ce sujet, remarquons encore que cette évolution nécessita d'énormes laps de temps, et que le progrès dut être d'autant plus lent que l'homme était plus primitif, plus dépourvu de moyens d'agir, plus misérable. Que de milliers d'années ont pu s'écouler avant que le passage de l'âge de pierre le plus ancien à l'âge de pierre moyen ait pu s'effectuer, avant que l'homme ait pu arriver à perfectionner, à améliorer la forme des grossières haches de pierre primitives, avant qu'il ait su adapter ses matériaux à des usages divers!

Cette lenteur extraordinaire du progrès ne saurait d'ailleurs surprendre, si l'on se rappelle le tableau que nous avons tracé de ce temps, si l'on songe d'une part aux difficultés énormes avec lesquelles l'homme primitif eut à lutter, si l'on songe d'autre part que, chez lui, les impulsions, tant internes qu'externes, vers le progrès étaient faibles ou absentes. Car la stabilité, le penchant à l'invariabilité, à l'immobilité peuvent être regardés comme le caractère principal du sauvage ou de l'homme primitif. A moins d'une impulsion venant du dehors, il n'y a pas de raison pour que ce caractère ne persiste presque indéfiniment, comme on le peut observer chez les sauvages contemporains, qui, pendant des milliers d'années, s'arrêtent au même degré de civilisation sans accomplir de progrès essentiel. A ce sujet, Lyell dit très-justement : « Combien peut être fixe et immuable une civilisation médiocrement avancée, c'est là un sujet d'étonnement pour tous les Européens qui voyagent en Orient. Un de mes amis me racontait, que le souhait habituel des Asiatiques : « Puissiez-vous vivre « mille ans ! » ne lui semblait nullement extraordinaire. Car cela signifiait que, s'il eût été contraint de vivre toujours parmi eux, il n'eût pas échangé plus d'idées et n'eût pas aperçu plus de progrès en dix siècles que dans un demi-siècle passé dans sa patrie. »

Précisément le début de la civilisation doit avoir été le plus difficile et le plus long, et cela est facile à concevoir, car avec chaque nouveau progrès croissaient nécessairement les moyens et le désir de triompher des difficultés et des obstacles. A propos des obstacles extérieurs, disons que d'abord les grands animaux diluviens devaient disparaître et les puissantes catastrophes géologiques cesser, avant que l'homme pût trouver assez d'espace, assez d'occasions pour développer ses forces et propager son espèce. Même alors, que d'impulsions de mille sortes durent être nécessaires pour contraindre l'homme primitif, sans activité, sans intelligence, à sortir de sa nature apathique, pour lui inspirer le besoin d'un progrès quelconque ! lui qui, successivement, génération sur génération, se couchait dans la tombe sans se perfectionner, à la manière des animaux. Je considère comme des impulsions de ce genre les principaux événements naturels, les changements géographiques et climatériques, l'irruption, l'invasion d'une race étrangère, la guerre, la faim, l'expulsion des contrées où l'on avait établi sa résidence, les émigrations, le commencement des relations commerciales, le graduel perfectionnement du langage, etc. ; enfin, et tout particulièrement, l'apparition de quelques individus mieux doués, s'emparant de la souveraineté politique ou intellectuelle, etc.

Sans des perturbations de ce genre l'état de sauvagerie de notre primitif ancêtre aurait pu persister jusqu'à nos jours. Bien des gens parlent d'un instinct de progrès inné et nécessaire dans la nature humaine ; ils croient que partout et fatalement cet instinct doit se faire jour. Mais, en présence de tant de faits éloquents qui disent le contraire, un homme impartial admettra difficilement cette nécessité. En effet, il y a des peuples qui, depuis le commencement des temps historiques, sont restés au même degré de culture ; il en est d'autres, les Chinois par exemple, qui se sont élevés à un certain degré de progrès; enfin nous apercevons un troisième groupe de nations, et un groupe relativement petit, qui, jusqu'à ce jour, paraît se perfectionner incessamment. Mais ce progrès même ne procède pas toujours d'une impulsion interne, spontanée, et, dans le cours de l'histoire, nous voyons l'impulsion naître habituellement dans le milieu extérieur.

Aussi voyons-nous que les nations jadis les plus grandes, les plus puissantes, les plus avancées, l'Égypte, l'Assyrie, la Judée, la Grèce, Rome, etc., sont aujourd'hui ensevelies dans une ruine presque complète; que toute leur civilisation est morte, tandis que des peuples, des contrées tout autres ont pris leur place sur la route du progrès. Aussi est-il bien vraisemblable que l'Européen primitif ne serait jamais sorti des liens étroits de sa grossière nature sans les impulsions venues du dehors et surtout sans les invasions périodiques de races étrangères plus civilisées. L'indigène européen a-t-il été expulsé ou anéanti totalement par les nouveaux venus? s'est-il simplement mélangé avec eux et par là a-t-il ennobli sa race? Ce sont des questions auxquelles il est difficile de faire une réponse directe. Pourtant le dernier cas est de beaucoup le plus probable (42).

Ici se termine ce qu'il est possible de dire sur l'homme primitif et sa grossièreté native, dans l'état de pauvreté si grande où sont nos connaissances actuelles. Il est à remarquer qu'un certain souvenir de cet état paraît avoir persisté dans la mémoire des anciens peuples, puisque chez beaucoup d'entre eux nous trouvons l'incontestable tradition d'un primitif et grossier début dans la civilisation. Les Chinois, par exemple, font du progrès de leur civilisation une peinture qui, dans ses lignes fondamentales, concorde bien avec le résultat des recherches scientifiques. Cette peinture commence au temps où l'homme vivait nu sur les arbres et ignorait l'usage du feu. Plus tard il se vêtit avec des feuilles et des écorces d'arbre, puis, plus tardivement encore, avec des peaux, etc. De même, d'après le professeur Spiegel (Genèse et Avesta), les plus anciennes traditions ou légendes des Hébreux, des Indiens, des Babyloniens, etc., indiquent toutes un état de sauvagerie primitive, d'où, avec l'aide de Dieu ou d'hommes spécialement doués, appelés patriarches, le genre humain s'est élevé à un degré plus élevé de perfectionnement. Au dire des Babyloniens, leurs dix premiers patriarches ont vécu ensemble 432,000 années. Les légendes héroïques des Iraniens (Perses) indiquent aussi un graduel développement du genre humain à partir d'une sauvagerie complète jusqu'à un état social régulier, et les degrés qu'ils indiquent leur sont communs avec les Sémites. Leur premier roi, Gaiumard, enseigna aux hommes à se vêtir avec les peaux des animaux et à manger les fruits des arbres, tandis qu'un arbre embrasé fortuitement apprit plus tard à un autre roi (Húscheng) l'usage du feu. On y crut reconnaître aussitôt quelque chose de divin, et le culte du feu commença. De même, chez les Phéniciens, l'usage du feu et l'art de le produire par le frottement sont placés dans la deuxième génération du genre humain. D'après un ancien document iranien, le *Bundehesh*, les premiers hommes ne vivaient que de fruits et d'eau. Puis ils se servirent de lait, de viande, apprirent à faire le feu, s'habillèrent avec les peaux des animaux, bâtirent des cabanes, etc., etc. Dans l'antiquité, on ne se fit pas généralement une autre idée de l'état primitif de notre espèce et de son développement lent et graduel, à part les idées plus poétiques sur d'anciens âges d'or et d'argent, dont nous avons déjà parlé. On peut citer comme exemple le fameux passage d'Horace (*Satires*, liv. I, 3, 99), qui du reste paraît calqué sur les errements de la philosophie épicurienne au sujet de la création, tels qu'on les trouve dans le cinquième livre du poëme didactique de Lucretius Carus.

« Semblables aux bêtes, dit Horace, ils rampèrent d'abord sur le sol, troupeau muet et sordide, se disputant des glands ou un gîte, d'abord avec les ongles et les poings, puis avec des bâtons et enfin avec des armes que l'expérience leur avait enseigné à fabriquer. Ensuite ils trouvèrent des mots et des noms pour exprimer leurs idées et leurs sensations. Alors ils commencèrent à se lasser de la guerre, à fortifier leurs villes, à établir des lois, etc. »

Toutefois, après l'antiquité classique, sous une influence nullement scientifique que je ne veux pas caractériser autrement ici, une conception tout à fait contraire à celle que nous avons exposée se forma, et peu à peu elle obtint l'assentiment presque général. D'après cette opinion, l'homme primitif n'a pas été un grossier sauvage, mais au contraire un homme aussi parfait que possible, doué des qualités les meilleures et les plus hautes. Quant à nous, nous ne sommes que la postérité dégénérée, corrompue par le péché et le travail d'une race créée meilleure et plus noble. Une conséquence de cette vue fut que l'on aima à se figurer les sauvages actuels comme les descendants dégradés et dégénérés d'ancêtres mieux doués, et même les hommes de science adoptèrent parfois cette idée[1].

C'est dans ce sens que le comte de Salles dit : « L'homme, façonné par Dieu, fut, en sortant des mains du Créateur, un ouvrage parfait, achevé de corps et d'esprit. Quelle que soit la dégradation momentanée de beaucoup d'hommes, la civilisation est leur dernier but, comme elle a été leur état originel[2]. »

---

[1] Pour plusieurs, ou plutôt pour quelques races sauvages, cette manière de voir peut sans doute être fondée, mais comme règle générale, elle est complétement fausse.

[2] Le grand poëte Milton s'attache aussi à cette hypothèse de la perfection de l'homme primitif et chante Adam comme le plus parfait des hommes, Ève comme la plus belle des femmes.

« On conçoit difficilement, ajoute M. de Quatrefages à la citation de ce passage, sur quels faits s'appuie cet auteur. » En réalité, cette opinion, née de la théorie, s'appuie seulement sur des fondements théoriques, car elle est en contradiction manifeste avec tous les faits connus. Si les hommes de nos jours étaient réellement la postérité dégradée et dégénérée d'une race plus noble et meilleure, on ne comprendrait pas que le genre humain actuel pût encore durer, car c'est un fait d'observation bien connu que les peuples et les individus dégénérés ou dégradés n'ont jamais une longue existence, mais disparaissent graduellement.

Lyell prend excellemment parti contre cette opinion dans les termes suivants :

« Si la race d'où descend l'humanité avait été réellement douée d'une si haute puissance intellectuelle ; si une science tombée du ciel lui avait été octroyée ; si elle avait eu la nature perfectible de sa postérité, cette race aurait dû, avant de déchoir, parvenir à un degré de progrès infiniment plus élevé. Nous sommes maintenant hors d'état de déterminer les limites du premier âge de pierre, tant à son début qu'à sa fin ; mais pendant sa durée l'homme a été contemporain de mammifères éteints, et l'on ne peut douter de la longue durée de cet âge. Pendant cette période, il y aurait eu place pour un progrès si grand que nous pourrions à peine nous le figurer aujourd'hui. Les œuvres d'art que nous extrairions des carrières à sable de Saint-Acheul (vallée de la Somme), ou des cavernes belges, seraient tout autres, et nous aurions de la peine à les comprendre. Là ou dans les couches étagées des régions méditerranéennes, sur les côtes méridionales de la Sardaigne, au lieu de poteries grossières, au lieu d'ustensiles de pierre tellement irréguliers dans la forme qu'un œil non expérimenté hésite à y reconnaître l'œuvre d'une main d'homme, nous rencontrerions des sculptures qui surpasseraient en beauté les chefs-d'œuvre de Phidias et de Praxitèle, des débris de lignes ferrées ou de télégraphes électriques, où nos meilleurs ingénieurs puiseraient des indications d'une inestimable valeur, des instruments astronomiques et des microscopes d'une construction plus parfaite que tout ce que l'on connaît en Europe, et d'autres signes d'un progrès artistique et scientifique dont le dix-neuvième siècle n'a pas encore l'idée. Mais en outre, ce triomphe du génie inventif aurait servi à l'époque plus tardive où se sont formées les couches de ce que nous appelons aujourd'hui les âges de bronze et de fer. En vain nous ferions des efforts d'imagination pour deviner l'usage et le sens de ces débris. Sûrement il y aurait des machines pour voguer dans l'atmosphère, ou pour explorer les profondeurs de l'Océan, ou bien pour résoudre des problèmes d'arithmétique bien supérieurs aux besoins et à la portée intellectuelle de nos mathématiciens actuels. »

Cependant nous ne trouvons dans les profondeurs du sol rien de pareil à ce que décrit Lyell. Au contraire, toutes les pièces exhumées plaident pour une opinion opposée, d'où nous devons conclure, contrairement à cette manière de voir, qui ne cesse de reparaître de temps en temps (43), que l'homme n'a pas commencé par être *grand* pour devenir *petit*, mais que, conformément à la loi presque sans exception des choses humaines, il a commencé par être *petit* pour finir par devenir *grand*.

De ces deux opinions, laquelle est non-seulement la plus vraisemblable, mais encore la plus consolante, la plus satisfaisante? Sûrement, nous pouvons laisser le lecteur répondre à cette question. C'est à la seule condition de méconnaître pleinement la vérité et la droite raison, que tant de gens peuvent repousser comme pénibles et attristantes les vues développées dans cet ouvrage au sujet de l'âge et des commencements de notre espèce ; c'est à cette seule condition, qu'ils peuvent voir là un danger pour le sentiment de notre dignité d'homme. Quant à ce faux orgueil nobiliaire qui regarde une humble origine comme méprisable et dégradante, nous pensons ne le pouvoir mieux combattre qu'en citant les paroles si justes employées par le célèbre anatomiste anglais Huxley, dans son remarquable traité *de la Place de l'homme dans la nature.*

« Les hommes qui pensent, une fois délivrés de l'influence aveugle des préjugés traditionnels, trouveront dans le fait même de l'élévation de leur semblable au-dessus de la souche inférieure où il a pris naissance, la meilleure preuve de la grandeur de ses forces ; ils reconnaîtront dans les lents progrès à travers les âges écoulés des motifs raisonnables pour croire à la réalisation d'un avenir plus noble [1]. »

En réalité, plus notre origine a été humble, plus notre place actuelle dans la nature est relevée ! plus notre début a été petit, plus notre maturité est grande ! plus la lutte a été pénible, plus la victoire est éclatante ! plus la route pour arriver à notre civilisation a été fatigante et longue, plus précieuse est cette civilisation, car il a fallu d'autant plus d'efforts, non-seulement pour l'établir, mais pour la perfectionner. Pour le penseur, pour quiconque a un jugement droit, nulle humiliation, nul découragement ne résulte de la connaissance de l'antiquité et de l'origine de l'homme ; au contraire, on doit y gagner

---

[1] Th. H. Huxley, *de la Place de l'homme dans la nature*, traduit par M. E. Dally. Paris, in-8°, J.-B. Baillière, 1868.

un encouragement à grandir encore ! Vraisemblablement tout ce que nous possédons de culture, de civilisation, d'art, de science, de morale, de progrès, etc., résulte simplement d'un lent et pénible développement, d'une ascension accomplie par l'homme seul, de degré en degré, de connaissance en connaissance, à partir d'un état grossier, bestial, à travers des laps de temps si énormes, qu'en comparaison la durée de notre existence individuelle est celle d'un éclair. A la lumière d'une telle connaissance, notre civilisation nous doit naturellement sembler doublement estimable, doublement précieuse, doublement grande, puisqu'elle est le faite d'un immense édifice dont la construction a usé, a épuisé les forces de tant de générations humaines et que ceux-là qui ont posé la première pierre de cet édifice n'ont pas même pu soupçonner la sublime grandeur à laquelle il devait atteindre !

Dans sa Conférence aussi poétique que vraie sur l'homme fossile, M. le professeur Joly, de Toulouse, s'écrie, afin de bien faire comprendre à ses auditeurs l'énorme grandeur des progrès accomplis par la science et l'industrie depuis les temps les plus reculés jusqu'à nos jours : « Certainement, messieurs, ces marteaux fragiles de silex des premiers habitants des Gaules ne peuvent pas se comparer à ces lourds martinets qu'une chute d'eau ou la vapeur mettent en mouvement dans nos usines. Il y a bien loin de ces frêles esquifs, de ces pirogues creusées par la hache et le feu, à nos immenses vaisseaux de guerre cuirassés. Il y a bien loin encore de ces tissus grossiers, fabriqués à Wangen et à Robenhausen, à ces tissus souples, délicats, splendides, que produisent nos métiers à la Jacquart. »

« Les hommes de l'âge de pierre et de bronze ne se doutaient certainement pas qu'un jour les machines les plus ingénieuses remplaceraient le travail des mains et en centupleraient les produits en les perfectionnant. Ils ne pouvaient pas s'imaginer que la vapeur transporterait en quelques jours nos vaisseaux de l'un à l'autre hémisphère ; que le blond Phœbus et la pâle Phœbé peindraient eux-mêmes leur image dans une chambre obscure ; que le maître du tonnerre, Jupiter aux noirs sourcils, comme on devait l'appeler plus tard, serait réduit de nos jours au rôle de simple facteur de la poste aux lettres, et que l'homme, armé de la pile de Volta, pourrait introduire une lumière plus brillante que le soleil là où le soleil n'avait jamais pénétré. Ils ne se doutaient pas surtout que leur propre existence serait contestée et même niée par les savants de l'Institut. (*Revue des cours scientifiques*, 2ᵉ année, nº 16.)

A vrai dire, en exposant les considérations et les développements qui précèdent, nous avons empiété sur le sujet de cet ouvrage, car les idées qu'il défend touchant la place de l'homme dans la nature ne seront pas prouvées seulement par les résultats actuels de l'archéologie ou par les recherches relatives à l'antiquité géologique de l'homme et à son état primitif. Nous nous appuierons aussi, et même encore plus, sur les résultats obtenus par la zoologie systématique, l'anatomie comparée, la physiologie, l'ethnographie et toutes les sciences alliées à celles-là, mais avant tout sur l'embryologie ou histoire du développement de l'organisme humain et animal. Les résultats empruntés à des sciences si diverses concordent tous d'une façon si évidente et si surprenante ; tous nous indiquent si bien une seule et même direction que, je l'espère, aucun doute sur la place réelle et vraie de l'homme dans la nature ne restera plus au lecteur attentif, à la fin de notre deuxième livre. C'est cette seconde partie qui traitera de tous ces rapports au point de vue de notre deuxième grande question : Qui sommes-nous ?

Cette seconde partie contiendra aussi une exposition et un compte rendu des théories nouvelles sur les questions infiniment importantes de l'origine et de la généalogie de l'homme. On y verra comment dans ces derniers temps on s'est efforcé de donner une base scientifique à l'opinion qui considère l'homme simplement comme un rejeton du monde animal ambiant.

APPENDICE

MATÉRIAUX JUSTIFICATIFS

(1)... *du système astronomique de Copernic.* — En 1543, Nicolas Copernic publia son célèbre livre sur les orbites des corps célestes, livre qui opéra une révolution complète non-seulement dans l'astronomie, mais dans toute l'ancienne conception générale de l'univers. En récompense, Copernic fut déclaré fou par ses contemporains ! Même le grand réformateur, Martin Luther, qui à la vérité était théologien comme son adversaire, comprit si peu la nouvelle découverte, qu'il se montra adversaire acharné de Copernic, et, dans ses *Propos de table*, il dit de lui, entre autres choses : « Le fou veut bouleverser toute la science de l'astronomie. Mais, comme l'indiquent les saintes Écritures, c'est au soleil et non point à la terre, que Josué ordonna de s'arrêter. » Nos zélateurs contemporains, adversaires des sciences nouvelles, pourraient trouver là un exemple !

(2)... *comme antédiluvien.* — Autrefois on croyait le passé de notre terre nettement séparé de son présent, et l'on se figurait que la terre, dans sa constitution actuelle, était entrée dans une période de repos, de lassitude, que ses forces étaient en parfait équilibre, tandis que précédemment avaient lieu de grandes révolutions, des catastrophes, des bouleversements terribles, accompagnés de l'extermination périodique de toutes les espèces organisées. On pensait que ces deux périodes du passé et du présent avaient été séparées par une grande inondation ou « déluge du péché, » qui avait eu lieu peu avant le commencement de l'ère historique et avait détruit la plus grande partie de la création organique d'alors, mais d'un seul coup. La dénomination *monde primitif* ou *antédiluvien* (*Vorwelt*) et l'adjectif *antédiluvien* ont donc le même sens que l'expression si souvent usitée encore « antérieur au déluge du péché » (*Vorsündfluthlich*). Remarquons ici que l'orthographe du mot *Sündfluthlich* (déluge du péché) est tout à fait vicieuse; elle favorise la croyance erronée suivant laquelle ce déluge était destiné à détruire des hommes coupables. La vraie racine du mot *Sündfluth* est au contraire le vieux mot germanique *Sin* ou *Sint*, qui signifie grand, puissant, durable, etc., et doit par conséquent exprimer seulement l'idée d'une grande, d'une énorme inondation. La vraie orthographe du mot est donc *Sintfluth*. Il est démontré maintenant que la supposition exposée tout à l'heure est géologiquement fausse. Sans doute il est vraisemblable que, notamment dans le cours de l'époque glaciaire (sous-division de la grande époque quaternaire), il y eut un grand déluge, mais un déluge qui ne submergea point simultanément toute la surface de la terre. Ce déluge ne fut pas produit par une catastrophe unique, subite, mais par des phénomènes nombreux, successifs, se déroulant pendant de longs espaces de temps. Ainsi les puissants animaux de ce temps ne se sont pas éteints d'un seul coup, mais tout à fait graduellement, successivement, et il n'y a donc pas de frontière bien nette entre le monde primitif (*Vorwelt*) et le monde actuel (*Jetzwelt*), entre ce qui a précédé le déluge du péché (*Vorsündfluthlich*) et ce qui a suivi le déluge du péché (*Nachsündfluthlich*). En réalité, nous ne connaissons que des changements graduels dans une série ininterrompue d'événements géologiques. Aujourd'hui encore, les mêmes forces travaillent, les mêmes changements s'exécutent, sans modification importante, et ils modifient la surface terrestre. Pourtant il existe entre autrefois et aujourd'hui une grande différence, c'est que, à l'époque diluviale, nous trouvons une disposition générale toute différente ; la forme de la surface terrestre est autre ; le cours des fleuves est autre et moins encaissé ; il y a une autre distribution de la terre ferme et des eaux ; des couches terrestres d'une autre espèce et surtout une faune et une flore tout autres; par exemple, la faune comprend les espèces diluviales caractéristiques déjà citées.

Aux terrains dits du *diluvium* confine immédiatement ce que l'on appelle l'*alluvium*, ou terrain de nouvelle formation. Ce sont des couches géologiques analogues aux dépôts, aux précipités que nos fleuves actuels forment encore aujourd'hui sur leurs rives et à leurs embouchures. Cette période suppose essentiellement une disposition générale de la surface terrestre semblable à celle d'aujourd'hui et surtout une faune et une flore analogues à celles de nos jours. Point de ligne de démarcation tranchée entre ces deux périodes qui se continuent par une transition graduelle. On peut donc employer le mot vulgaire « antédiluvien » (*vorweltlich*) ou antérieur au déluge du péché (*vorsündfluthlich*), en lui donnant le sens de l'expression usuelle *fossile* ou *pétrifié*, mais il faut bien se garder d'y attacher l'idée que l'ancienne doctrine géologique désignait ainsi. La découverte d'Aurignac, comme le dit notre texte principal, fortifie cette manière de voir. Elle prouve l'existence *antédiluvienne* de l'homme, qui évidemment était là contemporain d'animaux éteints. Ce résultat anéantit l'opinion jadis tenue pour vraie, et d'après laquelle l'homme serait apparu sur la terre pendant l'alluvium.

D'ailleurs, presque tous les peuples de la terre ont la tradition d'un grand déluge qui extermina la plupart des êtres vivants, n'en épargnant qu'un petit nombre, d'où sont descendues les générations suivantes. On a voulu se servir de ce fait pour prouver la réelle généralité de cette grande inondation. L'Église catholique, qui d'abord inclinait à donner une valeur dogmatique à l'idée d'un déluge général, se décida enfin pour le parti contraire, en 1686, à la suite d'un rapport du bénédictin François Mabillon, et elle accorda sur ce point la liberté des opinions.

(3)... *que l'on reconnut plus tard être simplement des ossements d'animaux.* — De tous les faits de ce genre, le plus connu est le célèbre *homo diluvii testis* du professeur Scheuchzer de Zurich. En l'année 1726, Scheuchzer découvrit dans un fameux gisement de pétrifications, à Œningen dans le pays de Bade, un squelette complétement pétrifié. Il prétendit y voir les restes d'un enfant de quatre ans (Andrias Scheuchzeri). Ce squelette inspira à un théologien du temps les vers célèbres :

O triste charpente osseuse d'un pauvre pécheur !
Puisse-t-elle attendrir le cœur et l'esprit des nouveaux enfants du mal! etc.

Plus tard on reconnut dans ces débris les restes d'une gigantesque salamandre.

Une deuxième histoire du même genre, mais assez plaisante, se produisit en 1613. On déterra dans le sud de la France, près de Chaumont, les ossements d'un mammouth ou éléphant antédiluvien. Aussitôt un chirurgien spéculateur, nommé Mazurier, déclara que c'étaient là les restes pétrifiés du célèbre roi cimbre Teutobochus, défait, 102 ans avant Jésus-Christ, par Marius, dans la grande bataille d'*Aquæ Sextiæ* (Aix), et qui, d'après la légende, était si grand, que sa tête dépassait les étendards de l'armée et qu'il pouvait franchir six chevaux d'un seul bond. Mazurier fit voir les os pour de l'argent et gagna ainsi des sommes considérables. Enfin, après la publication de nombre de savants traités, après nombre de polémiques scientifiques, la fourberie fut démasquée. Ces découvertes et d'autres analogues ont pu donner naissance à la croyance jadis si répandue et suivant laquelle une race de géants existait autrefois.

De même, on prit longtemps les os d'un hippopotame, déterrés en Sicile, pour ceux d'un de ces géants si célèbres dans la mythologie grecque pour avoir voulu escalader les cieux.

(4)... *la prétendue opposition du célèbre anatomiste et naturaliste Cuvier.* — Cuvier, qui, dans son célèbre ouvrage *Recherches sur les ossements fossiles* (1812), systématisa et ordonna le premier la science, jusqu'alors très-imparfaite, des débris fossiles, et qui, à cause de l'étendue de ses connaissances, méritait tout à fait d'être pris pour guide dans cette région du savoir humain, passe, selon l'opinion générale, pour avoir déclaré impossible l'existence de l'homme fossile ou antédiluvien. Mais, en réalité, c'est à tort que l'on a invoqué et que l'on invoque son autorité. En effet, bien loin de se prononcer, comme on le croit, Cuvier dit seulement que l'*on n'a encore trouvé ni homme, ni singe fossile*. De son temps il avait raison de parler ainsi ; il aurait tort dans le nôtre, puisque l'on connaît aujourd'hui non-seulement des singes fossiles en quantité, mais aussi des hommes fossiles. Très-certainement, si Cuvier vivait encore, il apporterait à l'opinion contraire à son ancienne manière de voir tout le poids de sa puissante autorité.

Le fait est d'ailleurs si important, que je crois devoir rapporter ici les propres paroles de Cuvier. Dans son *Discours sur les révolutions du globe* (1825), Cuvier s'exprime en ces termes :

« Mais je n'en veux pas conclure (de l'absence de singes et d'hommes fossiles) que l'homme n'existait point du tout avant cette époque. Il pouvait habiter quelques contrées peu étendues, d'où il a repeuplé la terre après ces événements terribles ; peut-être aussi les lieux où il se tenait ont-ils été entièrement abîmés, et ses os ensevelis au fond des mers actuelles, à l'exception d'un petit nombre d'individus qui ont continué son espèce. »

Pour bien comprendre la citation, il faut se rappeler que Cuvier, selon l'opinion de son temps, croyait à un petit nombre de révolutions terrestres, grandes et générales, ce qui est en désaccord avec la réalité des faits. On voit du reste par la citation ci-dessus que les sectateurs et les imitateurs de Cuvier ont été plus orthodoxes et plus étroits dans leurs vues que le maître lui-même. C'est là un fait très-fréquent.

(5)... *l'idée d'un homme fossile.* — En usant de l'expression « fossile, » il faut éviter la méprise si commune qui consiste à attacher nécessairement à ce mot l'idée de pétrification.

Car, s'il est vrai que beaucoup d'objets fossiles ont été trouvés pétrifiés, ce n'est pourtant pas un caractère constant. Même de nos jours, des corps organisés se pétrifient, dans des circonstances favorables, tandis que d'autres corps enfouis depuis bien plus longtemps ne se pétrifient pas. Le mot « fossile » même (du latin *fossilis*) ne signifie pas du tout pétrifié. Il indique seulement un objet déterré des profondeurs du sol. D'après le professeur Pictet, de Genève, cette dénomination est apppplicable à tout débris organique provenant de couches géologiques dont la formation s'est effectuée par des procédés géologiques différents des procédés actuels. Donc, pour qu'un débris organique soit reconnu fossile, il doit remonter à une époque antérieure à l'état actuel des choses à la surface du globe.

(6)... *l'instrument était alors achevé.* — Dans les temps préhistoriques, le silex ou pierre à feu fut en Europe la substance la plus recherchée et la seule travaillée. Elle a exercé sur la marche de la civilisation une influence plus puissante qu'on ne le pense habituellement, puisque pendant longtemps tous les ustensiles fabriqués par l'homme en étaient tirés. Aujourd'hui encore, beaucoup de peuples sauvages recherchent soigneusement le silex, en partie pour sa dureté, en partie à cause du mode de sa cassure et de la facilité qui en résulte pour le travail. Si l'on frappe fortement avec un marteau arrondi la surface plate d'un silex, on produit une cassure conoïdale traversant toute la masse siliceuse. Si on porte le coup à l'angle d'un silex, on en détache des morceaux qui ont une forme semi-conoïdale, aplatie et en forme de couteau. Après avoir ainsi enlevé par éclats les quatre angles primitifs d'un bloc carré, on peut traiter de la même manière les huit nouveaux angles et ainsi de suite, de façon à ce qu'il ne reste plus qu'un noyau en forme de hache. Il va de soi qu'il est besoin pour cela d'un certain exercice, d'une certaine dextérité, ainsi que de beaucoup de soin dans le choix des morceaux à travailler. D'après sir John Lubbock, un silex ainsi travaillé est pour l'archéologue une preuve de l'existence de l'homme aussi sûre que le furent pour Robinson les empreintes de pieds humains sur le sable.

Le silex servait soit pour les armes, soit pour les ustensiles.

Dans le premier but, on utilisait spécialement les grands morceaux de silex, surtout pour les haches, tandis que les petits morceaux et les éclats fournissaient des couteaux, des scies, des poinçons, des pointes de flèches ou de lances, des poignards, etc., etc. Aujourd'hui encore, les sauvages, en s'aidant il est vrai du feu, se servent de ces silex ou de silex analogues pour abattre des arbres, qu'ils creusent en forme de bateau ; ils s'en servent aussi dans leurs guerres. En 1809, on découvrit en Écosse un antique tombeau de pierre qui, selon la tradition, était celui du roi Aldus M'Galdus. On y trouva le squelette très-friable d'un homme de haute taille, dont un bras avait été presque détaché du tronc par un coup de hache en silex. Un morceau détaché de la hache se trouvait encore encastré dans l'os. La pierre était en *diorite*, espèce minérale, qui ne se trouve pas en Écosse. En outre, on trouva dans la tombe d'autres instruments de pierre partiellement polis, mais aucune trace de métal. Dans des temps plus reculés, le travail du silex prit une grande extension et on trouve toutes les sortes de haches, de couteaux, de pointes de flèches et de lances, de poignards, de scies, etc., faits avec cette substance ou des substances analogues. (D'après un mémoire de sir John Lubbock. *Revue des cours littéraires*. [1865-1866] n° 1. — Voy. aussi l'ouvrage du même auteur, *l'Homme avant l'Histoire*).

(7)... *on était alors moins capable d'en tirer des déductions justes.* — Autrefois, on avait si peu idée de la vraie signification des haches et des armes de pierre, qu'on les considérait avec des sentiments de crainte et d'espérance superstitieuses. On les prenait pour des productions de la foudre ; d'où le nom de *pierres du tonnerre*, qui leur a été longtemps donné par les savants. Aujourd'hui même, ce nom leur est encore donné par le peuple ainsi qu'à des débris d'animaux antédiluviens. « Albinus, dans sa *Chronique de la terre et des montagnes de Misnie*, dit que le tonnerre lance ces pierres, et Happelius (Petite description du monde) décrit leur formation aux dépens des exhalaisons aériennes avec autant de complaisance que s'il y avait assisté. Encore au commencement du siècle dernier (1734), quand Mahndel exposa à Paris, devant l'Académie, que ces pierres étaient l'ouvrage des hommes, on se moqua de lui, parce qu'il n'avait pas prouvé que ces pierres pouvaient s'être formées dans les nues. Aujourd'hui encore les gens du peuple les vénèrent et les portent comme des talismans, des charmes amoureux, etc. » (Schleiden.)

(8)... *cette mâchoire était contemporaine des haches en silex du diluvium.* — Les détails les plus exacts relativement à cette discussion se trouvent dans les *procès verbaux imprimés des séances du congrès réuni à Paris et à Abbeville sous la présidence de M. le professeur Milne Edwards*, etc. Les savants français, MM. de Quatrefages et Broca, en parlent de même. Dans son rapport sur les travaux de la Société d'anthropologie de Paris (1863), le dernier dit : « Tout cela vous a persuadé de l'authenticité de la mâchoire fossile de Moulin-Quignon, etc. »

Et M. de Quatrefages dit dans ses Leçons anthropologiques de l'année 1865 : « La question de l'authenticité de la découverte de Moulin-Quignon est pleinement résolue. Personne ne met plus cette authenticité en doute, si ce n'est peut-être en Angleterre. »

(9)... *près de Lahr, dans le duché de Bade, non loin de Strasbourg.* — Une découverte plus récente et tout à fait analogue est décrite dans un écrit intitulé : « Note sur la découverte d'ossements fossiles humains dans le Lehm de la vallée du Rhin, etc., etc. (Colmar 1867). » En 1865, on trouva dans le Lehm du Rhin, à Eguisheim, dans le voisinage de Colmar, en Alsace, des os humains ayant tous les caractères de l'état fossile et, dans la même couche, des ossements d'animaux antédiluviens (mammouth, cheval, cerf, bœuf primitif, etc.). Les résultats auxquels arrive l'auteur, M. le Dr Faudel, après un examen sérieux, sont les suivants :

1° La couche géologique en question est indubitablement le Lehm alpin de la vallée du Rhin (Rheinlöss) ;

2° Dans ce terrain non troublé, non remanié, se trouvent des ossements contemporains et fossiles d'animaux et d'homme ;

3° Les uns et les autres ont subi les mêmes altérations de texture et de composition ; ils sont dans des conditions absolument identiques ;

4° On peut donc conclure de là, que l'homme a vécu en Alsace au temps où le Lehm alpin s'est déposé et qu'il a été contemporain d'animaux de la période quaternaire, comme le cerf géant, le bison, le mammouth, etc. Quant aux os humains, ce sont deux fragments de crâne qui indiquent un front déprimé, des arcades sourcilières très-saillantes, une forme crânienne générale se rapprochant du type dolichocéphale, c'est-à-dire allongée. Il y a aussi beaucoup d'analogie avec le célèbre crâne de Néanderthal. Une analyse chimique très-soignée, exécutée par M. Scheurer-Kestner, et portant comparativement sur les os d'homme et sur ceux d'animaux, conduisit à cette conclusion générale : « Au point de vue chimique, on doit considérer comme démontrée la contemporanéité de l'homme et des espèces éteintes. »

(10)... *dans une caverne calcaire de la vallée de Néander, près de Düsseldorf.* — Les détails les plus exacts sur cette découverte remarquable, et qui a fait tant de bruit, se trouvent dans le traité du professeur Schaafhausen, *sur la crâniologie des crânes primitifs*, et dans l'écrit du docteur E. Fuhlrott, *l'Homme fossile de Néanderthal, dans ses rapports avec l'antiquité du genre humain* (Duisbourg, 1865). Ce dernier auteur, qui le premier a examiné et décrit ces remarquables débris osseux, dit textuellement : « La situation et toute la disposition générale du gisement, dont j'ai autrefois publié une description, mettent, selon moi, hors de doute que les ossements appartiennent à la période primitive du diluvium, c'est-à-dire à un temps où notre patrie était encore habitée par diverses espèces animales, entre autres par le mammouth et l'ours des cavernes, qui, depuis longtemps, ont disparu de la série des êtres vivants. » Ces os ressemblent dans tous leurs traits essentiels aux restes fossiles d'animaux antédiluviens fournis jusqu'à ce jour par les autres cavernes ou brèches de ces montagnes calcaires et de celles du voisinage le plus immédiat ; en outre, ils offrent des particularités, qui plaident pour une très-haute antiquité. Tous les os, mais surtout la voûte crânienne, indiquent par leur épaisseur extraordinaire, par la forte saillie des tubérosités, des crêtes, des apophyses où s'insèrent les muscles, une conformation que l'on a jusqu'ici habituellement observée chez des races sauvages fortement musclées (et aussi sur des os d'animaux). Il sera question plus tard de la forme particulière du crâne de Néanderthal.

L'état fossile du squelette de Néanderthal est encore fortement confirmé par une découverte faite pendant l'été de 1865. Il s'agit de nombreux ossements et de dents d'animaux fossiles (rhinocéros, ours des cavernes, hyène des cavernes, etc.), trouvés dans le Lehm de *la chambre du diable*, à cent trente pas seulement de la grotte de Feldhofen, où fut trouvé l'homme de Néanderthal, sur le même côté de la brèche rocheuse où est située la caverne. D'après un rapport publié par le professeur Schaafhausen, dans le journal de Cologne (1er avril 1866), et lu à la Société d'histoire naturelle du Bas-Rhin, une grande partie de ces os, spécialement ceux de l'ours des cavernes, ressemblent identiquement par la couleur, le poids, la densité, le degré de conservation, la structure microscopique aux os humains trouvés dans la grotte de Feldhofen. Sur les uns et les autres on remarque les mêmes dendrites ou cristallisations arborescentes.

Remarquons ici que la couche de Lehm comblant en partie la grotte de Néanderthal, ainsi que les brèches et fissures de ces montagnes calcaires, cette couche dans laquelle étaient enfouis les os de l'homme de Néanderthal aussi bien que les ossements et les dents d'animaux fossiles, est identiquement celle qui recouvre toutes les montagnes calcaires autour du Néanderthal ; or l'origine diluviale de cette couche n'est pas douteuse.

(Voy. les détails dans l'écrit de Fuhlrott cité plus haut.)

(11)... *Les énumérer ici plus exactement nous entraînerait trop loin.* — Je signale ici les os humains trouvés dans les cavernes de Lombrive et de Lherm, décrits avec détails par Ch. Vogt dans ses *Leçons sur l'homme* (Giessen 1865). Ces découvertes autorisent à conclure à la contemporanéité de l'homme et des animaux éteints des cavernes. Citons encore : les os humains découverts par MM. Lartet et Christy dans la caverne *des Eyzies* (Périgord) et qui remontent vraisemblablement au temps du mammouth ; puis la mâchoire humaine trouvée par le marquis de Vibraye dans la grotte d'Arcy en Bourgogne. Ajoutons-y la mâchoire humaine d'une forme si bestiale, du temps du mammouth, trouvée avec des haches en silex du diluvium dans la caverne belge de *la Naulette*, ainsi que les nombreuses découvertes analogues faites dans beaucoup de cavernes françaises, belges, anglaises, allemandes, etc. Partout les débris humains ou les produits de l'industrie humaine se rencontrent en même temps que des os d'animaux éteints ou émigrés dans des circonstances qui excluent toute idée de mélange fortuit. Parmi les os humains trouvés en dehors des cavernes, on pourrait citer les dents humaines des « Bohnerzen, » du Wurtemberg, décrites par Jaeger et Quenstedt, celles trouvées à Rome dans un antique travertin et au sujet desquels Ponzi a fait un rapport ; le crâne humain du cabinet d'histoire naturelle de Stuttgart qui, en 1700, fut déterré dans le tuf calcaire de *Canstatt*, en même temps que des os de mammouth. Le crâne, par son front bas et étroit, la forte saillie de ses arcades sourcilières, ressemble au crâne de Néanderthal. Citons encore la mâchoire humaine fossile, extraite d'une carrière à sable d'Ipswich, dans le comté de Suffolk (Angleterre), présentée en avril 1863 à la Société ethnologique de Londres, et dont la forme inférieure ainsi que la grande quantité de minerais ferrugineux qui l'incrustait indiquent une très-haute antiquité ; puis, les restes de crâne humain tout récemment trouvés à Florence, dans la vallée de l'Arno, par le professeur Cocchi, dans l'argile diluviale, avec des ossements d'animaux éteints. D'après Ch. Vogt, ces débris sont d'une antiquité analogue à celle des crânes d'Engis et de Néanderthal. Il faut mentionner aussi les ossements humains trouvés par A. Issel dans l'enceinte de Savone, en Ligurie, enfouis dans des couches *pliocènes* (époque tertiaire), et qui offrent tous les caractères physiques d'une haute antiquité (Découverte de *Colle del vento*), etc. Cette découverte et un certain nombre d'autres analogues auraient besoin, pour acquérir une valeur complétement scientifique, d'être examinée et confirmée par des autorités compétentes.

(12)... *quand même on pourrait soupçonner que les terrains où gisent les ossements ont subi des remaniements postérieurs.* — En réalité, quelques savants français ont, contre toute vraisemblance, contesté que les sables et les terrains fournissant les haches en silex fussent réellement diluviens. Quand même ces doutes auraient quelque fondement scientifique et géologique, ils devraient s'évanouir devant l'immense quantité de faits qui, de tous les côtés, concordent vers le même but et prouvent la même chose. Aussi, actuellement, tous les savants les plus compétents, presque sans exception, reconnaissent que la preuve de la contemporanéité de l'homme avec les grands pachydermes quaternaires et les espèces diluviales est faite ! Une vive critique des objections présentées contre l'authenticité des instruments de silex et adressée à MM. Eugène Robert, Decaisne, etc., se trouve dans un petit écrit de Gabriel de Mortillet : *les Mystifiés de l'Académie des sciences*. Paris, 1865.

(13)... *chez beaucoup de peuples sauvages et civilisés.* — Que cette prédilection pour les os à moelle ait persisté très-longtemps après l'homme primitif, cela est démontré par une remarque de l'écrivain grec Procope (550 ap. J.-C.). Il donne comme preuve de la sauvagerie d'un peuple, appelé par lui peuple des *Scrithifinns* et habitant l'extrême nord de la Scandinavie, que chez ce peuple les enfants n'étaient pas nourris avec le lait maternel, mais avec la moelle osseuse des animaux tués. Dès que l'enfant était né, la mère l'enveloppait dans une peau de bête, le suspendait à un arbre, lui fourrait dans la bouche de la moelle et retournait à la chasse. Excellente méthode d'éducation au point de vue de l'économie du temps !

(14)... *le renne et le mammouth sont très-distinctement dessinés*. — Une plaque d'ivoire brisée en plusieurs morceaux, dont quelques fragments étaient incrustés par la cuisson dans du lehm ossifère durci par une imprégnation de chaux, montra, quand on en eut rapproché les débris, un croquis de trois éléphants marchant à la file. Celui du milieu était seul visible en totalité. Ch. Vogt rapporte ce fait dans un mémoire publié par le journal de Cologne, en 1866. A l'incurvation des dents, à la crinière retombant le long du cou, à l'épaisse toison de la région inférieure du corps, on reconnaît sur-le-champ un mammouth dessiné pendant la vie. Les dessins de renne dans les postures les plus diverses sont extrêmement communs. On reconnaît l'animal à son bois et à son poil touffu. Même, sur une plaque que possède le marquis de Vibraye, l'artiste a osé essayer de représenter un groupe de rennes qui se battent. Le plus souvent on a représenté à la fois plusieurs animaux ou même des groupes, et de telle sorte qu'un d'entre eux guide et devance les autres ; ceux-ci suivent à une demi-longueur de distance. « Dans beaucoup de groupes, on croit reconnaître par le mouvement du nez et des yeux, que l'animal examine prudemment et flaire un péril. »

Quant au dessin figurant un homme, et que nous avons cité dans le texte principal, il paraît représenter un homme nu qui, par la maigreur des hanches, des jambes, la saillie du ventre, rappelle plutôt le type australien que le type européen.

(15) ... *si riches en ossements* — Christy a réuni à Paris une riche collection de ces objets, qui nous donnent de ce temps éloigné une image très-nette. En 1866, le professeur Schaafhausen présenta au vingt-troisième congrès général des sociétés d'histoire naturelle des Provinces rhénanes et de la Westphalie divers objets de ce genre, en os et en bois de

renne. C'étaient des pointes de flèches barbelées, des aiguilles, des couteaux en forme de poignards et des dessins de divers objets, parmi lesquels des esquisses d'animaux d'une vérité très-grande. Tous ces objets avaient été trouvés enfouis dans une concrétion calcaire solide, avec des couteaux de silex, des os et des dents de renne ; à la demande de l'orateur, M. E. Lartet fit don au musée de Poppelsdorf d'un bloc entier de cette concrétion ossifère et silicifère. L'orateur rapprocha de ces faits une découverte analogue faite à *Uelde*, près de la ville de Lippe en Westphalie. Les nombreuses cavernes à ossements de cette contrée ont fourni, grâce à des explorations soigneusement faites, un butin aussi précieux pour l'histoire des temps préhistoriques que les cavernes de la Belgique et de la France méridionale. On trouva là beaucoup d'os humains avec des dents perforées de loup, de chien, de cheval, le tout mélangé à des couteaux de silex, plus un poinçon fait avec un métatarsien médian de cerf. Le mode suivant lequel sont brisés les os d'homme permet à peine à Schaafhausen de douter que, là aussi, on ait trouvé les restes d'un repas de cannibales, comme cela est déjà arrivé à Spring dans la caverne de Chauvaux en Belgique.

En 1865, le professeur Joly, de Toulouse, dans une Conférence sur l'homme fossile, faite à Paris, rue de la Paix, présenta à ses auditeurs des objets encore plus intéressants :

« Voici, dit-il, deux mâchoires inférieures de l'ours des cavernes, qui ont été fracturées très-probablement par l'homme, sur l'animal vivant, et où la réunion s'est opérée de la manière normale. Voici un crâne de la même espèce (crâne de Nabrigas), qui a été percé sur sa partie frontale par une flèche de silex. C'est aussi une flèche de silex que nous voyons adhérer encore à cette vertèbre de jeune renne trouvée dans la caverne des Eyzies par MM. Lartet et Christy. Enfin, je dois vous dire que le major Wauschop a trouvé un marteau de silex enfoncé dans le crâne d'un cerf à bois gigantesque (*Megaceros hibernicus*).

« Cette dent d'*ursus speleus* (ours des cavernes), qui a servi à faire un couteau dont l'émail forme le tranchant ; cette phalange du même animal, percée d'un trou qui la traverse de part en part ; ces têtes de flèche barbelées, faites de bois de cerf ou de renne, et dont les rainures semblent encore toutes prêtes à recevoir le poison qui les rendait jadis si dangereuses ; ces bois où la scie de silex a laissé si visiblement son empreinte ; ces ossements d'espèces perdues, façonnés en couteaux, en lissoirs, en poinçons, en épingles, en aiguilles, en sifflets même, ou en objets de parure ; tant de preuves réunies ne vous gagnent-elles pas à la cause de M. Boucher de Perthes, qui est aussi la nôtre ?

Il est bien évident que les os ainsi travaillés n'ont pu l'être qu'à l'état frais, etc. »

(16)... *Morlot évalue à sept ou dix mille ans l'antiquité de l'homme en ce lieu.* — Cette localité a ceci de particulièrement remarquable qu'on y peut reconnaître la superposition régulière des trois phases distinctes de la civilisation, dans les couches du sol. Un cône de sable, de gravier et de cailloux roulés, qui peu à peu avait déplacé l'embouchure de la petite rivière Tinière dans le lac de Genève, a été coupé par le chemin de fer dans une longueur de 133 mètres et à une profondeur d'environ 7 mètres ou 23 pieds. Cette section offre trois couches correspondant aux trois phases de la civilisation. La plus superficielle, épaisse de 4 pieds et 4 à 6 pouces, contient une épaisse couche de vieilles briques et aussi des monnaies romaines. Elle doit en effet remonter à l'occupation romaine. Dans la couche suivante, épaisse de 10 pieds 6 pouces, on trouve des traces évidentes de l'*ancien âge de bronze*. Une troisième et dernière couche, profonde de 19 pieds et 6 à 7 pouces, renferme de la poterie grossière, des os d'animaux brisés, des charbons de bois, etc., et peut se rapporter à la dernière division de l'âge de pierre. Les trois étages étaient séparés par des couches de sable, et l'ensemble paraît dû à un dépôt tellement régulier qu'on ne peut l'attribuer à l'action du torrent, mais à un précipité lent et sans secousse. D'après l'épaisseur relative des couches, et d'après la date historique des monnaies romaines, Morlot assigne à la couche de l'âge de bronze une antiquité d'environ trois à quatre mille ans, et à celle de l'âge de pierre, quatre à sept mille ans. La totalité du cône doit représenter nécessairement une période de dix mille ans.

Cependant ces évaluations ont été récemment mises en doute par un savant Américain, le professeur Andrews, de Chicago, et d'après son calcul, il les faudrait réduire de plus de moitié. L'avenir nous apprendra s'il a raison.

Je dois remarquer ici, avec Ch. Vogt (*Leçons sur l'homme*), que dans la couche de l'âge de pierre on a trouvé un squelette, « dont le crâne très-arrondi, très-petit et très-épais paraît se rapporter au type mongol, à tête courte. » Malheureusement, Ch. Vogt n'a pu obtenir sur ce crâne des détails plus circonstanciés.

(17)... *au sujet duquel l'histoire se tait.* — Pendant l'hiver de 1853-1854, le docteur Keller découvrit, sur les bords du lac de Zurich, grâce à une baisse exceptionnelle des eaux, les premières traces des habitations sur pilotis ou *palafittes*, trouvées depuis en tant d'autres endroits et devenues si célèbres. Depuis lors, on en a découvert un grand nombre sur les bords de presque tous les lacs suisses; sur ceux des lacs de la Bavière et de l'Italie septentrionale, dans les tourbières du Mecklembourg et de la Poméranie, où furent jadis des lacs. Historiquement, Hérodote et Hippocrate mentionnent déjà des peuples qui, en Thrace et sur les rives du Phase, habitaient des maisons sur pilotis. Cela remonte à plus de vingt-trois siècles; mais aujourd'hui encore beaucoup de peuples sauvages vivent de cette manière. Dumont d'Urville en a rencontré à la Nouvelle-Guinée et les a décrites. Moriz Wagner raconte des faits analogues observés dans son Voyage au Caucase et à Colchis. Les os, les débris des repas, les objets ouvrés de toute sorte, conservés en quantité incroyable, et le plus souvent en très-bon état, dans ces anciennes habitations et au fond du lac, entre les pilotis, ont donné aux savants une idée assez nette du genre de vie, des habitudes des anciens habitants. On trouvera des détails dans les nombreux rapports ou écrits de MM. Keller, Rütimeyer, Troyon, Messikomer, Heer, Desor, Lisch, Lyell, Ch. Vogt, Virchow et tant d'autres. Ces pilotis, surtout ceux de l'âge de bronze, sont parfois si nombreux, que l'on n'en a pas trouvé moins de cent mille, rangés les uns près des autres, à une certaine distance du bord; et le nombre des stations de ce genre est si considérable, que l'on en connaît actuellement plus de deux cents dans les lacs suisses et plus de quarante seulement sur les bords du lac de Neubourg. Les constructions sur pilotis avaient évidemment pour but de garantir les habitants contre les animaux sauvages, les attaques de l'ennemi, etc. ; en outre on pouvait par la pêche s'y procurer promptement et facilement de la nourriture. D'ailleurs, les habitants des palafittes paraissent aussi avoir été anthropophages ; du moins on a trouvé des os humains brûlés, rongés à ce qu'il semble par les dents de l'homme, ce qui autorise la supposition. Quant à l'antiquité des habitations lacustres, elle doit être fort grande, puisqu'on y trouve des débris de l'âge de pierre, de l'âge de bronze et de l'âge de fer, isolés ou mélangés. Mais, quelle que soit cette antiquité, les palafittes appartiennent tous aux terrains d'alluvion ou de formation récente et se prolongent même profondément dans les temps historiques. Beaucoup de ces constructions peuvent avoir été encore habitées pendant l'époque romaine, et les plus récents dragages dans le lit du Rhin semblent prouver que sur les rives de ce fleuve des colons romains ont encore habité des maisons sur pilotis. Quoi qu'il en soit, les palafittes apportent une forte preuve de plus à l'appui de notre thèse, car il faut bien que, des milliers d'années avant la période historique, l'homme ait déjà atteint un degré relativement élevé de civilisation pour avoir pu fabriquer de semblables habitations avec tous les objets accessoires.

(18)... *la haute antiquité de l'homme dans ces régions.* — Les tourbières danoises, principalement explorées par Steenstrup, sont tellement riches en os et en produits de l'activité humaine, que l'on pourrait presque se rallier à l'affirmation suivante de Steenstrup, suivant laquelle il n'y a pas dans les tourbières un seul mètre carré qui ne fournisse la preuve de l'existence préhistorique de l'homme. Leur épaisseur atteint 10 à 40 pieds, malgré la lente croissance de la tourbe. Cette croissance est si lente, que les vieux ouvriers tourbiers la contestent, parce qu'ils n'ont pas pu s'en assurer pendant la durée de leur vie. Pour s'accroître de 10 à 20 pieds en épaisseur, une tourbière a besoin, selon Steenstrup, d'au moins 4,000 ans ; mais certainement il en faut bien trois ou quatre fois davantage. D'après les diverses espèces d'arbres trouvés dans les tourbières, on a divisé les tourbières danoises en trois périodes : la période du *pin*, celle du *chêne* et celle du *hêtre*. La plus inférieure, celle du pin ou sapin écossais (*Pinus sylvestris*), doit être regardée comme la plus ancienne, et elle remonte en effet à une grande antiquité, puisque cet arbre n'a jamais été indigène au Danemark dans les temps historiques et y a disparu de temps immémorial. Au-dessus de cette couche est celle du chêne, disparu déjà depuis fort longtemps du Danemark, et qui a été remplacé par le hêtre, le véritable arbre historique de la contrée. Or on a, dès les couches les plus inférieures, entre les troncs des pins, constaté, par la présence de silex travaillés et d'ossements, les traces de l'existence de l'homme ; puis, dans la couche supérieure, celle du chêne, on a trouvé des objets en bronze ; enfin, dans la couche la plus superficielle, celle du hêtre, on a rencontré des outils, des armes, des monnaies de fer, ainsi que des traces de l'invasion romaine. La période historique la plus reculée appartient aussi essentiellement à la dernière des trois couches ou à l'*âge du hêtre*. Qu'il y ait en Danemark une certaine contemporanéité entre l'époque du pin et le commencement des Kjökkenmöddings, cela est démontré par le fait suivant. On a trouvé dans les débris de cuisine les os d'un coq de bruyère qui, au printemps, se nourrissait des jeunes pousses de pin. On a aussi trouvé dans les tourbières et les monticules funéraires les os de l'homme de ce temps. Son crâne est petit, arrondi ; il a une forte saillie des arcades sourcilières. Cette antique race paraît donc avoir été petite, à tête ronde, à sourcils saillants, très-analogue par conséquent à la race laponne, qui vraisemblablement est le dernier débris de la primitive population du Nord. Un tout autre type, vigoureux, à la tête ovale allongée, apparut dans ces contrées au commencement de l'âge du fer. De même le chien qui, à l'âge de pierre, était très-petit et très-faible, est très-fort dans l'ancien âge de fer.

(19)... *un peuple déjà assez civilisé occupait et cultivait la contrée*. — Lors de la découverte de l'Amérique et longtemps après, on crut que cette partie du monde n'avait jamais connu de civilisation ancienne, analogue à celle de l'Europe. Aussi fut-on surpris quand les recherches de MM. Squier et Davis *sur les antiques monuments de la vallée du Mississipi* prouvèrent le contraire et montrèrent, que les plaines de cette contrée avaient dû, longtemps avant l'époque de l'Indien peau-rouge, être le théâtre d'une civilisation importante. De grands ouvrages de terre, des ruines de villes, des débris de statues, des objets d'or, d'argent, de cuivre, des poteries, des objets pour la parure, des armes de pierre, etc., ont prouvé que le continent occidental n'avait pas toujours été couvert de forêts, de prairies sans fin, servant uniquement de terrains de chasse au chasseur peau-rouge. Les ouvrages en terre, souvent si grands que quatre d'entre eux surpassent en volume les plus grandes pyramides d'Egypte, peuvent avoir servi les uns de temples, les autres de tombeaux, d'autres de forteresses. Les conquérants européens trouvèrent ces ouvrages de terre couverts de bois épais où le peau-rouge habitait, sans se soucier en rien de ses prédécesseurs plus civilisés ; et d'après le temps nécessaire à la croissance des plantes et des arbres, on a assigné approximativement à ces monuments une antiquité de quelques milliers d'années avant l'invasion européenne. Les crânes humains déterrés dans ces endroits doivent avoir appartenu à une race différente de la race actuelle.

Tout nouvellement même, on a découvert dans l'Amérique du Sud des momies à cheveux bruns Si cette race à cheveux bruns est venue d'Europe, cela doit avoir eu lieu longtemps avant toute histoire ; et alors il doit avoir fleuri sur les rivages occidentaux de ce continent une civilisation dont toute trace avait déjà disparu, quand la domination romaine s'étendait sur les îles Britanniques, les Gaules et l'Espagne.

D'après Scherzer (Rapport à la Société des naturalistes de Vienne, 1856), les Toltèques ont été les constructeurs des monuments et des édifices trouvés par les Espagnols ; ce fut dans le septième siècle qu'ils apparurent pour la première fois sur le plateau de Mexico, et leurs débris vivent encore aujourd'hui dans l'Amérique moyenne.

(20)... *on a découvert des débris de cuisine sur les côtes des deux Amériques.* — Des monceaux de coquillages et des débris de cuisine ont été trouvés aussi en grande quantité en Amérique, dans l'Amérique du Sud, sur les côtes occidentales, aussi bien que sur l'océan Pacifique, au Brésil, à Guayaquil, enfin sur les rivages occidentaux de l'Amérique du Nord, à Halifax, dans la Nouvelle-Écosse, dans la baie Sainte-Marguerite. Ces derniers contiennent seulement des objets de l'âge de pierre. On y trouve des os de souris, d'ours, de castor, de porc-épic, etc. Les coquillages appartiennent aux espèces *Venus mercena-*

ria, Pecten Islandicus, Crepedula formicata, Mytilus edulis; les coquilles de cette dernière espèce sont tellement fragiles, qu'elles se brisent au moindre contact. Récemment, le voyageur Clément Markam a publié une description exacte des amas coquilliers trouvés sur le rivage de la mer, non loin de Guyaquil. Ces amas étaient formés par des débris de poteries et quatre mollusques marins différents, dont l'un est actuellement disparu de la contrée. En outre, on y trouva beaucoup d'instruments tranchants en quartz cristallin.

Quant à l'absence d'os humains dans les amas coquilliers, cette absence dont nous avons parlé dans le texte ne paraît pas être une règle sans exception. Du moins l'*Anthropological Review* (février 1865, page XXIX) rapporte que récemment l'on a trouvé des os humains dans les amas de coquilles de Caithness, et ces os étaient identiquement dans le même état que les os d'animaux qui les accompagnaient.

(21)... *il est plutôt d'une stature inférieure à celle de l'homme de nos jours.* — C'est dans le treizième siècle qu'apparut pour la première fois l'expression « tombeaux de géants » et « tertres des géants; » plus tard elle fut remplacée par l'expression équivalente de « tombeaux des Huns, » « lits des Huns. » Certainement beaucoup de ces monuments funéraires d'une imposante grandeur, épars dans la solitude des bois ou des marécages et aujourd'hui détruits par les travaux de l'agriculture ou par la construction de routes, méritaient bien ce nom. Ce sont de grands blocs, de grandes masses de pierre dressées, soit sur des monticules naturels, soit au sein d'entassements artificiels, qui par la suite se sont couverts de grands arbres. Dans l'intérieur des tombeaux formés par l'assemblage de grandes et grossières plaques de pierre, on trouva des objets appartenant aux âges de pierre, de bronze et de fer; pourtant ce sont les objets de l'âge de bronze qui prédominent de beaucoup. Dans l'*île Belle*, à *Kivik*, on a trouvé une de ces tombes de géants, et les emblèmes gravés sur la paroi interne de la chambre mortuaire ne permettent pas de douter qu'en ce lieu des sacrifices humains aient été offerts au *dieu-soleil!*

D'après l'opinion des archéologues du Nord, ces tombeaux de géants ont été élevés par cette race finnoise-laponne qui, avant l'invasion des Germains Scandinaves, occupait toute l'Europe septentrionale, et que cette invasion refoula dans les régions de l'extrême Nord, où elle mène encore une vie nomade et misérable.

Plus anciens encore que les tombeaux des géants, sont les *dolmens* ou tables de pierre, ainsi que les *cromlech* et les *menhirs*, antiques monuments de pierre, particulièrement abondants dans la province de *Bretagne*.

Ces dolmens sont des pierres debout, recouvertes par des pierres plates qu'elles supportent. On les trouve plus ou moins nombreux dans presque toutes les contrées entourant la Méditerranée. Certains de ces remarquables monuments contiennent des chambres mortuaires où l'on trouve en grande abondance des objets ouvrés et des restes humains. Les vases d'argile que l'on y a trouvés indiquent une industrie bien supérieure à celle des potiers des habitations lacustres suisses. Quant à la destination de beaucoup de ces monuments mégalithiques et quant à la nature de leurs constructeurs, on n'a guère fait jusqu'ici que des conjectures. Un des plus grands et des plus énigmatiques de ces monuments est le fameux *Stonehenge* d'Angleterre.

D'ailleurs, d'après une communication faite à la dernière réunion de l'*Association britannique*, par le professeur Hooker, encore aujourd'hui les *Khasias* de l'ouest du Bengale érigent de semblables dolmens en se servant seulement de leviers en bois et de cordes. Ce sont ou des tombeaux ou des pierres commémoratives. (Voy. le *Globus*, vol. 14, page 4.) Que l'on consulte aussi, comparativement à ce sujet, les discussions du Congrès international d'archéo-anthropologie de 1867, sur les *monuments mégalithiques*. Ce compte rendu contient un rapport de M. Bertrand, d'après lequel ces monuments seraient des tombeaux et, pour la plupart, appartiendraient à la troisième période de l'âge de pierre ou à l'âge de la *pierre polie*.

(22)... *sous-division de la période diluviale ou quaternaire, qui vraisemblablement remonte très-haut dans cette période.* — Quand, vers le milieu de la grande époque tertiaire, une température et une nature tropicales eurent régné en Europe jusque dans l'extrême Nord; quand des palmiers, des cèdres, des lauriers, des cannelliers, etc., eurent fleuri dans les vallées de la Suisse et quand trente différentes variétés de chênes verts eurent orné les bois de ce pays; quand le crocodile eut vécu dans nos fleuves, et le tapir, le mastodonte, le mammouth, le rhinocéros, etc., dans nos forêts, alors, vers la fin de l'époque tertiaire, la température s'abaissa dans l'hémisphère septentrional. La physionomie de l'Europe changea, et à mesure que se modifiaient lentement les influences physiques, la faune et la flore perdaient en même temps le caractère méridional, pour céder enfin la place, pendant la période glaciaire qui suivit, à des animaux et à des plantes complétement arctiques ou septentrionales. Dans le sud, aussi bien que dans le nord de l'Europe, se formèrent d'énormes glaciers; ils avaient pour centre les hautes montagnes et semaient sur les plaines, soit directement, soit par l'intermédiaire des glaces flottantes, de gigantesques blocs rocheux arrachés au sommet des Alpes. Pourtant une fois, durant l'époque quaternaire, un mouvement de recul de ces grands glaciers eut lieu ; c'est pourquoi on distingue une *première* et une *deuxième* époque glaciaire séparées par une période intercalaire. Mais pendant que plantes et animaux, obéissant à ces changements importants du climat et de la surface terrestre, subissaient aussi des modifications considérables, l'homme, défendu par sa force intellectuelle, sut résister, surtout à l'aide du feu, à ces influences. Il a certainement supporté les deux périodes glaciaires, qui ont successivement agrandi et amoindri les grands glaciers pendant bien des siècles, reculant quand ils avançaient, et les suivant dans leur rétrogradation. Dans les environs de Stockholm, en faisant, pour creuser un canal, une tranchée dans un de ces monticules appelés *osars*, que les glaces flottantes ont formés pendant la période glaciaire dans les plaines suédoises, alors que ces plaines, plus tard émergées, étaient encore recouvertes par la mer, on découvrit, ainsi que l'a dit notre texte principal, sous un énorme amas de blocs erratiques, de coquillages, de sable, ayant 18 mètres d'épaisseur, un foyer circulaire formé de pierres superposées ; au milieu de ce foyer étaient des charbons de bois! Nulle autre main que celle de l'homme ne saurait avoir exécuté ce travail !

Pour se faire une idée générale de l'énorme laps de temps qui a dû s'écouler depuis la fabrication des haches en silex du diluvium, il faut avoir bien présentes à l'esprit les données fournies par M. Delanoue sur la constitution géologique de la vallée de la Somme. Dans les environs d'Amiens, au-dessous des terrains de nouvelle formation, au-dessous du lœss, produit de l'époque glaciaire, dont l'épaisseur atteint parfois 10 mètres, se trouvent deux couches diluviales : l'une, la plus superficielle, est rouge et caractérisée par des silex irréguliers de forme et peu nombreux ; l'autre, plus profonde, de couleur grise, renferme des silex arrondis, dont la forme indique qu'ils ont été fortement roulés. Ces deux couches diluviales, dont chacune a plusieurs mètres d'épaisseur, sont séparées par une

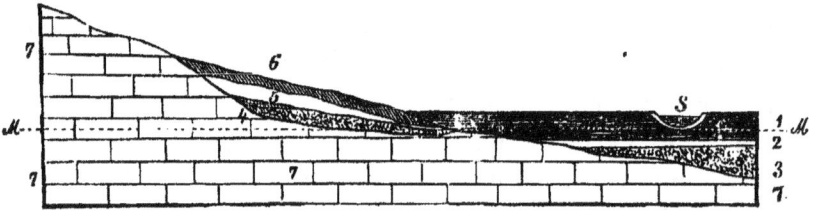

Fig. 29. — Coupe de la vallée de la Somme, près d'Abbeville, d'après Prestwich.

S. Somme. — M. Niveau de la mer. — 1. Tourbe dans la vallée. — 2. Argile sous-jacente. — 3. Gravier reposant immédiatement sur la craie. — 4. Diluvium gris avec os et hachettes. — 5. Lehm calcaire ou loess. — 6. Lehm brun et terre végétale. — 7. Craie.

couche intermédiaire, qui s'est formée en se déposant dans des eaux douces ; cette couche contient des coquilles fluviatiles et atteint parfois une épaisseur de 5 mètres. Or, c'est justement le diluvium gris, le plus inférieur, reposant immédiatement sur la formation tertiaire qui renferme les produits de l'industrie humaine, en compagnie des ossements du mammouth et du rhinocéros antédiluviens. A la première ou plus ancienne époque diluvienne a donc succédé un long temps de repos, pendant lequel les eaux douces ont formé leur dépôt sur le diluvium gris, puis un nouveau changement géologique amena la formation du diluvium supérieur ; puis, plus tard, dans des circonstances géologiques encore une fois changées, une épaisse couche de lœss recouvrit les haches en silex de la deuxième époque diluviale. Enfin, et pour terminer, les terrains de nouvelle formation se déposèrent sur le lœss. Donc, depuis que la main de l'homme a travaillé les haches en silex de la vallée de la Somme, l'état géologique n'a pas changé moins de quatre fois, et la durée de ces époques est vraisemblablement incommensurable. (Voy. M. P. Broca, *Histoire des travaux de la Société d'anthropologie de Paris*, 1863.) — Sur la période glaciaire et ses rapports avec la question de l'antiquité du genre humain, on trouvera des détails plus étendus dans les écrits déjà cités de Ch Lyell, Ch. Vogt, etc. Lyell surtout, dans son *Antiquité du genre humain*, a groupé avec beaucoup de soin ce qui a trait à l'époque glaciaire et aux traces de l'existence de l'homme, que renferment les terrains de cette époque.

Il faudrait ajouter à ce que nous avons dit ci-dessus de la haute antiquité des découvertes faites dans la vallée de la Somme, que les terrains de nouvelle formation de cette vallée comprennent une tourbière d'une grande épaisseur (parfois de 30 pieds). Cette tourbière renferme dans ses couches supérieures des objets romains et celtiques, et son accroissement a dû être si lent que, pour l'exprimer, il faudrait des milliers d'années. Pourtant cette tourbière est bien plus récente que les antiques couches de gravier sous-jacentes, contenant des os de mammouth et des haches en silex. En outre, quelques-unes de ces couches de gravier se sont formées dans le lit du fleuve qui alors coulait à plus de 100 pieds au-dessus de son niveau actuel, quand la vallée n'avait ni sa forme, ni sa profondeur présentes. Quel laps de temps doit donc s'être écoulé depuis que se sont déposées les couches renfermant des haches !

(23)... *Ménès, premier roi historique d'Égypte, 5,000 ans avant Jésus-Christ*. — Cuvier, dit F. Rolle (*l'Homme*, etc., 1866), déclara la chronologie de l'ancienne Égypte, que Manéthon et d'autres auteurs nous ont transmise, ainsi que les primitives légendes d'autres peuples anciens, sans aucune valeur en face des documents mosaïques, et il décida, conformément à ces derniers documents, que la création de l'homme avait eu lieu, il y a environ 6,000 ans. Pourtant la portion historique du récit de Manéthon[1] s'est depuis lors mieux vérifiée que les vues géologiques de Cuvier.

« En 1845, Wagner prétendait encore donner aux documents mosaïques relatifs à la création la prééminence sur toutes les

---

[1] *Manéthon*, grand prêtre d'Héliopolis, qui vivait 350 ans avant Jésus-Christ, compte pour la durée des règnes de 375 pharaons 6,117 ans, qui, ajoutés à notre ère actuelle jusqu'à ce jour, forment un total d'environ 8,330 ans. Les données fournies par Manéthon ont été souvent déclarées chimériques, mais en fin de compte leur authenticité complète a été établie.

autres traditions, soi-disant inférieures en antiquité, « c'était seulement, selon lui, le manque de connaissances linguistiques suffisantes qui avait pu conduire à des suppositions différentes. En dehors des récits hébraïques, l'histoire authentique des peuples les plus anciens, y compris les Égyptiens, remontait au plus jusqu'à environ 2,000 ans avant Jésus-Christ, etc. »

« L'examen des anciens monuments égyptiens, ainsi que le déchiffrement des hiéroglyphes égyptiens, parvenu maintenant à un haut degré de certitude, ont également établi depuis la vérité historique d'une grande partie du récit de Manéthon. Par là il a été prouvé que Manéthon n'était pas seulement un écrivain mythologique, mais qu'il avait puisé aux sources de la vieille histoire égyptienne, que ses renseignements étaient excellents, et qu'il fallait le ranger parmi les écrivains les plus dignes de foi, etc. »

« D'après Lepsius, l'Égypte ancienne était déjà sous la quatrième dynastie, vers l'an 3,400 avant Jésus-Christ, un état bien ordonné. Arts et sciences y florissaient. L'écriture hiéroglyphique y était déjà connue, et les inscriptions de ce temps reculé sont aujourd'hui les documents les plus anciens et les plus parfaitement sûrs qui soient dans le domaine de l'archéologie.

« Au delà de la quatrième dynastie, cependant, l'éclaircissement de l'histoire par le déchiffrement des inscriptions n'a pas été poussé bien loin. Mais il est pareillement certain que le développement de la civilisation égyptienne est bien plus ancien que le règne de la quatrième dynastie des pharaons. L'existence d'une civilisation aussi développée que celle régnant déjà en Égypte, environ 3,500 ans avant Jésus-Christ, suppose une période de bien des milliers d'années, pendant laquelle l'homme, parti d'un état de sauvagerie grossière, s'est policé de plus en plus. »

Ern. Renan, le célèbre orientaliste et christologue français, a beaucoup fait aussi pour éclaircir l'ancienne chronologie égyptienne. D'après lui, avant l'année 970 avant Jésus-Christ, où apparaît Sésac, premier roi de la vingt-deuxième dynastie, il faudrait placer vingt et une dynasties de l'histoire égyptienne, pendant lesquelles cette histoire a jeté son plus vif éclat. La grande époque de l'Egypte commence 1,700 ans avant Jésus-

Christ, à un moment où la Grèce et Rome n'existaient pas encore, et où Ninive et Babylone étaient bien loin de l'apogée de leur grandeur. Avant la dix-huitième dynastie, tombe l'époque des conquérants *Hycsos* ou pasteurs. Elle dura 511 ans et commença 2,000 ans avant Jésus-Christ. Avant les pasteurs, Manéthon compte quatorze dynasties d'une durée de 2,800 ans; son témoignage est digne de foi. Ces dynasties n'étaient pas simplement des dynasties locales; elles régnaient sur toute l'Égypte. On ne peut pas attribuer aux dix premières dynasties de Manéthon une durée moindre que la période de 5,000 à 2,000 ans avant Jésus-Christ; dans cette période tombe la brillante époque des pyramides et de ceux qui les ont construites. Les fouilles de M. Mariette ont jeté sur cette époque une grande lumière; il a découvert des sculptures, des inscriptions, des statues qui remontent jusqu'à 4,000 ou 4,500 ans avant Jésus-Christ. Il est remarquable que dans les tombeaux et les chambres mortuaires de ce temps, qui dénotent déjà un haut degré de civilisation, on ne trouve aucune trace de la vie guerrière, si importante plus tard; on ne trouve pas davantage quoi que ce soit ayant trait à la religion ou au rituel. Pas une fois on n'a rencontré une image quelconque d'une divinité. Tout est relatif seulement à la mort.

D'après J. Braun (*Histoire de l'art dans les phases de son développement chez tous les peuples de l'ancien monde*, etc.), l'Égypte est le plus ancien des grands États et le plus antique peuple qui existe. 450 ans avant Jésus-Christ, Hérodote, pour qui d'ailleurs les merveilles de la vieille Égypte eurent bien plus de mystères que pour nos égyptologues modernes, voyait, d'après les indications des prêtres égyptiens, sur les parois extérieures du grand temple de Thèbes, trois cent quarante-cinq cercueils de momies contenant les cadavres des grands prêtres. Ces grands prêtres avaient de père en fils, pendant une longue série de générations, régné sur Thèbes, qui pendant des milliers d'années avait été une monarchie sacerdotale. Selon Braun, la civilisation grecque vient principalement de l'Égypte, et les dogmes les plus importants du christianisme sont, d'après lui et Roeth, empruntés à la théologie égyptienne.

De quel étonnement, de quelle admiration ne devons-nous pas être saisis en songeant qu'au temps où l'aborigène européen, avec ses pauvres armes de pierre, poursuivait les bêtes fauves, ou bien habitait des huttes de bois au-dessus des eaux, ayant pour toute nourriture les produits de sa chasse ou de sa pêche, déjà de l'autre côté de la Méditerranée, dans l'heureuse contrée que le Nil arrose, des villes puissantes et splendides florissaient ; les arts et les sciences de toute espèce étaient cultivés ; une caste sacerdotale, lettrée et forte, tenait d'une main ferme les rênes d'un gouvernement régulier et vraisemblablement entretenait des relations commerciales le long des rivages méditerranéens! et quel énorme laps de temps doit s'être écoulé depuis l'époque où l'aborigène égyptien luttait, lui aussi, avec des armes de pierre, jusqu'à celle où il avait atteint le degré de civilisation ci-dessus décrit !

Dans un intéressant opuscule sur *l'Origine et la destinée de l'homme* (Londres, 1868), l'Américain J. P. Lesley donne une très-exacte exposition de la vieille chronologie égyptienne, d'après les découvertes de M. Mariette et les données de Manéthon, et voici dans quels termes il résume les résultats des explorations faites en Égypte. « Telle était l'histoire de l'Égypte! Sept mille années se sont écoulées depuis que le quatrième roi de la première dynastie construisit la première pyramide de *Cochomé*, celle que salue d'abord le voyageur sortant des portes du Caire pour entrer dans le désert. Mais dès alors l'Egypte était une vieille contrée ; son peuple était civilisé, son architecture aussi grandiose dans la conception que parfaite dans l'exécution ; sa statuaire était naturelle, sa langue formée et se prêtant à l'écriture ; on y avait des animaux domestiques de toute sorte, des esclaves de Numidie.

« Que le laboureur de la vieille Égypte ait mené une vie heureuse, tranquille, souvent joyeuse, cela est évident; car les parois des tombeaux dans l'antique Memphis sont couvertes de peintures représentant des fêtes, des jeux, des danses, des régates, des divertissements analogues à ceux qui récréent aujourd'hui le peuple de Paris au mois de juillet. Des poëtes récitent des vers ; des jeunes filles dansent avec des plaques d'or dans leur chevelure. On chercherait vainement un signe belliqueux quelconque. Pas la plus petite trace d'une existence guerrière sur tout monument antérieur à la douzième dynastie ; à peine aussi quelque trace de religion. La divinité n'a ni image, ni nom. Le chien Anubis est l'unique gardien de ces maisons mortuaires, la première divinité aussi bien que le premier ami de l'homme. Rien que les traces d'une vie tout à fait patriarcale dans une terre d'abondance et de paix ! Chaque tombeau a été bâti pour celui qui l'occupe, comme pour lui servir d'éternelle demeure. On y voit son image entourée de celles de sa femme, de ses enfants, de ses serviteurs, de ses scribes, de ses clients, de ses singes et de ses familiers. *Tout cela, trois mille ans avant que Salomon bâtit son temple sur la montagne Moriah, ou que les Assyriens construisissent leurs palais sur les plateaux élevés de Koujunjik.* »

« Et quel contraste entre ces tableaux de paix et de richesse, parmi les antiques laboureurs de la vallée du Nil, et cette autre image de guerre et de misère, que nous offrent les sauvages habitants des forêts de pins de la Scandinavie ou plus généralement toutes les autres races humaines de ce temps en dehors de l'heureuse vallée du Sphinx!! Toutefois ce contraste persiste encore de nos jours. Comparez, sur l'un et l'autre hémisphère, les parcs et les palais de la vieille et de la nouvelle Angleterre avec les wigwams de l'Ouest ou les huttes à esclaves du Sud, avec l'abandon sans bornes du Hottentot et de l'Australien, avec le lamentable reflet de la barbarie primitive chez les « misérables » de Paris et de Londres ! Ainsi nous est ouverte une perspective sur l'antique histoire du monde, quoique cette histoire ne se puisse lire et relire qu'avec des frissons et des larmes ! »

(24)... *nous permettent de le déchiffrer ou plutôt de le deviner.* — Sur ce point, Bernard Owen, à l'occasion d'une découverte d'objets préhistoriques faite en Angleterre, s'exprima en ces termes, à la Société anthropologique de Londres : « L'analogie des pointes de javelots et de flèches de Caithness (Écosse du Nord) avec celles d'Amérique est telle, sous le rapport des matériaux employés, de la forme, de la grandeur et surtout du mode usité pour fixer la pointe à la hampe, qu'il n'y a presque point de différences. »

Nous savons qu'aujourd'hui encore les Indiens de Mexico se saignent avec des lancettes d'obsidienne (Brasseur de Bourbourg) ; et des témoins oculaires racontent que, de nos jours, les Tasmaniens ramassent une pierre plate convenable et en détachent des morceaux, qu'ils emploient sur-le-champ comme instruments.

On connaît des ustensiles de pierre provenant d'Amérique, etc., qui sont très-analogues, même aux pierres ouvrées du drift. D'une manière générale, l'industrie de la pierre ouvrée est si simple, qu'il n'y a pas lieu de s'étonner que les outils de pierre présentent une frappante analogie dans tous les continents (Europe, Asie, Amérique et Australie), dans presque toutes les contrées. L'âge de pierre a régné dans toutes les grandes régions de la terre habitée, et il dure encore en partie en Amérique, en Australie, etc.; car on a trouvé bien des peuples qui n'avaient jamais connu l'usage des métaux. On a même rencontré des peuplades sauvages, à qui l'usage du feu était tout à fait inconnu; et, lors de l'arrivée des Européens, les Australiens ne savaient pas encore faire cuire leurs aliments. Ils se nourrissaient habituellement d'animaux marins déchirés tout crus, à la manière des hommes qui ont entassé les débris de cuisines ou amas de coquillages. Du reste, aujourd'hui encore, on trouve dans la *Terre de Feu* et au *Brésil* des amas coquilliers semblables, très-considérables et *récents*.

(25)... *du côté physique l'homme primitif était inférieur à l'homme de nos jours*. — C'est une opinion très-répandue et pourtant fausse, que la culture, la civilisation affaiblit et amoindrit l'homme corporellement. En général, c'est le contraire qui se produit. De meilleures habitations, une meilleure nourriture, plus d'abri contre les maladies et les nombreuses injures de la nature extérieure, tout cela ne peut préjudicier, mais doit au contraire influer favorablement sur l'homme et sur son développement physique. Cela est vrai surtout pour les pays et les climats, qui ne satisfont pas spontanément les besoins de l'homme et ne le tiennent pas quitte de la maison et du vêtement. D'un autre côté, cependant, on ne peut nier que la civilisation n'entraîne avec soi nombre d'inconvénients, de causes d'affaiblissement, d'énervement, d'excitation trop forte, qui doivent préjudicier à l'homme, et que celui-ci ne connaît pas dans l'état de nature. Pourtant cela n'infirme point la règle dans sa généralité. Cette règle est même suffisamment établie par l'expérience.

En effet, partout où les peuples civilisés se trouvent en contact avec les sauvages, c'est-à-dire avec les peuples dans l'état de nature, ceux-ci doivent céder devant une force, une vigueur plus grandes que les leurs ; même ils s'éteignent, comme en Amérique et en Australie, au contact de la civilisation, comme si un souffle pestilentiel les avait frappés. Il faut pourtant faire entrer en ligne de compte l'énorme prépondérance du grand développement intellectuel, auquel se joint le pouvoir agrandi des moyens matériels et d'une force morale plus considérable.

Pour en finir avec l'aborigène d'Europe et sa conformation corporelle, disons que les découvertes faites jusqu'à ce jour paraissent indiquer que cet aborigène n'a pas appartenu seulement à une seule race, mais que les races préhistoriques de l'Europe ont été bien des fois renouvelées. Quoi qu'il en soit, selon Ch. Vogt et Pruner-Bey, deux races préhistoriques distinctes ont existé ; l'une, grande et à tête longue, l'autre, petite et à tête courte. Ch. Vogt tient le premier type pour le plus ancien. Le professeur Wilson, qui a fait des recherches sur les âges préhistoriques de l'Écosse, pense aussi qu'une race à tête longue a été vaincue et domptée par une race à tête courte, puis que celle-ci, à son tour, après s'être beaucoup perfectionnée pendant l'âge de bronze, fut remplacée par les Celtes, qui apportèrent le fer avec eux. De même, selon le professeur Schaafhausen, le crâne de l'homme primitif était allongé, petit et à parois épaisses. Habituellement on trouve les armes de pierre avec des crânes allongés, négroïdes, les armes de bronze avec des crânes courts, mongoloïdes. Aujourd'hui encore, ces deux formes crâniennes représentent les deux types stationnaires ou rétrogrades dans le mouvement de la civilisation parmi les trois principales races humaines, la race nègre, la race mongole et la race européenne, tandis que le type à tête ovale ou moyenne est le peuple particulièrement européen et cultivé. Vraisemblablement, ce type est issu du mélange de ces races préhistoriques avec le peuple conquérant qui introduisit en Europe les langues aryennes et l'usage des métaux. En effet, le peuple conquérant n'extermina point les vaincus ; il se mélangea avec eux et les modifia. Depuis lors ont eu lieu sans cesse de nouvelles invasions, de nouveaux mélanges. Aujourd'hui, selon M. Broca (rapport de 1865-67), les deux types extrêmes de toutes ces races mélangées sont représentés par les

Basques et les Finnois ; les premiers ayant une tête longue, le seconds une tête courte. M. Broca pense d'ailleurs que la longueur et la brièveté de la tête n'ont avec le développement intellectuel aucune relation fixe, et que, des Européens autochthones ou aborigènes antérieurs à l'invasion indo-germanique, les uns avaient la tête longue, d'autres l'avaient courte ; les uns étaient grands, les autres petits. Leur mélange avec les Indo-Européens produisit, suivant lui, toutes les variétés des peuples actuels de l'Europe.

Selon le professeur Schaafhausen (*sur la Forme primitive du crâne humain*, 1868), parmi les crânes les plus anciens, c'est le type à tête longue, qui se trouve le plus profondément dans le sol, et il doit conséquemment être considéré comme le plus vieux ; pourtant il serait possible que plus tard il ait fait une invasion en Europe, et y ait subjugué et supplanté le type à tête courte, moins grossier, mais aussi moins vigoureux. Cela expliquerait pourquoi, en Scandinavie, en Angleterre et généralement dans l'Europe occidentale, on a découvert tant de vieux crânes ayant appartenu à une race à tête courte. Sûrement les deux races ont alternativement envahi l'Europe ; l'une venant d'Asie, où domine le type à tête courte ; l'autre d'Afrique, patrie du type à tête longue.

D'ailleurs, tous les Européens préhistoriques étaient anthropophages, comme la plupart des sauvages de nos jours ; cela est prouvé par de nombreuses découvertes d'os humains préhistoriques, qui étaient fendus ou brûlés.

Dans un écrit sur l'état actuel de la linguistique et de l'histoire naturelle, dans leur rapport avec l'histoire primitive de l'humanité (Leipzig, 1868), R. Schweichel dit : « L'examen des couches de l'écorce terrestre nous montre comme habitant primitif de l'Europe centrale un homme à qui des mâchoires saillantes, une absence presque complète du front donnent une physionomie bestiale et sauvage. La structure allongée du crâne, les bourrelets sourciliers proéminents rappellent le Nègre, le Mongol, le Hottentot et l'Australien. A cet autochthone, compagnon de l'éléphant, du rhinocéros, de l'hyène, succède une race plus noble, à tête plus large, à muscles plus faibles, avec des petites mains et des petits pieds, et qui semble asiatique. Elle se rapproche du Lapon actuel, du Finnois et de l'Esthonien. Elle fut contemporaine du renne... Cette race ne s'est pas entièrement éteinte ; ses traces se rencontrent parmi toutes les populations actuelles de l'Europe. Le professeur Fraas l'a remarquée en Souabe, où on l'a considérée jusqu'ici comme un reste de l'invasion hunnique.

« C'est à une autre race qu'appartient l'agriculteur, qui apparaît dans un âge plus récent, pour la première fois dans les palaffites, et qui domina dans l'Europe centrale pendant toute la durée de l'âge de bronze. Cette race a un crâne arrondi, plus large que long et indiquant l'énergie, la force musculaire. Que cette race ait eu de petites mains, cela est prouvé par la brièveté excessive de la poignée de ses épées de bronze ; cette poignée est beaucoup trop petite pour une main de nos jours. Ce type s'est conservé jusqu'à présent dans la Suisse du Nord, etc. »

(26)... *les nombreux crânes négroïdes trouvés par Spring et Schmerling dans les cavernes belges.* — Le docteur Spring, savant distingué de l'université de Liége, fit, il y a déjà longtemps, sur les rives de la Meuse, près de Chauvaux, une découverte très-remarquable. A 100 pieds environ, au-dessus du niveau actuel du fleuve, est une petite caverne à ossements dans laquelle on trouva, recouverts par des couches de lehm et des stalactites, de nombreux ossements humains, mélangés pêle-mêle avec des os d'animaux. Le mode suivant lequel ces os étaient brisés et fendus autorisa Spring à y voir les débris d'un festin de cannibales. Quant aux crânes et fragments de crânes humains qui y furent trouvés, leur conformation se rapproche bien plus du type nègre que du type européen actuel. Le crâne était petit absolument et proportionnellement aux maxillaires, le front fuyant, les tempes comprimées, les narines écartées, les arcades dentaires très-saillantes, les dents obliques. L'angle facial était à peine de 70°. La longueur des autres os, notamment de l'os de la cuisse, indique une race de petite stature. On trouve aussi des haches de pierre grossièrement travaillées, et des morceaux d'argile ayant subi l'action du feu !

D'après Ch. Vogt (*la Foi du charbonnier et la science*, 1855), tous ces caractères indiquent une espèce humaine primitive, qui a plus d'analogie avec l'Alfourou prognathe, le nègre et généralement avec un type tout à fait inférieur, qu'avec un type humain supérieur.

Parmi les nombreuses découvertes d'os humains faites dans les cavernes belges et décrites par le docteur Schmerling, c'est le crâne d'Engis (*de la caverne d'Engis, sur les rives de la Meuse*), qui a le plus de célébrité. Par sa longueur, son étroitesse, l'abaissement du front, l'écartement des orbites, le dé-

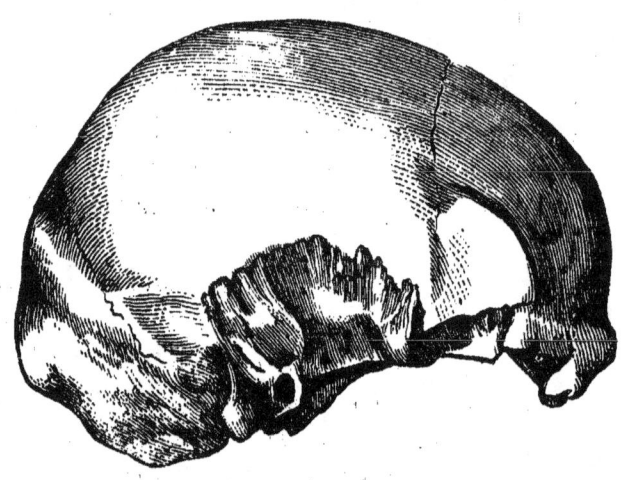

Fig. 30. — Crâne d'Engis, d'après le moule ; profil. (D'après les *Leçons sur l'homme*, par C. Vogt.)

veloppement des arcades sourcilières, il est analogue, surtout quand on le regarde par en haut, au célèbre crâne de Néanderthal dont on l'a rapproché, et avec qui on l'a comparé maintes fois; pourtant sa conformation générale est beaucoup moins inférieure. Ch. Vogt croit néanmoins que ce crâne tient le milieu entre le crâne de l'Esquimau et celui de l'Australien, et, à cause du rapport de ses deux grands diamètres longitudinal et transversal, il le considère comme un crâne très-imparfait, bestialement conformé et très-pithécoïde. Du reste, pour bien apprécier le crâne d'Engis, il ne faut pas oublier que, quoiqu'il fût accompagné de débris d'espèces éteintes, cependant on a ausssi rencontré parmi ces restes ceux d'espèces encore vivantes; donc l'ancien possesseur du crâne doit avoir appartenu à une période relativement récente des âges primitifs.

Juste en face de la caverne d'Engis, sur l'autre rive de la Meuse, est située la caverne d'*Engihoul*, où Schmerling trouva aussi beaucoup d'os humains mêlés à des ossements d'animaux éteints ; ce n'étaient pourtant, pour la plupart, que des os des

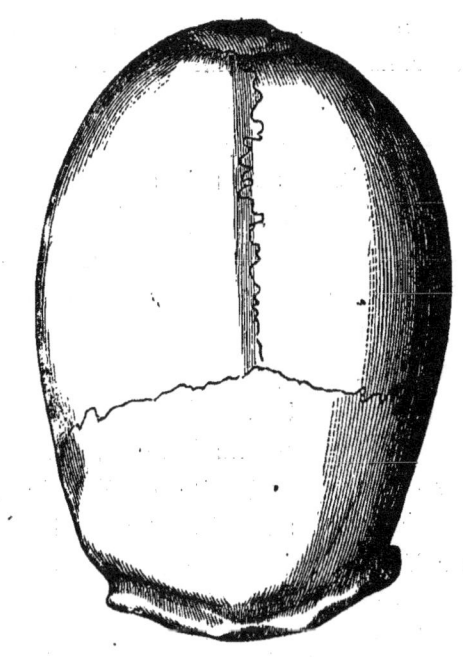

Fig. 31. — Crâne d'Engis, vu de dessus. (Vogt, *Leçons sur l'homme.*)

extrémités ; on ne put découvrir que deux petits fragments de crâne. Il y avait là aussi, comme dans presque toutes les cavernes explorées par Schmerling, de ces grossiers instruments de silex souvent joints à des ossements ouvrés.

Du reste, en 1860, la caverne d'Engihoul fut encore une fois explorée et fouillée par le célèbre géologue Lyell, en compagnie du professeur Malaise, de Liège. Il y avait vingt-six ans que Lyell s'était rencontré pour la première fois avec Schmerling. On trouva encore dans la caverne des fragments d'os d'hommes et d'animaux, que M. Malaise a dépeints dans le *Bulletin de l'Académie royale belge*, année 1860 (vol. X, p. 546).

(27)... *les crânes danois de Borreby*. — Les crânes provenant du monticule funéraire de Borreby sont de l'âge de pierre danois. Ils sont petits, ronds, courts ; ils ont un front fuyant, un occipital droit, des pariétaux aplatis et des arcades sourcilières proéminentes. Ils ne, ressemblent à aucune race européenne, les Lapons et Finnois exceptés.

(28)... *le crâne le plus misérablement conformé, qui ait été trouvé en Europe, si on excepte celui de Néanderthal.* — Dans un vieux tombeau, à Caithness, dans le nord de l'Écosse, on a trouvé récemment bon nombre de squelettes et de crânes humains, d'un type très-inférieur. Le plus mal conformé de ces crânes est très-prognathe; la région antérieure du crâne est étroite et basse, le crâne très-déprimé et tectiforme au sommet, le cerveau est pauvrement développé. On trouva en même temps six autres crânes se rapprochant plus ou moins du type ci-dessus décrit, et qui tous avaient la forme en toit dans leur région moyenne. Vraisemblablement, ces hommes primitifs étaient anthropophages, comme le montre un os humain fendu que le professeur Owen a trouvé en cet endroit. D'après Laing, ces crânes se rapprochent, pour la plupart, du type africain.

D'autres crânes, d'une conformation inférieure analogue, ont été aussi trouvés dans les îles Shetland. (Voy. les détails dans la *Revue anthropologique de Londres*, février 1865, p. XXXIV.)

Le professeur Wilson qui, comme nous l'avons déjà dit, a fait des études relatives aux âges préhistoriques de l'Écosse et a démontré que, dans ce pays, deux ou trois générations d'aborigènes ont précédé les Celtes, le professeur Wilson décrit aussi, d'après ses *Recherches*, l'homme primitif d'Écosse : « *Intellectuellement*, il paraît placé aussi bas que peut descendre un être intelligent ; *moralement*, il était l'esclave de croyances superstitieuses; corporellement enfin, il ne se distinguait de beaucoup des possesseurs actuels du pays que par un pauvre développement cérébral. »

(29)... *le crâne..., sur lequel le docteur Bird a fait un rapport dans le journal déjà cité, en février* 1869. — L'un des tombeaux du tumulus de Coltwold, près Cheltenham, renfermait, d'après le rapport de M. Bird, les ossements de plusieurs individus à tête allongée, ovale, et à front étroit. Ces crânes étaient fortement développés en arrière, au contraire rétrécis en avant, bas et étroits dans la région du front. Les sinus frontaux et les arcades sourcilières proéminent, le front est très-bas. Les mâchoires sont fortement développées, les dents très-usées. La suture frontale a disparu sur beaucoup de crânes.

Une autre tombe renfermait les ossements de huit hommes (adultes et enfants), dont la tête était bien développée. On y trouva des instruments de pierre et d'os, des poteries antiques.

(30)... *avant l'immigration indo-germanique.* — Le 4 février 1857, le docteur Schaafhausen fit sa première communication sur le crâne de Néanderthal à la Société de médecine et d'histoire naturelle du Bas-Rhin, d'après un moule en plâtre fabriqué à Elberfeld, et dès lors il déclara que ce crâne ne portait aucune trace de déformation artificielle ; que sa conformation était naturelle ; or, cette conformation, ajouta-t-il, par la grandeur des sinus frontaux, la forte saillie de l'arcade sourcilière, indique un type humain tellement inférieur, qu'on le retrouve à peine aujourd'hui chez les sauvages les plus grossiers. Puis le docteur Fuhlrott, d'Elberfeld, auquel la science est redevable de la conservation de ces ossements, d'abord pris pour des os d'animaux, le docteur Fuhlrott étudia soigneusement ces débris au point de vue anatomique, et lors du congrès général d'histoire naturelle de la Prusse rhénane et de la Westphalie, le 2 juin 1857, il décrivit le lieu où la découverte avait été faite et aussi les objets trouvés. On verra dans l'écrit déjà cité du docteur Fuhlrott (*l'Homme fossile de Néanderthal*, etc., Duisburg, 1865) des détails à ce sujet, ainsi qu'un abrégé rapide de tout ce qui a été publié là-dessus dans les livres et les journaux. Toutes les tentatives faites (par Meyer, Wagner, Blake, Pruner-Bey, Davis, etc.) soit pour amoindrir l'importance de cette découverte relativement à l'histoire primitive de l'homme, soit pour mettre le fait même en question, ont été complètement impuissantes, comme l'a prouvé le professeur Schaafhausen, dans son traité déjà cité, *de la Crâniologie des races primitives*. « Prétendre, dit-il, que le développement extraordinaire des sinus frontaux sur le crâne si remarquable de Néanderthal n'est qu'une déviation individuelle ou pathologique (maladive), cela manque absolument de fondement. C'est là évidemment un type de race, et la structure extrêmement robuste des autres os du squelette concorde très-bien physiologiquement avec la conformation crânienne. »

(31)... *les caractères, qui dominent particulièrement, sont la forte saillie des arcades sourcilières, avec un front bas, aplati, fuyant.* — « Il est digne de remarque, dit le professeur Schaafhausen, dans le texte du traité cité par nous, il est digne de remarque qu'un certain degré, petit ou grand, de saillie des arcades sourcilières ait été habituellement trouvé sur les crânes des races sauvages et sur les crânes très-anciens. » Suit une longue énumération de cas de ce genre. Nous n'en citerons que les principaux : les crânes d'une étonnante petitesse, examinés par Eschricht, et provenant des tumulus de l'île Moën ; les deux crânes humains décrits par le docteur Kutorga, et provenant du gouvernement de Minsk (Russie), dont un surtout avait une grande analogie avec le crâne de Néanderthal ; le squelette humain trouvé accroupi dans un antique tombeau à *Plau*, dans le Mecklembourg, en même temps que des objets ouvrés en os ; le docteur Lisch, archiviste, fait au sujet de ce squelette la remarque suivante : « La forme du crâne indique une époque très-reculée, pendant laquelle l'homme était encore à un degré de civilisation très-inférieur. » Citons encore une découverte analogue faite dans un autre vieux tombeau du Mecklembourg (tumulus de *Schwaan*), où l'on trouva ensemble les restes de huit cadavres dans une posture accroupie ; les débris des crânes, quoique petits, indiquaient un front fuyant et des arcades sourcilières saillantes, etc., etc.

L'auteur, que nous avons principalement cité, produit encore bien d'autres preuves établissant le pauvre développement crânien et cérébral de l'homme primitif. Ces preuves sont contenues dans la dernière publication de M. Schaafhausen (*sur la Forme primitive du crâne humain.* Compte rendu du *Congrès international d'anthropologie et d'archéologie*, 1868). Voici la conclusion de ce mémoire : « Je me résume : un crâne qui ne porte pas des traits d'une organisation inférieure ne peut pas être considéré comme provenant de l'homme primitif, quoiqu'il soit trouvé parmi les os fossiles d'espèces éteintes. Et il est bien certain que l'homme primitif doit être rangé à un degré plus bas que l'homme le plus sauvage du monde actuel, etc »

(32)... *l'analyse des os faite par lui indique que ces os sont d'une très-haute antiquité.* — Ce crâne n'est pas unique ; il est semblable à beaucoup d'autres crânes provenant des environs du lac Titicaca, au Pérou. Selon Bibra, tous ces crânes ressemblent plus à des crânes de singes qu'à des crânes d'hommes. Tous portent au vertex une sorte de crête mousse, sur toute la longueur du crâne, et sont si mal conformés que longtemps on les a crus déformés artificiellement, ce qui n'est certainement pas vrai, du moins pour le crâne apporté par Bibra. A Algodon-Bay, Bibra a trouvé trente ou quarante tumulus renfermant les cadavres accroupis d'hommes appartenant à une race de petite taille. Ce sont les débris d'une ancienne race péruvienne, qui occupait spécialement les environs du lac Titicaca. La plupart des momies trouvées au Pérou et en Bolivie se rapprochent de cette race. (Voy. de Bibra : *la Baie d'Algodon en Bolivie*. Vienne, 1852.)

(33)... *l'on aura une meilleure idée du développement graduel de la civilisation*. — Dans une communication au Congrès anthropologique de Paris (1867), M. Reboux déclara que, dans les environs de Paris (à Levallois-Perret, Clichy, Batignolles, Neuilly), il avait trouvé et examiné plus de mille silex travaillés. Il classe ces silex en trois catégories, les silex simplement *éclatés*, les silex *taillés*, les silex *polis*. Selon lui, les silex éclatés sont situés profondément dans le sol, et les silex polis, toujours à la surface. Jamais ces trois sortes de silex ne sont mélangées. Pourtant les assertions de M. Reboux ont été contestées dans le congrès même.

D'après M. Broca (rapport souvent cité de 1867), M. de Mortillet aurait prouvé jusqu'à l'évidence qu'à Abbeville (vallée de la Somme) les haches en silex se sont graduellement perfectionnées. Dans les couches les plus inférieures, on trouve de grandes pierres en forme de fer de lance. Dans le sable siliceux qui recouvre le diluvium et où l'on ne rencontre plus d'os de mammouth, les pièces ouvrées sont elliptiques, allongées, petites. Enfin, dans le sol meuble du talus, on trouve des instruments polis, affilés, analogues à ceux des dolmens. Ce progrès s'est-il effectué sur place ? Est-il l'ouvrage d'une race nouvelle survenant ? M. Broca laisse ces questions indécises. Pourtant c'est, selon lui, le second cas que les observations de MM. Lartet et Christy rendent le plus vraisemblable. Les habitants des cavernes du Périgord avaient déjà atteint un haut degré d'industrie ; ils ont fabriqué une grande quantité d'instruments en os, en ivoire, en bois de renne. Leurs dessins dénotent déjà un sens artistique, qui laisse bien loin en arrière les grossières ébauches de beaucoup de monuments celtiques d'une époque bien postérieure. Ils ont dû mener une vie tranquille, paisible et ont vraisemblablement été exterminés par une race plus robuste et plus sauvage.

Pour M. Broca, cet homme perfectible de l'âge du renne est le descendant civilisé du grossier sauvage de l'époque diluviale. Mais quelque progrès que cette race eût accompli, cependant ses instruments de pierre se fabriquaient seulement par les procédés de l'éclatement, de la taille ; on ne les aiguisait point, comme ce fut l'usage plus tard, à l'âge de la pierre polie.

(34)... *un âge de cuivre.* — D'après les travaux de Rougemont (*l'Age de bronze*, etc.), le fer paraît avoir assez souvent précédé le cuivre en dehors des contrées européennes. En Afrique, l'art de forger le fer paraît en général très-anciennement connu. En Amérique (Mexique, Pérou, etc.), on n'a guère travaillé que le cuivre ou le bronze, peu ou point de fer. Au contraire, en Chine et au Japon, on peut, comme en Europe, démontrer l'existence des trois âges de pierre, de bronze et de fer, tandis que dans la Tartarie septentrionale et en Finlande, il n'y a guère eu qu'une période de fer, et point d'âge de cuivre ni de bronze.

(35)... *avec des armes de pierre.* — Nous laissons de côté les peuplades sauvages des temps modernes, mais, pour ne parler que de l'antiquité historique, l'usage des armes de pierre y fut très-fréquent. Selon Hérodote, les archers éthiopiens enrôlés dans l'armée que Xerxès conduisit contre la Grèce, avaient de courtes flèches de roseau armées de pointes de pierre. En explorant l'Attique, François Lenormant trouva récemment dans un petit tumulus une énorme quantité de pointes de lance de silex, très-grossièrement travaillées. Sur le champ de bataille de Marathon, dans les tumulus que les Athéniens élevèrent sur les cadavres des citoyens morts pour la patrie, on trouva beaucoup de pointes de flèche de pierre et de bronze, etc., etc. (Thomassen, *l'Histoire primitive dévoilée.* Neuwied, 1869, p. 36.)

Tacite rapporte aussi (*Germania*, chap. 47), qu'un peuple occupant le nord-ouest de l'ancienne Germanie et qu'il appelle « les Fenni, » se servait à la guerre de flèches armées de pointes en os. Il est donc très-vraisemblable que ce peuple n'avait que des armes de pierre. La difficulté que l'on éprouvait à se procurer du fer, l'ignorance où l'on était des moyens de le travailler peuvent aussi avoir déterminé ou contraint beaucoup de peuples anciens à continuer à se servir d'armes et d'ustensiles de pierre, même à une époque plus récente.

(36)... *il serait facile d'arriver à une organisation infiniment mieux adaptée au but et en même temps moins dangereuse, plus agréable et plus commode.* — Pour cela, il faudrait d'abord agrandir la distance entre les rails et la largeur des voies ; les wagons à deux étages devraient avoir leur caisse, non pas au-dessus des roues, mais entre elles, de telle sorte que l'étage inférieur rasât le sol ; l'intérieur des wagons ne devrait point être construit sur le modèle des siéges à donner la torture, mais il devrait contenir des salons grands et petits, munis de commodités de toute sorte ; les wagons devraient communiquer ensemble dans toute la longueur du train. L'entrée et la sortie des voyageurs devraient être facilitées et accélérées à l'aide de plates-formes mobiles d'une hauteur convenable ; le service des billets et des formalités de bureau nécessaires devrait se faire dans le train même, etc., etc. Avec une telle installation, tout déraillement serait impossible ; le roulis des wagons disparaîtrait, et le mouvement du train serait à peine sensible ; une plus grande quantité de voyageurs accomplirait même les plus longs trajets plus commodément, plus vite, avec moins de risques, à meilleur marché et sans dommage pour la santé et le bien-être, etc., etc.

(37)... *d'autres, et parmi eux Ch. Vogt, ont considéré cette division comme superflue.* — Les quatre époques de l'âge de pierre, selon Lartet, sont l'âge de l'*ours des cavernes*, celui de l'*éléphant et du rhinocéros*, celui du *renne* et celui du *bœuf primitif*. Cette division est très-analogue à celles adoptées par MM. Troyon et d'Archiac. — Une classification quelque peu différente et fondée sur les phases de la période glaciaire en Suisse est celle qu'a établie le professeur Renevier, de Lausanne. La voici :

1° Époque antéglaciaire, pendant laquelle l'homme fut contemporain de l'*elephas antiquus*, du *rhinoceros hemitoechus* et de l'ours des cavernes.

2° UNE ÉPOQUE GLACIAIRE. L'homme y fut contemporain du mammouth, du rhinocéros, de l'ours des cavernes, etc.

3° UNE ÉPOQUE POSTGLACIAIRE, pendant laquelle l'homme vécut en contemporanéité avec le mammouth et le renne.

4° Une dernière époque ou ÉPOQUE DES PALAFITTES, pendant laquelle l'homme eut pour contemporains le cerf géant, le bœuf primitif, etc.

(38)... *les cavernes ont servi à l'homme d'habitations ou de retraites.* — Les recherches les plus récentes ont démontré un fait d'abord mis en doute ou en question, c'est-à-dire que le premier ou plus ancien âge de pierre est aussi représenté dans les cavernes. En effet, dans quelques-unes d'entre elles (par exemple dans le *trou Marguerite* en Belgique), on a rencontré, en compagnie d'une énorme quantité d'os d'animaux diluviens disparus (rhinocéros, hyène, lion, mammouth) des instruments de pierre du type trouvé dans la vallée de la Somme (Moustier et Saint-Acheul). Pourtant on trouva en même temps beaucoup de couteaux de pierre et de bois de renne travaillés, analogues à ceux des cavernes du Périgord, en France. Tout récemment (1867), M. Dupont, l'infatigable explorateur des cavernes belges, a trouvé dans une de ces cavernes beaucoup de couteaux en silex (environ trois cents) avec des os fendus ayant appartenu à des animaux de la période quaternaire (lion des cavernes, ours des cavernes, rhinocéros, etc.). C'étaient évidemment les restes d'un repas. — *Notons que les couteaux de pierre étaient très-différents de ceux de l'âge du renne.*

De son côté, M. Lartet, si expert dans l'exploration des cavernes françaises, dit que beaucoup d'instruments de pierre des cavernes sont parfaitement analogues à ceux que renferment les couches diluviales à l'air libre; d'où l'opinion partagée, dit-il, par bien des anthropologistes, que l'homme du diluvium habita en même temps les vallées des fleuves et les cavernes. Selon lui, l'on doit aussi distinguer deux périodes dans la chronologie des cavernes. Pendant la première de ces périodes, les cavernes furent seulement des lieux d'habitation; pendant la seconde, ce n'étaient plus que des caveaux mortuaires (exemple, la caverne d'Aurignac). Du reste, l'usage d'habiter dans les cavernes a persisté encore partiellement dans les temps historiques, et beaucoup d'entre elles ont été occupés occasionnellement, même dans le moyen âge, par exemple la caverne du fort de Tayac, qui servit souvent de refuge en temps de guerre.

C'est pourquoi M. Lartet, dans une communication faite au congrès de 1867, distingue trois sortes de cavernes :

1° CAVERNES DE L'ÉPOQUE DILUVIALE, contenant les restes de l'éléphant, du grand chat, de l'ours des cavernes, etc.

2° CAVERNES DE L'AGE DU RENNE, renfermant des produits de l'industrie humaine et de l'art, avec progrès considérable;

3° CAVERNES DE L'AGE DE PIERRE RÉCENT. Elles contiennent les restes d'animaux domestiques actuels, beaucoup de poteries et des haches en pierre polie.

Quant aux cavernes elles-mêmes, elles proviennent, selon M. Desnoyers, de crevasses naturelles dans les montagnes calcaires, crevasses que l'action des eaux courantes a peu à peu élargies

Aujourd'hui, en dehors de l'Europe, la coutume d'habiter les cavernes est encore très-commune. Un des récents fascicules de la *Revue anthropologique* de Londres (avril 1869) contient des détails très-intéressants donnés par MM. Bowker, Bleek et Beddoe, sur les troglodytes anthropophages du sud de l'Afrique. L'effrayante sauvagerie de ces cannibales africains, leurs habitudes nous retracent suffisamment celles de nos antiques ancêtres en Europe. La plus grande de leurs cavernes située dans les montagnes, au delà de *Thaba Bosigo*, et qui fut examinée par les explorateurs dont nous avons donné les noms, contenait une énorme quantité d'os humains, provenant principalement d'enfants et de jeunes gens. L'état de ces os ne laissait aucun doute sur le sort des personnes à qui ces ossements avaient appartenu. Dans le fond de la caverne était une grotte fermée avec une pierre ; c'était le lieu où l'on emprisonnait, comme réserve alimentaire, les victimes qui ne pouvaient être utilisées sur-le-champ.

Les sauvages qui, il n'y a guère longtemps encore, conservaient là leurs victimes humaines, n'étaient point réduits par la faim à ces extrémités, puisqu'ils habitaient un pays fertile et giboyeux. Ils mangeaient même leurs femmes, leurs enfants, leurs malades. Les os d'un jeune individu étaient encore si frais, que peu de mois avaient dû s'écouler depuis le jour où cette victime avait subi son effroyable destin.

Des cavernes analogues, d'une moindre étendue, sont disséminées dans la contrée, et il y a treize ans, elles étaient encore habitées par des cannibales qui étaient la terreur des tribus voisines. Ils envoyaient des partis de chasseurs se mettre en embuscade dans les rochers, les buissons, près des sources, et enlever, pour les manger, des femmes, des enfants, des voyageurs. Beaucoup de ces anciens cannibales vivent encore, et l'un d'eux, un vieux drôle, d'environ soixante ans, qui habitait non loin de la grotte, fut visité par les voyageurs.

Le docteur Bowker alla voir aussi, avec quelques amis, les habitants d'anciennes cavernes à anthropophages vers les sources du fleuve *Calédon*. Ces habitants ne sont plus cannibales, mais, parmi eux, était encore un vieux sauvage, qui avait vécu du temps de l'anthropophagie, et il raconta qu'autrefois on avait l'humaine coutume d'appâter les piéges formés de blocs de rochers suspendus et destinés aux nombreux lions de la contrée, avec de jeunes enfants dont les cris attiraient les animaux. — Actuellement, et grâce aux efforts de leur vieux chef *Moshesch*, presque toutes ces tribus ont abandonné le cannibalisme.

Autrefois aussi, les cadavres des Européens, qui tombaient dans les guerres avec ces sauvages, étaient mangés par eux. Ils pensaient ainsi s'incorporer le courage du mort. Habituellement ils ne mangeaient que le cœur, le foie et le cerveau. Pourtant, en temps de disette, tout le corps était mangé.

(39)... *la célèbre découverte faite aux sources de la Schussen, à Schussenried*. — Jusqu'en juillet 1866, M. E. Dupont avait, aux frais du gouvernement belge, exploré jusqu'à vingt et une cavernes sur les rives de la Lesse, dans la province belge de Namur. Parmi ces cavernes, quatre contenaient des traces importantes et nombreuses de l'homme du renne belge : c'étaient le *trou des Noutons*, le *trou du Frontal*, le *trou Rosette* et le *trou Chaleux*. Les animaux, dont on rencontra les os, sont ou émigrés comme le renne, ou encore vivants dans le pays. Les instruments de pierre sont tous des couteaux, et, parmi eux, aucune hache, soit polie, soit diluviale (il faut excepter une découverte postérieure, citée dans la note 37). Seulement, dans le *trou de Chaleux*, Dupont trouva plus de de 30,000 de ces couteaux avec beaucoup d'os d'animaux fendus et une immense quantité d'objets ouvrés principalement en bois de renne, des aiguilles, des flèches, des poignards, des crochets, etc. On trouva en outre des bijoux en pierres rares, des coquillages troués, etc., des morceaux d'ardoise portant des dessins gravés, des traits mathématiques, etc., des restes d'une poterie grossière ; enfin des foyers, des cendres et des charbons mêlés à des os fendus. D'après ces os, il paraît que cet homme du renne se nourrissait principalement de cheval, puis de renard et de rat d'eau ; au contraire, les débris de poissons étaient rares. Dans le *trou des Noutons*, on ne trouva pas moins de 150 bois de renne travaillés. Les extrémités aiguës de ces bois servaient surtout à armer les javelots. Le trou d'Aurignac, analogue à celui du Frontal, a déjà été décrit. Il renfermait près de quatorze squelettes d'hommes, de nombreux couteaux de silex, des ossements d'animaux, des coquillages, des foyers, des charbons, des traces de feu. Le *trou Rosette* contenait aussi les restes de quatre hommes qui y avaient été inhumés, et dont les crânes étaient entièrement brisés.

M. Dupont classe la faune des cavernes belges à peu près comme M. Lartet a classé celle des cavernes françaises ; il y reconnaît trois époques caractérisées, la plus ancienne par des animaux éteints, par exemple le mammouth, le rhinocéros lanigère, l'ours des cavernes, etc. ; la deuxième par des animaux émigrés, mais encore vivants, comme le renne et le chamois ; la troisième, c'est-à-dire la plus récente, par des animaux vivants, mais partiellement détruits par l'homme, comme le cerf noble, le castor, l'ours, etc. Selon lui, toute caverne doit trouver place dans une de ces trois divisions.

Quant à l'âge des cavernes belges, M. Dupont considère toutes les cavernes renfermant des débris comme plus vieilles que le *limon à blocs* (Blocklehm). Elles seraient intermédiaires entre la période des silex roulés et du lehm stratifié d'une part, et celle du limon à blocs d'autre part.

Les hommes de l'âge du renne en Belgique étaient, suivant M. Dupont, petits, musclés, agiles et maladifs. Leur crâne appartient au type court, mais peu accusé ; il est en pointe : le visage était aplati comme chez les races touraniennes. La physionomie de ces troglodytes devait être très-sauvage.

L'examen des débris trouvés par hasard, il y a deux ans, aux sources de la *Schussen*, près de la Forêt Noire, en Souabe, a donné des résultats analogues. La *Schussen* est une petite rivière, qui se jette dans le lac de Constance. Elle prend sa source sur le haut plateau de la Souabe supérieure, entre le lac de Constance et le cours supérieur du Danube, à moitié route du chemin de fer entre Ulm et Friedrichshafen. Les travaux entrepris pour creuser le canal d'un moulin mirent au jour les restes bien caractéristiques d'une station complète de l'âge du renne. On trouva plus de six cents silex éclatés et des bois et des os de renne travaillés ou non, en quantité si considérable, que M. Oscar Fraas a pu reconstituer un squelette entier de renne, actuellement au musée de Stuttgart. La plupart des os avaient été fendus pour en extraire la moelle. On trouva les ossements d'autres animaux, qui ne vivent plus aujourd'hui que dans l'extrême Nord, comme le glouton, le renard polaire, etc. Sur les os et les bois de renne on voyait des traces nombreuses et distinctes laissées par les instruments de silex avec lesquels on les avait travaillés. On trouva aussi de nombreux restes de poissons ainsi qu'un hameçon fabriqué avec du bois de renne.

Non-seulement l'étude soigneusement faite de la géologie du terrain, mais même les caractères tirés de la flore ancienne (on trouva là des débris de mousses, qui vivent seulement aujourd'hui dans l'extrême Nord) mettent hors de doute, que cette station de l'âge du renne appartient à l'époque glaciaire, ou même qu'elle date de la période intermédiaire entre les deux époques glaciaires, qui très-vraisemblablement ont passé sur la Suisse. Au congrès anthropologique de 1867, M. E. Desor n'a pas hésité à déclarer, que le terrain en question était sur la limite de la moraine formée jadis par le grand glacier du Rhin. Pour lui, la découverte de Schussenried est particulièrement remarquable en ceci qu'elle est la première station de l'âge du renne trouvée dans des couches à l'air libre ; jusque-là, les traces de l'homme du renne avaient toujours été rencontrées dans les cavernes.

(40)... *Le plus habituellement les Celtæ ont été trouvés dans le*

Nord, particulièrement en Danemark. — D'après un excellent écrit déjà cité, et que sir John Lubbock a publié sur l'emploi de la pierre dans les âges anciens (*Revue des cours littéraires*, 1865-1866, n° 1), il y a dans le musée archéologique de Copenhague environ onze à douze mille instruments de pierre, et le nombre de toutes les pièces contenues dans les collections publiques et privées du Danemark est évalué par M. Herbst à trente mille ! Le musée de l'Académie royale d'Irlande contient près de sept cents éclats de silex, cinq cent douze celts, plus de quatre cents pointes de flèches ou de lances, en outre, soixante-quinze racloirs et nombre d'autres objets de pierre, tels que des pierres de fronde, des marteaux, des pierres à aiguiser, des bornes, etc. — On évalue aussi à quinze ou seize mille le nombre des pièces contenues dans le musée de Stockholm.

« On en peut conclure, dit Lubbock, qu'il y a eu un temps où l'humanité était dans un tel état de sauvagerie que des bâtons, des pierres, des cornes, des os, étaient ses seuls instruments. »

(41)... *on rencontre de nombreux débris de vases de terre travaillés à la main.* — L'apparition de l'art du potier et son perfectionnement graduel sont très-caractéristiques dans l'histoire de l'humanité. Pendant la phase la plus ancienne de la période des cavernes, on se servit simplement, pour conserver l'eau potable dans les grottes, de blocs de terre glaise excavés. Plus tard, on fit cuire le vase au soleil pour le durcir. Mais c'est dans l'âge du renne que l'on paraît avoir employé pour la première fois la cuisson au feu, afin de rendre les vaisseaux solides. Pour rendre l'argile réfractaire au feu, on la mélangea en outre avec du sable de quartz. D'ailleurs, ces vieux vases sont très-grossiers, travaillés à la main seulement, comme l'indiquent les empreintes digitales visibles à leur surface ; presque toujours ils sont d'une couleur noire. L'usage de la roue du potier n'apparut que bien plus tardivement.

(42)... *le dernier cas est de beaucoup le plus probable.* — P. Gleisberg (*Exposition critique de l'histoire primitive de l'homme*) affirme que maintes fois et à tour de rôle, dans les temps préhistoriques, les races africaines et asiatiques ont envahi l'Europe et ont ainsi fortement stimulé le développement de la civilisation. Quand même il en serait ainsi, il n'y aurait là aucune objection à la théorie de l'évolution dans sa généralité, car ces races envahissantes elles-mêmes ont dû dans leur patrie partir aussi d'un état primitif grossier, et les traces indéniables d'un ancien âge de pierre et de ses différentes phases ont été trouvées en divers lieux de l'Afrique et de l'Asie (Palestine, Syrie, Inde, Cap de Bonne-Espérance, Madras, même en Égypte, etc.)

J. P. Lesley (*Man's Origin and Destiny*) appelle la civilisation « la fleur que portent les émigrations des peuples ; » pour lui, chaque grande période historique est précédée d'une invasion de barbares quelconques, et les races humaines les plus nobles sont aussi celles qui ont le plus de tendance à émigrer. Il expose que l'Europe septentrionale a vu trois races humaines distinctes, correspondant aux trois âges de *pierre*, de *bronze* et de *fer*. Les hommes de l'âge du bronze auraient apporté de bien loin les métaux et l'art de les travailler, ainsi que le sens artistique et la coutume de brûler les morts. L'homme de l'âge de fer, grand, robuste, à tête allongée, représente la tendance à la guerre, à la conquête, et il a soumis au joug les races qui l'avaient précédé.

(43)... *contrairement à cette manière de voir qui ne cesse de reparaître de temps en temps.* — Cela est bien démontré par la communication intéressante faite en Angleterre au congrès des naturalistes, à Dundee, par sir John Lubbock, au sujet de l'homme primitif et de ses progrès. Cette communication s'adressait à l'archevêque anglais, Whately, qui avait défendu la vieille théorie de la perfection originelle. Lubbock démontra, avec des preuves concluantes, que la thèse de Whately était parfaitement insoutenable au point de vue scientifique. Il fit voir que, non-seulement chez les sauvages, on trouve toujours des traces de progrès graduel, fût-il même extrêmement lent, mais qu'en outre les vestiges de l'ancienne barbarie ne manquent pas chez les nations les plus civilisées. Sur les rivages de l'Angleterre, maint village de pêcheur est encore dans le même état qu'il y a cent vingt ans. Sans doute il y a çà et là des peuples qui ont retrogradé après avoir avancé ; mais ce sont là seulement des exceptions, tandis que la supposition d'un antique état de perfection est tout à fait dépourvue de base. Jamais on n'a vu d'ustensiles en métal ou de poteries solides chez les peuples qui actuellement ne connaissent point les métaux, par exemple en Australie, à la Nouvelle-Zélande, dans la Polynésie, etc. De même, l'art du tisserand et l'usage de l'arc sont ignorés de beaucoup de sauvages; et pourtant ce sont là des connaissances qui, une fois acquises, ne se perdent plus. De même, pour l'art de construire des maisons, de même, pour la religion, dont il n'existe pas de traces chez beaucoup de sauvages, et qui pourtant ne disparaissent plus, dès qu'ils ont existé une fois. Il n'en est pas autrement pour la numération, qui s'est formée graduellement, en commençant par le dénombrement des doigts et des orteils[1], et qui aujourd'hui encore, chez beaucoup de tribus brésiliennes, australiennes, etc., ne dépasse pas les nombres deux ou quatre. De même, encore, pour l'usage du feu, inconnu, même actuellement, chez beaucoup de peuplades, par exemple chez les *Doko*, en Abyssinie, qui, de plus, n'ont ni mariage, ni famille, sont dans un état de complète nudité et vivent pêle mêle comme les bêtes. Pourtant, voilà de ces choses qui, connues une fois, ne se perdent plus. Ajoutons-y la langue, si pauvre par exemple chez l'Australien, qu'elle se compose seulement de quelques centaines de mots, parmi lesquels il n'est pas d'expression pour une idée générale quelconque. Citons encore les idées d'hérédité, de mariage, de famille, de patrie, etc., parfaitement ignorées de beaucoup de sauvages et qui, cela serait facile à démontrer, se sont frayé passage, grâce seulement au progrès graduel de la civilisation. Beaucoup de sauvages (Australiens, Fidjiens, insulaires de la mer du Sud, etc.) ne connaissent leur origine que du côté maternel, et les Égyptiens, les Chinois, les Grecs, les Indiens ont même des traditions relatives à l'introduction du mariage et de l'hérédité, etc.

Il est presque superflu d'ajouter que, même chez les peuples les plus civilisés, on trouve, presque par toute la terre, les traces d'un ancien âge de pierre et d'un état de barbarie.

Que l'archevêque Whately ait des émules en Allemagne, cela est démontré par la deuxième édition de l'écrit de J. P. Baltzer, publiée à Breslau. Dans cet écrit intitulé : *des Commencements des êtres organisés*, etc., l'auteur combat Ch. Vogt et

---

[1] Même chez les nations modernes, la numération d'après le nombre des doigts et des orteils (5, 15, 20) est encore très-généralement répandue.

ses *Leçons sur l'histoire primitive de l'humanité* avec des arguments soi-disant scientifiques; mais, en réalité, il entre en campagne avec toutes les armes de la théologie du moyen âge et tâche d'empêcher « l'homme paradisiaque » d'être expulsé par la science moderne. Ceux qui aimeraient à voir comment, aux yeux d'un théologien et d'un professeur de théologie de nos jours, la science moderne est interprétée, pourront, par la lecture de cet écrit, se procurer quelques heures de gaieté.

Pour soutenir aujourd'hui, en face de la science moderne, l'*Adam biblique* et toute l'hypothèse judaïco-chrétienne de la création qui lui est connexe, il faut, à l'exemple de MM. les théologiens, ne vouloir pas et ne pouvoir pas se laisser convaincre par des arguments scientifiques. Chaque dimanche des milliers de prédicateurs, sans souci des claires démonstrations de la science, continuent à narrer toujours à nouveau au public leurs contes enfantins de paradis, de chute, de création du monde, etc., etc., et, chaque dimanche, des milliers d'auditeurs disent à nouveau : *Amen*. Pendant ce temps, que font les hommes de science? Ils sourient à ces légendes, à ces fables judaïques, et vont indifférents, au milieu d'une foule, qui semble ensorcelée, sans tenter des efforts à leurs yeux sans espoir, pour arracher les dormeurs à leurs rêves. Pourtant, ainsi que s'exprime l'Américain J.-P. Lesley, dans l'excellent petit ouvrage si souvent cité par nous, pourtant croire à la lampe merveilleuse d'Aladin dans les *Mille et une Nuits*, ou croire que la cathédrale de Cologne a été commencée et achevée une heure avant le déjeuner, est aussi raisonnable que de croire à la création de l'homme, il y a six mille ans et en un seul jour ! « Réconcilier la théologie judaïque et la science moderne, continue-t-il, est une chose impossible ; ce sont des ennemies jurées ! Il est aussi facile de mettre d'accord la géologie actuelle avec l'hypothèse de la création mosaïque, qu'avec celles des gnostiques, du Véda ou des Scandinaves. C'est complètement et définitivement qu'elle s'est affranchie de son assujettissement à la foi. » — « C'est bien inutilement qu'on a pris la peine de changer un jour en un millier d'années ; car il ne s'agit pas ici de milliers d'années, mais de milliers de périodes. Beaucoup de couches calcaires sont uniquement composées de coraux et de leurs débris pulvérisés. Beaucoup de roches limoneuses de l'époque devonienne ne sont constituées que par une énorme quantité de coquilles de brachiopodes de toute taille, depuis les espèces les plus anciennes jusqu'aux plus récentes. Dans le lit profond d'un fleuve de la Nouvelle-Caroline il y a des milliers de dents de poisson entassées les unes sur les autres, entre deux couches de charbons, qu'elles écartent l'une de l'autre de deux pieds. Dans chaque houillère il y a souvent plus de cent couches de charbons superposées ; or, chacune de ces couches atteste le lent accroissement d'un marais, d'une tourbière ; elle accuse une période distincte. Et nous ne parlons pas de ces couches de pierre ou de rocher, épaisses de plusieurs toises, qui séparent chaque couche charbonneuse de la couche voisine ; or, pendant la formation de chacune de ces couches, la terre était si profondément plongée sous les eaux, que toute végétation y était impossible. L'engrais fossile provenant des cadavres de poissons, qui ont vécu dans la mer, alors que se sont formées les collines calcaires de l'Angleterre, est en si énorme quantité, que dans le voisinage de Cambridge, les paysans le recueillent là où il a été isolé par le lavage, et s'en servent pour fumer leurs champs, etc., etc.

L'HOMME
SELON LA·SCIENCE

DEUXIÈME PARTIE

QUI SOMMES-NOUS ?

PARIS. — IMP. SIMON RAÇON ET COMP., RUE D'ERFURTH 1.

L'HOMME
SELON LA SCIENCE

SON PASSÉ, SON PRÉSENT, SON AVENIR

OU

D'OÙ VENONS-NOUS? — QUI SOMMES-NOUS?
OÙ ALLONS-NOUS?

EXPOSÉ TRÈS-SIMPLE

SUIVI D'UN GRAND NOMBRE D'ÉCLAIRCISSEMENTS ET REMARQUES SCIENTIFIQUES

PAR

LE DOCTEUR LOUIS BÜCHNER

AUTEUR DE *FORCE ET MATIÈRE*

TRADUIT DE L'ALLEMAND PAR LE DOCTEUR CH. LETOURNEAU

ORNÉ DE NOMBREUSES GRAVURES SUR BOIS

DEUXIÈME PARTIE
QUI SOMMES-NOUS?

PARIS
C. REINWALD ET Cie, LIBRAIRES-ÉDITEURS
15, RUE DES SAINTS-PÈRES, 15

1870

II

QUI SOMMES-NOUS?

> Il est dangereux de trop faire voir à l'homme combien il est égal aux bêtes, sans lui montrer sa grandeur. Il est encore dangereux de lui trop faire voir sa grandeur sans sa bassesse. Il est encore plus dangereux de lui laisser ignorer l'une et l'autre. Mais il est très-avantageux de lui représenter l'une et l'autre.
>
> PASCAL.

> Comme ces empereurs romains, qui, enivrés de leur toute-puissance, finissaient par renier leur qualité d'homme et par se croire des demi-dieux, le roi de notre planète se plaît à imaginer que le vil animal soumis à ses caprices ne saurait avoir rien de commun avec sa propre nature. Le voisinage du singe l'incommode et l'humilie; il ne lui suffit plus d'être le roi des animaux; il veut qu'un abîme immense le sépare de ses sujets, et parfois, tournant le dos à la terre, il va réfugier sa majesté menacée dans la sphère nébuleuse du *règne humain*. Mais l'anatomie, semblable à cet esclave qui suivait le char du triomphateur en répétant : *Memento te hominem esse*, l'anatomie vient le troubler dans cette naïve admiration de soi-même, et lui rappelle, que la réalité visible et tangible le rattache à l'animalité.
>
> BROCA.

> Ce qui est le vrai caractère de la science, c'est qu'elle jette son filet sur toute sorte de données, s'empare de toutes les particularités perceptibles des choses et les soumet à l'examen le plus sévère, *sans se préoccuper du résultat final*.
>
> JACOB GRIMM.

Place actuelle de l'homme dans la nature ; histoire de son développement et de son origine à partir de la cellule ovulaire. — Origine et généalogie du genre humain.

Dans la première partie de ce livre, c'est par une dissertation générale sur la place de l'homme dans la nature, c'est en montrant la grande importance des recherches relatives à cette question et en embrassant les détails, c'est en insistant spécialement sur celles de ces recherches ayant trait à l'antiquité du genre humain, à l'état grossier, bestial de notre plus vieil ancêtre, l'homme primitif, que nous avons déterminé le rang naturel de l'homme et démontré par quel perfectionnement lent, pénible il est parvenu à une condition plus cultivée et vraiment humaine. Dans cette deuxième partie nous allons suivre cet ancêtre, cet homme primitif dans une autre direction ; nous allons surtout nous demander quelle place occupe notre espèce dans le système zoologique ; quelle place elle occupe relativement au monde animal auquel l'unissent les liens d'une si étroite parenté, relativement surtout aux représentants les plus élevés des quadrupèdes vertébrés, si voisins du type humain par la conformation et l'organisation. Là encore les faits connus parlent un langage si clair, si peu ambigu, qu'une fois en possession de notions justes, on se demande avec étonnement, comment il a pu se faire qu'une telle relation ait jamais été ou méconnue, ou mal comprise, au moins dans sa généralité, par des hommes ayant des yeux et de la raison. En effet le premier, le plus superficiel coup d'œil suffit pour montrer clairement à tout homme quelque peu instruit que, par tous les points de sa conformation, l'espèce humaine est liée et apparentée étroitement au monde organique ambiant ; que partout elle obéit aux mêmes lois organiques dans la forme, l'organisation, la fonction, la reproduction ; d'où la nécessité de ranger, d'intercaler cette espèce humaine dans nos systèmes zoologiques à titre de partie intégrante. Pour méconnaître cette vérité si simple et si importante, il faut céder à l'énorme influence de la subjectivité humaine, de cet amour-propre qui regarde comme dégradant d'être assimilé aux animaux, d'être compris avec eux dans un même système naturel. Mais, en matière de science, cette subjectivité doit naturellement être mise de côté, et, pour reconnaître la vérité, il est besoin d'une appréciation purement objective, négligeant en quelque sorte le point de vue personnellement humain, ou bien s'élevant au-dessus de lui. Cette manière de voir a été très-bien et très-clairement exposée par le professeur Huxley.

Pour voir juste, dit-il, efforçons-nous pour un moment de détacher notre esprit de l'enveloppe humaine; imaginons que nous sommes de savants habitants de la planète Saturne, parfaitement au courant des animaux qui peuplent la terre, ainsi que de leurs caractères anatomiques et zoologiques, et supposons maintenant qu'un voyageur entreprenant, surmontant les difficultés de l'espace et de la gravitation, ait pu visiter un autre corps céleste et ait rapporté, entre autre choses, de la terre un exemplaire du *genus homo*, du genre homme conservé dans un baril de rhum. Supposons, en outre, que nous soyons appelés à examiner cet exemplaire d'un type jusqu'alors inconnu pour nous, ce bipède droit et sans plumes ; qu'il nous faille déterminer scientifiquement sa place dans le système zoologique. Quel sera le résultat d'une telle enquête? Tous les savants de Saturne conviendraient sans hésitation que le nouvel être doit être rangé dans un groupe connu, dans le sous-règne ou embranchement des vertébrés et parmi ces vertébrés dans la classe spéciale des mammifères, puisque tous ses caractères anatomiques et zoologiques correspondent parfaitement à ceux de ce groupe et de cette classe. Si, en outre, nous nous demandions dans quelle sous-division, dans quel ordre des mammifères l'être en question doit être placé, nous ne balancerions pas davantage à répondre qu'il peut appartenir seulement à l'un de ces ordres, à l'ordre des *Simiens* ou des singes, en prenant le mot dans son sens le plus étendu. La structure des os, du crâne, du cerveau, la conformation de la main et du pied, des dents, des muscles, des viscères, etc., etc., bref, tout chez le singe et chez l'homme repose sur les mêmes principes, sur les mêmes fondements. Aussi Huxley, un anatomiste distingué, dans son Traité sur les rapports entre l'homme primitif et les animaux, qui l'avoisinent le plus, regarde comme presque superflu de démontrer aux lecteurs instruits, par une comparaison détaillée de tous les organes principaux, qu'entre l'homme et les singes les plus élevés dans la série (les anthropoïdes) ces différences de conformation, quelles qu'elles soient, sont inférieures en importance à celles qui existent entre les espèces ou familles simiennes. « Ainsi, dit Huxley en résumant le résultat de ses recherches, quelque système d'organes que l'on étudie, la comparaison des variations de ce système dans la série des singes conduit toujours au même résultat, savoir, que les différences de conformation qui séparent l'homme du gorille et du chimpanzé, sont moins grandes que les différences entre le gorille et les singes inférieurs. »

De tout cela Huxley tire l'importante conclusion, qu'au point de vue de la zoologie systématique, on n'a pas le droit de faire de l'homme un ordre spécial des mammifères ou de le détacher de l'ordre des singes faussement dénommés quadrumanes et d'en faire une sous-classe distincte ; on n'a pas le droit non plus, selon lui, comme il arrivait assez ordinairement jadis, de le séparer entièrement du reste du monde pour l'exiler dans un règne à part, le *règne humain*, en opposition avec les règnes animal et végétal. Bien au contraire, l'homme considéré scientifiquement et surtout au point de vue de l'*histoire naturelle* doit être compté seulement pour une famille distincte du premier ordre des mammifères; et pour cet ordre, qui comprend avec l'homme les vrais singes aussi bien que les makis, le nom le plus convenable est celui de *primates*, dont s'est servi le célèbre législateur de la zoologie systématique, Linnée (44), *primates*, c'est-à-dire formes les plus élevées du règne, formes suzeraines [1].

Maintenant ce premier des ordres, cet ordre des primates, est, selon Huxley, divisible en sept familles de valeur systématique presque égale, dont la plus inférieure est celle des *galéopithèques*, curieuse famille de makis volants, tandis que la plus élevée est la famille qui comprend l'homme, celle des *anthropiniens* (45). Immédiatement après l'homme viennent les singes anthropoïdes de l'ancien et du nouveau monde; ils constituent les deuxième et troisième familles. Ce sont d'abord les vrais singes de l'ancien continent (Afrique et Asie), formant la famille des *catarrhiniens*; puis les singes du nouveau monde ou de l'Amérique, les *platyrrhiniens* [2], etc.

« Aucun ordre des mammifères, dit Huxley à la fin de sa remarquable dissertation sur ce sujet, aucun ordre des mammifères ne se présente peut-être avec une série aussi extraordinaire de gradation que le fait celui-ci, qui nous conduit insensiblement du sommet de la création animale à des êtres qui ne sont séparés, comme on le voit que par un échelon du plus inférieur, du plus petit et du

---

[1] La classification du règne animal habituellement usitée comprend, de bas en haut, du particulier au général, *l'espèce, le genre, la famille, l'ordre, la classe, le groupe* ou *sous-règne* (embranchement), *le règne*.

[2] Catarrhiniens (catarrhiniens, de κατά, en bas, et ῥίν, nez); platyrrhiniens (de πλάτος, plat, et ῥίν, nez).

moins intelligent des mammifères à placenta[1]. Il semble que la nature elle-même ait prévu l'orgueil de l'homme et qu'avec une cruauté toute romaine elle ait voulu que son intelligence, au sein même de ses triomphes, fît sortir les esclaves de la foule pour rappeler au vainqueur qu'il n'est que poussière. » (Traduction de M. E. Dally, *loc. cit.*)

Un savant Allemand, qui, récemment, a traité cette question d'une manière remarquable, le professeur Häckel, d'Iéna, adopte une classification un peu différente de celle d'Huxley. (*De l'Origine et de la généalogie du genre humain*. Deux leçons. Berlin, 1868.) Il sépare entièrement de l'ordre des primates les trois dernières familles d'Huxley, c'est-à-dire les *pithécoïdes* (singes imparfaits, demi-singes), pour ne laisser dans cet ordre que l'homme et les vrais singes de l'ancien et du nouveau monde. Quant aux *pithécoïdes*, *prosimiens* ou *lémuriens*, Häckel les considère comme la souche commune d'où très-vraisemblablement les autres ordres des *discoplacentaires*[2], savoir les *rongeurs*, les *insectivores*, les *chauves-souris* et les *vrais singes*, sont sortis comme quatre branches divergentes (46). « Mais, dit Häckel, l'homme ne peut être séparé des vrais singes, puisque sous tous les rapports il se rapproche plus des premiers d'entre eux que ceux-ci des derniers singes vrais. » L'homme forme donc avec ces animaux l'ordre le plus élevé des *discoplacentaires*, sous la dénomination commune et déjà employée

---

[1] Les mammifères à placenta sont ceux dont les petits sont, pendant la grossesse, nourris dans la matrice au moyen d'un *placenta* ou *délivre*. Ils forment le groupe le plus élevé des mammifères, en opposition avec les *marsupiaux* ou *mammifères à bourse*, qui portent leurs jeunes dans un sac, une sorte de gibecière abdominale où ces jeunes sont allaités. Les mammifères à placenta sont probablement descendus des autres, en s'en séparant vers la fin de l'époque secondaire ou vers le commencement de l'époque tertiaire.

[2] *Discoplacentaires*, mammifères dont le placenta ou délivre a la forme d'un gâteau circulaire.

par nous de *primates*, tandis que les quatre autres ordres du groupe sont formés par les pithécoïdes, les rongeurs, les insectivores et les chauves-souris.

Parmi les vrais singes, ce sont les catarrhiniens ou *singes au nez étroit, singes de l'ancien continent*, dont nous avons déjà parlé, qui se rapprochent le plus de l'homme, soit par la conformation de leur nez pourvu d'une mince cloison nasale, soit par leurs narines dirigées en bas, soit par leur dentition. En effet, leur denture, identique à celle de l'homme, se compose de 32 dents, tandis que celle des platyrrhiniens en compte 36 [1].

Bien entendu, nous faisons abstraction ici de toutes les autres analogies ou similitudes de forme. En outre, parmi les catarrhiniens, ce sont les *lipocerques*, ou singes sans queue et à nez étroit, qui se rapprochent le plus de l'homme; aussi les appelle-t-on encore pour cette raison singes *anthropoïdes*, c'est-à-dire analogues à l'homme. Sous tous les rapports, selon Häckel, les différences anatomiques entre l'homme et les catarrhiniens anthropoïdes sont inférieures à celles qui séparent ces catarrhiniens des derniers représentants de leur groupe, par exemple du babouin [2].

Il n'y a plus aujourd'hui que quatre genres de singes anthropoïdes, comptant environ une douzaine d'espèces; ces genres bien connus sont les genres gorille, chimpanzé, orang-outang et gibbon ou siamang, que l'on ap-

---

[1] Comme on le sait, la denture est, chez les mammifères, un signe très-caractéristique de parenté, et elle a, par conséquent, une grande valeur systématique. Mais ce n'est pas seulement par le nombre des dents, c'est encore par leur type, leur forme générale, leur développement hâtif que l'homme se rapproche beaucoup des vrais singes et notamment du gorille.

[2] Les catarrhiniens se partagent en deux grandes divisions : les singes à queue et les singes sans queue. La première de ces divisions comprend les genres : babouin, macaque, cercopithèque, semnopithèque, colobe, nasique. La seconde division comprend les genres : gibbon, chimpanzé, orang-outang, gorille.

pelle aussi singe aux longs bras. Chacun de ces animaux se rapproche de l'homme par des traits particuliers : l'orang par la forme de son cerveau et le nombre de ses circonvolutions cérébrales, le chimpanzé par la forme de son crâne et la structure de ses dents, le gorille par la conformation de ses extrémités, le gibbon enfin, par la disposition de sa cage thoracique. Inversement les analogies simiennes des races humaines inférieures ne se concentrent pas non plus sur une seule race ; elles se disséminent et, en comparant les mensurations des diverses parties du corps prises chez diverses races humaines par MM. Scherzer et Schwarz pendant le voyage de la frégate *Novara* avec les mêmes dimensions relevées sur l'orang, le docteur Weissbach a constaté (Vienne, 1867) « que chez tous les peuples on retrouve plus ou moins les traces de l'hérédité simienne, » C'est chez l'Australien, selon le même écrivain, que se rencontrent le plus d'analogies simiennes, par exemple la longueur et la largeur du pied, la gracilité des os, la minceur des mollets, la largeur du nez, la grandeur de la bouche, la longueur des bras. Suivant d'autres anthropologistes, c'est le nègre, qui par la compression latérale de son crâne, le plus grand nombre de ses dents, l'ossification plus tardive de son os intermaxillaire, la petitesse plus grande de son crâne muni de circonvolutions plus symétriques, la plus grande longueur de ses bras et l'étroitesse de son bassin présente avec les singes le plus grand nombre d'analogies.

D'ailleurs certains singes platyrrhiniens d'Amérique ont de leur côté des caractères humains. Ainsi l'on trouve chez eux des formes crâniennes bien arrondies, un beau développement du crâne cérébral, une proéminence relativement faible du museau et en même temps bien souvent une face très-analogue à la face humaine. Par exemple le saïmiri de l'Amérique méridionale a un angle facial [1] de 65 à 66 degrés ; or, l'angle facial mesure chez l'homme blanc 70 à 80 degrés, chez le nègre 65 à 70, tandis que chez les anthropoïdes il ne dépasse pas 50 degrés [2]. L'angle facial du saïmiri correspond donc parfaitement à celui du crâne de Neanderthal décrit dans la première partie de ce livre, car l'angle facial de ce dernier crâne a été évalué aussi à 65 ou 66 degrés. Giebel prétend même que les trois premiers des singes anthropoïdes énumérés par nous se rapprochent de l'homme surtout par leur taille, tandis que, relativement à la forme des diverses parties du corps, les singes les plus analogues à l'homme sont le gibbon ou siamang, dont quatre à huit espèces distinctes vivent dans le sud de l'Asie, et aussi quelques singes américains.

Les singes anthropoïdes, dont deux, le gorille et le chimpanzé, se trouvent en Afrique et les deux autres, l'orang et le gibbon, en Asie, n'ont été connus qu'à une époque très-récente. Ainsi le grand Cuvier (mort en 1832) dut les considérer encore comme enfantés par l'imagination de son collègue Buffon, tandis qu'aujourd'hui tous les principaux musées et jardins zoologiques de l'Europe en peuvent montrer des exemplaires vivants ou morts. Autrefois c'était seulement des rumeurs, des histoires fabuleuses relatives à l'existence de ces animaux dans des

---

[1] L'angle facial de Camper est formé par deux lignes dont l'une passe par les points les plus saillants du front et du maxillaire supérieur, tandis que l'autre va du trou auditif à l'orifice externe des narines. En général, plus l'angle ainsi formé est petit, plus la face a un caractère bestial ; plus, au contraire, cet angle se rapproche de l'angle droit, c'est-à-dire d'un angle de 90°, plus la face est noble et humaine, car dans ce cas il y a prédominance correspondante de la capsule crânienne contenant le cerveau sur la face ou le museau.

[2] Il faut pourtant faire une exception pour les jeunes anthropoïdes, car chez le jeune orang, par exemple, dont le crâne est bien conformé, bien voûté et analogue à celui de l'homme, l'angle facial atteint jusqu'à 67°.

régions éloignées du globe, qui avaient pénétré en Europe. Huxley, dans le premier des trois traités, qui composent son livre *de la Place de l'homme dans la nature*, fait à ce sujet d'intéressantes citations et, en même temps, un précis de l'histoire naturelle des singes anthropoïdes (47). D'ailleurs, quoique les documents fournis par Huxley ne datent que de six ans, ils sont déjà vieillis et dépassés, du moins en ce qui concerne le gorille (*Troglodytes gorilla* ou *gorilla gina*), le dernier connu et le plus remarquable des quatre anthropoïdes. Il est très grand, se rapproche de l'homme par les proportions des membres, et, sur un sol uni, il marche dans une attitude à demi redressée ; quant aux récits de Du Chaillu sur sa force et sa férocité extraordinaire, ils paraissent exagérés. Peut-être a-t-il déjà été vu par le Carthaginois Hannon, qui, l'an 510 avant Jésus-Christ, navigua avec une flotte le long des rivages occidentaux de l'Afrique et rencontra, dit-il, dans une île située au fond d'un golfe, des hommes velus qu'il appela gorilles. Quoi qu'il en soit, des quatre anthropoïdes, c'est le gorille, qui, en dépit de certains détails de structure très-bestiaux, offre les ressemblances les plus nombreuses et les plus frappantes avec la forme humaine, et, en partie pour ce motif, en partie à cause des étranges récits qui ont circulé sur son compte, il a attiré dans ces dernières années à un degré extraordinaire l'attention générale. De tous les singes anthropoïdes, c'est celui qui, grâce à la conformation de son pied, à la disposition des muscles de ses jambes, peut marcher debout et se tenir droit avec le moins d'efforts ; c'est lui aussi dont la main est le plus analogue à celle de l'homme, quoique, sous d'autres rapports et surtout par la forme de son crâne et de sa face, il soit moins humain que d'autres singes de son groupe (48).

En voilà assez pour montrer, que la classification si longtemps usitée par laquelle on séparait l'homme du reste des mammifères à titre d'ordre, de classe, même de règne distinct, ne peut plus subsister dans l'état actuel de la science, et que cette vue anéantie déjà par les seules considérations de la zoologie systématique doit être repoussée. Au reste, pour ne rien hasarder sur un point si important, nous allons ajouter aux garanties que nous ont déjà données deux naturalistes expérimentés, l'un Allemand, l'autre Anglais, l'opinion tout aussi nettement exprimée d'un savant zoologiste français de la nouvelle école.

Dans un excellent livre sur la pluralité des races humaine (Paris, 1864), M. Georges Pouchet, combattant l'idée d'un règne humain, émise par MM. I. Geoffroy Saint-Hilaire et de Quatrefages, déclare que, par sa conformation physique, l'homme se rapproche extrêmement des singes anthropoïdes, et que ce fait ne peut être contesté sérieusement par personne. Selon lui, cette analogie n'existe pas seulement dans la configuration extérieure, mais on la retrouve plus grande encore en scrutant soigneusement les régions internes, les organes importants, en examinant au microscope les éléments anatomiques du corps. Pour arriver à établir un règne humain distinct il faut rapprocher les extrêmes les plus éloignés, d'une part les Européens perfectionnés, ennoblis par une lente transmission de caractères héréditaires à travers des milliers de siècles, d'autre part la brute, en négligeant les nombreux degrés intermédiaires qui les relient. Il est faux, comme M. Pouchet le démontre, que les idées du bien et du mal, de Dieu et de l'immortalité, sur lesquelles à défaut de différences physiques importantes, M. de Quatrefages croit pouvoir baser son règne humain, il est faux que ces idées se trouvent chez tous les peuples ; chez les uns elles font défaut ; chez les autres elles revêtent les formes les plus opposées. C'est là un fait aujourd'hui généralement connu. De l'animal à l'homme, il n'y a qu'une série ininterrompue de degrés, une chaîne dont tous les chaînons sont parents ; aussi la même méthode scientifique convient à l'un et à l'autre. L'ordre des bimanes (si ce groupe ne comprend pas les singes) est selon M. Pouchet une pure création littéraire. Il existe seulement dans les contrées où l'usage de la chaussure est général ; mais le pied humain nu, que n'ont point altéré les habitudes de la civilisation, est un excellent organe de préhension, utilisé comme tel chez près de la moitié des peuples de la terre (49). Si donc on donne le nom de quadrumanes aux familles des singes, on peut tout aussi bien appliquer à l'homme cette dénomination, mais dans aucun cas l'homme ne peut être considéré comme formant un ordre distinct du groupe des mammifères appelés jusqu'ici quadrumanes.

Telle est la conclusion qui ressort de la comparaison de l'homme avec le monde animal au point de vue de la zoologie systématique ! Il va sans dire que le résultat ainsi obtenu concorde parfaitement avec celui que fournissent l'anatomie générale et l'anatomie comparée, c'est-à-dire la science de la texture générale des organes et celle de leur structure anatomique appliquées aux diverses classes des animaux. Notons que ces sciences se sont depuis Cuvier tellement fusionnées avec la zoologie systématique, qu'on ne les en peut plus séparer. Toutes les parties, tous les organes du corps humain correspondent parfaitement dans tous leurs traits essentiels, aussi bien par la forme extérieure que par la structure interne, avec les parties similaires chez les animaux, surtout chez les mammifères et mieux encore chez les représentants les plus élevés de cette classe. La concordance est même telle que, pendant des milliers d'années, comme il est de notoriété générale, on n'eut, pour connaître le corps humain, d'autre ressource que de disséquer des animaux. Tant que les préjugés firent obstacle à la dissection des cadavres humains, ce fut seulement en disséquant des mammifères que l'on put se faire une idée de l'anatomie humaine, et par ce moyen on se renseignait tout aussi bien qu'aujourd'hui sur les traits essentiels de la conformation du corps humain. Galien, de Pergame, fondateur d'un système de médecine, qui domina pendant près de quatorze siècles, avait étudié la structure du corps humain seulement sur des singes, animaux que dès lors il avait jugés les plus analogues à l'homme. Jusqu'au seizième siècle, l'anatomie fut enseignée et étudiée uniquement d'après un squelette de singe (le magot ou *innus silvanus*). Ce fut Vésale, archiâtre de l'empereur Charles-Quint et du roi Phillippe II d'Espagne, qui le premier osa disséquer des corps humains. Même un grand malheur lui en advint. Pendant qu'il faisait l'autopsie d'un jeune gentilhomme espagnol de ses clients, le cœur se mit à palpiter. D'après les idées physiologiques imparfaites de ce temps, on crut que Vésale avait disséqué un homme vivant. En expiation de ce crime, le célèbre anatomiste dut partir pour un pèlerinage en terre sainte, et à son retour il trouva la mort dans un naufrage.

Une citation empruntée au célèbre anatomiste anglais Richard Owen montrera combien l'analogie anatomique entre l'homme et le singe a d'importance ou mérite d'en avoir. De tous les anatomistes contemporains, R. Owen est celui qui a le plus minutieusement étudié la question, et son opinion a d'autant plus de poids que, tout à fait opposé à la thèse soutenue par nous, il fait de l'homme et du singe des sous-classes distinctes, en n'empruntant pas, il est vrai, tous ses arguments à l'anatomie pure. « Comme il m'est impossible, dit Owen (*sur les Caractères des mammifères*, dans le journal de l'*Association britanique pour le progrès des sciences*, 1857) d'accorder aux dissemblances entre les facultés intellectuelles d'un chimpanzé et celles d'un Buschman ou d'un Aztèque microcéphale une valeur assez essentielle pour exclure toute comparaison, comme je ne puis y voir rien de plus qu'une différence de degré, je ne puis non plus fermer les yeux à l'importance de toute cette analogie frappante, qui rend si difficile d'établir entre l'homme et le singe des différences anatomiques; car chaque dent, chaque pièce osseuse sont strictement homologues ou équivalentes. C'est pourquoi, à l'exemple de Linnée et de Cuvier, je considère l'homme comme rentrant légitimement dans la comparaison et la classification zoologiques [1]. »

Gardons-nous pourtant d'amoindrir la distance anatomique entre l'homme et ses plus proches voisins dans la classe des mammifères. Cette différence est telle, qu'un seul coup d'œil, jeté sur une partie quelconque un peu caractéristique du corps, par exemple du squelette, suffit à l'anatomiste exercé pour distinguer un homme d'un animal. Mais ce n'est pas sur les systèmes, sur les organes, os, muscles, nerfs, sang, vaisseaux, viscères que porte cette différence; il y a là identité de forme, de disposition, non-seulement dans les contours généraux, mais dans les détails les plus délicats, dans la composition

---

[1] « Certainement il est quelque peu étrange, dit Huxley, après avoir cité ce passage, de voir l'anatomiste, qui trouve difficile de déterminer la différence entre l'homme et le singe, les ranger néanmoins, en s'appuyant sur des arguments anatomiques, dans deux sous-classes distinctes. »

chimique et microscopique. C'est plutôt dans le degré de grandeur, dans celui du développement que se trouve la dissemblance. Tantôt, c'est par des détails d'une exécution plus achevée, par un développement plus grand et meilleur d'un organe isolé, que la forme humaine l'emporte sur la forme animale; tantôt c'est la structure générale qui çà et là fait écart, revêt une disposition spéciale. On peut citer comme exemple le système osseux, le système musculaire, le larynx, le cerveau, etc. (50). Mais parfois ces particularités même de la structure humaine rappellent avec une grande netteté la parenté animale. De toutes les parties du corps, le système musculaire est notoirement le plus sujet aux variations, aux anomalies individuelles; aussi n'est-il pas rare, en étudiant l'anatomie humaine, de rencontrer dans la disposition des muscles, des particularités, qui rappellent l'anatomie simienne. Selon le docteur Duncan (Procès verbaux de la Société d'anthropologie de Londres 1869), cette analogie serait telle, que chez l'homme les anomalies dans les points d'insertion et dans la disposition des muscles se retrouveraient chez le singe, mais à l'état normal, régulier. Pour le docteur Duncan, c'est là un fait incontestable. Le professeur Hyrtl décrit aussi dans son *Anatomie de l'homme* un certain nombre de ces anomalies musculaires, qui sont analogues, soit à la conformation des animaux d'une manière générale, soit à celle des singes; aussi désigne-t-il nettement quelques-unes d'entre elles par la dénomination de « dispositions simiennes. » De même, la première dentition de l'homme ou dentition de lait offre avec celle du singe une analogie frappante; c'est seulement la deuxième dentition qui revêt les caractères vraiment humains. Les trois plus nobles des organes des sens chez l'homme, l'œil, l'oreille, l'organe du toucher, offrent aussi une grande conformité chez le singe et l'homme, tandis qu'il n'en est pas de même chez les autres mammifères. L'auteur a traité cette question avec plus de détail dans ses *Conférences sur le darwinisme*.

A peine est-il besoin d'ajouter, que la conclusion fournie par l'anatomie comparée est de tous points complétée et sanctionnée par la physiologie comparée ou science des fonctions de la vie étudiées dans les diverses classes d'animaux et chez l'homme. Que nous apprend l'expérience? C'est que partout la structure et le fonctionnement d'un organe sont dans une nécessaire corrélation, à moins que, par une maladie ou une conformation défectueuse, cet équilibre ne soit rompu. La conclusion que nous avons émise ci-dessus se peut donc aussi formuler théoriquement. Si du côté physiologique encore l'homme a sur les animaux quelques avantages, même beaucoup d'avantages, il les a rigoureusement dans la mesure suivant laquelle son organisation se différencie de la leur. Pour cela il lui faut une conformation plus parfaite, plus délicate, une structure plus compliquée, une division du travail mieux graduée, une meilleure adaptation des organes ou un développement mieux mesuré des plus importants d'entre eux, devenus ainsi capables de rendre à l'homme des services qu'ils refusent à l'animal. Du côté des fonctions aussi bien que du côté de la forme, on trouve seulement des différences de degré ou de développement ; mais ce développement commence chez les espèces les plus inférieures, puis se perfectionne progressivement, en obéissant rigoureusement aux lois générales de la vie. Aussi les savants, qui scrutent ces lois de la vie, c'est-à-dire les physiologistes, n'ont jamais trouvé rien de mieux pour arriver à expliquer les actes physiologiques chez l'homme que d'observer et d'expérimenter sur les animaux, à l'exemple des anciens anatomistes. On peut affirmer, que les trois quarts de nos notions sur la physiologie humaine ont été obtenus ainsi, et pourtant ces notions sont tout aussi justes que, si les observations, dont il s'agit avaient été faites sur l'homme même. Partout les observations qui ont pu être recueillies chez l'homme ont confirmé les notions dues aux expériences faites sur les animaux ; partout elles ont conduit à des conclusions identiques, sauf parfois quelques modifications attribuables aux différences de la structure humaine ; partout elles ont montré que, chez tous les êtres vivants, les lois fondamentales de la vie sont semblables et immuables. Prenons une grenouille, animal certes très-peu élevé dans la série ; sectionnons-lui l'un des nerfs sciatiques ; ce nerf stimulé va maintenant vibrer ou réagir exactement ou presque exactement comme le ferait chez l'homme le même nerf traité de la même manière. Ouvrons la poitrine d'un animal et observons les palpitations du cœur, le fonctionnement des poumons ; le spectacle auquel nous assisterons sera à très-peu près celui que nous donnerait la poitrine ouverte d'un homme. Chez l'animal aussi bien que chez l'homme, l'œil sert à voir, l'oreille à entendre, la langue à goûter, l'estomac à digérer, le foie à sécréter de la bile, les pieds à marcher, les poumons à respirer, les reins à excréter, etc., etc. L'animal est stupéfié par le chloroforme tout comme l'homme ; il vit comme lui, est malade comme lui, meurt comme lui, offrant les mêmes phénomènes dus aux mêmes causes. C'est donc par suite de la plus pitoyable, de la plus grossière ignorance en physiologie, que les écrits antimatérialistes ressassent si souvent les objections suivantes : les expériences faites sur les animaux n'apprennent rien sur l'homme ; l'homme n'est pas un animal, c'est un être tout autre, en un mot, *c'est un homme!!* Il est même des savants, surtout des savants en philosophie, qui font habituellement parade de cette pseudo-science, nous reportant ainsi au temps de Moïse ou au pays des Phéaciens (51).

Occupons-nous maintenant du système d'organes par lequel l'homme est spécialement homme, de cet organe qui, joint aux quelques autres avantages humains, comme la conformation de la main, la station droite, le langage articulé, etc., donne surtout à l'homme la prééminence sur l'animal et par conséquent atteint chez lui une puissance de développement unique ; nous voulons parler du cerveau et du système nerveux. Ce premier, ce plus important des organes, auquel sont indissolublement lié s chez l'homme et l'animal toutes les activités intellectuelles que nous connaissons, est, chez tous les vertébrés, construit d'après un plan fondamental commun, et ce plan, nous le voyons apparaître chez les poissons, pour, à partir de là, se réaliser avec une netteté, une puissance de plus en plus grande. Vraisemblablement ce progrès est dû aux influences, aux causes que Darwin a signalées en parlant de la sélection naturelle dans la lutte pour l'existence. Mais dans ce développement graduel, dans ce perfectionnement de la forme cérébrale, le plus grand saut ne s'observe pas, comme on le pourrait croire, entre l'homme et l'animal ; il est bien autrement accusé entre les marsupiaux et les mammifères à placenta, puisque chez ces derniers apparait une formation absolument nouvelle, *la grande commissure ou corps calleux*, réunit les deux moitiés du cerveau jusque-là séparées. A partir de là, ces deux hémisphères cérébraux, c'est-à-dire les régions cérébrales les plus importantes au point de vue des fonctions intellectuelles, c......nuent à grandir, à se compliquer ; de plus en plus elles recouvrent le cervelet et, en fin de compte, à travers toute une série de lentes gradations, elles atteignent chez le singe et chez l'homme leur plus grand degré de perfection ; mais chez l'un et l'autre, cette perfection est semblable ou analogue dans ses traits essentiels. En effet, si divers en grandeur et en perfection que puissent être les cerveaux simiens et humains, il est pourtant démontré aujourd'hui par des observations anatomiques nombreuses et minutieuses, que toutes les parties, tous les traits essentiels du cerveau humain sont parfaitement représentés chez l'animal, et que si l'homme a la prééminence, c'est seulement à cause de la perfection relativement grande des détails anatomiques cérébraux coïncidant avec un volume cérébral considérablement plus fort. Quelle meilleure preuve de cette importante vérité que la tentative récemment faite par un des premiers anatomistes contemporains, le professeur R. Owen, de Londres, dont nous avons déjà parlé? M. R. Owen voulut trouver dans la structure cérébrale un signe distinctif entre l'homme et l'animal. Chez l'homme, le cerveau recouvre entièrement le cervelet ; en outre, il est pourvu d'une cavité ou *corne postérieure*, prolongeant en arrière le *grand ventricule ; latéral* enfin sur le plancher de cette corne postérieure se trouve une saillie blanche et allongée, appelée *petit pied d'hippocampe*. Selon M. R. Owen, c'étaient là des traits anatomiques particuliers au cerveau humain ; on ne les trouvait point chez l'animal, et des facultés intellectuelles plus hautes, absentes chez l'animal, étaient liées à leur existence. Se basant sur ces faits, R. Owen se crut autorisé à faire de l'homme une sous-classe distincte des mammifères, celle des *archencéphales* (ἀρχέω, je commande, et ἐγκεφάλη, encéphale, contenu de la tête).

Cette étrange prétention provoqua aussitôt toute une

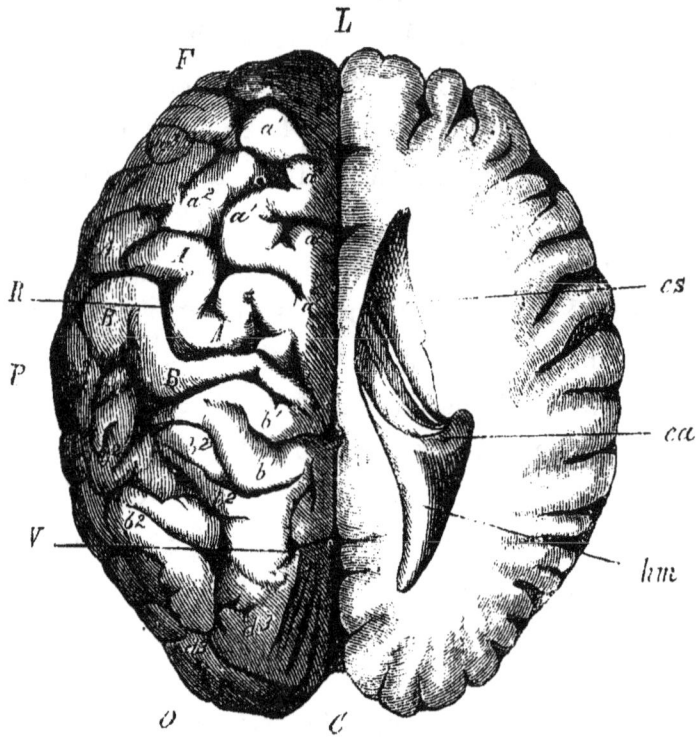

Fig. 32. — Cerveau humain vu d'en haut. L'hémisphère droit a été ouvert par une coupe horizontale pour montrer le ventricule latéral. — A gauche : L. Scissure longitudinale. — F. Lobe frontal. — R. Scissure de Rolando. — P. Lobe pariétal. — V. Scissure postérieure. — O. Lobe occipital. — C. Cervelet. — Po. Pont de varole. — VM. Moelle allongée — A droite : cs. Corps strié formant le fond de la corne antérieure du ventricule. — ca. Corne d'Ammon, qui se recourbe en dessous pour suivre la corne latérale du ventricule. — hm. La petite corne d'Ammon, ou ergot de Morand, qui forme le fond de la corne postérieure.

A Circonvolution centrale antérieure.
B Circonvolution centrale postérieure.

a^1 Étage supérieur des circonvolutions du lobe frontal.
a^2 — moyen —
a^3 — inférieur —
b^1 — supérieur du lobe pariétal.
b^2 — moyen —
b^3 — inférieur —
c^1 — supérieur du lobe temporal.
c^2 — moyen —
c^3 — inférieur —
d^1 — supérieur du lobe occipital.
d^2 — moyen —
d^3 — inférieur —

série de recherches, de travaux anatomiques sur le cerveau des singes ; elle fut aussi l'occasion d'une polémique savante exposée en détail dans le livre d'Huxley *sur la Place de l'homme dans la nature* et aussi dans nos *Conférences sur le darwinisme*. Ce débat eut pour effet de démontrer précisément le contraire des assertions de R. Owen, si bien que leur auteur lui-même se vit contraint de se rétracter ouvertement. Il déclara, tout en conservant sa classification, ne la plus vouloir baser que sur le développement plus parfait de chaque partie du cerveau (52).

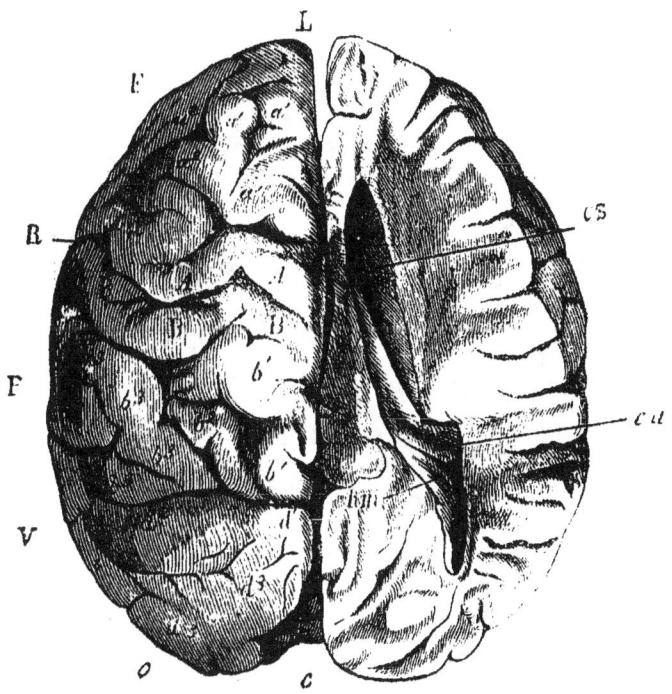

Fig. 53. — Figure d'un cerveau de chimpanzé, d'après Marshal. — Dessin et préparation comme dans la figure précédente. (D'après Vogt, *Leçons sur l'homme*.)

En effet, ce n'est point seulement par le volume que le cerveau humain l'emporte sur celui des mammifères qui l'avoisinent le plus, c'est aussi par une perfection relativement plus grande de chacune de ses parties, c'est surtout par le nombre, la profondeur et l'asymétrie des replis superficiels du cerveau ou *circonvolutions*, et en conséquence par un développement relativement plus considérable de la substance grise, c'est-à-dire de la substance nerveuse spécialement affectée à l'activité intellectuelle. Mais rien d'absolu dans ces traits différentiels ; tout cela est relatif, tous ces détails sont déjà indiqués dans les cerveaux simiens. On peut même en quelque sorte considérer le cerveau des singes comme une sorte de plan qui, chez l'homme seul, a été soigneusement exécuté.

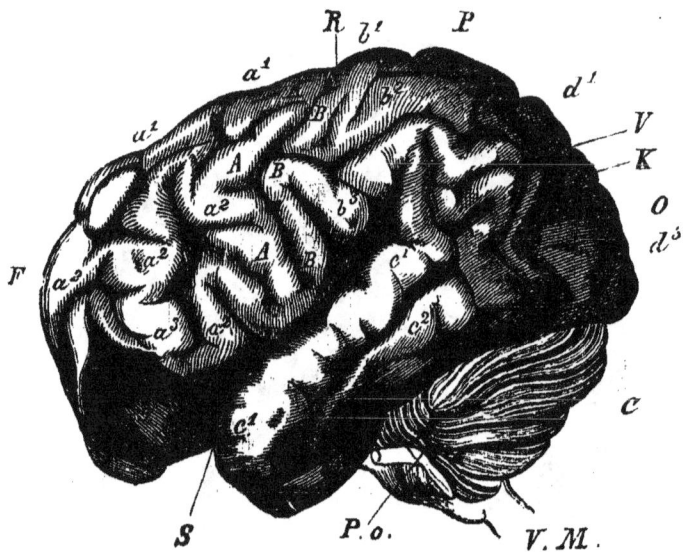

Fig. 34. — Vue de profil du cerveau de l'orang-outang. (D'après C. Vogt, *Leçons sur l'homme*.)

« La surface du cerveau d'un singe américain, dit
« Huxley[1], nous offre une sorte de carte rudimentaire de
« celle du cerveau humain ; et, chez les singes anthropo-
« morphes, les détails accusent une ressemblance de plus
« en plus marquée jusqu'à ce que ce soit seulement par
« des caractères mineurs, tels que la grandeur plus con-

[1] Page 233 de la traduction française *de la Place de l'homme dans la nature*, par le Dr E. Dally.

« sidérable de la cavité des lobes antérieurs, la constante
« présence de fissures ordinairement absentes chez
« l'homme et les dispositions et proportions de quel-
« ques circonvolutions, que le cerveau du chimpanzé et
« celui de l'orang puisse être anatomiquement distingué
« de celui de l'homme » (55).

Or, comme il est bien établi que le cerveau est uniquement et exclusivement l'organe de la pensée, que la puis-

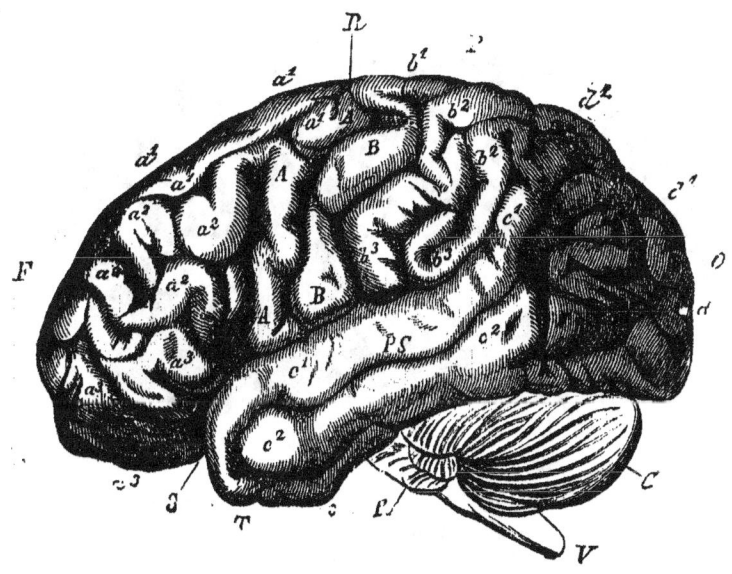

Fig. 55. — Vue de profil du cerveau de la Vénus hottentote.

sance des forces intellectuelles est généralement parallèle
à la grandeur, au développement, au degré de perfection
du cerveau, de même que chaque fonction physiologique
est liée au volume, à la forme, à la composition de l'organe qui en est le siége, la philosophie matérialiste ou
réaliste ne peut hésiter à considérer la vie intellectuelle
de l'homme seulement comme un plus haut degré de développement des aptitudes, des facultés qui sommeillent
chez l'animal. Ce n'est point d'ailleurs par la seule con-

sidération théorique, c'est aussi bien par la comparaison directe de la vie intellectuelle chez l'animal et chez l'homme, c'est aussi par un examen minutieux des facultés intellectuelles et morales de l'homme civilisé ou sauvage que cette proposition se peut démontrer. Mais avant d'insister sur ce point, il nous faut, pour déterminer sous tous les rapports quelle est la place de l'homme dans la

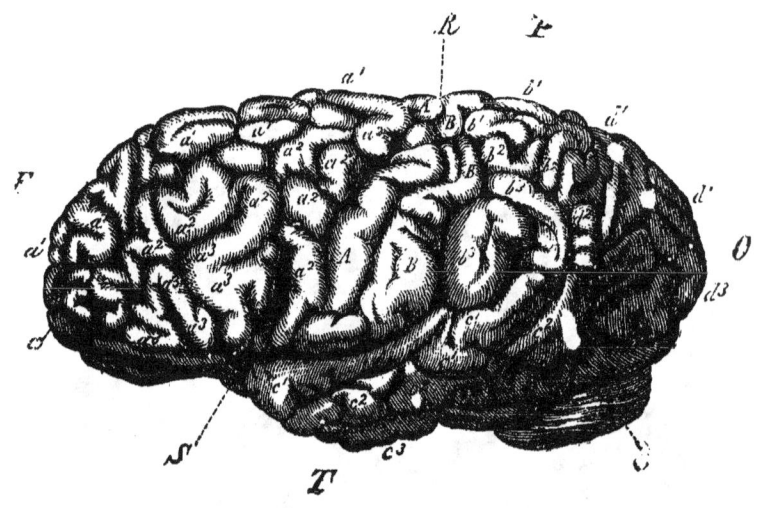

Fig. 36. — Vue de profil du cerveau du mathématicien Gauss.

S. Scissure de Silvius. — R. Scissure de Rolando. — C. Cervelet. — F. Lobe frontal. — P. Lobe pariétal. — O. Lobe occipital. — T. Lobe temporal.

(D'après C. Vogt, *Leçons sur l'homme*.)

nature, consulter encore une autre science si étroitement parente d'ailleurs des sciences anatomiques, zoologiques et physiologiques déjà invoquées par nous, qu'on ne l'en peut séparer. J'entends parler d'une science aussi intéressante qu'elle est nouvelle, de l'*embryologie* ou histoire du développement des êtres organisés.

Cette science comparativement moderne a mis au jour toute une série de faits extrêmement remarquables, qui, aux yeux des gens compétents, ne laissent pas subsister un doute sur l'étroite et intime parenté de l'homme et de l'animal. Mais ces faits, malgré leur grande importance, sont malheureusement peu ou point connus dans le grand public. Bien plus, des savants spéciaux, des zoologistes, des anatomistes montrent parfois dans leurs écrits, dans leurs déclarations une ignorance réellement regrettable des faits dont nous parlons. Nous ne nous occupons pas des philosophes spéculatifs, des théologiens, qui croient par le seul travail de la pensée ou par une inspiration divine pouvoir comprendre l'homme et déterminer sa place dans la nature, sans soupçonner même le plus souvent ni les faits dont il est question, ni les lois réelles de la nature.

« Ignorance et superstition, dit Häckel avec autant de sévérité que de justesse, voilà les bases sur lesquelles la plupart des hommes fondent la manière dont ils conçoivent leur propre organisme et les rapports de cet organisme avec l'ensemble des choses. Quant aux faits si palpables de l'embryologie, ces faits d'où rayonne la lumière de la vérité, on les ignore. » Pourtant, depuis que Darwin a imprimé à toute l'histoire naturelle organique une nouvelle direction, depuis qu'il a montré que dans le monde vivant tout dépend du développement, on accorde à ces faits, au moins dans le camp des savants jeunes et actifs, l'attention qu'ils méritent, on en reconnaît l'importance, encore bien mal appréciée, pour la philosophie naturelle. Afin de bien mettre en relief cette importance, on ne peut mieux faire que d'emprunter à Huxley les paroles suivantes : « Quoique ignorés de beaucoup de ceux qui se prétendent les directeurs de l'esprit public, les faits sur lesquels je voudrais d'abord appeler l'attention du lecteur sont d'une démonstration facile, et ils sont universellement reconnus par les savants ; leur signification est d'ailleurs si considérable, que celui qui en aura fait l'objet de ses méditations sera peu surpris, je crois, des révélations ultérieures de la biologie. » (Trad. de M. E. Dally, p. 173). Nous allons passer ces faits en revue et les esquisser aussi brièvement que possible.

Tout être vivant, qu'il soit grand ou petit, en haut ou en bas de la série, simple ou complexe, possède au début de son existence une forme très-rudimentaire et infiniment différente de celle qu'il revêtira à l'apogée de son développement. Pour arriver de cette première étape à son état d'achèvement, il parcourt toute une série de modifications, de stades de développement s'engendrant mutuellement. Grâce aux recherches embryologiques, aux études sur l'évolution des germes, ces phases, ces stades sont maintenant très-exactement connus. Chez tous les êtres vivants, animaux ou plantes, quelque peu élevés dans la série, le premier stade consiste dans la formation d'un œuf ou d'une cellule germinale, tandis que, chez les êtres organisés inférieurs, la reproduction, la multiplication s'opère, soit par une simple subdivision du corps en deux ou plusieurs individus distincts, soit par germination ou bourgeonnement (54).

Or, dans le monde organique tout entier, cet œuf est identique dans ses traits essentiels; à peine y peut-on signaler quelques légères différences dans la forme, la grandeur, la couleur, etc.[1]. Ce qui nous intéresse ici particulièrement, c'est l'œuf des mammifères, ou plus généralement des vertébrés. Chez tous les individus de ces groupes, l'œuf est presque identique, sans en excepter l'œuf humain, si peu différent de celui des mammifères les plus élevés, qu'entre l'un et l'autre, il est impossible de signaler des différences essentielles.

Il n'y a pas, en apparence, beaucoup d'analogie, dit

---

[1] Pour les détails, consulter les *Esquisses physiologiques* de l'auteur, chapitre sur la cellule, pages 231-270.

Huxley dans son style si clair, entre l'oiseau de basse-cour et son protecteur le chien de garde. Néanmoins nous savons, de toute certitude, que la poule et le chien commencent leur existence à l'état d'œuf primitivement identique en tout ce qui est essentiel ; en outre, chez tous deux, l'œuf, dans les phases suivantes de son développement, est jusqu'à un certain moment tellement semblable, qu'au premier coup d'œil, il est difficile de distinguer l'un de l'autre.

Pourtant ce n'est pas de l'œuf de poule que nous voulons parler ici. Celui-là, ainsi que l'œuf des oiseaux en général et que celui des reptiles écailleux, diffère au premier coup d'œil de l'œuf des mammifères. Chez la poule, l'œuf proprement dit, c'est-à-dire l'*ovule* ou germe analogue à l'œuf des mammifères sous tous les rapports, y compris celui du volume, est entouré en outre de parties accessoires, savoir, du jaune, *jaune de nutrition*, qu'il ne faut pas confondre avec le *jaune de formation* ou vrai *vitellus*, enfin du blanc d'œuf et de la coquille. Grâce à ces annexes, l'œuf des oiseaux contient tout préparés les matériaux nécessaires au développement du jeune, tandis que, chez les mammifères et l'homme, l'œuf arrive dans la matrice seulement avec les éléments strictement indispensables à la première ébauche de l'embryon et emprunte à l'organisme maternel tout ce qui est nécessaire à l'évolution future (55).

Or ce que vient de nous apprendre l'embryologie de la poule et du chien est identiquement ce qu'apprend l'embryologie de tout autre vertébré, que ce vertébré soit un mammifère, un oiseau, un lézard, un serpent ou un poisson. Bien plus, nous en pouvons dire autant de tout être organisé. Toujours au début nous rencontrons une formation que nous appelons œuf. C'est un petit corps arrondi et très délicat ayant $\frac{1}{8}$ ou $\frac{1}{10}$ de ligne de diamètre. Ce corps est renfermé dans une membrane solide et constitué par une substance fluide, visqueuse, parsemée de granules. Cette substance, c'est le *jaune* ou *vitellus*, au milieu duquel se trouve un noyau brillant, vésiculeux, ayant un diamètre de $\frac{1}{50}$ de ligne, c'est la *vésicule germinative*.

Dans cette vésicule elle-même est enclos un corps plus petit, n'ayant que $\frac{1}{500}$ de ligne de diamètre ; c'est le nucléole ou *tache germinative*. Ces parties, comme les précédentes, sont constituées par une substance albuminoïde.

Cette structure si simple, on la retrouve partout la même dans tous les œufs des animaux élevés dans la série, mais spécialement dans l'œuf des vertébrés avant la fécondation. Ce fut le célèbre embryologiste de Baër qui, il y a environ quarante ans (1827), découvrit l'œuf, des mammifères et de l'homme dans l'organe où il se forme, dans l'ovaire. Pourtant précédemment on avait déjà vu l'œuf libre, déjà engagé dans sa migration, à travers les trompes.

Une fois l'existence de l'œuf connue, on se mit naturellement bientôt à suivre, à observer la marche de son évolution, à épier comment, à partir de la fécondation, l'*embryon*, le *fœtus* se développent peu à peu. Tout d'abord se produit la curieuse phase du sillonnement, de la segmentation du jaune (vitellus) dont la masse primitivement sans structure (amorphe) se divise et se subdivise, englobant dans sa transformation la substance de la vésicule germinative et de la tache germinative. Il en résulte un amas de moellons élémentaires dits *cellules embryonnaires*. Ces cellules servent de bases à toutes les formations organiques ultérieures ; sur elles repose tout l'organisme futur, qui se réalise par une genèse continue et de plus en plus abondante de nouveaux éléments figurés. Par ce mode de division la nature, selon la pittoresque expression d'Huxley, procède comme un ouvrier briquetier ; la substance du jaune est pour elle une argile, qu'elle divise en un certain nombre de morceaux pareils, convenablement modelés, destinés dans le cours de la croissance embryonnaire à édifier à son gré chaque partie de l'édifice vivant. Au début, toutes les parties, tous les organes sont grossièrement façonnés à l'aide d'informes morceaux d'argile ; ce sont des ébauches. Puis le travail est de plus en plus soigné ; enfin on y met le sceau définitif (56).

Au début et même à une époque assez avancée de la vie embryonnaire, ce procédé de formation est tellement semblable chez les divers animaux, chez les divers groupes d'animaux, que partout les jeunes sont identiques ou analogues, non-seulement dans leur forme extérieure, mais même dans leurs organes essentiels, quelque différentes d'ailleurs que doivent être plus tard leurs formes définitives. Il en est de l'embryon comme de l'œuf, qui presque partout a même forme et même grandeur. Pourtant, à un certain moment de la vie embryonnaire, apparaissent des différences, et plus l'être approche de sa forme définitive, plus l'époque de la naissance est voisine, plus ces différences s'accusent. Mais (circonstance bien digne de remarque!) plus les animaux se ressembleront à l'âge adulte, plus aussi leur analogie persiste, plus elle est intime pendant la vie embryonnaire. Au contraire, les formes embryonnaires se différencient d'autant plus hâtivement et nettement, que les formes futures auxquelles elles préludent seront plus dissemblables. Aussi voit-on les embryons d'un serpent et d'un lézard, espèces relativement voisines, se ressembler plus longtemps que les embryons d'un serpent et d'un oiseau, dont les types sont beaucoup plus éloignés l'un de l'autre.

De même, et pour les mêmes raisons, les embryons d'un chien et d'un chat sont plus longtemps analogues que ceux d'un chien et d'un oiseau ou d'un chien et d'un marsupial, etc., etc. Mais, ainsi que nous l'avons dit tout au début, pendant la première période de la vie embryonnaire, les embryons même des animaux les plus différents, ceux des mammifères, des oiseaux, des lézards, des serpents, des tortues, etc., se ressemblent si fort, que la différence de volume est le plus souvent le seul caractère distinctif; c'est ce qu'affirme positivement le célèbre embryologiste de Baër. Parfois cependant quelques caractères spéciaux, mais très-peu importants, dans la forme, dans les contours extérieurs, permettent de les distinguer. C'est ce qu'apprit à ses dépens le professeur Agassiz, qui, ayant un jour oublié d'étiqueter un embryon, fut incapable ensuite de dire si c'était un embryon de mammifère, d'oiseau ou de reptile [1].

L'embryologie nous fournit donc un témoignage précis et irréfutable de l'étroite parenté de tous les êtres vivants relativement à leur origine, à leur formation. Au point de vue de la question qui nous occupe, il s'agit maintenant de savoir si, pour notre propre espèce, pour l'homme, ce témoignage conserve sa valeur. « Trouverons-nous ici un règne nouveau, dit Huxley? L'homme naît-il selon des procédés totalement différents de ce que l'on observe chez le chien, l'oiseau, la grenouille et le poisson,

---

[1] Malgré tout, cependant, on ne peut dire que les divers embryons n'offrent entre eux aucune différence. Au contraire, il doit y avoir des différences positives et profondément empreintes dans la constitution moléculaire, chimique; mais ces différences sont si fines que ni nos yeux, ni nos moyens d'exploration ne les peuvent découvrir. Ce sont ces délicates particularités dans la constitution même, qui servent de base aux futures différences de forme.

donnant ainsi raison à ceux qui affirment qu'il n'y a pas de place pour lui dans la nature et qu'il n'a aucune connexion avec le monde inférieur de la vie animale? ou, tout au contraire, provient-il d'un germe semblable, traverse-t-il les mêmes modifications lentes et progressives, dépend-il des mêmes nécessités pour sa protection et son alimentation; entre-t-il dans le monde enfin, soumis aux règles d'un même mécanisme? La réponse n'est pas un moment douteuse et n'a jamais été mise en question depuis ces trente dernières années. Sans nul doute, le procédé d'origine et les premières périodes du développement de l'homme sont identiques avec ceux des animaux qui le précèdent immédiatement dans l'échelle des êtres ; sans nul doute, à ce point de vue, l'homme est beaucoup plus près des singes que les singes ne le sont du chien. » (Trad. Dally, page 184, *loc. cit.*)

Quant à l'œuf humain, il est, dans tous ses traits essentiels, semblable à celui des autres mammifères ; s'il en diffère quelque peu, c'est surtout par ses dimensions. Son diamètre est d'environ $\frac{1}{10}$ ou $\frac{1}{12}$ de ligne. Il est donc si petit qu'à l'œil nu il semble seulement un point. Pourtant, à l'aide d'un grossissement convenable, on y reconnaît une cellule sphérique contenant une substance muciforme : c'est le jaune ou *vitellus*. Dans ce jaune on aperçoit le noyau de la cellule ou *vésicule germinative* renfermant un nucléole ou *tache germinative*. L'ensemble de cet œuf ou plutôt de cet ovule est revêtu d'une membrane épaisse, transparente, appelée *membrane vitelline*.

Il est superflu de décrire plus longuement cette formation organique, simple et complexe à la fois, d'où procède tout homme, qu'il soit né dans un palais ou dans une chaumière. Nous ne pourrions que répéter ce que nous avons dit de l'œuf des mammifères. Entre l'œuf humain et celui des mammifères pas d'autres différences visibles que des différences de grandeur. Néanmoins il y a des différences ; il doit même en exister, et des différences précises, caractéristiques. Mais ces différences ne sont pas dans la forme extérieure, quoique là aussi il doive y avoir des dissemblances trop minimes pour ne pas échapper à nos instruments d'optique ; elles existent bien plus dans la constitution intime, dans la composition chimique et moléculaire. Là est la raison du développement ultérieur spécial, des caractères taxinomiques et individuels qui apparaissent plus tard. « Ces délicates différences individuelles de tous les œufs, celles qui, étant indirectes et virtuelles, ne peuvent être directement décélées par nos procédés d'exploration si grossiers, on les doit pourtant par induction reconnaître comme la raison première de toutes les dissemblances individuelles. » (Häckel.)

Que devient maintenant cette cellule ou cet ovule? Tous les mois, dans l'espèce humaine, à l'époque du rut seulement, chez les animaux, l'ovule quitte l'organe où il s'est formé, où il a mûri, c'est-à-dire l'*ovaire*, puis, obéissant à des causes mécaniques, il commence sa migration et s'engage dans l'*oviducte* ou *trompe*. N'est-il point fécondé, il se dissout et disparaît. Qu'au contraire il soit fécondé par le contact de la liqueur séminale de l'homme, alors il séjourne dans la matrice ou *utérus*, et un embryon s'y forme. Enfin l'œuf quitte la matrice, mais seulement, du moins dans les cas normaux, après avoir par une évolution complète donné naissance à un jeune être viable[1]. C'est exactement ce qui arrive chez un mammifère quelconque, aussi bien que chez l'homme.

---

[1] C'est à l'instant même de la fécondation par la semence virile que commence le cours de la vie et du développement ultérieur, et jusqu'à la

Les variations de forme, les métamorphoses, que subit l'œuf humain à partir de son état primitif sont identiquement celles que nous avons décrites en parlant de l'œuf des animaux. D'abord se produit la segmentation du jaune, précédée de la division de la vésicule et de la tache germinative en deux cellules distinctes. Les cellules ainsi formées se subdivisent à leur tour, et le résultat final est une collection de cellules sphériques appelées *cellules vitellines*. Puis ces cellules forment en se groupant à la surface interne de la membrane vitelline un feuillet circonscrivant une cavité sphérique ; ce feuillet, c'est la *membrane proligère* ou *blastoderme*. Sur un point de cette membrane proligère, les cellules, en se multipliant par scission, constituent un épaississement en forme de disque ; c'est ce qu'on appelle la *tache embryonnaire*. Bientôt après, cette tache embryonnaire s'allonge en forme de biscuit ; elle forme alors la première base définitive de l'embryon proprement dit, pendant que le reste du blastoderme engendre en se métamorphosant divers organes transitoires servant à la nutrition. Trois couches superposées et étroitement unies compo-

---

mort de l'individu ce mouvement suit exactement la direction qui lui a été imprimée, d'une part, par la constitution propre de l'ovule, d'autre part, par celle de la semence fécondante. Sur la nature purement mécanique, matérielle de cet enchaînement de phases, il n'y a plus de doute possible, et pourtant les deux éléments créateurs qui se rencontrent sont si petits, si peu différents par la forme, que l'on est bien obligé d'attribuer les innombrables dissemblances, tant taxinomiques qu'individuelles, de l'être futur à des différences infiniment, inconcevablement délicates dans la composition chimique et moléculaire de ces substances. « Quel sujet d'étonnement et d'admiration pour nous, dit Hæckel, que cette infinie et inconcevable délicatesse des matières albuminoïdes! Qu'ils sont merveilleux ces faits incontestables ! L'ovule maternel, le spermatozoaire paternel, si simples tous deux, vont transmettre à l'enfant le mouvement vital de deux individus et si exactement que, plus tard, les plus délicates particularités corporelles et intellectuelles des deux parents reparaîtront de nouveau ! » En face de faits semblables, qui oserait donner à la matière l'épithète de « brute? » qui oserait la déclarer incapable de produire des phénomènes intellectuels ?

sent la membrane proligère. Ce sont les *feuillets blastodermiques* nés du groupement en membranes des cellules produites par la segmentation. Chez tous les vertébrés, ce groupement des cellules s'effectue suivant un plan commun, et chacune des trois couches a son rôle spécial dans la construction des organes futurs. Du feuillet externe ou supérieur naissent la peau avec ses replis et annexes telles que les glandes sébacées, les glandes sudoripares, les cheveux, les ongles et en outre l'ensemble du système nerveux central, cerveau et moelle épinière. Du feuillet inférieur ou interne provient tout l'appareil des membranes muqueuses, qui tapisse l'ensemble du système digestif de la bouche au rectum ; tous les appendices de ces muqueuses, toutes les annexes affectées à la vie nutritive ont la même origine, savoir : les poumons, le foie, les glandes intestinales, etc. Le feuillet intermédiaire fournit tous les autres organes, les os, les muscles, les nerfs, etc.

Quant au premier rudiment visible du jeune être, il apparaît au milieu de la tache embryonnaire sous la forme d'une proéminence allongée, clypéiforme, obscure, qu'entoure une région plus claire et pyriforme de la tache embryonnaire. Au pourtour de la proéminence embryonnaire, les trois feuillets ci-dessus décrits se soudent intimement ensemble. Puis, le long du grand axe de la saillie clypéiforme, se creuse un sillon peu profond en forme de gouttière. Cette *gouttière primitive* ou *ligne primitive* marque, comme le dit Huxley, « la ligne centrale de l'édifice qui va être élevé ; elle indique la situation de la ligne qui divisera les deux moitiés semblables du corps du futur animal. » Ensuite, de chaque côté de cette gouttière, deux plis ou bourrelets allongés s'élèvent du feuillet blastodermique externe. Ces plis, en se réunissant au-dessus du sillon primitif, constituent finalement le *tube médullaire*, c'est-à-dire une cavité allongée, sur les parois de laquelle se forment à leur tour le cerveau et la moelle. Quant à la cavité même, elle devient plus tard le canal central de la moelle épinière et les ventricules cérébraux. Chez les vertébrés les plus inférieurs (les vertébrés cyclostomes à cœur tubulaire, l'amphioxus) cependant, cette cavité garde toute la vie son état de simplicité première, et à ses deux extrémités elle se termine en pointe, tandis que, chez tous les autres vertébrés, le bout antérieur du tube médullaire se renfle en une ampoule sphérique, première ébauche du cerveau ; alors le bout postérieur, caudal seul se termine en pointe.

En même temps se forme au fond du sillon primitif ci-dessus décrit, à la partie médiane du feuillet blastodermique moyen, un filament cellulaire plus dense, une tige cartilagineuse, la *corde dorsale* (chorda dorsalis); des deux côtés de cette corde dorsale se développent par paire des corps quadrilatères opaques ; ce sont les rudiments des vertèbres, la première ébauche de la colonne vertébrale. Enfin de la surface postérieure, de cette tige vertébrale s'élèvent des prolongements arqués qui se dirigent en arrière, s'y rejoignent et forment ainsi un tube entourant la moelle épinière. Beaucoup de poissons conservent pendant toute la durée de leur vie cette corde dorsale, qui, chez tous les vertébrés et chez l'homme, se résorbe complétement. Plus généralement, toutes les phases de développement par lesquelles passe successivement l'embryon humain se peuvent retrouver à l'état persistant, quand on parcourt du haut en bas la grande série des vertébrés. Bien plus, les ancêtres des vertébrés, ceux que nous exhumons à l'état fossile des profondeurs du sol et qui, il y a des millions d'années, ont inauguré dans le monde organique terrestre le grand embranchement des vertébrés, ceux-là ont seulement au lieu d'une vraie colonne vertébrale cette tige cartilagineuse, cette corde dont nous avons parlé ; ce fut plus tard que cette corde dorsale fut remplacée par une colonne vertébrale formée de vertèbres biconcaves.

Pendant la phase embryologique que nous décrivons, tous les embryons vertébrés, sans en excepter l'homme, se ressemblent parfaitement. « Au début de la vie embryonnaire, dit Giebel (*l'Homme*, 1861), quand l'embryon ne se compose encore que du sillon primitif et de la corde dorsale, l'observation la plus minutieuse est absolument impuissante à distinguer l'individualité humaine d'un vertébré quelconque, d'un mammifère ou d'un oiseau, d'un lézard ou d'une carpe. »

Mais la plus grande analogie de développement persiste bien plus tardivement encore ; c'est graduellement et quand chaque organe a grandi, que les différences s'accusent plus distinctes. Ainsi les quatre extrémités des vertébrés sont d'abord des espèces de bourgeons poussant sur la face externe des parois qui circonscrivent le sillon primitif. Peu à peu ces bourgeons revêtent la forme particulière à chaque membre ; mais, dans les premiers jours, dans les premières semaines qui suivent leur apparition, leur ressemblance ou au moins leur analogie est si grande que la main délicate de l'homme, la patte grossière du chien, l'aile élégante de la poule, le membre antérieur si informe de la tortue se distinguent peu ou point les uns des autres. Il en est de même pour la jambe de l'homme et la patte de l'oiseau, pour le membre postérieur du chien et celui de la tortue. Pourtant de toutes les parties du corps il n'en est guère qui, une fois acquis leur développement complet, aient une conformation plus distincte que les membres des divers vertébrés. A une époque moins avancée encore, quand les doigts et les orteils ne sont pas encore ébauchés, quand les membres forment seulement des saillies arrondies de chaque côté du tronc, il est absolument impossible de trouver une différence entre le membre antérieur et le membre postérieur. Une circonstance bien remarquable concernant les doigts et les orteils, c'est que leur nombre est chez presque tous les vertébrés de cinq à chaque extrémité ; c'est de règle. Cette règle s'applique même aux *solipèdes* (chevaux). En effet, ces animaux ont aussi cinq doigts pendant la vie embryonnaire ; puis ces doigts se soudent en sabot, mais persistent néanmoins dans quelque cas isolés (vices de conformation).

Ce qui arrive pour les membres arrive aussi pour toutes les autres parties du corps, pour tous les autres organes. Au début, similitude de forme ; puis, peu à peu les différences spécifiques et définitives se produisent. Très-souvent, d'ailleurs, la raison de ces différences est que certaines parties du corps, certains organes, qui, dans les groupes inférieurs du règne animal, atteignent un développement complet et acquièrent une importance correspondante, perdent cette importance à mesure que l'on s'élève dans la série. On les voit alors rétrograder, disparaître entièrement ou du moins ne persister qu'à l'état rudimentaire. On peut donner comme exemple la queue qui, au début de la période embryonnaire, se développe chez l'homme, exactement comme chez les embryons de tous les autres mammifères. Peu importe que ces mammifères soient pourvus ou non d'une queue à l'état adulte. Chez l'homme, vers la sixième ou septième semaine de la vie embryonnaire, on voit cette queue s'amoindrir sensiblement, puis finalement disparaître, pour n'être plus représentée que par un organe rudimentaire composé des vertèbres caudales au nombre de trois à cinq. Ces vertèbres forment chez l'adulte l'extrémité inférieure de la colonne vertébrale; cachées sous la peau, elles sont soudées à l'*os sacré* ou *sacrum*. On les désigne par les noms d'*os coccygien* ou de *coccyx*.

Les hommes à queue ont souvent été un sujet de plaisanterie, et l'absence de queue est perpétuellement citée comme un trait caractéristique de l'homme, comme une différence importante, qui sépare l'homme de l'animalité. C'est ignorer ou oublier que, dans les premiers mois de sa vie embryonnaire, l'homme n'est pas non plus dépourvu de cet appendice bestial, et que même il le garde à l'état atrophié pendant toute sa vie. On ne songeait pas davantage que les grands singes, les plus voisins de l'homme (l'orang, le chimpanzé, le gorille), ne sont ni plus ni moins dépourvus de queue que l'homme. Selon Häckel, cette queue humaine atrophiée « est un témoignage irréfutable, attestant ce fait indéniable, que l'homme descend d'ancêtres pourvus d'une queue. » Selon cet auteur, il y a même encore, annexés à l'appendice caudal rudimentaire de l'homme, des muscles atrophiés, derniers vestiges des muscles chargés autrefois de mouvoir la queue des antiques aïeux de l'espèce humaine.

Mais des ancêtres bien autrement reculés dans la grande série du développement organique ont aussi, et d'une manière aussi remarquable qu'évidente, imprimé leur sceau sur l'embryon humain. Dans les premières semaines ou dans les premiers jours de la vie embryonnaire, tous les vertébrés revêtent une forme très-importante à noter, et qui, d'abord commune à tous, subit ensuite les métamorphoses les plus variées. Nous voulons parler des trois ou quatre fentes séparées par des saillies arquées, qui, chez le jeune embryon, se voient de chaque côté du cou ; ces saillies sont les *arcs branchiaux* destinés chez les poissons à porter les organes respiratoires, les ouïes ou branchies. Les arcs branchiaux ou viscéraux et les fentes qui les séparent existent au début chez l'homme, chez le chien, chez tous les autres mammifères. Mais chez les poissons seulement les arcs branchiaux persistent, conservent leur disposition originelle et deviennent les organes respiratoires, tandis que chez les autres vertébrés leur destination est différente ; ils sont alors les rudiments des diverses régions de la face et du cou.

Il y a d'ailleurs toute une quantité de ces organes rudimentaires, de ces legs faits à l'homme par l'animalité ! Signalons d'abord l'*os intermaxillaire* longtemps inaperçu chez l'homme et enfin découvert par Gœthe (57), puis les muscles atrophiés de l'oreille, ces muscles qu'un long exercice rend encore, chez certains individus, propres à mouvoir le pavillon de l'oreille si mobile chez beaucoup d'animaux. Rappelons les *glandes mammaires* de l'homme, que l'on trouve parfois au nombre de quatre (les deux inférieures atrophiées). Mentionnons encore la dentition de lait calquée chez l'homme sur la dentition animale, les côtes rudimentaires, observées quelquefois sur les vertèbres cervicales de l'homme, et tant d'autres faits analogues.

Les organes rudimentaires ou atrophiés, si fréquents et si incontestables dans le règne animal et le règne végétal, sont les étais les plus solides, sur lesquels s'appuie la doctrine de la transformation des êtres et plus généralement toute la conception unitaire du monde. « Si les adversaires de cette conception, dit Häckel, comprenaient l'énorme importance de pareils faits, ils seraient réduits au désespoir !... » « De ces adversaires pas un seul n'a

pu éclairer, si peu que ce soit, par une explication acceptable, ces faits aussi remarquables qu'importants. Il n'y a peut-être pas un seul type élevé dans les règnes animal et végétal, qui n'offre quelque organe rudimentaire, etc. »
« C'est l'inverse du mode habituel de formation; il semble que, par l'adaptation à de nouvelles conditions d'existence et par l'exercice, de nouveaux organes puissent naître d'une partie non encore développée, etc. »

Tous ces faits si remarquables relatifs aux organes héréditaires et rudimentaires, toutes les analogies, que signalent l'embryologie et l'anatomie comparée, se relient étroitement à une autre découverte non moins importante. Il n'est plus seulement question d'un parallélisme complet entre le développement individuel et la gradation que nous montre l'ensemble systématisé des êtres, mais bien de la ressemblance de l'un et de l'autre avec le développement paléontologique. En d'autres termes, il s'agit de constater que les lois suivant lesquelles s'opère le développement embryonnaire d'un individu se retrouvent, non-seulement dans le présent, mais encore dans l'antique histoire de l'univers. Ce sont les rapports bien connus de *juxtaposition*, *de cause à effet*, *de succession*, qui apparaissent évidemment à nos yeux dans une triple série de développements. Ils nous indiquent trop distinctement, pour qu'il soit possible de ne les pas comprendre, l'étroite parenté de tous les êtres organisés, qui s'engendrent les uns les autres.

En effet, nous trouvons dans la grande série des vertébrés tous les degrés de développement, que parcourt successivement l'embryon humain; ils sont là, fixés, permanents. Inversement, cet embryon humain passe par une série graduée de métamorphoses, dont chacune l'assimile presque à un type vertébré inférieur correspondant.

Ainsi, après avoir été dans l'œuf à l'état le plus inférieur de l'organisation, à l'état cellulaire simple, l'homme, dans les phases primitives de son développement embryonnaire, ressemble d'abord à un poisson, puis à un amphibie, et enfin à un vertébré. Bien plus, dans les divers moments de cette dernière phase, les stades de développement qu'il parcourt correspondent à ceux par lesquels le type mammifère s'élève peu à peu et graduellement des ordres, des familles les plus humbles aux échelons plus élevés[1]. Ce n'est pas tout encore ; tous ces stades, tous ces degrés de développement ressemblent exactement à ceux que, pendant le cours des âges, pendant tant de millions d'années, le type vertébré a gravis avant d'atteindre la perfection achevée de son développement actuel ; et ces stades nous en exhumons les débris, les images dans la profondeur du sol. On ne peut mieux exprimer cette grande vérité qu'en empruntant les paroles d'un des premiers naturalistes contemporains, du professeur Agassiz :

« Je puis, maintenant, dit Agassiz, exprimer ce fait, qui a vraiment un caractère de généralité, savoir que les embryons et les jeunes de tous les animaux actuellement existants, à quelque famille qu'ils appartiennent, sont la vivante miniature des représentants fossiles de leurs familles. » Le professeur Häckel exprime la même pensée dans les termes suivants : « La série des formes diverses que tout individu d'une espèce quelconque parcourt, à partir du début de son existence, de l'œuf à la tombe, est simplement une récapitulation courte et rapide de la sé-

---

[1] « Les divers animaux, dit le professeur Schaafhausen, sont les formes multiples de la vie animale arrêtées à des degrés divers, et dans son évolution l'animal le plus élevé passe par les types les plus inférieurs. Néanmoins il ne les reproduit pas entièrement, car l'activité formatrice, qui jamais ne se repose, abrége l'analogie pour arriver vite aux formes supérieures. On a vainement essayé d'interpréter ces faits différemment, etc. »

rie des formes spécifiques multiples, par lesquelles ont passé les ancêtres, les aïeux de l'espèce actuelle pendant l'énorme durée des périodes géologiques. »

L'évolution de l'individu, pendant la vie embryonnaire et même plus tard, est donc simplement une répétition brève et hâtive de l'évolution du type auquel il appartient. En d'autres termes, l'individu est la miniature enfermée dans un cadre étroit de la généalogie des ancêtres; cette généalogie est celle de l'individu et aujourd'hui encore elle est représentée dans ses traits essentiels par l'ensemble systématisé des animaux du même groupe actuellement vivants. Est-il possible de fournir une preuve plus frappante de la connexion, de l'étroite parenté de l'homme avec toute la nature organique, et spécialement avec les animaux placés derrière lui ? Du même coup ces faits jettent une lumière aussi vive que surprenante sur la question si importante de l'origine et de la généalogie du genre humain ; or cette question est unie par les liens les plus étroits, les plus intimes avec le sujet qui nous occupe, celui de la place de l'homme dans la nature. Depuis que, grâce à la célèbre théorie de Darwin, la doctrine de la généalogie organique par métamorphoses a trouvé un crédit toujours croissant, l'attention générale s'est immédiatement portée sur l'application de ces idées à l'humanité. Question aussi importante qu'intéressante! Elle a agité les esprits dans les sens les plus divers, et la réponse affirmative qu'y a faite le darwinisme a provoqué une émotion toujours grandissante. Cette émotion, parfois accompagnée de transports d'indignation vertueuse tout à fait comiques, a montré d'une manière frappante combien, malgré tant d'essais de vulgarisation, les grandes conquêtes de l'histoire naturelle sont peu connues du public ; elle a montré aussi que, pour la plupart des hommes, les données les plus importantes de cette science et les conclusions qui en dérivent sont encore parfaitement énigmatiques.

Mais au fond de cette émotion il y a une conviction très-juste, et pour beaucoup d'esprits très-inquiétante, savoir: que toutes ces recherches sur la place de l'homme dans la nature, sur les rapports de l'homme avec le reste du monde organisé, aboutissent en définitive, à la question de l'origine et de la généalogie du genre humain. Bien certainement toutes ces recherches, souvent difficiles, délicates, qui *en elles-mêmes* n'intéressent guère que les hommes spéciaux, n'auraient pas préoccupé le public à un tel degré, si elles n'avaient traîné derrière elles des conséquences nécessaires, inévitables touchant notre propre origine, notre propre généalogie. Comme je l'ai dit dans mes Leçons sur Darwin, toute cette affaire nous touche au cœur; aussi mérite-t-elle l'examen, le contrôle le plus sérieux. C'est aussi l'opinion du professeur Huxley, le premier, à vrai dire, qui, en s'appuyant sur des arguments anatomiques, ait exposé devant le grand public ses vues sur l'origine naturelle de l'homme et sa généalogie animale. Sans doute, bien avant Huxley, on avait publié ou exprimé des vues analogues, mais ces vues s'appuyaient bien moins sur des faits spéciaux que sur des généralités philosophiques ou des réflexions déduites d'une vue d'ensemble des phénomènes naturels. Depuis Huxley, nombre de propositions analogues ont été soutenues dans diverses pays, notamment en Allemagne, celles qu'ont formulées les professeurs Ernest Häckel, à Iéna, et Hermann Schaafhausen, à Bonn. Ce dernier, comme je le montrerai bientôt, a d'autant plus de droit à réclamer sur Huxley la priorité, qu'il a, dix ans avant lui, exprimé nettement l'idée de l'origine animale de l'homme. Une opinion très-répandue est celle qui fait de C. Vogt, célèbre à la fois comme écrivain et comme savant, le promoteur de la théorie qui donne à l'homme une origine naturelle et spécialement simienne. Cette opinion, provoquée vraisemblablement par les conférences de C. Vogt dans toutes les grandes villes d'Allemagne, est en réalité complétement erronée. Pendant longtemps même, Vogt fut un champion très-décidé et très-énergique de la théorie, qui affirme l'immutabilité de l'espèce ; ce fut seulement après Darwin et grâce à Darwin qu'il changea de sentiment. Mais, même après sa conversion à l'idée nouvelle, il ne s'est jamais, que je sache, prononcé sur cette question avec autant de netteté et de décision que les savants cités ci-dessus. Dans son livre bien connu des *Leçons sur l'homme* (Giessen, 1863), il reconnaît pourtant l'intime parenté de l'homme et de l'animal, il la prouve par des faits. Il traite aussi tout à fait comme Huxley la question de la place de l'homme dans le cadre zoologique, et enfin, dans sa dernière leçon, il conclut en quelques mots à l'origine animale et même simienne de l'homme[2] ; c'est, dit-il, la conséquence nécessaire de toute l'histoire de l'homme. Depuis lors, Vogt a publié aussi sur les microcéphales (μιχρός, petit, χεφαλή, tête) une série de recherches. Dans ce travail, qui ne s'adresse pas au grand public, il considère ce vice de conformation comme une forme intermédiaire à l'homme et à l'animal, comme un effet d'atavisme ou de rétrogradation, et il désigne les microcéphales par la dénomination caractéristique d'*hommes-*

---

[1] Quand on emploie l'expression *origine simienne*, il faut l'entendre dans le sens darwinien, supposer un progéniteur antédiluvien, éteint, inconnu jusqu'ici et tenant le milieu entre le type humain et le type simien. Jamais que je sache, personne n'a sérieusement soutenu que l'homme pût descendre de l'un des singes anthropoïdes contemporains.

singes (58). Jusqu'à quel point C. Vogt s'est-il avancé à ce sujet dans ses conférences sur l'histoire primitive de l'homme ? Dans quels détails est-il entré ? C'est ce dont on ne peut juger exactement, puisque jusqu'ici ces conférences ne nous sont connues que par des comptes rendus de journaux. Quoi qu'il en soit, si l'on ne peut considérer Vogt comme le promoteur de la doctrine, le premier, au moins, il l'a exposée oralement en public.

Le livre d'Huxley, si souvent cité par nous, parut la même année que les *Leçons sur l'homme*. Huxley y traite la question d'une manière plus saisissante, plus nette. Mais bien avant ces deux auteurs, à une époque où un bien plus grand courage scientifique était nécessaire pour braver le préjugé dominant, le professeur Hermann Schaafhausen n'a pas craint d'exposer les idées fondamentales de la théorie de l'évolution organique et d'en tirer comme conséquence naturelle la doctrine de l'origine animale de l'homme. Trois traités imprimés en 1853, 1854 et 1858 y furent consacrés : savoir, le traité *sur la Coloration de la peau du nègre et l'analogie entre les formes humaines et les formes animales* (1854), un autre mémoire *sur la Fixité et la mutabilité des espèces* (1853), enfin un travail *sur la Connexité des phénomènes naturels et des phénomènes vitaux* (1858).

Nous pouvons citer ici, à titre de preuves, un passage emprunté au premier des trois mémoires que nous avons mentionnés. Dans ce passage, l'auteur démontre, par des exemples frappants, que non-seulement la coloration de la peau, mais même les diverses formes de la tête, d'où l'on a voulu tirer les différences caractéristiques des races humaines, varient extrêmement avec le climat, le sol, la civilisation, le genre de vie, etc. En rapprochant ces faits de celui-ci, savoir : que les formes bestiales s'accusent de plus en plus dans les races humaines à mesure que décroît l'intelligence, on arrive à poser la question suivante : Le type humain n'a-t-il pas émergé progressivement de la forme animale, et ne faut-il pas rapporter au développement intellectuel ce perfectionnement corporel ? M. Schaafhausen continue en ces termes : « Ce n'est nullement avilir l'homme que d'attribuer sa création à une évolution naturelle ; ce n'est pas davantage ravaler au même niveau l'esprit humain et celui de l'animal. On peut maintenir en dehors de toute contestation les plus hauts intérêts spirituels et moraux de l'humanité et pourtant admettre comme possible que l'esprit humain soit parvenu d'un état de grossièreté animale au plus sublime degré d'élévation intellectuelle. Mais, objectera-t-on sans doute, l'homme et l'animal sont différents par essence. Cependant si nous n'avions pas vu le poulet sortir de l'œuf, avec combien plus de vraisemblance encore nous prétendrions qu'œuf et poulet sont des choses essentiellement différentes ? Pourquoi les éléments premiers du monde moral humain n'auraient-ils pas pas pu se trouver dans les premiers sentiments d'une âme animale ? Si les corps organisés s'acheminent vers une perfection toujours plus grande, pourquoi un développement graduel des forces intellectuelles serait-il impossible ? Regarder la nature comme un tout, dont l'évolution relie les parties, n'est-ce pas avoir du plan de la création une opinion plus élevée, plus digne que de considérer le Créateur comme ayant à diverses reprises détruit son ouvrage pour le remplacer par un autre ? »

Malheureusement, ces trois excellents mémoires furent trop peu répandus, trop peu connus pour avoir pu exercer une influence profonde, efficace au profit de la théorie de l'évolution plus tard si puissante; pourtant ils établissaient déjà solidement, dans tous leurs traits essentiels, les bases de cette théorie et son application à l'homme (59) ! Si l'on veut d'ailleurs s'écarter de toute preuve solide, scientifique, et s'occuper seulement de l'origine de l'homme, le docteur H.-P.-D. Reichenbach, d'Altona, a bien plus de droit à la priorité que les savants cités par nous.

En effet, le 24 septembre 1851, à Altona, lors du vingt-huitième Congrès des médecins et naturalistes allemands, il fit *sur l'Origine de l'homme* un discours imprimé en 1854, à Altona. Dans ce discours, la doctrine de l'origine animale de l'homme est exposée et défendue avec toute la netteté possible. Aux septième et huitième pages de ce travail, écrit d'un style très-chaleureux, l'auteur s'écrie : « Sur quel sol l'homme s'est-il formé? sur quel sol s'est-il appuyé? quelle mamelle l'a nourri?... Dût l'orgueil humain s'en offenser, une seule réponse est possible : Le sol d'où provient le premier homme fut un animal ; la première mère de l'homme fut un animal ; le premier aliment que rencontra sa bouche fut le lait d'un animal (60). »

De tout cela il ressort que la théorie de l'origine animale de l'homme n'est pas une découverte de Ch. Vogt, comme le croient tant de gens, soit par ignorance, soit pour toute autre raison. C'est dans l'évolution même de la science qu'il faut chercher les racines de cette théorie destinée à se faire jour tôt ou tard, de façon ou d'autre. Surtout, comme nous l'avons déjà dit, elle était implicitement contenue dans la doctrine des métamorphoses organiques; c'en était une conséquence nécessaire, inévitable. Aussi Lamarck, le célèbre précurseur de Darwin, n'hésita déjà pas, au commencement de ce siècle, à étendre à l'homme sa théorie des métamorphoses, et il affirma que l'homme était, par une évolution graduelle, sorti d'une espèce simienne. Même le chef de toutes les écoles de philosophie naturelle qui, en Allemagne, ont professé des idées analogues, Lorenz Oken (1809-1819) s'exprime dans le même sens.

Darwin, le père de la théorie transformiste actuellement en vigueur, a été plus circonspect que Lamarck ; car, pour des raisons encore inconnues, il n'a pas examiné si sa théorie était applicable à l'homme, et dans quelle mesure [1]. Mais on n'en a pas moins compris que l'origine animale de l'homme est une conséquence nécessaire du darwinisme, aussi bien que de toute autre théorie transformiste. Tous les partisans sérieux de Darwin ont admis ce point sans conteste. Mais, quand même il en eût été autrement, cela n'aurait rien changé au résultat final ; car, sans Darwin et les Darwiniens, l'anthropologie serait quand même arrivée avec le temps à cette donnée nécessaire, et déjà avant Darwin elle y était parvenue, au moins dans l'esprit de quelques-uns de ses représentants.

Si l'on accepte d'une manière générale l'idée d'une grande loi d'évolution organique, quelle autre hypothèse peut-on faire alors sur l'origine de l'homme, abstraction faite de Darwin, de sa théorie, de la justesse ou de la fausseté de cette théorie ? Absolument aucune. Comment se figurer, en effet, que cette loi d'évolution ait subi tout à coup, en un point quelconque, un brusque temps d'arrêt, et que, grâce à une intervention surnaturelle, un membre nouveau et aussi important que l'homme ait fait irruption dans la série des êtres ? Comment admettre, en

---

[1] Certains journaux ont rapporté, qu'en ce moment Darwin écrit un livre où il applique sa théorie à l'homme.

outre, que ce nouveau membre soit pourvu de toutes les analogies animales, de tous les signes de consanguinité, qui s'accordent avec la loi d'évolution [1]. Bien avant que l'on sût rien du darwinisme, l'auteur de ce livre a formulé des considérations semblables ou analogues au sujet de l'origine naturelle et spécialement de l'origine animale de l'homme ; il a, par exemple, exprimé cette pensée ouvertement et sans ambages, en 1855, dans la première édition de *Force et matière*, sans se douter alors, que bientôt l'étude positive et le progrès des connaissances naturelles lui viendraient si activement en aide. Aujourd'hui (quinze ans plus tard, il est vrai) la doctrine de l'origine animale de l'homme est une vue solidement assise, non-seulement en théorie pure, mais même dans le domaine de l'étude positive et de la science. Ce qui, par-dessus tout, plaide en faveur de cette idée, c'est le plan général d'évolution du monde organique, qui s'accuse aussi nettement que possible, comme nous l'avons montré, au triple point de vue de la géologie, de l'anatomie systématique, et de l'embryologie. Puis viennent les données positives, qui ressortent d'une comparaison immédiate, ces données que le professeur Huxley a exposées dans ses trois fameux traités sur la place de l'homme dans la nature avec beaucoup de suite et une parfaite conscience du but. Après avoir, dans le premier de ces mémoires, décrit avec détail les quatre singes anthropoïdes, le gibbon, le chimpanzé, l'orang et le gorille (la note 47 contient un extrait de cet écrit), il aborde dans le deuxième mémoire bien connu maintenant l'anatomie comparée de l'homme et de ces grands singes, surtout du gorille. Nous avons

---

[1] « Si le transformisme, dit le professeur Häckel (*Deux leçons sur l'origine et la généalogie du genre humain*, 1868), est une loi inductive nécessaire et générale, son application à l'homme est une déduction spéciale, indispensable, qui en découle fatalement. »

déjà cité sa conclusion si importante : savoir que les différences anatomiques entre l'homme et les premiers des singes sont moins grandes et moins importantes que les différences des diverses familles simiennes entre elles. A ce résultat se rattache pour lui et pour quiconque songe à la place de l'homme dans le système des êtres une autre question : étant admis que les espèces animales proviennent les unes des autres, cette donnée doit-elle s'appliquer aussi à l'homme et au fait si intéressant et si important de son origine ? Naturellement, c'est par un *oui* très-net, qu'Huxley répond à cette question. Il ajoute que, par suite, l'homme doit être né par métamorphose graduelle d'un singe anthropoïde ou bien qu'il le faut considérer comme un rameau sorti d'une souche commune aussi aux rameaux simiens. En outre et non moins nécessairement, M. Huxley se déclare partisan de la théorie transformiste de Lamarck et de Darwin, au moins dans sa généralité. Aussi est-il devenu défenseur décidé de la généalogie animale de l'homme. « Mais, dit-il, même si nous laissons de côté les vues de M. Darwin, nous pouvons reconnaître que l'analogie des actes naturels fournit un argument solide et décisif contre l'intervention de toute cause autre que celle que l'on a appelées secondes dans la production des phénomènes que nous montre l'univers; de sorte qu'en présence des rapports étroits, qui existent entre l'homme et le reste du monde vivant, ainsi qu'entre les forces déployées par ce monde et toutes les autres forces, je ne vois aucune raison pour mettre en doute qu'elles forment une série coordonnée et sont les termes de la grande progression de la nature : — de l'être informe à l'être qui a une forme propre ; — de l'inorganique à l'organique; — de la force aveugle à l'intelligence consciente et à la volonté. » (*Trad. E. Dally*).

Il était impossible de formuler plus nettement, plus catégoriquement la pensée fondamentale de la conception matérialiste du monde et de la nature ainsi que de la théorie transformiste si étroitement liée à cette conception (64).

De plus, à la fin de son mémoire, Huxley parle en des termes excellents et dont on a trop peu tenu compte, des craintes risibles du public, de l'extrême horreur que lui cause cette théorie ; mais c'est dans l'original même qu'il faut lire ce passage.

Le troisième et dernier mémoire d'Huxley traite de quelques débris humains fossiles récemment trouvés. Ces débris comblent ou du moins diminuent l'intervalle entre l'homme et l'animal; ils fournissent donc des arguments paléontologiques en faveur des vues, que nous ont dictées, au sujet de la place de l'homme dans la nature et de son origine animale, la zoologie systématique, l'anatomie et l'embryologie. De tous ces restes humains, le plus important est le célèbre crâne de Neanderthal, que nous avons mentionné et décrit dans la première partie de ce livre. Huxley considère ce crâne comme le plus simien de tous les crânes humains qu'il connaisse : « A tous les points de vue, dit-il, il offre des caractères simiens; aussi c'est des crânes australiens actuels et des anciens crânes de Borreby, qu'il se rapproche le plus. » Huxley affirme même expressément, que ce crâne n'est pas isolé, mais qu'il forme le terme extrême d'une longue série de crânes humains appartenant, soit aux époques écoulées, soit à l'époque contemporaine, et tous marqués au sceau de l'animalité ou du moins très-pauvrement conformés. Dans la première partie de ce livre nous avons donné un compte rendu détaillé des faits de ce genre.

D'ailleurs, depuis la description donnée par Huxley,

on a découvert bon nombre de faits analogues à ceux dont il s'est occupé, de faits qui confirment l'idée d'une parenté entre l'homme et l'animal. Il faut signaler comme la plus frappante de ces découvertes la fameuse mâchoire humaine *de la Naulette*.

Avant de passer à une description plus minutieuse de cette découverte, remarquons que le maxillaire inférieur est de tous les os du corps celui qui se conserve le mieux et qu'en outre c'est l'os qui se rencontre le plus fréquemment isolé à l'état fossile. La première circonstance tient à ce que le maxillaire inférieur, en raison de sa structure solide, résiste aux causes de destruction et dure dans le sol plus longtemps et plus facilement que les autres os. La seconde circonstance est due à la laxité de l'union des deux maxillaires. En effet c'est par une articulation petite et assez faible que le maxillaire inférieur se relie au supérieur; aussi, par le seul fait de la putréfaction musculaire, il se sépare du reste du squelette plus facilement et plus vite qu'aucune autre pièce osseuse. Ajoutons qu'une fois isolé, ce maxillaire peut plus facilement qu'aucune autre portion du squelette être entraîné et déposé au loin, car il est relativement petit et conséquemment d'un faible poids. Ce que nous venons de dire est déjà vrai, pour le maxillaire inférieur des animaux, que l'homme primitif recherchait, à cause de sa solidité et de sa structure spéciale, pour en faire des armes, des ustensiles, etc. ; à plus forte raison, en est-il de même pour le maxillaire inférieur humain, si résistant et d'une forme si caractéristique. Aussi dans toutes les exhumations des débris fossiles de nos plus vieux ancêtres le maxillaire inférieur a été trouvé plus fréquemment que toute autre partie du corps.

Ainsi advint-il au célèbre explorateur des cavernes

Belges, au docteur Édouard Dupont, qui, en 1866, trouva dans une caverne à ossements située non loin du village de Chaleux, sur le bord de la Lesse, petite rivière belge, un fragment de mâchoire d'homme très-singulier et très-bestial. Ce fragment fut trouvé à une profondeur d'environ 44 mètres, dans une couche non remaniée de lehm fluviatile recouvert de stalagmites. De toutes les particularités anatomiques animales qu'offrait ce maxillaire, la plus frappante était, sans parler de l'épaisseur proportionnellement grande de l'os, de sa forme arrondie, de sa courbure elliptique, c'était, disons-nous, l'absence presque totale de menton. La saillie, la proéminence du menton est, on le sait, un caractère si particulier à l'homme, que déjà Linnée, le grand législateur de la zoologie systématique, déclarait ne connaître entre l'homme et l'animal d'autres meilleurs caractères différentiels que la station droite et la saillie mentonnière. Chez l'animal le menton, au lieu d'avancer, recule. La mâchoire de la Naulette a une conformation intermédiaire ; on y voit à l'endroit où devrait se trouver la saillie du menton une ligne droite et verticale.

De plus, les cavités destinées à loger les racines des dents canines ont de très-grandes dimensions, comme il arrive chez les animaux, quoique les dents canines soient parfaitement contiguës, d'un côté aux dents molaires, de l'autre aux dents incisives, caractère indiquant indubitablement une mâchoire humaine. Mais il est une circonstance bien autrement remarquable, c'est que, relativement à la grandeur, les trois molaires postérieures ou grosses molaires, offrent la disposition qui est habituelle chez les singes anthropoïdes. En effet, chez les races humaines supérieures, les trois grosses molaires sont rangées de telle sorte, que la première est en même

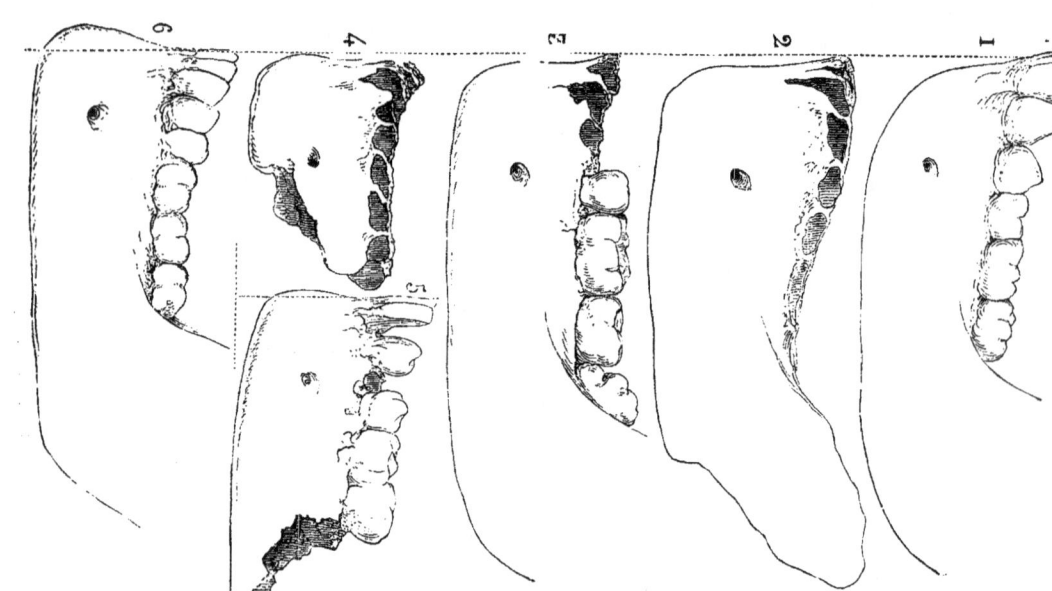

Fig. 57. — 1. Maxillaire inférieur de chimpanzé. — 2. Mâchoire de la Naulette. — 3. Mâchoire d'un Mélanésien des Nouvelles-Hébrides. — 4. Mâchoire d'Arcy. — 5. Mâchoire du dolmen de Chamans. — 6. Mâchoire d'un Parisien moderne. (*Reproduit d'après un mémoire dell. P. Broca.*)

temps la plus grosse, et la dernière ou la plus postérieure la plus petite. Chez les races humaines inférieures, chez les Malais, les nègres, par exemple, les trois grosses molaires sont déjà d'égale dimension, et leur volume est généralement considérable. Mais chez les singes anthropoïdes, c'est la première grosse molaire, qui est le moins volumineuse, c'est la dernière qui l'est le plus. Or, la même disposition s'observe chez le maxillaire humain fossile, dont nous parlons ; sa dernière dent molaire paraît même avoir eu cinq racines, et l'on sait que le volume considérable de la dernière molaire indique généralement une organisation inférieure.

En outre, au niveau de la symphyse ou suture médiane du maxillaire, derrière les dents incisives, la surface interne de l'os se dirige obliquement en haut et en avant, ce qui met hors de doute le prognathisme de l'ancien propriétaire de cette pièce osseuse ; or le prognathisme ou saillie en avant des dents et des mâchoires caractérise, soit l'animalité, soit les races inférieures. Par toutes ces particularités aussi bien que par l'aspect général l'os se rapproche beaucoup de la conformation bestiale ; et, ce qu'il faut surtout dire, c'est le plus simien de tous les maxillaires humains trouvés jusqu'à présent. La mâchoire de la Naulette ayant été rencontrée avec des ossements d'espèces éteintes ou antédiluviennes, comme le mammouth et le rhinocéros lanigère, on en conclut sûrement que l'homme à qui elle appartenait, était contemporain de ces animaux et a dû par conséquent vivre à *l'âge du mammouth*.

Les produits ouvrés, les silex travaillés, trouvés dans la même grotte, correspondent bien à cette époque ; ils sont du type Saint-Acheul (vallée de la Somme) (62).

La mâchoire de la Naulette n'est d'ailleurs pas plus

seule de son espèce que le crâne de Neanderthal de la sienne; toute une série d'ossements analogues ou parents vient accroître encore sa valeur démonstrative. Citons la fameuse mâchoire humaine de Moulin-Quignon (p. 40 et note 8), qui, par la brièveté et la largeur de sa branche montante, par la longueur égale de ses deux apophyses, par l'angle obtus de sa branche montante avec le corps de l'os, indice probant de prognathisme, etc., incline si fort vers la conformation animale. Mentionnons encore le maxillaire inférieur presque de même type (selon M. Pruner-Bey), qui fut trouvé à Hyères. Mais signalons, avant tout, une mâchoire trouvée dans la grotte d'Arcy-sur-Cure (Yonne) et semblable par tous ses caractères essentiels à la mâchoire de la Naulette, tout en étant moins typique. Rappelons encore le maxillaire inférieur trouvé à Grevenbrück, dans une brèche calcaire, et décrit par M. Schaaffhausen. (*Comptes rendus de la société du Bas-Rhin.* Bonn. 1864, p. 30.) On y remarquait, comme indices d'une conformation inférieure, la courbure elliptique décrite par le corps de l'os, la position des alvéoles. Quant au maxillaire trouvé dans le *trou du frontal*, avec des ossements de renne, il était caractérisé par la grosseur des molaires et l'épaisseur extraordinaire de l'os à leur niveau. Citons pour finir le maxillaire déjà mentionné par nous (note 11). Cet os extrait de la carrière d'Ipswich, dans le comté de Suffolk (Angleterre) fut présenté en avril 1863 à la société ethnologique de Londres ; il avait, avec tous les signes d'une très-haute antiquité, ceux d'une conformation très-inférieure.

L'avenir nous réserve certainement quantité d'autres découvertes analogues, quoique les circonstances soient par malheur extrêmement peu favorables à la conservation d'os humains antérieurs à l'âge du renne et au temps de l'homme des cavernes, et quoique cette conservation se puisse produire seulement dans des cas isolés par un concours fortuit de circonstances exceptionnellement heureuses. Ne sont-ils pas aussi presque entièrement anéantis, ces restes des innombrables animaux qui habitèrent la surface du globe, dès les âges les plus reculés ? Pourtant ces os résistent en général bien plus que ceux de l'homme aux causes de destruction, et néanmoins il en est resté seulement quelques débris relativement rares conservés par un heureux hasard, soit dans des cavernes protectrices, soit dans la profondeur des tourbières, soit dans les lits de sable ou de gravier d'anciens fleuves.

Mais, en raison même de cette difficulté et du petit nombre d'anciens restes humains connus, il est d'autant plus significatif de voir sur presque tous ces débris les signes parlants d'une conformation inférieure, de voir même certains d'entre eux l'emporter en bestialité anatomique sur les races humaines contemporaines les plus voisines de l'animalité ! Ajoutons que, jusqu'à ce jour, ces découvertes ont été faites presque sans exception dans les contrées habitées par des peuples civilisés et où certainement l'on ne peut placer le berceau du genre humain. Dans tous les cas, les faits actuellement connus ne nous indiquent pas dans le passé un chemin ascendant, mais bien un chemin descendant ; ils nous amènent à supposer une race humaine plus bestiale, plus inférieure encore, un type en quelque façon intermédiaire à l'homme actuel et aux plus élevés des types animaux connus, forme mixte, dont les restes seraient encore enfouis dans les profondeurs du sol. Nous avons encore à signaler ici, comme caractère commun, que toutes ces formes inférieures inclinent vers ce type fœtal, vers ce degré primitif de l'évolution humaine, que nous avons décrit. Nous voyons donc apparaître encore ici très-nettement dans la nature organique cette harmonie générale, que suppose le transformisme, et qui, nous l'avons reconnu, en est la loi fondamentale. Nous sommes donc en droit de demander pourquoi il n'est pas une seule découverte, pas un seul fait, qui contredise cette loi fondamentale ou qui prouve l'antique existence d'une race humaine parfaite, bien organisée, plus développée ?

D'ailleurs, quelque significatives que soient toutes ces découvertes, le transformisme n'exige aucunement, que l'on tâche de découvrir parmi les types actuellement vivants une forme intermédiaire à l'homme et à l'animal. En effet, presque toute l'école darwinienne ou transformiste n'admet pas, que l'homme soit directement issu de l'un des singes anthropoïdes contemporains ; elle pense que le genre humain provient d'une ou de plusieurs souches communes à l'homme et à ces anthropoïdes, et que cette forme ou ces formes intermédiaires sont inconnues et depuis longtemps éteintes. D'après le darwinisme, il en serait exactement de même pour presque toutes les formes animales actuelles, qui proviendraient d'antiques souches mères, aujourd'hui disparues. Selon la théorie darwinienne, il faudrait aussi admettre pour l'homme et l'animal un ou plusieurs de ces progéniteurs communs ; il faudrait supposer, que les types humains actuels et les grands singes sont simplement les derniers rejetons qu'a produit jadis toute une série ramifiée de souches communes.

Une circonstance, dont nous avons déjà parlé, vient à l'appui de cette opinion, c'est que les caractères humains proprement dits, les analogies avec l'homme, ne se concentrent pas dans un seul genre des anthropoïdes connus, mais se disséminent diversement de telle sorte que certaines ressemblances humaines, par exemple la forme du crâne et de la face, sont plus accusées dans le groupe des platyrrhiniens, pourtant fort éloigné de l'homme, que chez les singes à nez étroit et les anthropoïdes. Ces faits si remarquables ne permettent guère de mettre en doute, qu'une séparation originelle de caractères jusqu'alors confondus dans une base commune, puis une ramification avec évolution consécutive dans diverses directions, n'aient fait sortir d'une même souche l'homme et les primates. Ces phénomènes seraient analogues à ceux que la théorie transformiste nous force à admettre, pour expliquer l'origine des types animaux les plus élevés de la faune contemporaine. A ce compte, les types anthropoïdes actuels seraient certainement non pas les ancêtres, les progéniteurs de l'homme, mais ses parents assez proches, ses cousins.

Cette manière de voir est fortement appuyée, comme on le sait, par la découverte récente de restes simiens fossiles ou antédiluviens, qui semblent indiquer ces souches primitives[1]. Nous avons donné un compte rendu abrégé de ces découvertes dans nos *Leçons sur le darwinisme*. Jusqu'ici ces restes simiens n'ont été trouvés qu'en Europe (France et Suisse). Mais n'est-il pas légitime d'en attendre bien d'autres et d'une antiquité bien plus reculée, quand on explorera les régions tropicales, équatoriales, vraie patrie des grands singes anthropoïdes actuels, et aussi les formations tertiaires, spécialement celles de l'Asie méridionale? Là, ou bien en Afrique, ou encore dans les îles de l'Archipel malais, on doit trouver

[1] On niait autrefois l'existence de singes fossiles ou antédiluviens, mais aujourd'hui on n'en connaît pas moins de 14 espèces, dont 6 sont européennes, tandis que le grand continent africain, si mal exploré, où habitent surtout aujourd'hui les hommes simiens et les singes anthropoïdes, n'en a fourni encore aucun exemple.

un jour cet homme-singe, ce singe-homme, cette forme
intermédiaire à l'homme et à l'animal, inconnue jusqu'ici,
mais dont tant d'indices probants révèlent l'antique existence [1]. Que ces formes intermédiaires, transitoires,
n'existent plus aujourd'hui, rien là qui nous doive étonner. Ne sait-on pas que ces types moyens disparus, ces
traits d'union organiques sont voués à une disparition
facile et rapide? Ne sait-on pas que si, aujourd'hui, nous
constatons des brèches relativement grandes dans le plan
du monde vivant, c'est précisément à cette rapide extinction, à ce rejet des formes moyennes, intermédiaires,
qu'il le faut attribuer.

Si, aujourd'hui, nous voyons entre l'homme et l'animal
un vide considérable, un abîme que rien presque ne paraît pouvoir combler, gardons-nous de croire, que cet état
de choses ait sa raison d'être dans le plan de l'évolution naturelle; songeons que ce gouffre si profond
en apparence n'a pas toujours été aussi infranchissable.
Déjà les grandes espèces simiennes sont en voie d'extinction, et chaque année la compétition de l'homme les refoule de plus en plus et diminue le nombre de leurs représentants. Dans un certains laps de temps, elles auront
complétement disparu. Il en est de même pour les races
humaines inférieures, surtout pour les plus inférieures,
si voisines de l'animalité, celles qui, d'année en année,
on le sait, s'acheminent de plus en plus vers leur anéantissement. Aux yeux des savants des siècles à venir, cet
abîme paraîtrait donc encore plus profond, encore plus

---

[1] Quand même on ne trouverait jamais cette forme intermédiaire, il faudrait bien tenir compte de l'extraordinaire imperfection des renseignements
géologiques, des lacunes que laissent dans la science les terres actuellement submergées. « La géologie est une inscription grandiose, mais alté-
rée pour toujours; nous pourrons bien déchiffrer quelques fragments des
lignes relatives à ces temps écoulés, mais jamais nous ne lirons l'ensemble. » (G. Pouchet.)

infranchissable, s'ils ne trouvaient dans les écrits, les représentations figurées, les collections, assez de traces du passé pour juger sainement.

Maintenant que nous avons exposé les faits généraux dans leur ensemble, et que, en nous appuyant surtout sur l'histoire naturelle, nous avons fait admettre comme possible, comme vraisemblable l'origine animale de l'homme, il s'agit d'aller plus loin ; il s'agit de montrer en abordant les faits de détail, qu'au début l'humanité a pu s'incarner dans des types plus ou moins bestiaux ; qu'elle a pu en émerger ; il s'agit de faire comprendre cette évolution, de répondre touchant cette primitive origine aux questions *Quand ? Où ? Comment ?* Il faut aussi surtout décider lequel est le plus vraisemblable, le plus certain de l'unité ou de la pluralité d'origine.

Cette importante question se confond avec une autre question bien souvent agitée et ayant reçu les solutions les plus diverses, la question de savoir s'il y a une ou plusieurs espèces humaines. De tous temps, on le sait, ce problème a donné lieu, entre les savants, à de nombreuses, à d'interminables controverses ; il les a divisés en deux grands camps, celui des monogénistes et celui des polygénistes. Ce qui ressort surtout de ces débats, c'est l'antique obscurité, dissipée aujourd'hui par Darwin, relativement au sens, à l'origine de l'idée de l'espèce. Mais, depuis Darwin, toute cette question a beaucoup perdu de son ancienne importance. Une fois admise, en effet, la possibilité de la métamorphose d'un type simien en un type humain, que cette métamorphose se soit produite peu à peu, ou par bonds plus ou moins rapides, il importe assez peu que la transformation ait eu lieu une seule fois ou plusieurs fois, qu'elle se soit effectuée ici ou là ; il n'importe pas davantage que les différences actuelles des races humaines soient dues aux modifications lentes d'un premier type unique ou à la diversité originelle des progéniteurs.

Rien par conséquent de plus indifférent au point de vue scientifique que l'application ou la non-application à l'homme de la vieille et équivoque conception de l'espèce avec toutes les altérations qu'elle a subies. Ce débat est affaire de principe, affaire capitale seulement pour les théologiens ou les naturalistes théologiens, qui, contre toute raison, invoquent les fabuleux récits de la Bible en faveur de l'unité spécifique du genre humain.

Mais, alors même que, se plaçant au point de vue de l'ancienne science, on applique à l'homme l'idée surannée de l'espèce, les faits s'accordent bien peu avec l'unité biblique ou philosophique du genre humain. En effet, au sens biologique, le nègre d'Afrique, le Chinois, l'Aryen sont des espèces aussi bien caractérisées que pas une des espèces les mieux établies de la zoologie, quoique l'on en ait voulu faire seulement des races ou des variétés d'une seule et unique espèce humaine (63). Sans compter qu'entre toutes ces bonnes espèces il faudrait intercaler bon nombre de mauvaises espèces, d'espèces douteuses. Ici la linguistique est parfaitement d'accord avec la biologie ; elle ne permet guère, à moins de remonter à un passé excessivement éloigné, de croire ou même de regarder comme possible, que tous les peuples de la terre aient pu descendre d'une paire unique. Un écrivain, à la fois historien et linguiste distingué, a dit en comparant les langues de l'extrême Orient à celles du groupe aryen : « Si les planètes, dont la constitution physique ressemble à celle de la terre, sont habitées par des êtres organisés comme nous, on peut affirmer que l'histoire et les langues de ces êtres ne diffèrent pas plus des nôtres que l'histoire et les langues des Chinois. » D'après le célèbre linguiste A. Schleicher (*De l'importance de l'étude des langues pour l'histoire naturelle de l'homme*, 1865), « il est positivement impossible de faire remonter toutes les langues à un seul idiome originel. Bien plus un examen dégagé de tout préjugé fait reconnaître autant d'idiomes primitifs qu'il y a de langues mères. » — « On devrait, à en croire le même savant, supposer un nombre considérable et indéterminé de langues primitives » (64).

Maintenant, pour en revenir à la question, qui nous occupe, au transformisme ou théorie de l'évolution, disons qu'un certain nombre d'observateurs ont été frappés par une remarquable coïncidence entre la couleur de la peau et la forme du crâne, d'une part chez les races humaines les plus extrêmes, d'autre part chez les singes anthropoïdes habitant encore aujourd'hui les mêmes régions du globe. L'orang-outang de l'archipel malais a, comme le Malais, la peau jaune rouge et la tête courte ou brachycéphale, tandis que le chimpanzé et le gorille, tous deux habitants de l'Afrique, ont, comme le nègre, la peau noire et le crâne allongé ou dolichocéphale. Ces similitudes semblent indiquer pour les uns et les autres une commune origine. Peut-être donc que l'homme jaune à tête courte et l'homme noir à tête allongée proviennent de formes-mères analogues l'une à l'orang, l'autre au gorille et au chimpanzé. Le professeur Schaaffhausen, qui a surtout plaidé en faveur de cette conjecture, fait remarquer, à ce propos, que l'Asie méridionale et l'Afrique équatoriale sont précisément les régions où se sont produits les types humains extrêmes, ceux entre lesquels se rangent tous les autres. Ces deux types grossiers et primitifs, l'homme à tête longue et l'homme à tête courte, l'Éthiopien et le Mongol, l'Africain et l'Asiatique, qui, comme nous l'avons dit, aujourd'hui encore forment en quelque sorte les points terminaux, les deux bouts opposés de la grande série humaine, ces deux types se peuvent déjà distinguer parmi les plus antiques débris de notre espèce, et c'est là un nouvel indice d'une diversité originelle. Cependant, ce fait que, dès les âges les plus anciens, les deux types se trouvent déjà mélangés en Europe peut, selon Schaafhausen, tenir à ce que, lors des époques primitives de l'humanité, les deux races ont immigré alternativement dans nos contrées, tantôt de l'Asie et tantôt de l'Afrique. Cette hypothèse est fortifiée par cette circonstance, que les deux plus antiques foyers de civilisation, l'Inde et l'Égypte, sont situés l'un en Asie, l'autre en Afrique.

Cependant, raisonnant selon l'esprit du darwinisme, qui suppose la variabilité illimitée de tous les types organiques, Schaafhausen est obligé d'ajouter que la provenance du genre humain d'un seul couple est une possibilité ou du moins doit être considérée comme telle ; mais c'est là une hypothèse contraire à toute vraisemblance. Le gorille et l'orang, dit Schaafhausen, sont aussi deux anthropoïdes de forme très-analogue ; mais qui pourrait, qui se croirait en droit de conclure à leur commune origine? « De même l'homme peut avoir eu plusieurs centres de développement à partir de types originels distincts à la surface du globe. »

Ch. Vogt défend très-énergiquement le polygénisme. On sait d'ailleurs que, même avant d'accepter le darwinisme, il était partisan très-ardent de la pluralité des espèces humaines et de la multiplicité de leurs centres originels. A l'en croire, ce n'est point à l'idée d'une souche commune ou d'une forme intermédiaire entre l'homme et le singe que conduit l'ensemble des faits; « ce sont des séries multiples et parallèles, qui dans des localités plus ou moins bien circonscrites ont pu se développer parallèlement aux séries simiennes. » L'homme Américain peut aussi, selon Vogt, avoir eu une origine distincte de celle des singes d'Amérique.

C'est le professeur Häckel qui a le mieux et le plus conséquemment développé la doctrine d'une origine animale et spécialement simienne pour l'homme; le point de vue auquel il s'est placé est tout à fait darwinien et intermédiaire à ceux des monogénistes et des polygénistes[1].

Selon lui, toute cette doctrine est si importante « qu'un jour on célébrera cet immense progrès scientifique, comme étant pour l'humanité le point de départ d'une nouvelle phase de développement. » Häckel induit, d'après des comparaisons zoologiques, que tous les singes de l'ancien continent doivent descendre d'une seule et même souche, que ce type primitif avait la conformation nasale et la dentition de tous les catarrhiniens actuels, que l'homme provient de ces catarrhiniens, c'est-à-dire que le genre humain est un rameau du groupe des catarrhiniens et qu'il s'est détaché de singes de ce groupe depuis longtemps disparus, à une époque infiniment reculée. Que l'homme Américain provienne des singes du même pays, c'est là, selon Häckel, une supposition tout à fait erronée; il affirme même que c'est d'Asie et sûrement pour une part de la Polynésie que les premiers habitants d'Amérique ont immigré dans ce continent.

« Quant à la souche primitive, dit Häckel, il est évi-

---

[1] Voir ses publications : *Sur l'origine et l'arbre généalogique du genre humain*, deux leçons (Berlin 1868), et *Histoire naturelle de la création* (Berlin, 1868).

dent que c'est parmi les catarrhiniens qu'il faut chercher les derniers ancêtres animaux de l'homme. Mais ces formes ancestrales sont depuis longtemps éteintes, et aujourd'hui l'homme est aussi distant du gorille que celui-ci l'est de l'orang. Rien là d'ailleurs qui contredise le moins du monde la supposition que le type le plus ancien des singes à nez étroit, celui qui provint des demi-singes, fut la souche commune de tous les catarrhiniens, y compris l'homme. Un unique rameau de la série des catarrhiniens, un rameau inconnu encore et sûrement éteint depuis longtemps se transforma, grâce à des circonstances heureuses, grâce à la sélection naturelle ; il devint la souche-mère de l'humanité. Quoi qu'il en soit, cette métamorphose s'opéra avec une grande lenteur, et jusqu'ici les singes fossiles ne nous ont rien appris ni sur le temps ni sur le lieu de cette transformation. Mais, selon toute vraisemblance, ce changement eut pour théâtre l'Asie méridionale, contrée que mille indices désignent comme la primitive patrie des diverses espèces humaines. Peut-être n'est-ce pas l'Asie méridionale, qui a été le berceau de l'humanité, mais bien un continent situé plus au sud et submergé plus tard sous les flots de l'océan Indien. A quelle époque se fit la transformation des singes les plus semblables à l'homme en hommes très-voisins des singes ? Ce fut probablement pendant la dernière subdivision de la période tertiaire, pendant la phase pliocène, ou peut-être pendant la subdivision miocène, qui la précède. »

Si donc il existe encore des débris, des os fossiles du type simien qui a été la souche de l'humanité, c'est très-vraisemblablement dans les formations tertiaires de l'Asie méridionale, que l'on peut espérer d'en trouver. Il va sans dire, en outre, selon Häckel, que pas un des singes actuels, même des anthropoïdes, ne peut avoir été la souche primitive du genre humain.

Pour Häckel le premier essai d'incarnation humaine, la forme transitoire immédiate entre le singe le plus anthropoïde et l'homme, le tronc commun de toutes les espèces d'hommes est un type depuis longtemps éteint qu'il appelle homme primitif, homme singe (homo primigenius, Pithecanthropus, Alalus). L'habitude pleinement acquise de marcher debout, d'où la différenciation plus complète des extrémités antérieures, qui se modelèrent en mains, tandis que les postérieures devenaient des pieds ; voilà ce qui fit émerger le type humain primitif des types simiens anthropoïdes. A ce type faisait encore défaut le sceau vraiment caractéristique de l'humanité, le langage articulé et la pensée consciente, dont ce langage est la condition. Bien des raisons autorisent à supposer, selon Häckel, que cet homme primitif avait des cheveux laineux, était prognathe, que sa tête était allongée, sa peau de couleur brun foncé ou noire. Son système pileux devait être sur le corps plus rude et plus touffu que chez pas une des autres espèces humaines ; ses bras étaient aussi plus longs et plus forts ; ses jambes plus courtes et plus minces, sans mollet. Ce premier homme devait en marchant se tenir à demi redressé, avec les genoux infléchis et dirigés en dedans. Il dut habiter l'Asie méridionale, l'Afrique occidentale ou même un continent aujourd'hui submergé.

De l'homme primitif sortit, grâce sans doute à l'influence de la sélection naturelle dans la bataille pour vivre, un dernier, un suprême rameau, celui de l'homme vrai, de l'homme pourvu de la parole (homines) ; celui-ci se distinguait de son prédécesseur par des traits multiples, surtout par la différenciation, le perfectionnement des extrémités, du larynx, des hémisphères cérébraux ; il était en possession du langage humain, du langage articulé. Vraisemblablement pourtant ces modifications corporelles s'effectuèrent longtemps avant l'existence d'un langage articulé, « et pendant un long espace de temps il exista un homme marchant debout, ayant par conséquent la conformation spéciale que nécessite cette allure, mais la parole humaine manquait encore de la perfection, qui lui est propre ; la deuxième phase, la phase la plus importante de la formation de l'homme n'était pas encore accomplie. »

Ce dernier progrès, l'apparition du langage articulé se fit conjointement avec l'achèvement, le perfectionnement du larynx, qui, de son côté, correspondait au développement cérébral ; cela eut lieu vraisemblablement à une époque, où l'homme primitif, privé de la parole, s'était déjà subdivisé en un certain nombre d'espèces ou de sous-espèces. Car, dit Häckel, puisque les diverses langues diffèrent tellement entre elles qu'il est absolument impossible de songer à leur donner une commune origine et qu'il faut supposer beaucoup de langues primitives, de langues-mères, on en doit conclure que la subdivision du type humain primitif en plusieurs espèces humaines était déjà un fait accompli lors de l'origine du langage. « Naturellement ces types spécifiques doivent converger à leur point de départ, quel que puisse être leur degré d'élévation ou de déchéance, et tous conduisent finalement à une souche originelle commune. »

Il est à croire, selon Häckel, que cette différenciation du type primitif en espèces s'effectua de telle sorte, que l'homme primitif, encore privé de la parole, produisit sous l'influence de la sélection naturelle nombre d'espèces humaines inconnues et depuis longtemps éteintes. De ces espèces, les deux plus dissemblables triomphèrent dans la lutte pour l'existence et à leur tour engendrèrent tous les autres types spécifiques. L'une de ces deux espèces avait les cheveux laineux, l'autre avait les cheveux lisses. Le rameau à chevelure laineuse se répandit surtout au sud de l'équateur ; le rameau à chevelure lisse envahit les régions du Nord et habita surtout l'Asie. Un rejeton de cette branche a pu s'aller perdre en Australie.

Peut-être que les Papous actuels et les Hottentots sont les débris du premier type, tandis que les Alfourous et une partie des Malais nous représenteraient encore le second.

D'ailleurs la postérité de l'espèce à chevelure laineuse (les Papous ou Negritos, les Hottentots, les Nègres, les Tasmaniens) s'est bien moins perfectionnée que la plupart des descendants de l'espèce à cheveux lisses, à laquelle Hæckel rattache les Nouveaux-Hollandais, les Malais, les Mongols, les Américains, etc., et avant tout les hommes blancs ou caucasiques. « Cette dernière espèce gagna plus que toutes les autres en perfection et en beauté ; il faut en chercher la principale raison dans le milieu favorable, que lui fournit l'Europe, grâce à son climat tempéré et surtout à son heureuse conformation géographique. » Pour Hæckel, cette espèce blanche s'est détachée d'un rameau malais et polynésien dans le sud de l'Asie ou peut-être d'un rameau mongolique. De l'Asie méridionale l'homme blanc s'est répandu sur l'Asie occidentale, l'Afrique septentrionale et l'Europe entière. Son crâne, le plus souvent ovale, tient le milieu entre les deux types à tête longue et à tête courte, les plus grossiers et les plus extrêmes des types crâniens.

Du reste cette espèce blanche elle-même se scinda de bonne heure en deux rameaux, d'une part le rameau sémitique, qui s'étendit vers le sud et d'où provinrent les Juifs, les Arabes, les Phéniciens, les Abyssiniens, et d'autre part le rameau indo-germanique, qui s'avança surtout à l'ouest et au nord et d'où sortirent les peuples les plus civilisés, les Indiens, les Perses, les Grecs, les Romains, les Germains, les Slaves, etc.[1].

A la race blanche ou caucasique est dévolue la souveraineté à la surface du globe; au contraire les races très-inférieures, comme les Américains, les Australiens, les Alfourous, les Hottentots, etc., marchent à pas de géant vers l'anéantissement. Trois autres types humains soutiendront longtemps encore avec succès contre l'homme blanc la lutte pour l'existence, ce sont l'homme éthiopien dans l'Afrique moyenne, l'homme polaire ou arctique dans les régions polaires, l'homme mongolique en Asie ; c'est que tous trois sont mieux adaptés que l'homme blanc aux conditions spéciales et surtout climatériques de leur patrie.

La théorie d'Häckel, que nous venons d'esquisser dans ses traits généraux, concilie donc les opinions monogénistes et polygénistes. Elle admet, il est vrai, un certain nombre d'espèces humaines, de bonne heure indépendantes et nettement distinctes, surtout au point de vue linguistique, mais elle les considère seulement comme des rameaux, des rejetons d'un tronc primitif, d'une souche déjà disparue à une époque extrêmement éloignée. Dans son livre plein de pensées sur *la pluralité des races humaines* (deuxième édition, p. 191, Paris),

---

[1] Les langues sémitiques diffèrent si essentiellement des langues aryennes ou indo-germaniques, que l'on ne peut songer à leur donner une origine commune, malgré la proche parenté anthropologique des races qui les parlent. Il faut donc admettre qu'une fois séparés géographiquement, les descendants des mêmes ancêtres créèrent des langues tout à fait différentes, ou bien qu'ils se séparèrent avant d'être en possession d'un langage quelconque.

livre que nous avons déjà cité, M. G. Pouchet, quoique partisan très-décidé et défenseur du polygénisme, se range à une opinion tout à fait analogue : « Dans la nuit des temps, dit-il, il a existé une certaine espèce, moins parfaite que l'homme le plus imparfait, remontant elle-même par un nombre quelconque d'espèces intermédiaires, dont il nous est d'ailleurs impossible, quant à présent, de soupçonner la nature, à ce vertébré primordial que nous admettons. Cette espèce, grossière ébauche de ce qu'est l'homme maintenant, donna naissance avec un temps quelconque considérable à plusieurs autres espèces dont l'évolution parallèle et inégale, suivant ce que nous avons dit pour les animaux, a, aujourd'hui, pour expression contemporaine (mais non dernière), les différentes *espèces* humaines désignées sous le nom de races. En sorte que toute l'humanité serait parente, si l'on veut nous permettre cette expression, non pas dans le *sens sérial*, comme le pensent les monogénistes, mais dans le *sens collatéral* et à un degré qu'il ne nous est pas donné de déterminer : les races prognathes probablement moins déviées de ce type antérieur; les autres plus écartées de ce type et plus parfaites. »

La diversité des opinions, que nous venons de signaler, chez des savants parfaitement d'accord d'ailleurs sur les points essentiels et surtout le passage emprunté ici par nous à un polygéniste très-décidé, montrent bien, comme nous l'avons déjà dit, que la question de l'unité ou de la pluralité des types humains, celle de leur généalogie, a beaucoup perdu de son antique importance et a trouvé sa solution générale dans l'unité primordiale proclamée par le transformisme. L'animal a-t-il jadis engendré l'homme une seule fois ou plusieurs fois? Ce fait s'est-il produit en un seul point du globe ou en des points multiples ? S'est-il produit ici ou là, à une seule époque ou dans des temps divers, pendant les périodes pliocène, ou miocène, ou éocène, ou plus tôt encore ? Ce sont là seulement des questions subsidiaires, n'ayant, quant au point capital, qu'une importance secondaire. Jamais peut-être la science ne pourra nous fournir là-dessus des renseignements satisfaisants ; mais, devant de telles questions, elle ne sera pas plus embarrassée que les champions de la création biblique alors qu'on leur demande si, oui ou non, Adam et Ève étaient pourvus d'un nombril (65). Quant au comment proprement dit, au mode suivant lequel un être, se rapprochant de la forme humaine, a pu provenir d'un mammifère simien, nous ne possédons naturellement encore sur ce point que des conjectures, des hypothèses, auxquelles, espérons-le, les recherches, les découvertes futures fourniront la base plus solide des faits. « Les conditions dans lesquelles vivaient les anthropoïdes disparus, dit à ce sujet Rolle, adoucissaient-elles pour eux l'effet de la métamorphose rétrograde, que subissent maintenant à l'époque de la seconde dentition, les grands singes contemporains, métamorphose bestiale qui frappe le corps et l'esprit ? Ces conditions de milieu imprimaient-elles à ces animaux un caractère humain, que nous voyons persister encore chez les petits singes à tête arrondie de l'Amérique méridionale ? C'est là une hypothèse à vérifier. » (*L'homme*, etc., Francfort.)

Cette conjecture s'appuie évidemment sur ce fait d'observation que les jeunes de la plupart des animaux, et spécialement des grands singes, sont relativement mieux développés intellectuellement et corporellement que les animaux adultes, qu'ils possèdent notamment une meilleure conformation crânienne. Avec la maturité de l'âge cet avantage s'évanouit, alors apparaît dans toute sa force la grossière nature de l'animal ou du sauvage, car le fait s'observe aussi sur les enfants nègres. Cette observation s'accorde d'une manière remarquable avec les faits récemment publiés par Welcker, Vogt, etc. savoir, qu'au moment de la naissance le jeune singe possède un volume cérébral bien plus considérable, relativement à son développement futur, que celui de l'enfant humain. Au contraire, ce dernier, grâce à un puissant essor, s'approche rapidement, durant la première année de sa vie, du but qu'il est destiné à atteindre. L'enfant simien nouveau-né possède aussi de l'aptitude à un développement supérieur, mais, avec le progrès de l'âge, cette aptitude ne tarde pas à disparaître ; pourtant il est possible qu'en un point quelconque du globe, pendant les cycles écoulés, cette disposition ait engendré des caractères humains chez un ou plusieurs anthropoïdes. Peu importe d'ailleurs que ce perfectionnement ait été le lent ouvrage de la sélection naturelle, ou qu'il se soit effectué soudainement, par bonds, par exemple par la naissance en un point quelconque d'une variété, d'un individu, pourvu de caractères, d'organes importants très-favorablement développés, peut-être d'un cerveau volumineux ou apte à grandir. Grâce à cet avantage spécial, cet individu aurait ensuite triomphé de ses concurrents dans la lutte pour l'existence. On a observé dans le règne animal et dans le règne végétal quantité de faits analogues, de ces faits qu'Owen range sous la rubrique de *monstres* ; ce sont des cas d'anomalies congénitales caractérisées par le développement monstrueux ou excessif de certains organes. Mais ces phénomènes, dans les limites de l'expérience humaine, ne s'observent plus. Qu'y a-t-il là d'étonnant ? Sans doute les espèces simiennes contemporaines, comme nous l'avons déjà remarqué, sont bien à un certain degré parentes de l'homme, mais elles ne lui sont point unies par un lien généalogique direct. En outre les anthropoïdes actuels doivent être considérés seulement comme les bourgeons terminaux d'un rameau vivant mais séparé du tronc, déjà frappé de mort et ayant par conséquent beaucoup perdu de sa vitalité, de sa force reproductive d'autrefois. La concurrence de l'homme, à la fois pressante et redoutable, agissant depuis nombre de siècles a dû pousser dans une voie rétrograde, aboutissant à l'extinction finale, ce rameau latéral du grand tronc des disco-placentaires. Ainsi, à chaque échelon gravi sur la grande échelle du progrès et de la civilisation, l'homme démolit derrière lui un fragment du pont, qui jadis le reliait au monde animal; et se trouvant à la fin sur une hauteur isolée en apparence, bien loin du reste des êtres, sentant qu'il est le maître du monde, il oublie dans sa présomption son premier berceau, ce berceau, qui, pareil à celui du fondateur du christianisme, était dans une étable ou dans un lieu plus infime encore. Pourtant, et précisément pour cette raison, pas de moyen meilleur, pour connaître notre propre moi et la place réelle de l'homme dans la nature, que d'étudier le plus minutieusement possible ceux de nos cousins, de nos parents animaux arrêtés, par malheur ou par bonheur, sur l'échelle du progrès à un degré, qui, après une existence relativement courte, les doit conduire à la mort. Dans le cours de cette étude rien ne nous étonne plus que de rencontrer chez ces animaux, surtout chez leurs jeunes, leurs enfants, des traits vraiment étonnants d'intelligence étendue, des habitudes, des besoins ayant à un degré extraordinaire le caractère humain. Avec une telle étude s'évanouit, en partie du moins, ce sentiment, très-peu fondé au point de vue scientifique, qui jusqu'ici nous a fait considérer ces animaux avec dégoût, avec répugnance et nous porte à les repousser comme nos propres caricatures. Ce sentiment né à une époque d'ignorance, entretenu depuis par une philosophie fausse et à qui manquait une vraie connaissance de la nature, ce sentiment, disons-nous, ressemble à celui qui inspire aux peuplades sauvages pour les peuples de même race une horreur plus grande, une haine plus acharnée, qu'elles n'en ressentent pour leurs ennemis, pour leurs oppresseurs de race blanche. C'est aussi de même qu'entre parents très-proches les inimitiés sont souvent plus furieuses qu'entre gens absolument étrangers. Pour le lion nous éprouvons de l'admiration, même un certain respect ; nous le regardons comme le roi des animaux ; combien pourtant il l'est moins que le singe. Ce dernier, s'il n'était pas notre plus proche parent animal, aurait, par son intelligence, sa finesse, son adresse, par les sentiments si dévoués dont il fait preuve, par sa forme si voisine de la nôtre par son allure humaine bien plus de droit que tout autre animal à notre sympathie, à notre intérêt. On peut citer à l'appui de notre dire un nombre infini de rapports, de récits authentiques faits par des voyageurs et des observateurs. Mentionnons avant tout A. R. Wallace, célèbre voyageur et naturaliste anglais. Wallace a publié une notice aussi intéressante qu'instructive sur un jeune orang, qu'il avait eu occasion d'observer soigneusement (66). Habituellement, on le sait assez, la vie intellectuelle des animaux a été estimée beaucoup trop bas et faussement interprétée, parce que nos philosophes de cabinet partent non pas d'une observation, d'une appréciation de la nature libre et franche de préjugés, mais de théories philosophiques, qui méconnaissent entièrement la vraie place de l'homme et de l'animal dans le monde. Mais, depuis que l'on a commencé à s'engager dans une autre voie, on a bientôt reconnu qu'au triple point de vue intellectuel, moral et artistique l'animal devait être placé plus haut qu'on ne l'avait cru jusqu'alors; on a facilement démontré que le germe, le début de toutes les facultés humaines, même des plus élevées, se trouvaient déjà dans les régions les plus inférieures de l'animalité[1]. La prééminence de l'homme sur l'animal est donc plus relative qu'absolue ; elle est fondée principalement sur un plus grand perfectionnement, un développement plus avantageux de traits communs à l'un et à l'autre. Toutes les facultés de l'homme sont esquissées dans le monde animal d'une manière en quelque sorte prophétique ; chez l'homme seulement la sélection naturelle leur a donné une plus grande expansion. Toutes les différences dites spécifiques entre

---

[1] Si l'espace ne nous manquait, il serait bien facile de fortifier cette assertion générale par des faits et des preuves sans nombre. Nous nous permettrons donc de renvoyer le lecteur à quantité de travaux et d'observations récemment publiés sur cette question, entre autres aux dissertations insérées par nous dans nos précédents écrits et enfin à un mémoire sur l'*Ame des animaux*, mémoire qui paraîtra dans le second volume de nos *Esquisses physiologiques*. Là nous démontrerons par des faits et des exemples nombreux, bien authentiques, que les activités intellectuelles, les facultés, les sentiments et les penchants de l'homme se retrouvent déjà à un degré presque incroyable à l'état d'ébauche chez l'animal. L'amour, la haine, la loyauté, la reconnaissance, le sentiment du devoir, la religiosité, la conscience, l'amitié, l'abnégation la plus sublime, la pitié, le sentiment du juste et de l'injuste, d'autre part l'orgueil, la jalousie, la haine, la perfidie, l'astuce, la vengeance, etc., tout cela n'est pas plus étranger à l'animal que la réflexion, la prudence, l'adresse la plus déliée, la prévoyance, le souci de l'avenir, etc. ; la gourmandise même, considérée habituellement comme particulière à l'homme, l'animal la possède aussi. Il connaît et applique les lois fondamentales de l'organisation des États et de la société, de l'esclavage et de la hiérarchie, de l'économie domestique, de l'éducation ; il sait soigner les malades. Il construit de la manière la plus étonnante des maisons, des nids, des digues ; il creuse des grottes, trace des routes ; il a des assemblées, des délibérations publiques, même des tribunaux ; il arrête les actes les plus complexes à exécuter en commun, cela grâce à un langage très-compliqué, pour lequel il se sert de la voix, des signes, des gestes. C'est, en un mot, un être tout différent de l'idée qu'en ont la plupart des hommes, un être qu'ils ne soupçonnent même pas.

l'homme et l'animal s'évanouissent devant un examen sévère ; même les attributs considérés comme caractéristiques de l'humanité, c'est-à-dire les aptitudes intellectuelles et morales, la station droite, l'usage plus libre de la main, la physionomie humaine, le langage articulé, l'instinct social, le sens religieux, etc., etc., tout cela perd de sa valeur ou n'a plus qu'une valeur relative dès que l'on a recours à une comparaison sévère et appuyée sur des faits ; dès que l'on ne se borne plus, comme on le fait habituellement, à envisager seulement les Européens les plus civilisés, mais que l'on examine aussi les types humains très-voisins de l'animalité; ceux qui n'ont pu s'élever de la grossièreté native et originelle à la civilisation.

Ces études et aussi l'observation des facultés intellectuelles des animaux nous fournissent bientôt des résultats tout différents de ceux, qu'ont tâché de nous faire admettre jusqu'ici nos savants de cabinet avec leur science nuageuse et creuse. Par là nous acquérons vite la conviction que l'homme le plus inférieur ou l'homme encore dans son état de grossièreté native et primitive effleure de bien près l'animalité, de si près même qu'involontairement on se demande où se trouve la vraie frontière intermédiaire. Pour apprécier l'homme comme il est, pour en voir la place réelle dans la nature, ne vous avisez donc pas d'imiter nos philosophes purs et prétendus grands penseurs[1]. Ces messieurs contemplent leur petit moi dans le miroir de leur orgueil sans se soucier nullement de la

---

[1] Ils tirent leur nom de « penseurs », comme *lucus a non lucendo*, non pas de la pensée, mais bien souvent du néant de la pensée ; pourtant ils ont l'outrecuidance de dénoncer au public, comme « d'abjects matérialistes », ceux qui découvrent leur maigre nudité et ne se contentent pas de leur verbiage pompeux et vide. Courage, peuple, chasse-moi ces marchands de savoir à gages, ces profanateurs du temple, chasse-les du sanctuaire de la vraie science.

vieille origine de l'homme, de l'histoire de son développement, puis ils font par abstraction le pitoyable et philosophique portrait d'un homme typique. C'est la vie, c'est la nature qu'il nous faut saisir à pleines mains ; là jaillissent de toutes parts des sources abondantes où nous pourrons puiser la science. Nulle part ces sources ne coulent plus riches, plus copieuses que dans les nombreuses relations des voyageurs au sujet des hommes, des peuples rencontrés par eux dans les contrées étrangères. Dans ces récits tout simples bien souvent quelques mots nous ouvrent sur la nature humaine, sur son étroite parenté avec l'ensemble de l'univers, une perspective plus étendue que ne le pourrait faire l'étude des plus épais volumes de nos savants en chambre. Toutes les définitions de ces messieurs, leurs propositions, leurs raisonnements, toutes les déductions tirées par eux des *sublimes principes de la science*, qu'ils disent avoir trouvés, tout cela, au simple choc des faits, s'évanouit comme une bulle de savon irisée au contact des objets. Il y a à la surface de notre terre des hommes, des peuples, des manières d'être de l'homme caractérisés par une absence complète de tout ce que l'Européen instruit considère comme des attributs éternels et nécessaires de l'humanité. Cette absence est même si complète, qu'en lisant les relations de ces faits, on croit lire des fables et non des récits véridiques. Voulez-vous considérer comme caractéristique de l'homme, de l'être humain la moralité ou bien une activité intellectuelle plus haute? Étudiez soigneusement les hommes, les conditions humaines dont nous avons parlé plus haut ; bientôt vous aurez reconnu, que votre opinion est aussi peu basée sur les faits que tant d'autres caractéristiques par lesquelles on a voulu donner à l'homme une absolue prééminence sur l'animal (67). Ces caractéristiques illusoires sont la vie en famille, le mariage (68), l'organisation des sociétés (69), la pudeur (70), la croyance en Dieu (71), la science des nombres (72), l'industrie (73), l'usage du feu appliqué à la cuisson des aliments (74), l'usage des vêtements (75), le suicide (76), l'agriculture (77), etc., etc.

Même le langage articulé, qui certainement peut être regardé comme l'attribut le plus spécial de l'homme et qui, chez l'homme seul, s'est produit en même temps qu'une meilleure conformation du larynx, du cerveau, en même temps que la station droite et un plus habile usage de la main, le langage articulé lui-même est simplement le résultat d'une série de lents et pénibles progrès ; chez nombre de peuples sauvages on le rencontre dans un tel état de grossièreté, d'imperfection qu'on peut à peine l'appeler langage dans le sens humain de ce mot (78). Jadis on regardait le langage comme quelque chose d'inné, d'inhérent à l'homme ; on supposait que, dès le moment de son apparition, le langage avait déjà un certain degré de perfection, mais la linguistique moderne enseigne tout le contraire, elle nous montre le langage se formant, comme les espèces, lentement, graduellement dans le cours des siècles, à partir du plus humble début (79).

Avec quelle ardeur aujourd'hui les savants de tous les pays étudient l'important problème de l'origine du langage et font des théories sur cette difficile question! C'est bien là certes la meilleure preuve que l'on a répudié l'antique préjugé ; cela prouve une croyance instinctive à l'humble origine du langage humain, à son développement graduel, puisque l'on veut expliquer le comment, le mode de cette évolution et les premiers essais de l'homme pour exprimer ses pensées et ses sentiments dans un langage ordonné et complexe. Car sûrement l'homme primitif était aussi incapable de parler un tel langage que le sont aujourd'hui l'animal et, dans une certaine mesure, l'homme sauvage. D'après Westropp en effet (*Sur l'origine du langage*), l'homme primitif fut nécessairement un être muet, qui peu à peu apprit, à la manière de nos enfants, à formuler par des expressions déterminées ses impressions et ses besoins. Pendant bien longtemps, sans doute, l'homme n'eut pour exprimer ses besoins que des gestes et des sons inarticulés. Qu'y a-t-il là de dégradant ? Nous-mêmes n'avons-nous pas été autrefois, comme le dit Shakespeare, « des enfants vagissant et criant sur les bras d'une nourrice. » Le langage articulé est simplement une acquisition lente et graduelle, parvenue à sa perfection actuelle après les plus humbles débuts et ayant, comme toute chose, un commencement, des phases de croissance et de développement, des phases de progrès, de maturité et de décadence finale. Comme le corps et l'esprit humain, le langage s'est nécessairement développé d'après des lois fixes ; il a eu pour origine première ces sons inarticulés, ces cris de plaisir, de douleur, de chagrin, de joie, ces cris que le besoin arrache, tous phénomènes observables encore chez l'animal (80). Au delà tout est déjà l'œuvre du progrès.

Quelle fut la marche de ce progrès ? On commença peut-être par proférer des sons inspirés par les sentiments, les impressions ; puis bientôt vinrent des sons imitatifs, (onomatopées) copiant les bruits de la nature et qui enrichirent le trésor des mots, si pauvre encore. C'est pourquoi dans toutes les langues, si nombreuses et si diverses pourtant (on compte environ 3000 langues sur la terre), se trouve un nombre assez considérable de mots équivalents et même plus ou moins analogues. Par exemple, d'après William Bell (*De l'origine du langage*), le monosyllabe *loh*, employé dans beaucoup de langues pour désigner la lumière, la flamme, etc., vient de la simple exclamation : oh ! que l'on a fait précéder d'un *l* ou d'une vibration de la langue. Pendant longtemps, le langage ne fut composé que de tels monosyllabes, puis, peu à peu, les polysyllabes se formèrent soit par redoublement d'un son simple, comme dans les mots *marmor, papa, purpur,* etc., soit par agglutination ou juxtaposition des syllabes.

Voici des exemples de sons imitatifs : *coucou, coq, bêler, mugir, rugir, gratter, râcler*, etc.[1].

Puis le simple cri, correspondant à un sentiment, fut imité par les compagnons de celui qui l'avait proféré, et il finit ainsi par devenir un signe représentatif fixe servant à désigner le sentiment lui-même. Tout d'abord le cri sensitif accompagnait involontairement le sentiment, plus tard il devint indépendant de ce sentiment qui l'avait produit ; ce fut un signe sensible correspondant à l'extériorisation d'une sensation, mais un signe destiné à susciter le sentiment bien plus souvent qu'il n'était suscité par lui. « La différenciation consciente du son et du sentiment, dit J. Bleek, l'attribution d'une existence propre à ce son, que la volonté saisissait et dénaturait comme un instrument à son usage, ce fut là le premier acte vraiment humain. » (*De l'origine du langage.* Weimar, 1868.)

Aujourd'hui le sentiment est le plus souvent silencieux, habituellement il ne s'exprime par des sons que très-partiellement ; il est donc facile de se figurer combien la production graduelle du langage et de la vie de conscience, qui en dépend, a dû s'effectuer difficilement, lentement, par l'action réciproque du mot sur le sentiment et du sentiment sur le mot. Le premier degré de relation mu-

---

[1] Nous avons cru devoir remplacer par des exemples empruntés à la langue française, les exemples allemands cités par l'auteur. (Trad.)

tuelle entre les hommes par le moyen des mots ou de la parole se produisit, selon Bleek, le jour où un individu, envahi par une disposition morale, pour laquelle on connaissait un mot, proféra ce mot ; et la première phase de l'existence réelle du mot naquit, lorsque l'expression vocale du sentiment fut employée, non point pour exprimer ce sentiment, mais arbitrairement pour exciter chez des compagnons le sentiment lié à ce mot ou des sentiments analogues. Dans la deuxième phase on fit un usage fréquent du son détaché de tout sentiment, on l'employa d'une façon déterminée, comme signe conventionnel du sentiment qu'il exprimait, et il s'écarta peu à peu et toujours de plus en plus de sa signification originelle. En même temps, du besoin d'exprimer des sentiments complexes naquirent des sons complexes aussi, combinés entre eux, des mélanges vocaux de toute sorte.

Dans la troisième et dernière phase de cette première période on a ainsi formé par l'assemblage de mots connus des expressions pour un bon nombre de dispositions morales, qui jadis, dans les premiers stades, ne pouvaient se peindre par des mots, car elles n'étaient accompagnées d'aucune exclamation correspondante. La fusion de sons isolés, ayant déjà une existence indépendante, devenus par conséquent des mots, donna naissance à de nouveaux mots, qui s'éloignant toujours peu à peu dans la forme et le sens de l'extériorisation originelle d'un sentiment simple, produisirent des langues proprement dites. Dans l'opinion de Bleek, cette évolution est déjà distincte de l'origine du langage ; elle rentre dans son histoire. Avec la naissance du mot, sa séparation, au point de vue du son et à celui du sens, de la racine vocale sensitive qui l'a produit, la question de l'origine du langage est épuisée.

Un zoologiste bien connu, le docteur Gustave Jäger, qui a surtout étudié la question au point de vue de sa science spéciale, a donné une explication qui, dans les points essentiels, s'accorde avec la précédente. Il tâche de démontrer, quelle étroite connexion relie l'extérioration vocale de l'animal à celle de l'homme. La relation est si intime, qu'il est, selon lui, impossible d'élucider la question de l'origine des langues, sans étudier soigneusement au préalable le langage des animaux. Le langage, dans le sens le plus large du mot, dit Jäger, était trouvé bien longtemps avant qu'il y eût des hommes. Le cri de l'accouplement si varié chez les animaux est déjà un langage. Mais il faut placer bien au-dessus de ce cri celui qui en est né par imitation, le cri d'appel, susceptible déjà de nuances diverses et pouvant exprimer également bien l'angoisse, le plaisir, l'assouvissement, l'alarme. Au-dessous de ces deux genres de cris expressifs se place le simple son sensitif, accompagnant habituellement chez les animaux les émotions fortes, les transes mortelles, la colère, la douleur, etc. Beaucoup d'animaux n'ont guère à leur disposition que ces deux ou trois cris, tandis que d'autres possèdent un langage relativement riche. Combien est compliqué le langage de l'oiseau, qui très-vraisemblablement a servi de précepteur à l'homme !

Selon Jäger, le premier langage de l'humanité fut donc seulement un langage naturel analogue à celui des animaux, analogue aussi au langage mimique des sauvages, des sourds-muets, des acteurs de ballet ; et nos langues conventionnelles actuelles, nos langues parlées ont pour base un perfectionnement ultérieur du langage primitif et naturel. Si l'on en croit le même auteur, un langage aphone, muet dut précéder l'origine du langage vraiment humain ; ce langage dut être surtout réceptif. C'est ainsi que les singes les plus voisins de l'homme sont tout à fait muets, mais très-réceptifs, très-curieux. De longues périodes de temps ont pu s'écouler avant que par le seul usage de la mimique l'homme primitif des âges passés, l'homme muet, l'*alalus* de Häckel soit arrivé à élaborer ses notions du monde extérieur assez bien pour ajouter enfin au geste, l'extérioration vocale, le mot. En cela il fut aidé par la différenciation multiple, accomplie chemin faisant, des organes de la voix, du langage ; il fut aidé aussi par le progrès social. Grâce à l'habitude, à la transmission d'une génération à l'autre, etc., une langue s'édifia enfin. Chez quelques races privilégiées, cet édifice grandit toujours à mesure que l'imagination se fortifiait et que par suite s'enrichissait le trésor des idées. Chez d'autres, la langue resta stationnaire et même rétrograda. Un fait prouve déjà combien toute séparation absolue entre le langage de l'homme et celui des animaux est impossible, c'est que nombre d'idées générales, familières aux peuples civilisés, dont les langues sont riches et perfectionnées, sont tellement étrangères aux peuples sauvages, qu'ils n'ont pas un seul mot pour les exprimer. Comment donc reprocher à l'animal le défaut d'autres idées exprimant des rapports plus simples, alors que, même parmi les hommes, on constate de telles différences dans la formation des idées et des langues ?

L'écriture se constitua peu à peu comme la parole ; elle se modela sur l'apparence extérieure des objets. D'après d'Assier (*Histoire naturelle du langage*. Paris, 1868), le premier alphabet chinois représentait toutes les idées par des figures déterminées. Un grand cercle signifiait le soleil ; un plus petit voulait dire étoile ; une croix représentait la lune. Les plus anciens hiéroglyphes chinois ressemblent même presque entièrement aux hiéroglyphes

Égyptiens, c'est que la première perception de la nature extérieure par les sens fut partout la même. Les Péruviens représentèrent l'arrivée des Espagnols en Amérique par un cygne nageant le long du rivage et vomissant du feu ; la couleur de l'animal, son corps flottant, le feu qu'il vomissait devaient signifier la couleur des étrangers, leur navire et leurs armes à feu. Dans ces hiéroglyphes, par exemple, l'idée de nuit s'exprimait par un hibou ou par une croix noircie. Le passage de ces rébus à un véritable alphabet se fit très-lentement, et chez nombre de peuples (Chinois, Américains) il ne s'est pas complétement effectué.

Entre ces deux termes se place comme degré intermédiaire le syllabisme, de telle sorte que les hiéroglyphes, le syllabisme et les lettres forment les trois phases de l'écriture, trois phases s'engendrant l'une l'autre. Dans les inscriptions égyptiennes on reconnaît très-facilement les transitions, les mélanges de ces trois formes.

Le plus important, le plus essentiel des attributs humains, le principal instrument de son progrès intellectuel, le caractère distinctif le plus élevé entre l'homme et l'animal, le langage en un mot, nous venons dans les pages précédentes, en nous appuyant sur des garants autorisés, sur la main même de la science pour ainsi dire, nous venons de voir, de reconnaître, que ce langage est simplement le produit d'un développement lent et graduel, qu'il le faut considérer seulement comme un perfectionnement, comme une évolution plus haute d'aptitudes, de facultés préexistant déjà dans l'animalité. Par une telle démonstration, l'auteur croit avoir écarté la dernière difficulté qui s'opposât encore à l'application à l'homme de la grande loi de progrès, de développement, à l'admission de l'origine animale de l'humanité.

Voilà donc éclairée à son tour par la lumière de la science une question, qui jusqu'ici semblait défier les efforts des savants ! Là sera le point de départ d'un mouvement intellectuel destiné à métamorphoser le monde des esprits au profit du réalisme philosophique. Par suite, la place de l'homme dans la nature, ses rapports avec l'univers ambiant, c'est-à-dire la réponse à la question « qui sommes-nous ? », tout cela sera compris bien autrement que jadis, bien autrement et d'une manière bien plus conforme à la vérité, à la réalité. Ceux qui en face d'un tel résultat ne peuvent encore secouer les vieux préjugés, ceux qui aiment mieux se regarder comme la postérité d'un bloc d'argile doté jadis de la vie et de la respiration par un souffle divin, plutôt que d'être seulement le rameau terminal d'une évolution organique naturelle, ceux-là pourraient se consoler avec le mot de Claparède : « Mieux vaut être un singe perfectionné qu'un Adam dégénéré », ou avec cette opinion exprimée par Cotta dans sa *Géologie contemporaine* : « Nos ancêtres pourraient nous faire beaucoup d'honneur ; mais il vaut bien mieux que nous leur en puissions faire. » Ceux dont nous parlons pourraient aussi considérer que, avec le transformisme le progrès humain, objet de nos vœux unanimes, devient régulier, c'est-à-dire éternel, incessant, si du moins l'homme ne laisse pas en friche les forces, les facultés que lui a prêtées la nature, si au lieu de les laisser s'étioler il sait en tirer parti, les utiliser pour améliorer sans cesse sa situation, sa place dans la nature à tous les points de vue, matériellement et intellectuellement, physiquement et politiquement, socialement et moralement. Examiner par des inductions tirées du passé et de la vraisemblance naturelle, quelle sera dans l'avenir cette évolution progressive, esquisser à grands traits cette évolution dans la mesure de nos faibles forces, voilà quel sera le sujet de la troisième et dernière partie de ce livre. Nous y prédirons, dans les limites du possible, l'avenir physiologique et moral de l'homme et du genre humain. « Car, dit J. Bleek, la route que nous avons déjà parcourue, la comparaison de ce que nous laissons derrière nous, de notre point de départ avec le résultat obtenu, nous autorise à concevoir les plus brillantes espérances pour l'avenir de notre espèce. »

APPENDICE

MATÉRIAUX JUSTIFICATIFS

(44)... Linnée. — Dans sa classification, Linnée réunit en un seul et même ordre l'homme, les vrais singes, les makis et les chauves-souris. Il appela cet ordre, ordre des primates, c'est-à-dire ordre des suzerains, des plus hauts dignitaires du règne animal. Blumenbach, au contraire, fit de l'homme un ordre distinct, l'ordre des bimanes, auquel il opposa celui des quadrumanes. Cette division fut aussi acceptée par Cuvier et après lui par la plupart des zoologues. En 1863, Huxley montra le premier, dans son excellent livre *Sur la place de l'homme dans la nature*, que cette division reposait sur des vues fausses et que les prétendus quadrumanes (singes et makis) étaient tout aussi bimanes que l'homme. — Sous ce rapport les singes et les makis ressemblent exactement à l'homme ; il serait donc tout à fait injuste d'en séparer l'homme, pour en faire un ordre distinct en se basant sur la perfection plus achevée de sa main et de son pied. On en peut dire autant de toutes les autres caractéristiques anatomiques par lesquelles on a voulu essayer de distinguer l'homme du singe, comme la longueur relative des membres, la structure du crâne, du cerveau, etc. Sous tous ces rapports sans exception les différences entre l'homme et les premiers des singes sont moindres que les différences correspondantes entre ces derniers et les singes inférieurs (E. Häckel, *Histoire naturelle de la création*, Berlin, 1868, pages 490 et 91 ; on trouvera sur cette question des détails plus complets encore dans mes *Conférences sur le darwinisme*, Leipzig, 1868, p. 177 et suivantes. Traduction française par M. Jacquot, Paris, 1869, chez Reinwald.)

D'ailleurs la modification proposée et appliquée en 1779 par Blumenbach au système linnéen fut de bonne heure reconnue fausse et décidément condamnée par plusieurs savants au point de vue de la classification zoologique, comme on peut s'en assurer par les paroles suivantes empruntées au célèbre Geoffroy Saint-Hilaire : « Si, faisant de l'homme un groupe de valeur ordinale, on lui assigne une place aussi éloignée des singes que ceux-ci sont distants des carnivores, il est alors trop près et trop loin des mammifères les plus élevés ; trop près, si l'on fait entrer en ligne de compte ces facultés supérieures, qui mettent l'homme au-dessus de tous les êtres organisés; trop loin, si l'on considère seulement les liens de parenté organique, qui l'unissent aux quadrumanes et spécialement aux vrais singes. En effet, au point de vue physique, ces derniers sont bien plus voisins de l'homme que de leurs alliés naturels, les makis. Que signifie donc cet ordre des bimanes créé par Blumenbach et Cuvier ? C'est un impraticable compromis entre deux systèmes opposés et inconciliables ! C'est une conception bâtarde, un de ces mauvais expédients, qui, considérés de près, ne satisfont personne, par cela même qu'ils veulent contenter tout le monde. C'est sûrement une demi-vérité, mais c'est aussi un demi-mensonge ; car dans la science une demi-vérité n'est autre chose qu'une erreur. » — Ce passage montre au moins que la publication d'Huxley au sujet de la place taxinomique de l'homme, cette publication, qui a fait époque, ne peut prétendre au mérite de la nouveauté.

(45)... *celle des anthropiniens.* — Voici la classification tout entière :

ORDRE : PRIMATES.

FAMILLES :

1° *Anthropiniens*. Cette famille ne renferme que l'homme.
2° *Catarrhiniens* ou singes à nez étroit. Famille comprenant les vrais singes de l'ancien monde.

3° *Platyrrhiniens* ou singes à nez plat. Famille comprenant les vrais singes d'Amérique.

4° *Arctopithèques*. Famille comprenant les sagouins, les marmousets ou singes à griffes d'Amérique.

5° *Lémuriens*. Famille comprenant les lémurs ou demi-singes.

6° *Chéiromiens*. Famille comprenant les animaux digités.

7° *Galéopithèques* ou famille des singes volants comprenant seulement le lémur volant, forme étrange, qui confine aux chauves-souris, à peu près comme les chéiromiens aux rongeurs et le lémur aux insectivores.

Les singularités, la forme mixte du singe volant lui ont déjà valu les noms les plus divers, tels que chien volant, renard volant, chat volant, singe ailé, et sa classification a causé de grandes perplexités aux zoologues. Tout en réunissant des caractères particuliers aux singes et aux chauves-souris, il offre en même temps toute une série d'autres particularités, qui déroutent le classificateur. Les bras, les jambes, la queue sont réunis par une membrane épaisse, dense, velue, aliforme et qui, commençant au cou, descend sur les côtés du tronc, reliant entre eux les doigts et les orteils comme la membrane interdigitale des pieds palmés. Pourtant cette membrane ne peut servir à voler ; c'est seulement un parachute, grâce auquel l'animal bondit de branche en branche.

(46)... *comme quatre branches divergentes.* — Les demi-singes sont, selon Häckel, des animaux intéressants et importants. Autrefois, à l'époque tertiaire, ils étaient vraisemblablement représentés par nombre de genres et d'espèces. Aujourd'hui ils ne comptent plus que de rares types vivants, qui se sont retirés dans les contrées les plus sauvages de l'Asie et de l'Afrique. Les divers genres de demi-singes offrent des traits transitoires frappants, qui les relient aux autres ordres des discoplacentaliens.

Pour ces motifs et d'autres encore on peut regarder les demi-singes actuels comme les derniers débris d'un groupe-souche primitif et depuis longtemps éteint du moins pour la plus grande partie. De ce groupe seraient sortis, comme des rameaux, les autres ordres des discoplacentaires, et ces ordres seraient en quelque sorte quatre frères issus de cette racine commune et maternelle. — C'est aussi parmi ces demi-singes que le genre humain doit chercher ses ancêtres, ses aïeux primitifs, dont il est séparé par la forme intermédiaire des vrais singes. A partir des demi-singes, la généalogie de l'homme descend en arrière, selon Häckel, par les degrés suivants : Marsupiaux, ornithorhynques, amphibies, poissons, etc., jusqu'au leptocardiens ou animaux à cœur tubulé. Ces derniers semblent être le plus bas échelon du type vertébré ; ils sont dépourvus de tête, de vrai cœur, etc. ; eux-mêmes seraient le résultat d'une très-longue évolution, à partir d'abord d'animaux vermiformes plus inférieurs encore et enfin du plus simple des organismes primitifs, de la monade.

(47)... *un précis de l'histoire naturelle des singes anthropoïdes.* — De ces extraits il ressort, qu'en écartant les récits mythologiques, la première mention sérieuse de ces animaux date du dix-septième siècle et a été faite par un Anglais (Andrew Battle) dans un vieux livre fameux ayant pour titre : *Purchas his pilgrimage* (1613). D'après ce livre, A. Battle, qui avait vécu de longues années dans le royaume du Congo et neuf ou dix mois dans les forêts de ce pays, signale à Purchas « l'existence de grands singes, si l'on peut les appeler ainsi. Ils n'ont pas de queue, sont de la taille d'un homme, mais leurs membres ont une longueur double et une force proportionnelle. Ils sont velus sur toute la surface du corps, mais à d'autres égards en tout semblables aux hommes et aux femmes dans leur conformation physique, avec cette exception que leurs jambes n'ont pas de mollets (Éd. 1626). Ils vivaient de fruits sauvages que leur fournissaient les forêts et se logeaient pendant la nuit sur les arbres. »

Dans un passage de la seconde partie d'un ouvrage intitulé : *Purchas his pilgrimes* (1625), il est question de deux singes anthropoïdes (le pongo et l'engeko). On y dit du pongo : « Le pongo est dans toutes ses proportions pareil à un homme, mais sa stature est plutôt celle d'un géant que celle d'un homme, car il est très-grand. Il a une face humaine, les yeux caves et de longs poils au-dessus du sourcil. Sa face, ses oreilles et ses mains sont glabres. Son corps est couvert de poils, mais ces poils ne sont pas très-épais et sont d'une couleur brun foncé.

Il diffère d'un homme seulement par les jambes, qui n'ont pas de mollets. Il marche toujours sur ses pieds et porte ses mains entrelacées sur la nuque, lorsqu'il marche sur le sol. Il dort sur les arbres et se bâtit des abris contre la pluie... Il ne parle pas et n'a pas plus d'intelligence qu'une bête... Les pongos ne sont jamais pris vivants, car ils sont trop vigoureux... Quand l'un d'eux meurt, ils le recouvrent de grands tas de branches et de bois que l'on trouve facilement dans la forêt. — L'un d'eux prit un petit nègre qui vécut un mois avec eux... » (trad. E. Dally.)

Tulpius donna à la génération suivante un dessin fait d'après nature du *Satirus Indicus* appelé par les Indiens orang-outang ou homme des bois. Le dessin représente évidemment un chimpanzé jeune.

Puis on signala, d'abord sous une forme mythique, l'existence d'un autre singe anthropoïde asiatique, et en 1699 la société royale publia un travail très-bon, très-remarquable sur l'anatomie comparée d'un pygmée (chimpanzé jeune d'Angola en Afrique), d'un singe à queue, d'un singe sans queue et d'un homme. Ce travail servit de modèle à de nouveaux investigateurs. Tyson, l'auteur de ce travail, se mettant déjà à un point de vue tout à fait analogue à celui d'Huxley, énumère 47 points, par lesquels le pygmée ressemble plus à l'homme qu'au singe à queue et 34 autres points pour lesquels le rapport est inverse. C'est, dit-il, l'animal le plus analogue à l'homme qui existe. En 1744, William Smith (*A new voyage to Guinea*) décrit très-exactement un singe anthropoïde, marchant debout. Ce singe se trouvait à Sierra Leone, il est appelé *mandrill* (singe homme) ; ce devait être un chimpanzé. Linnée n'observa lui-même aucun singe anthropoïde ; pourtant il en énumère quatre (Dissertation de son élève Hoppius dans les *Amœnitates academicæ*) ; il appelle même l'un d'eux *homo caudatus* (homme pourvu d'une queue). Buffon put voir un jeune chimpanzé vivant et posséda un singe anthropoïde asiatique qu'il appelle gibbon. Il donna de ce dernier une description déjà excellente. En même temps un naturaliste hollandais, Vosmaer (1778), publiait un très-bon dessin et une bonne description d'un jeune orang amené vivant en Hollande ; et à la même époque un célèbre compatriote de Vosmaer, Pierre Camper, composait sur l'orang-outang un traité dans lequel il démontra que cet animal formait une espèce toute spéciale. Il disséqua plusieurs de ces animaux encore jeunes. Un orang adulte, haut de 49 pouces, fut tué d'un coup de fusil par un Hollandais résidant à Rembany (Bornéo), à la fin du siècle dernier; un officier nommé Von Wurmb le décrivit très-exactement. Les manuscrits posthumes de cet officier contenaient même une description plus exacte de cette espèce, d'après un individu de 53 pouces ou 4 pieds 5 pouces de haut. Aujourd'hui nous connaissons l'orang-outang mieux que pas un des singes anthropoïdes. Outre l'orang, nous connaissons en Asie un autre singe analogue, le gibbon, dont l'habitat est plus étendu et par suite l'observation plus facile, mais qui, à cause de sa plus petite taille, a moins attiré l'attention.

D'autre part, les découvertes modernes en Afrique ont donné une éclatante confirmation aux récits du vieil aventurier anglais Battle. Non-seulement on connut très-exactement en 1819, par un remarquable travail du professeur Owen, le squelette d'un chimpanzé adulte (troglodytes niger), évidemment le plus petit des deux singes signalés par Battle, sous le nom d'*engeko* et qui est encore aujourd'hui désigné par le même nom dans le même pays; en outre, en 1819, un nouveau voyageur, Bowdich, trouva des indices probants de l'existence du deuxième singe de Battle, du plus grand appelé par lui Pongo et par les indigènes *Ingena* ou *Engena*, singe haut de 5 pieds, large de 4 aux épaules, sachant se construire une hutte grossière sur laquelle il dort. En 1847, le Dr Savage vit près du fleuve du Gabon, en Afrique, dans la maison du missionnaire Wilson, un crâne de l'espèce dont nous venons de parler et d'autres informations fournirent des renseignements déjà si complets, que le professeur Wimann put décrire le squelette de cet animal. Le pongo de Battle était dès lors à nouveau découvert, mais le mauvais usage fait tant de fois de ce nom de pongo détermina le Dr Savage à changer ce nom en celui de gorille, dénomination empruntée au périple du carthaginois Hannon. Depuis lors le squelette du gorille a été étudié par Owen et Duvernoy, tandis que des missionnaires, des voyageurs augmentaient nos anciennes notions au sujet de cet animal, qui a eu la destinée singulière d'être le premier connu du public et le dernier scientifiquement étudié.

D'après Huxley, tous les singes anthropomorphes ont en commun certains caractères : tous ont le même nombre de dents que l'homme ; leurs narines sont séparées par une étroite cloison et dirigées en bas ; leurs bras sont plus longs que leurs jambes et sont terminées par des mains pourvues de pouces ; toujours le gros orteil est plus mince, plus mobile que chez l'homme, et il peut être opposé comme un pouce au reste du pied. Tous sont dépourvus de queue ; aucun n'a les sacs buccaux communs aux autres singes ; tous se trouvent dans le vieux monde. Il a été très-difficile d'étudier exactement leur genre de vie, car ils habitent seulement les plus épaisses forêts des régions équatoriales de l'Asie et de l'Afrique. Les mieux connus sont d'abord les gibbons, puis les orangs, c'est le genre de vie du chimpanzé et du gorille, qui est le moins connu, du moins par les observations directes des Européens. Environ une demi-douzaine d'espèces du genre gibbon sont disséminées sur les îles asiatiques de Java, de Sumatra, de Bornéo et en outre à Malacca, dans le pays de Siam, d'Arrakan, dans l'Indoustan. Ils n'ont guère que trois pieds de haut ; ce sont les plus petits des singes anthropomorphes et aussi les plus grêles ; ils vivent sur les arbres d'où ils descendent le soir en troupes dans les plaines. Leur voix est très-forte, très-pénétrante ; ils marchent debout facilement et volontiers, ils pourraient même courir ainsi très-vite, en s'aidant quelque peu de leurs longs bras et de leurs mains. Il ressort de tous les témoignages que les gibbons prennent communément et habituellement la position verticale, du moins sur un terrain plat. Ils grimpent et sautent avec une agilité vraiment surprenante. Ils boivent en plongeant leurs doigts dans le liquide et les léchant ensuite ; ils dorment assis. Duvaucel affirme qu'il a vu les femelles conduire leurs petits au bord de l'eau et leur laver le visage. En captivité ils montrent de l'intelligence, de la finesse, de la ruse, même une certaine conscience, comme le prouve une anecdote racontée par M. Bennett. — L'orang atteint rarement plus de 4 pieds de haut, pourtant on aurait trouvé des individus de 5 à 6 pieds[1]. Les orangs habitent les plus épaisses forêts du Sumatra et de Bornéo ; les vieux mâles sont habituellement seuls hors le temps de l'ac-

---

[1] D'après *Spenser*, sir John (*Life in the forests of the far East*. London, 1862), l'orang de Bornéo atteint une grandeur de 5 pieds 2 pouces ; or parmi les races d'homme de ce pays, 5 pieds 5 pouces est déjà une haute taille, et la taille moyenne est de 5 pieds 3 pouces.

couplement. Ils vivent sûrement 14 ou 15 ans ; ils sont paresseux, se préparent en très-peu de temps, pour dormir, un lit de rameaux et de feuilles dans les arbres. Ils se couchent dans ce lit ordinairement sur le dos ou sur le côté, en appuyant leur tête sur leurs mains. La nuit, quand il fait froid, quand il vente, quand il pleut, ils se couvrent avec des branches et y cachent leur tête. L'orang grimpe lentement, prudemment, plutôt à la manière d'un homme qu'à celle d'un singe ; jamais il ne saute ; avant de se hasarder sur une branche, il l'essaye en la secouant. A l'état sauvage, l'orang est très-farouche et même dangereux ; pourtant on l'apprivoise facilement et il devient alors sociable. Poursuivi, il lance des branches, des fruits pesants. Le Dˣ Müller observa un orang prisonnier et le trouva très-intelligent. (*Mémoires sur l'histoire naturelle des possessions hollandaises d'outre-mer*, 1839-45.) Les Dayaks de Bornéo distinguent plusieurs espèces d'orangs ; ce sont peut-être de simples variétés individuelles, car les variétés sont très-considérables chez l'orang ; en effet, les crânes d'orang dont nous disposons offrent entre eux des différences aussi grandes que les types les plus accusés des races humaines caucasiques et africaines. — L'étude des deux singes africains, le chimpanzé et le gorille, met en lumière des faits analogues. Les chimpanzés adultes, mesurés par le Dˣ Savage, n'ont jamais dépassé 5 pieds de haut. Ils peuvent se tenir debout dans une attitude quelque peu inclinée en avant, pourtant ils retombent facilement sur leurs quatre membres, et alors ils s'appuient non sur la paume de la main, mais sur la face dorsale des phalanges que recouvre une peau épaissie. Ce sont d'habiles grimpeurs. Ils vivent en troupes, mais rarement plus de cinq à la fois. Ils se défendent surtout avec leurs dents ; ils se construisent des nids ou des lits sur les branches inférieures des arbres. Leurs habitudes dénotent un haut degré d'intelligence, surtout en ce qui concerne l'amour des enfants ; d'après le dire des chasseurs, quand ils sont poursuivis et blessés, ils se comportent à la manière des hommes. Selon une tradition répandue parmi les indigènes, ces singes furent jadis membres de leurs propres tribus, mais à cause de la dépravation de leurs mœurs ils furent expulsés de toute société humaine, et peu à peu ils ont dégénéré jusqu'à l'état actuel[1]. Le chimpanzé se ren-

---

[1] Les peuples sauvages, plus voisins de l'état originel, confessent mieux

contre de Sierra Leone au Congo et paraît représenté par plusieurs espèces. — Enfin le gorille ou pongo (le mot pongo est vraisemblablement une corruption du mot Mpongwe, nom de la tribu humaine, sur le territoire de laquelle se rencontre le gorille) habite les deux rives du Gabon, fleuve de la basse Guinée, dans l'Afrique occidentale. Le gorille est appelé par les Indigènes *engena;* il atteint une grandeur d'environ 5 pieds, est très-large entre les épaules et recouvert entièrement de grossiers poils noirs qui grisonnent avec l'âge. La peau du visage et des oreilles est nue et d'un brun foncé. Sur le crâne se trouvent deux crêtes velues, l'une très-forte et longitudinale, l'autre faible et transversale ; l'animal peut mouvoir ces crêtes chevelues en avant et en arrière. Le cou est court et épais ; les bras très-longs descendent jusqu'aux genoux, les mains sont très-grandes. La démarche est traînante, le corps dans la marche s'incline en avant avec un léger mouvement de roulis ou de balancement latéral. Comme le chimpanzé, le gorille s'avance en appuyant devant lui ses longs bras et en faisant entre eux avec le reste du corps un mouvement, qui est moitié un saut, moitié une oscillation. Quand il marche droit, ce à quoi on le dit très-enclin, il tient son énorme corps en équilibre en fléchissant ses bras au-dessus de sa tête. Le gorille vit aussi par troupes, mais ces troupes sont moins nombreuses que celles du chimpanzé, et habituellement on n'y voit qu'un mâle adulte. En effet, dès que les jeunes mâles ont grandi, il s'élève un conflit pour savoir qui dominera, et le plus fort tue ou chasse les autres. Leurs nids ou habitations ressemblent à celles du chimpanzé. Les gorilles sont très-sauvages, très-dangereux ; ils ne fuient pas devant l'homme, comme le chimpanzé, et sont un sujet de terreur pour les naturels qui ne les attaquent jamais. S'il y a danger, la femelle et les enfants se cachent, tandis que le mâle, en proie

---

que nous, civilisés, leur fraternité avec le singe. Le nègre de Guinée, les indigènes de Java et de Sumatra considèrent, au dire du profess. Bischoff, l'orang-outang et le chimpanzé comme des hommes, qui même pourraient parler, mais simulent la mutité par paresse. « Le singe est un homme, disent les Siamois, un homme assez laid, il est vrai, mais néanmoins un frère. » (Bowring, *Mission to Siam.* 1855.) La vieille épopée héroïque indienne, le Râmâyana appelle singes ou hommes des Bois les sauvages tribus primitives du Deccan, avec lesquelles guerroyait Râma ; l'île de Ceylan est appelée Lanka et ses habitants sont considérés comme des singes ou des descendants de singes.

à une extrême fureur, se précipite sur l'ennemi. Les communications du Dr Savage ont été confirmées par un mémoire présenté par M. A. Ford à l'Académie des sciences de Philadelphie en 1852. D'après lui, le gorille habite les chaînes de montagnes de l'intérieur de la Guinée, depuis le Caméron au nord jusqu'à Angola au sud, dans une étendue d'environ 100 milles ; au sud seulement il s'approche du rivage à une distance de 10 milles. Autrefois on trouvait les gorilles seulement dans le voisinage des sources du Gabon, maintenant ils s'approchent audacieusement des plantations des Mpongwes. C'est là peut-être la raison de la rareté des informations anciennes à leur sujet. Un individu examiné par M. Ford pesait 170 livres sans les viscères ; il avait à la poitrine 4 pieds 4 pouces de circonférence. D'après le même écrivain le gorille se dresse pour attaquer, pousse des cris, des hurlements violents, retentissants et déchire son adversaire avec ses dents. Un jeune gorille captif demeura parfaitement indomptable et mourut au bout de quatre mois. Les auteurs français ont produit des témoignages analogues. Après ce que nous savons du gibbon, de l'orang et du chimpanzé, ces renseignements ne sauraient surprendre. En effet, si l'on a démontré que le Gibbon se tient facilement debout, toute la conformation du gorille paraît encore bien mieux adaptée à cette allure. La méfiance avec laquelle on a accueilli les récits d'un voyageur moderne sur le gorille (Du Chaillu) est donc, selon Huxley, à peine justifiée, car les plus importants des faits qu'il rapporte étaient déjà connus. Les récits du même voyageur au sujet du *nschiego-mbouvé* et du *koulou-kamba* n'ont absolument rien d'invraisemblable. Pourtant, en raison de cette méfiance injustifiée, qui a accueilli le livre de Du Chaillu, M. Huxley, à qui nous avons emprunté la substance de cette note, évite d'en citer quoi que ce soit. Dans notre livre intitulé « *Science et nature* » nous avons donné un résumé succinct de tout ce qu'il y a d'essentiel dans le livre de Du Chaillu sur le gorille, sur le singe koulou-kamba, particulièrement anthropomorphe, et sur le nschiego-mbouvé, singe qui se construit un nid.

(48)... *moins humain que d'autres singes de son groupe.* — Quoique relativement à sa taille le gorille soit le mieux doué des anthropoïdes sous le rapport du volume cérébral, pourtant il est distancé par le chimpanzé, surtout par une variété du chimpanzé, le koulou-kamba, chez qui la région frontale est très-développée. D'autre part, l'orang a le cerveau mieux conformé que celui du gorille, enfin le gibbon a le torse plus humain. Au contraire par la brièveté des bras, par la conformation des omoplates, le rapport entre le bras et l'avant-bras, le gorille ressemble le plus à l'homme. On peut en dire autant au sujet des os du nez qui sont plus saillants, de l'os intermaxillaire qui proémine moins, de l'oreille qui ressemble beaucoup à celle de l'homme. Le bassin dont la largeur rappelle le bassin humain, le développement des muscles iliaques, celui des apophyses mastoïdes plus volumineuses chez le gorille que chez tous les anthropoïdes, montrent assez que pour la station droite il est mieux doué que tous les singes. Le gorille ressemble surtout à l'homme, par la main qui a un vrai pouce, des doigts courts et est reliée à l'avant-bras par huit os carpiens comme chez l'homme ; tandis que les autres singes ont neuf de ces os. Mêmes observations pour les membres inférieurs caractérisés surtout par un talon fortement développé, d'où il résulte que le gorille marche sur la plante du pied plus encore que le chimpanzé. Chez tous les anthropoïdes le nombre des vertèbres est le même que chez l'homme ; au contraire par le nombre des côtes, qui est de 13, le gorille et le chimpanzé se rapprochent de l'homme plus que les autres singes. Ceux-ci ont 14 côtes ; l'homme en a ordinairement 12, mais souvent il en a 11 ou 13. Le gorille adulte et mâle a aussi sur le front une crête frontale longitudinale, qui habituellement manque chez les autres singes. Chez l'homme, la situation plus antérieure du trou occipital facilite le redressement de la tête ; mais chez plusieurs singes la position de ce trou occipital est la même que chez l'homme. Quant au nombre, à l'arrangement, à la forme des dents, tout cela se ressemble chez l'homme et le singe.

En 1864, à la séance d'automne de la Société d'histoire naturelle des provinces rhénanes prussiennes et de la Westphalie, M. le professeur Schaaffhausen présenta trois excellents bustes de gorille, en plâtre et en même temps des fac-simile du cerveau, de la main, du pied du même animal, le tout exécuté par le sculpteur Zeiller, de Munich, d'après des animaux préparés et empaillés par W. Schmidt, d'Offenbach, pour la ville de Lübeck. Il présenta en même temps des photographies de gorille prises à Londres, à Paris, à Vienne et à Lübeck. D'après le gorille de Lübeck et les pièces étudiées par le professeur Owen dans son célèbre travail sur le gorille, M. le Dr P. Meyer, d'Offenbach, a aussi composé son mémoire si complet intitulé : *Le gorille, considérations sur la différence entre l'homme et le singe, et sur la nouvelle doctrine transformiste* ; plus tard à l'occasion d'un nouvel exemplaire amené de Lübeck à Offenbach, M. Meyer fit des communications plus étendues encore. L'exemplaire dont nous parlons était un grand mâle, adulte et très-fort. A ces deux traités, surtout au dernier, sont joints d'excellents et fidèles dessins du gorille. Dans les deux dessins, l'animal est représenté comme il est décrit par Winwood Reade dans la relation de son récent voyage ; il est debout et tient à la main une branche sur laquelle il s'appuie. L'angle facial d'un crâne isolé était, d'après Meyer, de 55 degrés ; la capacité crânienne était de 26 pouces cubiques ; le trou occipital était assez antérieur ; la forme des deux incisives latérales, les seules existantes, était très-humaine ; le crâne avait dû appartenir à un animal très-vieux.

(49)... *chez près de la moitié des peuples de la terre.* — E. Geoffroy vit dans les bazars du Caire les ouvriers user de leurs gros orteils pour toucher, saisir de mille et mille façons. — Les nègres nubiens saisissent volontiers entre le gros orteil et les autres la bride du cheval qu'ils montent, et toute la cavalerie abyssinienne chevauche de cette manière. — A bord des dahabiehs du Nil, les nègres montent sur la grande vergue en tenant avec le pied la corde qui retient la voile. — « Modera raconte qu'un jour trois naturalistes, allant à la côte nord de la Nouvelle-Guinée, trouvèrent les arbres pleins d'indigènes des deux sexes, qui sautaient de branche en branche avec leurs armes sur le dos, comme des singes, gesticulant, criant et riant. » (G. Pouchet.) — On trouvera d'autres exemples de l'usage du pied humain comme organe de préhension dans mes *Leçons sur le darwinisme*. Cet usage, au dire des voyageurs, est général et très-habituel chez les peuplades sauvages, qui passent sur les arbres une partie de leur vie. Chez ces peuples le gros orteil est ordinairement plus écarté des autres que chez l'Européen ; indice déjà probant, car chez l'Européen l'usage perpétuel de la chaussure a fait perdre aux orteils, par la compression, leur destination primitive.

(50)… *le système musculaire, le larynx, le cerveau.* — On pourrait regarder ou désigner comme caractères distinguant l'homme de ses plus proches parents animaux les traits anatomiques suivants : la brièveté du membre supérieur et la longueur du membre inférieur relativement au tronc ; la plus grande largeur du bassin et des omoplates ; la courbure en arc de la colonne vertébrale ainsi que la disposition générale du squelette et par suite celle des muscles, le tout très-favorable à la station droite ; la brièveté des apophyses épineuses des vertèbres du cou ; la perfection plus grande de la main dont le pouce est très-mobile, très-opposable et dont l'usage est encore favorisé par la grande mobilité du bras ; la différence plus grande de la main et du pied, tant au point de vue de la forme qu'à celui de la fonction, d'où une division du travail plus accentuée ; la forme en carène et la grandeur du crâne, sa hauteur, son volume en comparaison de la face qui recule et des maxillaires moins saillants ; la fusion plus rapide de l'os intermaxillaire avec les maxillaires ; le plus grand développement des apophyses mastoïdes ; la saillie des os du nez, celle du menton ; la bouche, les lèvres, la petitesse des dents formant une série ininterrompue et presque égales en hauteur entre elles ; le cerveau plus grand et mieux fait, etc., etc. — Tous ces signes distinctifs sont d'ailleurs plus ou moins relatifs, et beaucoup de degrés intermédiaires, de formes de transition relient plus ou moins les races humaines sauvages ou éteintes aux races animales. Là comme partout dans la nature point de saut brusque, mais seulement des différences dans une évolution graduelle toujours conforme à un même plan fondamental. Un auteur que nous avons souvent cité, J. P. Lesley, dit très-bien à ce sujet : « Les différences entre l'homme et le singe, celles qui existent entre les diverses races humaines, celles aussi qui existent entre les races simiennes sont seulement des différences de détail dans le grand plan fondamental de l'univers. Que l'on se figure par exemple un crâne cérébral ; il peut être plus ou moins simien ou humain, long ou court ; il peut avoir un front bas, fuyant ou bien élevé et droit ; il peut être parfaitement arrondi ou bosselé, parsemé de tubérosités comme une racine de laurier ; il peut être haut, pointu ou énormément déprimé entre les oreilles ; il peut être bombé au-dessus des oreilles ou couvert en avant, en arrière, d'un côté à l'autre, de crêtes, de bourrelets ; pourtant ce sont là seulement des différences que nous sommes habitués à voir chaque jour ou que nous verrions, si nous voulions nous avancer vers les forêts tropicales. Ces différences sont graduelles, ou plutôt elles sont seulement l'exagération de certains détails. C'est ainsi, qu'en exposant à ses élèves le plan général d'une église gothique, un architecte indique les différentes manières suivant lesquelles ce plan a été réalisé dans les diverses églises de l'Europe. »

(51)... *ou le pays des Phéaciens*. — « Le corps humain, dit G. Pouchet dans un excellent article sur *les études anthropologiques* (Revue de philosophie positive, 1866, n° 2), le corps humain ne fournit aucun fait nouveau à l'anatomie générale. Il n'a en propre ni tissu particulier, ni élément anatomique spécial. Même on n'y retrouve pas certaines parties anatomiques élémentaires qu'offrent d'autres vertébrés, par exemple le tissu électrique qui est cependant un tissu de la vie animale. Ce point d'anatomie générale bien établi et tout ce que nous savons aujourd'hui des propriétés de la matière organisée peuvent déjà nous édifier sur le peu de valeur de certaines théories anthropologiques. Il est bien démontré actuellement que toutes les fonctions et toutes les facultés de l'être vivant sont réductibles aux propriétés des éléments et des tissus dont il se compose. Nous disons plus volontiers *fonction* pour les phénomènes de la vie végétative et *faculté* pour certains phénomènes de la vie animale ; mais les facultés aussi bien que les fonctions ne sont que la traduction extérieure de certaines propriétés inhérentes à la matière organisée et spécialement à certains éléments anatomiques. Donc, pour faire admettre une faculté nouvelle et d'essence particulière à l'homme, ainsi qu'on a représenté la *religiosité*, il importait tout au moins de lui assigner un tissu particulier. Une faculté irréductible aux autres facultés animales et indépendante d'un substratum organique, dont elle soit la manifestation directe, ne se comprend plus aujourd'hui à moins d'aller à l'encontre de tout ce que nous savons d'anatomie...

« Si nous passons de l'anatomie générale à l'anatomie comparative, nous ne trouvons comme phénomène absolument particulier à l'homme et important que le volume de ses hémisphères cérébraux, qui l'ont fait ranger dans une sous-classe. Tous les autres caractères sont secondaires et d'un ordre équivalent aux différences qu'on remarque entre les mammifères. Chercher là le signe de sa dignité, par exemple dans la rectitude de la colonne vertébrale ou dans la disposition des tendons de la main, c'est procéder comme ce philosophe athénien, qui avait défini l'homme « un animal à deux pieds et sans plumes. » Diogène l'apprenant jeta par-dessus les murs de l'Académie un poulet plumé et railla fort la pauvre logique du maître. »

(52)... *sur le développement plus parfait de chaque partie du cerveau.* — Le professeur Broca, dans son *Rapport sur les travaux de la société d'anthropologie* (1859-1863), s'exprime ainsi au sujet de la tentative d'Owen et de la place de l'homme dans la nature : « Au point de vue de la zoologie pure ou, si l'on veut, de l'anatomie, il diffère moins des quatre singes supérieurs que ceux-ci ne diffèrent des autres singes. Il forme avec eux un groupe naturel, le groupe anthropomorphe, dont il est seulement la première subdivision, et notre savant collègue de Montpellier, M. le professeur Ch. Martins, nous a fait connaître deux nouveaux caractères ostéologiques exclusivement propres à ce groupe... L'homme est homme par l'intelligence, il est intelligent par le cerveau, et c'est par le cerveau, qu'il doit se distinguer des singes. C'est à peine pourtant si l'anatomie trouve entre l'encéphale du chimpanzé et celui du roi de la terre quelques légères différences de constitution et de conformation, que M. Auburtin vous a signalées. Les prétendus caractères invoqués par Richard Owen ont été plusieurs fois reconnus inexacts. Les singes supérieurs sont pourvus comme nous d'un lobe postérieur, d'une corne ventriculaire postérieure et d'un petit hippocampe, et rien dans l'ordre des faits normaux, si ce n'est l'énorme différence de la masse et l'inégale richesse des circonvolutions *secondaires*, n'établit chez les adultes une distinction radicale, absolue entre le cerveau de l'homme le plus inférieur et celui du premier des singes... » (*Mémoires de la Société d'anthropologie de Paris*, t. II.)

(53)... *puisse être anatomiquement distingué de celui de l'homme.* — Dès 1861, Huxley signalait comme seules différences entre le cerveau simien et le cerveau humain les faits suivants : 1° Chez le singe le cerveau est plus petit que chez l'homme relativement au volume des nerfs qui en émergent. 2° Chez le singe les hémisphères cérébraux sont relativement au cervelet plus petits que chez l'homme. 3° Chez le singe les circonvolutions et fentes cérébrales sont moins développées et plus symétriques que chez l'homme. 4° Chez l'homme les hémisphères cérébraux sont plus arrondis, plus épais et la relation de volume entre les divers lobes est plus variable. Enfin certaines circonvolutions, certaines fentes ou manquent entièrement au cerveau simien ou s'y voient seulement à l'état rudimentaire. Huxley fut aidé dans sa discussion contre Owen au congrès des naturalistes de 1862 par l'anatomiste Flower et le professeur Rolleston. Ce dernier n'admet entre le cerveau humain et le cerveau simien que quatre différences, deux qualitatives et deux quantitatives. Ces différences se tirent 1° du poids et de la hauteur, 2° de l'angle facial et de la division des circonvolutions ou replis cérébraux. Owen demeura tout à fait isolé.

Un savant français, Gratiolet, une des autorités les plus compétentes en anatomie cérébrale, est d'accord avec les savants précédemment cités au sujet de la différence entre les cerveaux humains et simiens. Selon Gratiolet, le cerveau humain est absolument de même type que le cerveau simien. Le cervelet du singe est complétement recouvert en arrière par les hémisphères cérébraux ; ses lobes olfactifs sont très-réduits et les ventricules latéraux de son cerveau sont munis d'une grande corne postérieure. Chez le singe comme chez l'homme, les nerfs optiques vont se perdre dans les hémisphères cérébraux, tandis que chez tous les autres mammifères ils ont pour aboutissant central les tubercules quadrijumeaux. Même les circonvolutions des cerveaux humain et simien sont, à part quelques différences secondaires, essentiellement pareilles. Toutes les dissemblances sont donc de second ordre, et c'est du développement des circonvolutions pendant la vie fœtale que se tirent les différences essentielles.

Le D' Mayer (*Mémoires de la Société des sciences naturelles du Bas-Rhin*, 7 nov. 1862) signale comme principaux caractères du cerveau simien comparé au cerveau humain, l'aplatissement de la surface du lobe postérieur cérébral, la terminaison en pointe du lobe antérieur, le grand évidement de ce lobe antérieur à sa surface inférieure. En effet, avec la différence du volume cérébral, la dissemblance essentielle des cerveaux humain et simien consiste naturellement dans le peu de développement proportionnel chez le singe du lobe antérieur ou frontal, lobe qui paraît spécialement attribué aux fonctions intellectuelles et que récemment l'on a reconnu comme le siége organique de l'importante faculté du langage. L'homme se distingue donc essentiellement au premier coup d'œil de ses cousins les singes anthropomorphes par son front saillant, large, fortement développé. Sous ce rapport d'ailleurs le nègre sert de transition entre l'homme et l'animal, son front est étroit et fuyant, ce qui coïncide avec un faible développement des lobes antérieurs cérébraux ; en outre, chez le nègre la conformation générale du cerveau et toute la structure du corps offrent de nombreuses analogies simiennes. Par la prédominance de son diamètre longitudinal, par l'imperfection de ses circonvolutions, par l'aplatissement et l'étroitesse de l'extrémité hémisphérique antérieure, par la forme arrondie du cervelet, par la grandeur du *vermis*, par la grosseur relative de la glande pinéale, le cerveau nègre est, selon Huschke, d'un type inférieur, imparfaitement développé ; il rappelle d'une part le cerveau du nouveau-né européen, d'autre part celui des animaux les plus voisins de l'homme. En général, les différences cérébrales entre les races inférieures et les supérieures sont identiquement celles qu'on observe entre les cerveaux humains et simiens. Ainsi le professeur J. Marshal (*Proceedings of the royal Society*) trouva que sur un cerveau très petit d'une vieille femme buschmann, cerveau pesant seulement 23 onces, les circonvolutions étaient bien moins développées, plus simples, moins sillonnées de fentes secondaires que celles du cerveau de la femme européenne. Or, généralement d'après R. Wagner (*Vorstudien*, etc.), on observe sur le cerveau des personnes remarquables par leur intelligence des sillons plus nombreux, plus profonds ; cela est donc très significatif. Les observations du même savant ont établi aussi un fait important, savoir que, chez l'embryon humain de 5 à 6 mois, le cerveau a une conformation tout à fait analogue à celle des singes les plus inférieurs. C'est là une preuve à l'appui de l'ancienne proposition transformiste, suivant laquelle l'embryon humain dans les phases successives de son développement, reproduirait passagèrement les types animaux inférieurs.

Pour différencier les cerveaux des animaux et de l'homme, on a, et à bon droit, accordé la plus grande importance au volume proportionnel, quoique le volume soit en lui-même un très-mauvais et très-grossier moyen de jauger la puissance intellectuelle d'un cerveau. En effet, il faut d'un côté tenir grand compte de la grandeur relative du corps et, d'autre part, considérer seulement la substance grise tapissant la surface cérébrale comme étant le siège de la conscience et des facultés intellectuelles ; car la substance blanche est simplement conductrice des activités nerveuses émanant du cerveau. De là résulte la grande valeur, la grande importance des fentes, des circonvolutions cérébrales, car plus elles sont nombreuses et profondes, plus la substance grise est développée.

Rien donc d'étonnant dans le fait que le cerveau de l'éléphant, dont le poids est de 8 à 10 livres, surpasse de plus du double le cerveau humain. En effet, relativement au poids total de l'animal, le cerveau de l'éléphant représente seulement $\frac{1}{3300}$, tandis que celui de l'homme équivaut à $\frac{1}{35}$ ou $\frac{1}{37}$ du poids général du corps. Le cerveau de la baleine surpasse aussi celui de l'homme en grandeur absolue. Entre l'homme et le singe une comparaison des grandeurs cérébrales absolues est plus praticable, car ici la taille est sensiblement la même et pourtant le cerveau humain l'emporte de beaucoup sur le cerveau simien. Ainsi, tandis que Welcker évalue la capacité cérébrale moyenne chez l'homme à 1375 centimètres cubes, la même capacité chez le plus grand des anthropoïdes, chez le gorille, est seulement de 500 centimètres cubes au plus. Les oscillations de la capacité cérébrale sont comprises chez le gorille entre 26 et 34 pouces cubiques, tandis que chez l'homme caucasique ces mêmes oscillations vont de 92 à 114 pouces cubes et parfois même bien plus loin encore. Toutefois cette distance considérable s'amoindrit beaucoup, si l'on considère que chez les races de couleur, chez les Malais, les Chinois, les nègres, les Américains, etc., la capacité crânienne varie entre 85 et 75 pouces cubiques d'après les mesures exactes de Morton, du professeur Wymann, etc., et même descend chez les Hottentots et les Alfourous jusqu'à 65 et 63 pouces cubiques. On aurait même trouvé pour capacité d'un crâne indou 46 pouces cubiques seulement. La capacité cérébrale moyenne du gorille mesure de 26 à 29 pouces cubiques et celle de plusieurs singes appartenant au genre chimpanzé, dont la taille est beaucoup plus petite, est de 21 à 26 pouces cubiques. D'ailleurs la capacité crânienne des microcéphales peut tomber considérablement au-dessous de la capacité simienne moyenne.

On connaît des cerveaux humains de 2, 3, 4 et même 5 livres, tandis que le cerveau des bœufs, des chevaux n'atteint pas 2 livres. Le cerveau du nègre pèse en moyenne 3 livres sans grands écarts[1], tandis que le poids cérébral des grands singes anthropomorphes oscille entre 10 et 20 onces. Selon Huxley, il est douteux qu'un cerveau sain d'homme adulte ait jamais pesé moins de 21 à 22 onces ou environ 2 livres, il est douteux aussi que le plus lourd cerveau de gorille dépasse en poids 20 onces, tandis que le plus grand poids connu du cerveau humain atteint 65 à 66 onces ou 4 livres 2 onces. Dans le troisième volume de son anatomie des vertébrés (1868), R. Owen dit que le cerveau d'une femme australienne pesait 32 onces ou 2 livres, celui d'une femme buschmann seulement 30 onces $\frac{3}{4}$ ou 1 livre 14 onces $\frac{3}{4}$, tandis que le cerveau du célèbre anatomiste Cuvier pesait 64 onces ou 4 livres.

L'angle facial de Camper, qui mesure bien le développement de la partie cérébrale antérieure, est de 80 à 85 degrés chez le Caucasien, de 65 à 70 chez le nègre, de 56 à 66 sur le crâne du Néanderthal et pas tout à fait de 50 degrés chez l'orang et le chimpanzé. Chez le jeune singe d'ailleurs toutes les proportions du crâne et du cerveau sont de beaucoup plus favorables que chez le singe adulte ou âgé ; cela tient surtout à cette circonstance qu'après la naissance le cerveau simien, se développant moins que les autres parties du corps, semble accomplir une évolution rétrograde à la manière du crâne humain microcéphale.

(54)... *soit par germination, soit par bourgeonnement.* — Longtemps pendant les plus antiques périodes de l'histoire de

---

[1] Pendant la guerre d'Amérique on a pesé 141 cerveaux de nègres ; leur poids moyen a été de 46,96 onces, tandis que les pesées d'autres observateurs ont donné seulement un poids moyen de 45 onces. Le plus grand de ces cerveaux pesait 56 onces ou 3 livres 1/2 ; le plus petit pesait seulement 35,75 onces.

la terre et de son peuplement organique les modes les plus inférieurs de reproduction, que nous citons ici, furent à peu près les seuls usités et aujourd'hui encore on les retrouve très-fréquemment dans les régions les plus inférieures de la vie animale et végétale ; on les a désignés par les noms de *génération asexuée* ou *amphigonie* (Häckel). Les plus simples animalcules connus, les monades, qui consistent seulement en un petit grumeau muqueux, sans forme arrêtée, mais mobile, les monades se reproduisent seulement par un étranglement annulaire de leur substance, étranglement suivi d'une division. Mêmes phénomènes chez les monocellulaires ou organismes constitués par une seule cellule, par exemple les amibes ; la seule différence est qu'ici l'étranglement annulaire est précédé d'une division du noyau. Des animaux plus élevés et polycellulaires, par exemple les corallifères, se reproduisent aussi par scission. — La reproduction par bourgeonnement est tout aussi connue que la reproduction par scission. Alors c'est une saillie qui se produit sur l'organisme primitif, monocellulaire ou polycellulaire ; cette saillie grandit de plus en plus et finalement, ou bien elle se sépare de l'organisme maternel pour constituer un être indépendant, ou bien, tout en restant unie avec cet organisme, elle a sa vie et sa croissance particulières. La reproduction par bourgeonnement est plus commune dans le règne végétal que dans le règne animal. — A la reproduction par bourgeonnement se rattache un quatrième mode de génération asexuée, c'est la reproduction par spores ou bourgeons germinaux. On entend par là la formation à l'intérieur de l'organisme paternel de cellules isolées ou de groupes cellulaires, qui abandonnent leur géniteur et ont ensuite leur développement propre. Dans la reproduction par spores ou cellules germinales, une très-petite partie de l'organisme sert à la génération, ce mode nous conduit déjà à la reproduction sexuelle, c'est-à-dire au procédé habituel de multiplication des plantes et des animaux supérieurs. Ce qui caractérise ce procédé, c'est que pour évoluer, l'œuf féminin ou le germe cellulaire a besoin d'être fécondé par la semence mâle. Pour cela d'ailleurs le concours de deux individus distincts n'est pas toujours nécessaire, puisque les organismes hermaphrodites réunissent les deux sexes sur un même individu. Évidemment la séparation des sexes s'est effectuée à une époque très-reculée de l'histoire de la terre, sur des êtres organisés primitivement hermaphrodites ; c'est avec des sexes séparés que les animaux supérieurs se reproduisent aujourd'hui, tandis que chez les plantes cette séparation sexuelle est le partage d'un petit nombre d'espèces. Dans ce cas les individus femelles forment seulement un œuf, les individus mâles seulement de la semence chez les animaux, des granules polliniques chez les plantes. Un mode curieux de reproduction faisant trait d'union entre les générations asexuée et sexuée existe chez beaucoup d'articulés, c'est la parthénogenèse ou reproduction virginale. On appelle ainsi la production de cellules germinales tout à fait analogues aux ovules et donnant naissance à de nouveaux individus, le tout sans qu'il soit besoin de semences fécondantes. Souvent ces cellules germinales produisent des individus différents, suivant qu'elles ont été ou n'ont pas été fécondées ; c'est ainsi que chez les abeilles les mâles ou faux bourdons proviennent d'œufs non fécondés, tandis que les femelles ou ouvrières naissent d'œufs fécondés. (Hæckel, *Histoire naturelle de la création*. 1868.)

(55)... *tout ce qui est nécessaire à l'évolution future.* — Cette partie de l'œuf de poule, qui, à cause de sa petitesse, échappe habituellement à l'attention du vulgaire et de la ménagère, est réellement la plus importante, car elle sert de point de départ à l'évolution du jeune être. Aussitôt que ce petit œuf, l'œuf véritable, s'est constitué dans l'ovaire, les autres substances, le jaune, l'albumine, la coquille, qui forment le reste de l'œuf, commencent à apparaître peu à peu autour de cet ovule. Ces substances contiennent tous les matériaux nécessaires à la formation du jeune poulet, des corps gras, du blanc d'œuf, des sels calcaires, etc. ; de ces matériaux sortiront les muscles et les nerfs, les os et les plumes. Quant à la coquille calcaire enveloppant le tout, elle permet par sa porosité l'entrée et la sortie des gaz nécessaires. Pour que ces substances grossières, amorphes, contenant dans un si petit espace tous les éléments indispensables à la formation d'un être vivant, commencent leur évolution, il faut seulement de la chaleur et un temps proportionnellement court. Pendant ce temps, l'ovule simple situé dans le jaune parcourt tout une série de phases évolutives bien connues, dont le résultat final est **un poussin complet**. Peut-il y avoir une démonstration plus frappante de l'activité organique, de la force créatrice inhérente à la nature, en dehors de toute influence immatérielle ou surnaturelle !

Chez beaucoup d'animaux, chez la grenouille, par exemple, cette métamorphose s'effectue aussi en dehors de l'organisme matériel, mais à l'air libre et non plus dans l'intérieur d'une coquille close ; il est alors facile d'observer l'évolution du têtard devenant une vraie grenouille.

Le monde des insectes offre aussi de nombreux exemples de ces graduelles métamorphoses, et souvent ces métamorphoses sont si considérables que, pour démontrer la dérivation les unes des autres, de toutes ces formes parfois extrêmement diverses, il faut des recherches scientifiques exactes. Mais partout, en haut comme en bas de l'échelle animale, le mode, la marche de cette transformation sont semblables dans leurs traits généraux ; partout des lois immuables les régissent. Si infiniment variée que nous paraisse la nature dans ses phénomènes sans nombre, au fond elle est toujours la même, toujours une et indivisible !

(56)... *enfin on y met le sceau définitif.* — Ce fut vers le milieu du siècle dernier que le grand naturaliste allemand Gaspard-Friedrich Wolf établit dans sa célèbre théorie de la génération les faits si importants de l'embryologie ou science du développement de l'embryon, à partir d'un œuf. Jusqu'alors avait dominé une croyance entièrement fausse, savoir que l'œuf contenait déjà un être organisé, petit, il est vrai, mais représentant parfaitement la forme du futur animal ; celui-ci, pour grandir, n'avait donc qu'à s'assimiler la nourriture prise dans le milieu ambiant. Les anciens, il est vrai, connaissaient seulement l'embryon déjà assez avancé dans son développement et possédant assez bien la forme du futur animal ; ce fut ce qui donna naissance à cette théorie de l'évolution, dont le règne scientifique fut si long. Aujourd'hui, cette théorie a complètement cédé la place à la théorie de l'épigenèse, formulée par Wolf, théorie qui, partageant le sort de toutes les grandes découvertes, resta inconnue un demi-siècle jusqu'au jour, où Oken, Meckel et Baer la mirent en honneur.

(57) .. *et enfin découvert par Gœthe.*— Cette paire d'os existe chez tous les mammifères ; elle est située entre les maxillaires

supérieurs et supporte les quatre incisives supérieures. Ce qui en rend la découverte difficile chez l'homme, c'est que là elle se soude habituellement de fort bonne heure avec les os voisins et ne peut se distinguer que sur les crânes de très-jeunes sujets. Chez l'embryon humain l'os intermaxillaire est toujours visible et parfois même, chez quelques individus, il persiste pendant toute la vie.

Récemment, le docteur Carus a découvert un os intermaxillaire isolé sur deux crânes groënlandais, et il a conjecturé que ce caractère pouvait être commun à tous les crânes groënlandais. La description donnée par Carus rappelle l'état fœtal et celui qu'on observe chez les quadrupèdes ; il y a donc là indice de rapprochement vers l'animalité.

(58)... *la dénomination caractéristique d'hommes-singes.* — Vogt regarde la microcéphalie comme un arrêt de développement cérébral portant surtout sur les lobes antérieurs, et il croit que cet arrêt de développement rappelle un degré de développement inférieur dans l'évolution humaine ; il lui accorde donc une valeur typique. D'autres savants, au contraire, voient là seulement un vice de conformation maladif dû à des causes diverses et lui dénient toute valeur au point de vue de la théorie généalogique de l'homme. Selon Vogt, il y a entre le cerveau des microcéphales et celui des singes une grande analogie dans le mode de croissance ; dans les deux cas, le cerveau se distingue du cerveau humain normal en ce que sa croissance, à partir de la naissance, est très-lente, très-faible. Au contraire, après la naissance et pendant la première année de la vie, le cerveau de l'enfant normal fait en avant un pas énorme et croît presque autant que pendant tout le reste de la vie. D'après Vogt les arrêts de développement seraient donc en quelque sorte des bornes miliaires placées sur la route, qui conduit derrière nous vers l'origine de l'homme; le microcéphale serait donc plus près que l'homme normal du singe et aussi de la souche paternelle commune à l'homme et au singe. L'auteur de ce livre a donné dans le n° 44 du « *Gartenlaube* » année 1869, une description de deux microcéphales vivants.

(59) .. *les bases de cette théorie et son application à l'homme.* — A l'appui de ses vues M. Schaaffhausen signala alors toute une série de faits devenus aujourd'hui de notoriété vulgaire ; savoir :

l'existence de grands singes anthropomorphes, considérés encore comme des êtres fabuleux, au temps de Cuvier ; leur analogie de forme avec l'homme ; les types de transition que la géologie et la paléontologie ont actuellement découverts dans les terrains tertiaires ; la vraisemblance de futures découvertes d'os humains fossiles ou pétrifiés ; les recherches au sujet de l'homme primitif et de son état grossier, bestial, l'analogie animale et simienne des races humaines inférieures et surtout du nègre ; les cas isolés et se produisant de temps à autre d'individus humains se rapprochant de la forme bestiale ; l'importante influence de l'hérédité au point de vue corporel et au point de vue intellectuel ; la connexion nécessaire entre l'organisation corporelle, spécialement l'organisation cérébrale et l'intelligence, etc. Quant à la raison humaine habituellement considérée comme une infranchissable barrière entre l'homme et l'animal, elle est seulement pour Schaaffhausen le résultat d'une organisation plus fine, plus achevée ; car le corps humain doit être considérée simplement comme l'expression la plus délicate, la plus parfaite de l'organisation animale. La raison n'est pas un don céleste distribué à mesure égale à tous les hommes, à tous les peuples, dans tous les temps, c'est un résultat général de l'éducation humaine, car chez les animaux on trouve le principe, la base commune de toutes les activités de l'esprit humain, activités d'autant plus développées que l'animal se rapproche le plus de l'homme. Dans l'âme animale existent enfermées et cachées dans un cercle étroit les forces fondamentales de l'âme humaine. La raison, « cette haute aptitude », jaillit donc du développement proportionnel, de la perfection de toutes nos facultés intellectuelles ; l'humanité y est arrivée peu à peu et elle conduira l'humanité à des lumières toujours plus grandes », etc. « Le langage du sauvage comparé à celui des peuples civilisés est pauvre en mots, en flexions ; beaucoup de sons lui manquent. Qui empêche donc de supposer qu'il se soit développé à partir d'un début grossier, de simple cris ? »

En 1853, six ans avant Darwin, dans un traité sur la permanence et la mutabilité des espèces, où il combattait avec des arguments frappants le dogme de l'immutabilité de l'espèce et défendait le transformisme contre des hommes comme Baer,

Vogt et Burmeister, Schaaffhausen s'écrie : « Serait-ce avilir l'homme que de le considérer comme le développement dernier et le plus élevé de la vie animale, que d'attribuer la prééminence de sa nature à la perfection de son organisme, d'autant plus qu'une série de faits parlants démontrent très-clairement le voisinage des singes les plus élevés et des types humains les plus inférieurs ? Mais, si tous les faits plaident en faveur d'une transition graduelle entre un passé situé immédiatement derrière nous et le présent, une conclusion semblable ne se doit-elle pas formuler pour les périodes géologiques plus anciennes, moins connues, et la création tout entière ne doit-elle pas nous apparaître comme une série d'organismes reliés par la reproduction et l'évolution ? »

Peu d'années après, dans son discours, *Sur la connexion des phénomènes naturels et des phénomènes vitaux*, Schaaffhausen se sentait déjà le droit d'exprimer nettement sa conviction de l'unité générale de la nature vivante et inanimée et de tous ses phénomènes, unité qu'auparavant on avait à peine osé soupçonner. « La superstition et le miracle, dit-il, s'évanouissent certainement en face de la nouvelle histoire naturelle, mais le plus grand des miracles persiste, c'est-à-dire l'unité de l'univers ! Pour la pensée libre, la science n'est pas un fardeau ; elle ne peut que donner à l'imagination des ailes nouvelles. »

La leçon se termine par ces mots prophétiques : « Toujours on s'est accordé à dire que l'idée d'une évolution graduelle de la vie, d'une création perpétuelle se distinguait par sa sublimité et sa hardiesse, mais manquait de vérité. Ce ne sera pas une petite satisfaction pour l'esprit humain, si sujet à errer, s'il lui est démontré que l'idée la plus haute, que nous puissions nous former de la nature, en est aussi l'idée la plus vraie ! »

(60)... *le premier aliment que rencontra sa bouche fut le lait d'un animal.* — Dans le corps de son mémoire, qui débute par des faits empruntés à la paléontologie, Reichenbach s'appuie surtout sur les observations faites chez les peuples sauvages, et aussi sur les analogies animales offertes par le nègre, le Nouveau-Hollandais, le Boschimann, le Pécherais, les sauvages de l'intérieur de Bornéo et de Sumatra ; il allègue aussi le peu d'élévation de leur niveau intellectuel. En terminant, Reichenbach exprima même très-nettement l'idée d'une origine commune aux règnes animal et végétal, à partir d'un prototype cellulaire originel.

Enfin il conclut en ces termes : « Ce qu'il y a de plus incroyable, c'est qu'un grand naturaliste philosophe de notre temps ait pu dire : « l'homme est une divinité modifiée, quand la nature nous enseigne, que l'homme est seulement une animalité modifiée. »

Il va sans dire que ces vues, si souvent exprimées depuis, mais heurtant alors le préjugé général, ne valurent à leur auteur que des ennemis et des railleries ; même une fois imprimées, elles ne laissèrent aucune trace. Dans une autre réunion de naturalistes, nous avons eu occasion de connaître le vénérable écrivain, qui eut de l'avenir scientifique un pressentiment si vif ; et certes le triomphe postérieur de ses idées a dû le satisfaire et le contenter suffisamment, en dépit de l'oubli dans lequel il est resté.

(61)... *la théorie transformiste si étroitement liée à cette conception.* — Néanmoins après avoir exprimé si ouvertement dans ce passage et dans bien d'autres des opinions matérialistes, M. Huxley, effrayé sans doute de sa propre audace et inquiété par les froncements de sourcils de ses bigots et rigoristes compatriotes, a cru nécessaire tout récemment d'éloigner de lui l'accusation banale, mais malheureusement toujours redoutée, de matérialisme, et par là il a, dans une certaine mesure, amoindri la hardiesse avec laquelle, six ans auparavant, il avait attaqué les préjugés de son temps et les craintes puériles de l'ignorance. Cette apologie contenue dans un article « *Sur la base physique de la vie* » a paru dans le numéro de février de la *Fortnightly Review* (1869); elle a produit en Angleterre une si grande sensation que le numéro a eu plusieurs réimpressions successives ; pourtant l'article est rédigé si singulièrement, à mots couverts et si ambigus, qu'après l'avoir lu, on ne sait vraiment pas si M. Huxley a plaidé pour ou contre le matérialisme. Ce qu'il y a de plus clair, c'est que, dans la deuxième partie de son mémoire, l'auteur déclare « *que personnellement il n'est pas matérialiste et croit, au contraire, que le matérialisme contient une lourde erreur philosophique.* » Malgré cela, le mémoire est dans ses développements aussi matérialiste que possible ; le fond et le sens en sont matérialistes ; l'auteur aboutit même à une conclusion tout à fait matérialiste. Si cette confession antimatérialiste a été possible à M. Huxley, c'est seulement parce que, acceptant une erreur vulgaire cent fois réfutée et toujours reproduite, il représente le matérialisme comme un système philosophique basé sur un *a priori*. Cette appréciation peut sans doute convenir au matérialisme des siècles passés, qui cependant s'appuya toujours sur le sol de l'expérience et de la réalité bien plus que les tendances opposées ; mais une telle manière de voir ne peut s'appliquer au matérialisme moderne, qui est bien plus une méthode qu'un système. La distinction, que fait M. Huxley, entre la méthode matérialiste qu'il accepte et le système matérialiste qu'il repousse est donc entièrement sans fondement. Personne aujourd'hui, y compris M. Huxley, ne peut dire jusqu'où nous conduira, avec le temps, dans l'explication de la nature cette méthode matérialiste, qui domine maintenant dans la science et à laquelle se rattache même M. Huxley ; personne ne peut dire, qu'elle ne nous rapprochera pas de plus en plus du honteux système matérialiste. Il est donc bien prématuré, au moins bien imprudent, d'attaquer, comme le fait M. Huxley, des conséquences, des inductions générales, surtout quand on a beaucoup contribué à leur formation par ses travaux.

La science ne peut progresser seulement par l'expérience et l'observation ; elle a aussi besoin de conjectures et d'hypothèses ; ce sont même ces dernières qui ont été les pionniers les plus hardis du progrès scientifique. Ce que nous ne savons pas, cherchons à le deviner ; ce que nous ne pouvons deviner, cherchons à le scruter ; ce que nous ne pouvons scruter, quant à présent, croyons du moins que l'avenir le pourra faire, et indiquons-le aussi nettement que possible comme but aux chercheurs futurs ; ne dédaignons aucun des moyens par lesquels nous espérons nous approcher de la vérité. Rien donc de plus ridicule que ce dédain arrogant pour ce qu'on ne sait pas, dédain qu'aujourd'hui beaucoup de savants considérables affectent pour les efforts des matérialistes. Sans parler de la réelle ignorance, qui très-souvent se cache derrière cette prétention à ne pas savoir, n'est-ce pas en tout cas montrer pour la poursuite de la science bien peu de zèle que de rejeter toujours loin de soi ce qu'on ne sait pas ! N'est-ce pas être bien peu perspicace que de ne pas voir, qu'en agissant ainsi on ne peut distinguer et opposer l'un à l'autre ce qui est du domaine du savoir et ce qui est en dehors de ce domaine? En effet quoi que nous puissions savoir, apprendre, expérimenter, le champ de l'ignoré sera toujours sans limites, jamais nous ne pourrons nous en faire une idée quelconque. Toujours avancer dans ce champ inconnu, ne reculer jamais! telle doit être la devise de tout savant, de tout chercheur animé d'un véritable amour pour la vérité.

Pourtant M. Huxley se voit obligé de déclarer, dans l'écrit ci-dessus mentionné, que nos facultés peuvent pénétrer l'ordre de la nature jusqu'à un degré indéterminable et, à un autre endroit, il indique les idées de matière et de loi naturelle comme destinées dans l'avenir à remplacer tous les autres modes d'explication. « Aussi certainement, dit-il en propres termes, que tout avenir se compose du présent et du passé, aussi sûrement l'histoire naturelle de l'avenir deviendra de plus en plus le royaume de la matière et de la loi naturelle, jusqu'à ce que les mots connaissance, sentiment et fait soient devenus équivalents! — La conscience de cette grande vérité pèse, à mon avis, comme une montagne sur beaucoup des meilleurs esprits contemporains. Ils guettent ce qu'ils appellent l'envahissement du matérialisme avec le même sentiment de crainte et d'angoisse impuissante, qu'éprouve le sauvage pendant une éclipse de soleil, en voyant la grande ombre s'étendre peu à peu sur la face du soleil. »

Combien d'ailleurs, en attaquant le matérialisme, M. Huxley était peu d'accord avec ses convictions les plus intimes? Cela ressort avec toute l'évidence possible des propositions suivantes extraites d'un article que ce savant n'a pas craint d'adresser à M. Congrève. Dans cet article il répond aux reproches qui lui sont faits d'avoir attaqué dans sa dissertation sur la base physique de la vie le philosophe français Auguste Comte. (*Revue des cours scientifiques*, octobre 1869. *Le positivisme et la science contemporaine.*) « S'il y a, dit-il, quelque chose d'évident dans le progrès de la science contemporaine, c'est la tendance à ramener toutes les questions scientifiques, sauf celles de mathématique pure, à la physique moléculaire, c'est-à-dire à l'attraction, à la répulsion, à la combinaison des particules les plus ténues de la matière. » Et plus loin : « Les phénomènes de la biologie (science de la vie) se rapportent tous immédiatement à la physique moléculaire aussi bien que ceux de la chimie ; c'est là un fait reconnu par tous les chimistes et biologistes, qui voient au delà de leur occupation du moment. » — Si ce n'est pas là une profession de foi matérialiste faite dans les meilleurs termes et confinant même de bien près au système matérialiste, la différence entre les vues de M. Huxley et les nôtres ne peut plus consister que dans une manière différente d'entendre le mot matérialisme.

(62)... *ils sont du type Saint-Acheul.* — « La mandibule de la Naulette, dit le professeur Schaaffhausen (*Forme primitive du crâne humain*, 1868), nous montre un prognathisme tout à fait bestial ; le menton manque, et la surface de l'os derrière les incisives participe au prognathisme. Jusqu'ici cette conformation singulière n'avait pas été observée ; je la trouve, mais moins accusée, sur la mâchoire fossile d'Arcy, sur le fragment de maxillaire inférieur fossile de Fritzlar, sur un maxillaire de jeune sujet de Uelde ; sur ce dernier la dent canine dépasse les molaires de près de quatre millimètres. On trouve aussi le même prognathisme sur le maxillaire inférieur de Grevenbrück, dont la conformation inférieure se décèle encore par la forme elliptique de l'arc dentaire. (Cette forme elliptique de l'arc dentaire dépend de l'étroitesse de la base du crâne bestial, de la saillie de ses mâchoires. Sur le crâne humain anobli, bien conformé, l'arc dentaire est parabolique. La mâchoire de la Naulette a cette forme elliptique ; et parmi les races sauvages, ce sont les nègres les plus inférieurs, les Australiens et spécialement les Malais, qui ont, comme les singes, cette forme allongée de l'arc dentaire.)

« La conformation de la partie frontale du crâne de Néanderthal, dit Schaaffhausen dans un autre passage du même écrit, la dentition et la forme de la mandibule de la Naulette, le prognathisme excessif de quelques mâchoires enfantines de l'âge de la pierre de l'Europe surpassent en fait de conformation animale tout ce que nous présentent les sauvages actuels dans les parties correspondantes de leur organisation. » Dans un rapport sur les discussions de quelques congrès scientifiques, Schaaffhausen déduit des faits précédents l'espoir très-fondé que l'homme tertiaire offrira encore des signes plus accusés de conformation animale.

Le numéro de juillet-octobre de l'*Anthropological Review*, année 1867, page 294 et suivantes, contient un rapport présenté à la Société anthropologique de Londres, sur la mâchoire de la Naulette et l'endroit où elle a été trouvée. Ce rapport est du docteur Carter Blake, secrétaire de la société ; il annonce, qu'avec le maxillaire on a aussi trouvé un cubitus humain, deux dents humaines, un morceau de bois de renne travaillé. Après avoir soigneusement comparé ce maxillaire avec plus de trois mille mâchoires humaines, le rapporteur conclut que la mâchoire de la Naulette est contemporaine du mammouth et du rhinocéros, que ses caractères la rapprochent ou même la mettent au-dessous des mâchoires des races colorées, surtout des Australiens. Aussi n'ose-t-il pas contester l'analogie indubitable de cette mâchoire avec celle d'un jeune singe. »

(63)... *des variétés d'une seule et unique espèce humaine*. — L'idée d'espèce est confuse, celle de race l'est, si possible, encore plus, ce qui démontre bien nettement le manque de caractères distinctifs entre les diverses espèces humaines et l'existence de beaucoup de formes mixtes, de beaucoup de degrés de transition. Le nombre des races humaines admises par divers savants à différentes époques oscille énormément ; il varie de trois à quinze. Pourtant chaque savant a son caractère spécial, sa marque distinctive pour différencier les races humaines, tantôt la couleur de la peau, tantôt les cheveux, tantôt la forme du crâne et de la face, l'habitat géographique, etc. La classification la plus usitée et en même temps la plus simple est celle de Link et de Cuvier, qui distinguent des *Caucasiens* ou hommes blancs, des *Mongols* ou hommes jaunes, des *Éthiopiens* ou hommes noirs. A ces trois races, le célèbre Blumenbach ajoute la race rouge ou Américaine et la race brune ou Malaise. Pour Schaaffhausen il y a seulement deux races, l'une Asiatique, l'autre Africaine, entre lesquelles se peuvent ranger tous les autres types. Baer distingue six races humaines, Prichard sept, Bromme dix, Desmoulin et Pickering onze, Bory de Saint-Vincent quinze.

Les changements de climat, d'habitat, en général du milieu extérieur, modifient aussi les races, parfois même jusqu'à les rendre méconnaissables. En effet, une race nouvelle n'est pas un produit simple ; elle est toujours le résultat de deux causes, qui sont la race primitive et la nature du milieu. C'est pourquoi deux races distinctes, par exemple celle des Aryens et celle de Sémites, transportées dans un pays étranger pourraient changer mais point se confondre. De l'oubli de ce point important sont venus tant de faux jugements dans l'antique débat au sujet de l'unité ou de la pluralité des races humaines. — D'ailleurs certaines races pourraient fort bien prospérer sous des climats étrangers en conservant leurs caractères spéciaux. On peut citer comme exemple les Juifs, les Canadiens, les Nouveaux-Hollandais, les habitants européens du cap de Bonne-Espérance, etc.

(64)... *un nombre considérable et indéterminé de langues primitives.* — D'après Schleicher, on peut distinguer à la surface du globe des provinces linguistiques tout à fait analogues aux provinces botaniques et zoologiques. Par exemple l'ensemble des langues indigènes de l'Amérique, les langues des îles de la mer du Sud, qui, en dépit de leurs différences, se ressemblent tellement que l'on peut leur attribuer une origine spéciale commune. Les langues des peuples civilisés de l'Asie et de l'Europe se fondent intimement ensemble.

Nous avons donc le droit de conjecturer que, dans des contrées essentiellement analogues et voisines, se sont développés isolément des types, des genres linguistiques, exactement comme l'homme lui-même a dû se développer selon toute vraisemblance.

Conséquemment l'origine des langues est bien antérieure à toute histoire et remonte à la deuxième des trois périodes admises par Schleicher dans le développement de l'homme. Ces périodes sont : 1° La période du développement corporel, 2° la période du développement des langues, 3° la vie historique. — Beaucoup d'organismes en train de devenir humains ont pu ne pas s'élever jusqu'à la phase de la formation des langues et être condamnés à rester stationnaires ou à rétrograder. « Les débris de ces êtres arrêtés dans leur évolution humaine, étiolés et restés muets, nous sont représentés par les anthropoïdes actuels. »

(65)... *si, oui ou non, Adam et Ève étaient pourvus d'un nom-*

bril? — Cette question est habituellement faite en plaisantant, comme cette autre : « Qui des deux a précédé l'autre, l'œuf ou la poule ? » Pourtant, si l'on admet comme première indication sur l'origine de l'homme la légende d'Adam et d'Ève, la question dont nous parlons renferme la plus profonde sagesse et tout le mystère de l'origine humaine. Tout animal élevé ou placentaire, y compris l'homme, qui naît vivant d'un sein maternel, porte à la surface de son corps le signe évident de son antique union corporelle avec l'organisme maternel, ce signe c'est le nombril. L'absence de nombril indiquerait une création ou formation spontanée, sans parents. L'histoire naturelle déclare une telle création impossible ou inconcevable. Les premiers hommes devaient donc être pourvus de cet indice de leur origine naturelle; la nécessité du transformisme découle par conséquent de cette simple considération. De même pour la poule et l'œuf, car une poule ne peut naître sans œuf, ni un œuf exister sans poule. Homme et poule sont donc le résultat ultime d'une longue série de métamorphoses aboutissant en fin de compte à la génération spontanée d'un élément organique primaire et extrêmement simple.

(66)... *qu'il avait eu occasion d'observer soigneusement.* — M. Wallace (*l'Archipel Malais*, Londres, 1868) fut assez heureux pour se procurer un très-jeune orang femelle sans blessures et le garder trois mois. Pendant ce temps il put observer soigneusement ses mœurs et voir avec étonnement qu'elles ressemblaient beaucoup à celles d'un enfant humain. « Ainsi, dit M. Wallace, le pauvre petit être se mettait à se lécher les lèvres, à contracter ses joues, à lever les yeux avec l'expression du contentement le plus vif, quand on lui donnait une bouchée de son goût. Si au contraire ses aliments n'étaient pas sucrés ou n'étaient pas assez savoureux, il retournait un instant la bouchée avec sa langue comme pour en étudier la saveur, après quoi il la crachait. Persistait-on à lui offrir le même aliment, il se mettait à crier, à frapper du pied exactement comme un enfant humain en colère. » ... « Ces cris étaient le moyen qu'il employait habituellement, quand il se croyait oublié, pour attirer l'attention, mais il se montrait supérieur à l'enfant humain en ceci qu'il cessait peu à peu de crier, s'il n'était pas remarqué, et recommençait dès qu'il entendait quelqu'un marcher.

Pendant sa maladie, qui parut être une fièvre intermittente et dont il mourut, il se comporta tout à fait à la manière humaine. »

M. Wallace nous apprend aussi beaucoup de particularités intéressantes sur l'orang adulte. Son habitude de se préparer un lit pour la nuit est extrêmement remarquable. M. Wallace a observé un orang, qui, blessé d'un coup de feu, s'était réfugié aussitôt sur la cime d'un arbre. « Ce fut pour moi, dit notre auteur, un très-intéressant spectacle de voir, comme il choisit bien sa place et avec quelle dextérité, allongeant de tous côtés son bras sain, il brisait facilement et promptement de fortes branches pour les entrelacer ensuite de telle sorte qu'en un instant une hutte de feuillage le déroba à nos yeux. » M. Wallace remarque aussi que trois fois il a vu l'orang irrité jeter à terre des branches d'arbres. D'ailleurs l'orang est plus redoutable par sa force que par sa taille ; les indigènes dirent à M. Wallace, que de tous les animaux des forêts le crocodile et le serpent boa seuls osaient l'attaquer ; encore étaient-ils ordinairement vaincus par lui.

D'après J. Grant (*Account of the structure of an orang-outang*, 1828), l'orang, quand il éprouve quelque excitation agréable, peut se livrer à une sorte de rire, fait d'autant plus remarquable que le rire a été souvent revendiqué comme un privilège exclusivement humain. Il manifeste aussi son désespoir, sa tristesse par les signes les plus clairs. « Il vidait son écuelle par terre, dit Grant de l'orang observé par lui, se lamentait d'une manière toute particulière et se jetait en arrière sur le sol de la manière la plus pathétique, en même temps il se frappait la poitrine et le corps avec la main et poussait de temps en temps une sorte de gémissement. »

Le Dr Yvan, médecin de l'ambassade française en Chine (1843), raconte (*Voyages et récits*, Bruxelles, 1853) que Tuan, singe de Bornéo, s'habillait avec tous les morceaux d'étoffe qu'il pouvait trouver[1]. Un jour son maître, lui ayant enlevé une mangue, il poussa des cris plaintifs en allongeant les lèvres comme un

---

[1] On a aussi voulu donner l'habitude de porter des vêtements comme un privilége de l'homme, quoique nombre de peuples aillent tout nus et que des animaux, comme le montre cet exemple, aient de la tendance à se vêtir.

enfant qui fait la moue. Cette mutinerie n'ayant pas eu de succès, il se jeta à plat ventre sur le sol, frappa la terre du poing, cria, pleura, hurla pendant plus d'une demi-heure. Quand on lui eut enfin rendu le fruit enlevé, il le jeta à la tête de son maître. — Il affectionnait surtout la société d'un négrito de Manille et jouait volontiers avec les enfants. « Un jour que Tuan se roulait sur une natte avec une fille de quatre à cinq ans, il s'arrêta tout à coup et se livra sur la jeune personne à un examen anatomique des plus minutieux. Les résultats de ses investigations l'étonnèrent profondément ; il se retira dans un coin et répéta sur lui-même l'examen qu'il avait fait subir à sa petite camarade. »

En 1836, le célèbre savant et naturaliste Geoffroy Saint-Hilaire se mêla à la foule, qu'attirait au Jardin des plantes de Paris l'arrivée d'un orang ; il voulait recueillir sur cet animal des appréciations de gens sans préjugé et étrangers aux règles de la classification systématique. Le résultat surprit beaucoup le savant ; car d'un commun accord on déclarait, que l'animal de Sumatra n'était ni un singe ni un homme. « Ni l'un, ni l'autre ! » Telle fut l'impression générale.

Le Dr Abel avait à Java un jeune orang-outang, qui chaque soir se dressait sur un grand tamarin voisin de l'habitation un vrai lit de branches et de feuilles. Plus tard, à bord du navire qui ramenait le docteur en Europe, il se faisait encore un lit avec des toiles à voile et même s'y enveloppait. Quand les toiles lui manquaient, il prenait les chemises et les vêtements que les matelots attachaient aux cordages pour les sécher.

Vosmaër eut un orang, qui savait aussi préparer son lit de la même manière.

W.....r raconte des faits entièrement analogues au sujet du genre de vie d'un orang. (*Gartenlaube*, 1860, n° 2.) Quand le navire sur lequel il se trouvait arriva dans des régions froides, l'orang ne paraissait plus sur le pont sans apporter sa couverture de laine dans laquelle il s'enveloppait. Il s'accoutuma très-volontiers à l'usage du lit, qui pourtant auparavant lui était tout à fait inconnu, et, avant de s'aller coucher, il le préparait convenablement à deux ou trois reprises. Il dormait exactement douze heures. Il avait coutume d'aller dans la cuisine ouvrir le robinet de la fontaine pour faire pièce au cuisinier. Il ne brisait pas les vases de verre dans lesquels il avait bu du vin ou d'autres boissons, mais il les conservait soigneusement pour s'en servir encore. L'expression de sa physionomie était invariable comme celle des sauvages. Il mourut pour avoir bu un flacon de rhum, qu'il avait dérobé et débouché. Pendant sa maladie on lui tâta souvent le pouls, et, dès que son maître s'approchait de son lit, il lui tendait la patte.

On raconte des faits analogues d'un chimpanzé, qui, ayant été saigné dans une maladie, tendait toujours son bras dès qu'il ne se sentait pas bien.

En général, les grands singes captifs et fréquentant l'homme deviennent tout différents de ce qu'ils sont à l'état sauvage. Ils s'habituent à porter des vêtements, boivent dans des verres, se servent de cuillers et de fourchettes, débouchent les bouteilles, nettoient les bottes et les habits, enfin peuvent être employés à beaucoup d'usages utiles à la maison et aux champs. A bord des navires ils aident à carguer, à assujettir les voiles. Ils se préparent un lit garni d'oreillers, montrent du penchant pour les dames, allument le feu et y font cuire des aliments, époussètent les meubles, balayent le sol, cherchent à ouvrir les serrures, etc. Le chimpanzé du célèbre Buffon tendait la main aux visiteurs, se promenait avec eux bras dessus bras dessous, mangeait assis à une table, se servait de serviette, de cuiller, de fourchette, s'essuyait la bouche, remplissait un verre, prenait du café et y mettait du sucre, etc. A. Bastian vit sur un navire de guerre anglais un singe assis au milieu des matelots et cousant comme eux avec ardeur. Josse raconte qu'un orang vivait en bonne intelligence avec tous les gens d'un équipage, à l'exception du boucher. Il ne s'approchait de ce dernier qu'avec crainte, et il examinait soigneusement sa main. Degrandpré raconte d'un chimpanzé, qu'il chauffait le four à bord d'un navire, n'en laissait tomber aucun charbon et appelait le cuisinier quand le four était chaud. Le Vaillant avait un singe, qu'il employait à chercher des racines. L'animal en dérobait en secret, mais les cachait promptement, s'il était surpris.

Werner Munzinger, le célèbre voyageur, raconte que les singes vivant dans le voisinage des villes, par exemple ceux de la fameuse ville des singes à Caren, s'habituent à l'homme et ne lui font plus guère de mal; au contraire, les singes tout à fait sauvages, qui voient rarement des hommes, considèrent l'homme comme un ennemi et l'attaquent quand il est seul ; ils attaquent même deux hommes à la fois, mais n'osent s'approcher d'un groupe.

L'analogie des grands singes avec l'homme rend même leur chasse très-émouvante et très-pénible, ce que Du Chaillu avait déjà signalé d'une manière très-intéressante dans la relation de son grand voyage. « C'est, dit Brehm (*Gartenlaube*, 1862, nº 40), une chasse toute spéciale que celle des singes ; le chasseur même le plus endurci a peine à écarter l'idée, qu'en tuant un singe il a commis un meurtre. Les gestes du singe mourant ressemblent tellement à ceux de l'homme, que l'on s'accuse en frissonnant d'en avoir été le meurtrier. » (D'autre part, le naturaliste Schimper, qui a vécu vingt-huit ans en Abyssinie, y a remarqué, assure Brehm, que les singes mâles assaillent vraiment les femmes ; il n'y aurait dans ce fait rien de fabuleux.)

Le docteur Boerlage, chassant au singe à Java, atteignit un singe femelle. La bête tomba de l'arbre blessée à mort avec un petit qui se cramponnait à son corps, et elle mourut en pleurant. Cette scène émut si fort le docteur et ses compagnons de chasse, que tous prirent la ferme résolution de ne plus chasser de singes.

La vue d'un singe africain mourant fit une impression analogue sur un des officiers de l'expédition britannique du capitaine Owen. Cet officier, qui avait mortellement blessé le singe en question, fut si ému, qu'il prit la résolution de renoncer pour l'avenir à un tel passe-temps.

On peut d'ailleurs consulter au sujet des grands singes et de leur remarquable intelligence ce que nous avons dit dans la collection de nos dissertations générales (*Science et nature*), d'après Du Chaillu, sur le gorille, le koulou-kamba et le nschie-gombouvé d'Afrique, tous singes bâtisseurs de nids.

(67)... *par lesquelles on a voulu donner à l'homme une absolue prééminence sur l'animal.* — Il y a des hommes et des races humaines qui ont à peine plus d'intelligence que les animaux et n'ont pas plus qu'eux idée d'une religion ou d'un monde moral. Les plus inférieures des races océaniennes et africaines, par exemple les Australiens ou Néo-Hollandais, les nègres de l'océan Pacifique, les Buschmen, les Africains du centre, etc., n'ont aucune idée générale ou abstraite. Nullement soucieux du passé et de l'avenir, ils vivent seulement dans le présent. Pas de mots chez l'Australien pour exprimer les idées de dieu, de religion, de justice, de péché, etc.; il ne connaît guère d'autre sentiment que le besoin de manger, besoin qu'il cherche à satisfaire de toute façon et qu'il exprime au voyageur par des gestes grossiers, des grimaces. « La faculté de délibérer et de conclure, dit Hale en parlant des Australiens, paraît chez eux très-imparfaitement développée. Les arguments employés par les colons pour les convaincre sont habituellement ceux dont on use avec les enfants ou les idiots. » (*Natives of Australia*, etc., 1846.)

Le numéro 15 de l'*Ausland*, année 1861, contient un intéressant extrait d'une lettre écrite par une dame de Francfort, qui a émigré en Australie avec son mari, le docteur Bingmann. Elle dépeint la race australienne comme étant moins perfectible que toutes les autres. Les Australiens vont nus, vivant et dormant avec leurs chiens dans des huttes de branchages. Ils supportent apathiquement la faim, la soif, le froid, l'humidité; ils mangent de tout, des insectes, des serpents, des vers, des racines, des baies, etc. Sans habitation fixe, sans génie particulier à leur race, ils sont parfaitement incivilisables. Les missionnaires ont depuis longtemps renoncé à toute tentative pour les convertir. Les baptiser, c'est exactement comme si l'on baptisait un chien ou un cheval : ils ne comprennent rien à cet acte. Chaque district a un dialecte spécial, de telle sorte qu'à des distances de 50 à 60 milles on ne s'entend plus. Les relations sexuelles sont très-déréglées; l'infanticide est très-généralement pratiqué; les vieillards sont mis à mort. A dix ou douze ans, les Australiens sont déjà adultes, et en moyenne ils ne vivent pas plus de 36 ans. Les vieillards sont très-rares. Intellectuellement, selon madame Bingmann, ce sont vraiment des enfants; des bouffonneries, des badinages puérils peuvent seuls les amuser. Tout entiers au présent, ils ne songent ni au passé ni à l'avenir. Chez eux, aucune trace de tradition historique, aucune idée de Dieu ou d'une vie future; ils croient seulement à la sorcellerie. On ne peut leur inculquer aucun principe; ils sont morts pour toute morale. Étrangers à tout sentiment, à toute vie intellectuelle, à tout amour, à toute reconnaissance, ils ont seulement des passions immodérées et la conscience de leur néant vis-à-vis de la race blanche. Leur complète extinction n'est plus qu'une question de temps. En Australie les animaux et les plantes se distinguent du reste des êtres organisés ; ils semblent s'être arrêtés à un degré ancien et imparfait ; l'homme paraît avoir fait de même.

En 1864, le professeur Schaaffhausen communiqua à la Société d'histoire naturelle et de médecine du Bas-Rhin des photographies des naturels de la terre de Van-Diémen, dont la race est près de s'éteindre. M. Schaaffhausen tenait ces photographies d'un Anglais, évêque en Tasmanie, le révérend R. Nixon ; il fit remarquer à ce sujet, s'appuyant sur des documents positifs, que ces indigènes offraient avec les singes des analogies de forme manquant à la plupart des autres races humaines. M. Nixon dut abandonner toute tentative de conversion, à cause de la pauvreté de leur langage et de leurs idées, qui rendait impossible toute exposition religieuse.

Les indigènes de la Nouvelle-Calédonie, parents des insulaires de Fidji et appartenant à la race Papoue, n'ont, au dire de M. de Rochas, aucune pudeur ; ils vont tous nus et se livrent à la débauche la plus grossière. Intelligents à la manière des animaux, ils sont sans foi au plus haut degré, perfides, astucieux ; ils frappent par derrière, mangent de la chair humaine et non-seulement celle de l'étranger, mais aussi celle de leurs compatriotes ; ils comptent très-difficilement et seulement des nombres très-faibles ; ils usent de puissants abortifs et enterrent leurs vieillards tout vivants. Si un chef a faim, il tue simplement un de ses sujets.

Si des terres australes nous passons en Afrique, nous y rencontrons chez les races indigènes les plus inférieures la même dégradation animale, le même manque de raison. « Il suffit, dit M. Eichthal (*Lettres sur la race nègre*, 1839), d'avoir vu les noirs, d'avoir vécu quelque temps avec eux, pour acquérir la conviction qu'il y a là une nature différente de celle de l'homme blanc. » Un voyageur anglais expérimenté, M. Burton, décrit le nègre de l'Afrique Orientale comme un être dépourvu d'idées morales et de toute pensée dépassant le cercle de la perception sensitive. Il n'a ni ne connaît aucune conscience, aucune logique, aucune histoire, aucune poésie, aucune croyance, excepté la plus grossière superstition, aucune vie de famille, aucun attachement pour les parents, aucun goût pour le travail, aucune reconnaissance, aucune compassion, aucun souci de l'avenir, etc. Tout à fait infécond au point de vue intellectuel, il peut bien observer, mais ne sait rien tirer de l'observation. Aussi il s'est arrêté tout à fait au début de la civilisation, et depuis des siècles n'a accompli aucun progrès, quoiqu'il ait été suffisamment en contact avec des peuples civilisés. Menteur, même sans but et sans utilité, il est extrêmement volontaire et entêté, comme certains animaux. Ce qu'on appelle son fétichisme n'est qu'une superstition grossière, sensuelle, et l'expression d'une crainte vile. A-t-il commis un meurtre, son seul souci est que l'esprit du mort ne le vienne importuner. Il unit à l'incapacité et à la crédulité de l'enfance l'entêtement et la stupidité de la vieillesse.

Le célèbre voyageur S. W. Baker a fait des observations analogues dans son voyage vers les sources du Nil (*Exploration of the Nil sources*, 1866). Il appelle les nègres Kytches de vrais singes, et rapporte qu'ils s'en remettent à la nature du soin de leur nourriture. Couchés sur le sol, ils attendent des heures entières pour attraper une souris. Ils vont complétement nus et le corps barbouillé de cendres. Je n'ai jamais vu, dit Baker, de sauvages aussi horriblement inférieurs que ceux-là. Les missions sont chez ces nègres du Soudan parfaitement infructueuses. Le missionnaire Moorlang dit d'eux, qu'ils sont au-dessous de la brute et inaccessibles à tout sentiment moral. — Baker fit des observations analogues chez les nègres Latoukas, tribu de l'intérieur de l'Afrique. Ils ne connaissent, dit-il, ni la reconnaissance, ni la compassion, ni l'amour, ni l'abnégation ; ils sont sans aucune idée de devoir, de religion ; ne savent ce qui est bon, honorable, honnête ; la convoitise, l'égoïsme, la cruauté, par dessus tout la force, voilà ce qu'ils connaissent. Tous sont voleurs, paresseux, envieux, toujours prêts à piller leurs voisins plus faibles et à les vendre comme esclaves.

On en peut dire autant ou à peu près de beaucoup d'autres tribus africaines, par exemple des Mpongwes de l'Afrique centrale. Le missionnaire John Leichton, qui a résidé quatre ans parmi eux, rapporte qu'ils n'ont ni religion, ni prêtres, ni sacrifices, ni assemblées religieuses. Il en est de même des Béchuanas, au dire de Livingstone, d'Anderson, etc., ainsi que des Caffres, des Hottentots, des Bushmen, etc. Les Bushmen sont regardés comme les derniers des hommes ; ils vivent dans les plaines de l'Afrique méridionale, se blottissent dans des trous qu'ils creusent dans le sol avec leurs mains, se nourrissent d'insectes, de vers, de petits oiseaux qu'ils avalent sans les plumer. Tout ce que ces peuples savent ou croient savoir de Dieu leur a été apporté par les missionnaires.

Toutes ces tribus sont d'ailleurs dépassées en sauvagerie par les nains Dokos, habitant dans le Schoa méridional, région encore inexplorée de l'Abyssinie, et sur lesquels le docteur L. Krapf, missionnaire, rapporte les faits les plus intéressants dans le récit, publié en anglais, de *Ses dix-huit ans de séjour et de ses voyages dans l'Afrique orientale.* M. L. Krapf obtint ces détails d'un esclave d'Ennrea. Les Dokos sont des pygmées humains ; ils n'auraient pas plus de quatre pieds de haut ; leur peau est d'un brun olivâtre. Errants dans les bois, ils y vivent à la manière des animaux, sans habitations, sans temple, sans arbres sacrés, etc. Ils vont tout nus, se nourrissent de racines, de fruits, de souris, de serpents, de fourmis, de miel ; ils grimpent sur les arbres comme les singes. Sans chef, sans loi, sans armes, sans mariage, ils n'ont pas de famille et s'accouplent au hasard comme les animaux ; aussi se multiplient-ils rapidement. La mère, après un allaitement très-court, abandonne son enfant à lui-même. Ils ne chassent pas, ne cultivent pas, ne sèment pas *et n'ont jamais connu l'usage du feu*. Pourtant ils se parent avec des colliers d'os de serpents. Ils ont des lèvres épaisses, le nez aplati, les yeux petits, les cheveux longs, aux mains et aux pieds de grands ongles avec lesquels ils fouillent le sol. Des tribus plus puissantes les prennent et en font des esclaves. — En 1863-1864, dans son voyage dans l'Afrique équatoriale, Du Chaillu rencontra une tribu naine analogue ; il l'appelle la tribu des Obongos ou des nains. La taille des Obongos est de 4 à 5 pieds, leur peau d'un jaune sale, leur front est étroit et leur occiput large, l'expression de leur regard est d'une indomptable sauvagerie. Leurs jambes sont courtes, leur poitrine et leurs jambes sont recouvertes d'un poil laineux. Ils vivent de gibier, de racines, de fruits sauvages, ensevelissent leurs morts dans les cavités des arbres, parlent une langue étrange et habitent des huttes de feuillage. (Voir *Ausland*, n° 14 ; 1867.)

On trouve dans l'ouvrage du baron Ch. de Hügel une relation analogue aux deux précédentes touchant les habitants primitifs des îles Philippines. Le livre de Hügel a pour titre : *l'Océan pacifique et les possessions espagnoles dans l'archipel Indien oriental* (Vienne, 1860). Ce célèbre naturaliste dit à la page 358 : « Les aborigènes des îles Philippines sont représentés vraisemblablement, comme il a été dit, par ces hommes de race noire que les Espagnols ont appelés, à cause de leur petite stature, *Negrillos de montes*. J'en ai vu à Manille plusieurs, qui, ayant été pris dans leur enfance, paraissaient satisfaits de leur sort à peu près comme un perroquet pris dans le nid s'apprivoise et s'accommode de sa situation, pourvu qu'on lui donne sa provende quotidienne. Quant à l'adulte, une liberté absolue a plus d'attraits pour lui qu'une vie tranquille et sans danger, et une fois contraint à mener une vie sédentaire, il meurt de nostalgie, quand même tous ses besoins seraient abondamment satisfaits. Ces nègres vivent dans les montagnes et les forêts à la manière des bêtes sauvages ; leur aspect est hideux ; leur taille est celle d'un nain ; leurs bras et leurs jambes sont émaciées ; leur corps décharné, couvert de poils noirs et roux ; leurs cheveux sont noirs et laineux. Le négrillo sauvage est à peine un être sociable : toujours il vit seul avec sa femme, s'il a pu s'en procurer une. Cette habitude contribue à les rendre difficiles à civiliser ou à domestiquer. Sans demeures fixes, ils errent par les montagnes et les forêts, dormant sous les arbres, là où l'absence d'animaux féroces le leur permet. Ils vivent de leur pêche, de leur chasse et sont très-adroits à se servir de leurs flèches. Ces négrillos se trouvent seulement dans les montagnes de Saint-Matteo et Maribeles, en outre dans la province d'Ilocos-Norte. Dans l'île Negros, ils sont très-nombreux, d'où le nom de l'île. Il va de soi que leur langue est très-pauvre ; quant à la constitution de cette langue, quant à savoir si, comme il est probable, les Négrillos ont des idiomes différents dans les diverses provinces, je n'ai rien observé à ce sujet. A Manille, personne ne put me donner des renseignements ; on les y considère et on les y traite généralement comme des espèces de singes. » Les orteils de ces sauvages, qui vivent en partie dans des grottes, en partie sur les arbres, sont très-mobiles et plus écartés que les nôtres, surtout le gros orteil. Ils s'en servent pour se maintenir solidement sur des branches et des cordes, comme avec des doigts.

Les autres îles du grand archipel des Indes Orientales renferment aussi beaucoup de races humaines analogues aux Négrillos et peut-être plus voisines encore de l'animalité. Dans l'intérieur de la grande île de Bornéo on a trouvé des sauvages hauts de quatre pieds, de couleur foncée, velus, à peau ridée, n'ayant ni habitations fixes ni famille, dormant dans des grottes ou sur les arbres, vivant d'insectes et s'entredévorant les uns les autres. On ne peut ni les civiliser, ni les employer à un travail quelconque. Ils ont la face humaine, mais leur langue est plutôt un gazouillement qu'un moyen d'expression humain. Dans l'île de Sumatra l'Américain Gibson eut occasion de voir un Orang-Kabu ou un aborigène. Il allait tout nu, et son corps était tout couvert de poils soyeux et de couleur foncée. Les Orang-Kabu n'ont pas de langue propre, mais apprennent seulement à répéter péniblement quelques mots malais. Le même voyageur mentionne encore une autre race, celle des Orang-Gugur, dont le corps offre la plus grande analogie avec celui des singes.

De la Gironnière rapporte ce qui suit des Ajetas, qui habitent l'intérieur montagneux de l'île de Luçon (Philippines) : « Ils me parurent ressembler plus à une grande famille de singes qu'à des êtres humains. Leur voix rappelle le cri bref des singes, et leurs mouvements sont les mêmes. Les seules différences consistent dans la connaissance de l'arc et de la flèche, et dans l'art de faire du feu. » (W. Earl, *Natives races of the Indian Archipelago*. London, 1853.)

Si de l'archipel des Indes Orientales nous passons sur le continent, nous y rencontrerons encore, dans les inaccessibles retraites de l'Inde, des êtres qui sont vraisemblablement les débris d'une antique population primitive; à les voir, on se demande vraiment si l'on est en présence d'hommes ou de singes anthropoïdes. Dans les solitudes de la grande péninsule indienne, le vieux Shekari ou chasseur rencontra un jour des sauvages vivant sur des arbres (*The hunting grounds of the Old World, by the Old Shekarri*, cité dans *Ausland*, 1860, n° 39). Ils étaient trois : un homme, une femme et un enfant ; leur teint était brun olivâtre ; leur taille ne dépassait pas quatre pieds. Ils étaient complètement nus, avaient de petits yeux très-vifs et une face ridée. Le nez était plat, la bouche grande, les dents grandes et jaunes, les bras longs et flétris ; leurs ongles ressemblaient à des griffes. D'abord le chasseur les prit pour de vrais singes, et il lui fallut les examiner longtemps pour acquérir la conviction que c'étaient des hommes. Ces faits concordent avec ce que le colon anglais Piddington rapporte au sujet d'Indiens anthropoïdes dans le *Journal de la Société asiatique du Bengale* (vol. XXIV, p. 207, cité dans l'*Ausland*, 1855, n° 50). On en peut dire autant de ce que raconte le baron de Hügel des habitants d'une contrée montagneuse de l'Inde. Selon lui, ils sont encore au-dessous des Australiens, car ils ne sont pas même parvenus à former une horde et à peine ressemblent-ils une famille. Homme et femme vivent isolément ; se sauvant sur les arbres, à la manière des singes, quand on les rencontre par hasard. Piddington vit un de ces sauvages et le décrit ainsi : « Il était petit, avait le nez aplati ; autour de la bouche et sur les joues des rides arquées formaient des sortes de sacs buccaux ; il avait de très-longs bras, des poils roux sur une peau rugueuse et noire. Si on l'avait vu, dit-il, accroupi dans un coin obscur ou sur un arbre, on l'eût pris pour un grand orang-outang. »

Une des plus récentes relations au sujet des sauvages de l'Inde est celle qu'a présentée, en 1865, le docteur Shortt Zillah, médecin dans le Chinglepout, à la Société anthropologique de Londres. De ces races, l'une des plus singulières est celle des *Leafs wearers* (porteurs de feuilles), habitant une certaine région de l'Orissa. Ils n'ont pas plus de quatre à cinq pieds ; les femmes se vêtissent seulement de feuilles, qu'elles s'attachent autour de la taille avec des cordons. On les considère comme le rebut de la province, dont ils occupent la partie la plus reculée et la plus sauvage. Ils se nourrissent en partie de branchages bouillis, en partie de fruits sauvages, de racines, etc. ; ils n'ont ni prêtres, ni éducation, ni langage écrit, ni culte, etc. ; ils ont seulement des usages superstitieux ; les uniques produits de leur industrie sont la flèche, l'arc et une hache pour abattre du bois.

Le grand continent américain ne nous fournit pas un moins riche butin au sujet des sauvages, c'est-à-dire de l'état primitif de notre espèce. Les Indiens de l'Ucayale, écrit Castelnau (*Voyage au Pérou*), paraissent à peine appartenir à l'humanité. Leur peau brune, leur ventre gros et parfaitement sphérique, leurs bras et leurs jambes maigres, la forme singulière de leur tête artificiellement déformée leur donnent l'aspect d'êtres d'une tout autre espèce. D'après le voyageur si expérimenté Moriz Wagner, les Australiens, dont nous avons déjà parlé, sont sans huttes, sans relations commerciales, sans vêtements; ils vivent de racines, de fruits, de coquillages; en temps de famine, ils mangent leurs propres enfants; leur stupidité est si grande, qu'ils n'ont jamais songé à faire des esclaves; or les Caïibes de l'Amérique du Sud sont, comme les Australiens, d'enragés mangeurs d'hommes et dévorent même leurs enfants et leurs vieillards. L'auteur de *Une course à travers les grands déserts d'Amérique et les montagnes Rocheuses* (*Ausland*, n° 13, 1857), décrit les Indiens *Diggers* ou Indiens *Pau-Eutaw* comme les êtres les plus dégradés, les plus misérables de l'Amérique septentrionale. Leur vêtement en forme de sac est aussi misérable que possible; leur alimentation est horrible; en comparaison, les chiens et les rats grillés des Chinois sont des mets d'épicuriens. Ils apportent quelques lézards dans leurs repaires et les mangent crus, sans autre préparation que de leur arracher la queue. Leur chevelure est longue et aussi rude que la crinière d'un mulet. Leur visage est totalement privé d'expression, et, à part les yeux qui sont singulièrement féroces, il n'offre rien de remarquable. Le voyageur remarqua seulement une singulière ressemblance entre eux et les animaux sauvages, tant au point de vue des mœurs qu'à celui de l'aspect. « J'ai souvent observé, dit-il, qu'en courant ils balancent leur tête de droite à gauche comme le loup des prairies. Leur gloutonnerie les fait ressembler plutôt à un Anakonda qu'à un être humain. Des gens très-familiers avec leurs mœurs m'ont dit que cinq ou six de ces Indiens s'asseyent autour d'un cheval mort et mangent tant qu'il reste autre chose que des os. »

« Nous leur fîmes cadeau du reste de notre viande de bœuf,

qui était gâtée et moisie. Ils la mangèrent avidement, et, voyant qu'il ne leur venait plus rien, ils nous exprimèrent leur satisfaction en se frottant le ventre et en grognant comme aurait pu le faire un troupeau de porcs. »

« Les Indiens, dit l'auteur d'un voyage par terre, de New-York en Californie, dans le *Aus der Fremde* de *Diezmann*, les Indiens sont des enfants. Leurs arts, leurs guerres, leurs traités indiquent l'état le plus inférieur de la société humaine. Une société de jeunes garçons de dix à quinze ans est tout aussi capable de se conduire qu'une tribu d'Indiens, et les indigènes américains auront disparu d'ici à cinquante ans du sol de leur patrie. L'Indien de Cooper et de Longfellow n'est visible que pour l'œil du poëte. Pour un observateur prosaïque, l'Indien est une créature, qui ne fait pas du tout honneur à la nature humaine, un esclave de la faim et de la paresse. »

D'après le Dr Robert A. Lallemant (*Voyage dans le nord du Brésil*), l'homme des bois du Brésil, le Botocudo, est entièrement nu et sans le plus léger sentiment de honte. Ses mollets et ses jambes sont minces, ses mains maigres et longues; le tronc est gros, le ventre fort, le front aplati, mince et osseux. Rien ne l'intéresse; son œil est sans éclat, sans expression, hagard, terne, jamais en repos. En présence de l'Européen, il est craintif, embarrassé, se dissimule. Il porte des cylindres en bois passés à travers ses lèvres et les lobules de ses oreilles; il est notablement plus petit que l'Européen, et après mûr examen, il ressemble à un singe de mœurs douces. Quand Lallemand voulait faire comprendre à ces sauvages quelque chose par signes, ils imitaient tous ses gestes comme font les singes. « Je me convainquis tristement, dit-il, qu'il y a des singes à deux mains. » Ils sont aussi anthropophages et absolument hors d'état de comprendre combien cette pratique est horrible. Rien n'excite leur curiosité ou n'attire leur attention. Entre eux ils parlent peu; le plus souvent ils grognent, reniflent, etc. Les idées morales leur font entièrement défaut. Pour eux, tout homme est ou un ami, et alors il est bon, ou un ennemi, et alors il est mauvais. Ils mangent bruyamment comme les pourceaux. En 1863, M. Adolphe d'Assier publia dans la *Revue des Deux Mondes* deux mémoires sur les Botocudos brésiliens; il y dit que les idées morales leur manquent entièrement. Pour eux, l'immoral est le normal, le moral est sporadique, exceptionnel. Pour dire l'honnête homme, ils disent « qui ne vole pas; » pour dire vérité, ils disent « qui n'est pas mensonge. »

Le 19 septembre 1868, dans la quatrième séance du Congrès international d'archéologie et d'histoire tenu à Bonn, M. Otto Schmitz (section d'histoire primitive) lut un rapport détaillé sur les sauvages indiens Apaches, habitant entre les fleuves Rio-Grande del Norte et le Rio-Colorado, et encore au dernier degré de grossièreté bestiale. L'auteur avait été forcé de séjourner quelques mois parmi eux. Ils sont tout nus, et leur peau coriace leur sert de vêtement; ils dorment dans des grottes, se nourrissent de fruits, de baies, d'insectes, de chevaux ou d'ânes volés; les seuls produits de leur industrie sont l'arc et les flèches; ils vivent isolément ou par petites troupes sans chefs. Ils ne se réunissent sous la direction d'un chef que s'il s'agit d'un vol important. Chez eux point de mariage, seulement des accouplements plus ou moins longs, d'où naissent des enfants qui se confondent promptement avec le reste de la horde; ils n'ont pas idée de leur âge, n'ont pas de médecin; ils ne lavent pas leurs enfants, mais les saupoudrent de sable; ils abandonnent sur les routes leurs malades et leurs morts et n'ont presque pas de cérémonies funéraires. Chez eux on ne rencontre point ces idées communes à beaucoup d'Indiens d'une autre vie après la mort, dans une autre région où l'on peut être plus heureux; aucune représentation d'un grand esprit. Leur seule fête est celle de la pleine lune. On ne tue pas les animaux, on les dépèce tout vifs. Pendant les expéditions, on massacre les faibles, les estropiés ou on les abandonne, et ils meurent de faim. L'Apache parle peu, et plutôt par des gestes que par des mots; il ne connaît ni les souhaits de bienvenue ni ceux d'adieu; il parle par phrases hachées et non en discours suivis. Sa voix est tellement gutturale, qu'il lui est presque impossible de prononcer une parole bien articulée. Le verbe *être*, auxiliaire si important, lui est inconnu. Sa numération est décimale, comme celle de la plupart des peuples sauvages.

D'après le duc d'Argyll (*Primœval man*, 1869, p. 167), les habitants de la Terre de feu, à l'extrémité méridionale de l'Amérique, sont à coup sûr les derniers des hommes. Habituellement cannibales, ils tuent et mangent leurs vieilles femmes de préférence à leurs chiens; ils vont complètement nus; leur visage est hideux, barbouillé d'enduits colorés; leur peau est sale et huileuse; leur chevelure feutrée; leur voix est rauque, leurs manières brutales. « A voir de tels êtres, dit Darwin (*Voyage de circumnavigation du Beagle*), on a peine à croire qu'ils soient nos semblables et habitent le même monde. »

Si de l'extrême sud de notre globe nous allons à l'extrême nord, nous trouverons là encore un spectacle semblable ou analogue chez les habitants des rivages de la mer glaciale septentrionale, chez les Esquimaux. Privé de tout principe, de tout sentiment raisonnable, l'Esquimau dévore aussi longtemps que possible tout ce qu'il a pu se procurer, comme le vautour ou le tigre. Il mange pour pouvoir dormir, et ne dort que pour manger ensuite aussitôt que possible. Quant à ses facultés intellectuelles, il n'aurait, d'après Whitebourne, aucune connaissance de Dieu, aucune forme de gouvernement. Sur ce point, le navigateur anglais, John Ross, dit en propres termes (*Narratives of a second voyage*, etc., 1838, p. 448) : « Je ne sais s'ils comprenaient quoi que ce soit aux choses les plus simples, que je tâchais de leur faire comprendre de la manière la plus simple. Aurais-je mieux réussi si j'avais parlé leur langue? J'ai bien des raisons d'en douter. Qu'ils aient dans le cœur une sorte de loi morale, je n'en puis douter, car leur conduite le prouve; mais à part cela, toutes mes recherches ont été inutiles, mes efforts ne m'ont donné aucun résultat notable. Quant à leurs opinions sur les points essentiels de cette loi morale, à quelque chose d'où l'on pourrait induire l'existence d'une sorte de religion, j'ai été contraint de renoncer enfin à toute recherche; j'étais arrivé au doute à ce sujet. »

Cette rapide esquisse de l'histoire naturelle et morale des sauvages est ici suffisante; pourtant il serait bien facile de donner, d'après les navigateurs, des tableaux semblables ou analogues, mais bien plus complets et rapportés des contrées les plus diverses du monde habité. Le sauvage grossier et l'homme policé, né dans un État, une société organisée d'après des lois déterminées, élevé conformément à une civilisation vieille de plusieurs milliers d'années, sont si différents l'un de l'autre dans tout leur être, qu'il est impossible de les ramener tous deux au même niveau et de construire ensuite, selon le procédé bien connu des philosophes idéalistes, « l'homme idéal, général ». L'éducation, la civilisation, l'expérience, l'hérédité des qualités acquises, les nombreux secours et les multiples impulsions d'une organisation sociale policée, voilà tout ce qui a fait l'homme ce qu'il est, ce qui le fera ce qu'il doit être, ce qui vraisemblablement le transformera toujours de plus en plus et l'éloignera sans cesse de son état de bestialité primitive. On a bien tenté d'affaiblir la valeur de toutes les observations faites sur les peuples sauvages et sur lesquelles nous nous appuyons, en représentant ces peuples comme des peuples dégénérés, déchus d'une civilisation ancienne et meilleure, s'écartant par conséquent de l'humanité vraie ; mais, à part quelques exceptions, il n'est pas de faits capables de fortifier ou même de rendre vraisemblable une telle conception. C'est une loi générale de la nature, que toute dégénération conduise rapidement à l'extinction ; or certains de ces peuples durent déjà depuis un temps indéfini et souvent se reproduisent énergiquement, ce qui est inconciliable avec le fait d'une dégénérescence.

« L'impression immédiate, que produit l'aspect général des peuples sauvages, dit Schaaffhausen, leur appropriation parfaite à la nature du sol qu'ils habitent, l'absence de tout souvenir d'un état meilleur, le bien-être corporel, la vigueur physique qu'ils conservent là où les influences de la civilisation ne les ont pas touchés, les particularités de leur organisation, qui décèlent un degré inférieur de développement, enfin le défaut de signes de dépérissement, de décadence, que nous puissions déterminer avec précision : tout cela porte à croire que la plupart des peuples sauvages n'ont jamais possédé un plus haut degré de civilisation. Une circonstance vient encore appuyer cette vue, c'est que beaucoup des peuples les plus civilisés actuellement ont passé autrefois par un degré pareil de grossièreté. » (*Sur la condition des peuples sauvages*, p. 164.)

(68)... *la vie en famille, le mariage.* — Beaucoup de tribus sauvages observées en Australie, en Afrique, en Asie, etc., n'ont à peu près aucune idée de l'institution du mariage, et chez eux la famille est très-grossièrement organisée, plus grossièrement même que chez l'animal. D'après Burton, il n'y a chez les Africains orientaux aucun lien entre le père et l'enfant ; ce qui prévaut même vers la fin de l'enfance, c'est une inimitié naturelle entre le père et le fils, comme chez les animaux sauvages. On y vend les enfants, on y chasse la femme selon son caprice. Selon S. W. Baker, le nègre du Soudan ne connaît pas l'amour. Pour lui, la femme est simplement une bête de somme ou un animal domestique ; partout la polygamie est en vigueur. — En Australie, d'après Duboc, la mère ne s'inquiète de son enfant que dans les premiers temps de sa vie ; plus tard, le lien primitif est tout à fait rompu entre eux. Ne connaissant pas, comme la plupart des insulaires de la mer du Sud, de réel mariage, ils n'ont pas l'idée de la paternité. Chez ces tribus, ce sont souvent les neveux qui héritent et non pas les enfants. Il y a même une de ces tribus, celle des Vouanyamouézi, où l'héritage ne se transmet qu'aux enfants nés hors mariage, à l'exclusion des enfants légitimes ! D'ailleurs, d'après John Lubbock (*Homme primitif*), on trouve des faits analogues dans l'histoire des anciens Juifs, Grecs et Romains, car le respect de la femme est un produit lent du progrès de la civilisation. Beaucoup de peuples, par exemple les Égyptiens, les Chinois, les Grecs, les Indiens, ont, d'après le même auteur, conservé la tradition de l'inauguration du mariage et de l'hérédité parmi eux, d'où la preuve que ces idées ne sont pas innées et inhérentes à la nature humaine !

Les plus sauvages des sauvages, les Dokos, les sauvages de Bornéo, etc., ignorent absolument l'hérédité, le mariage, la famille ; ils vivent en promiscuité comme les animaux. Otto Schmitz dit même des Indiens Apaches, bien plus civilisés pourtant, qu'ils n'ont pas de mariage, mais seulement un accouplement plus ou moins court, et que les enfants se perdent bientôt dans la horde.

(69)... *l'organisation des sociétés.* — C'est encore là le résultat d'un certain degré de développement, et cette organisation sociale existe si peu chez les peuples les plus sauvages, que, dépourvus de chefs, de tout ce qui pourrait rappeler nos sociétés, ils errent en troupes, en hordes, à la manière des animaux sauvages. D'autre part, le principe d'association est chez beaucoup d'animaux, notamment chez les articulés, développé à un degré presque incroyable. Que l'on songe aux abeilles, aux guêpes, aux termites, aux fourmis en général et à leurs admirables organisations sociales si complexes, que les dernières, par exemple, d'après les observations bien connues de Huber et d'autres, se font de vraies guerres, entreprennent des expéditions pour chercher du butin, réduisent en esclavage d'autres fourmis et les emploient chez elles à leur service, qu'elles se servent dans leurs habitations communes si vastes d'autres animaux, comme des vaches à lait, et savent les traire, etc., etc. — Les termites ou fourmis blanches ont un État parfaitement organisé avec roi, reine, travailleurs, soldats, serviteurs, etc.; elles contruisent des édifices hauts de dix pieds et plus, avec des dômes, des tours, des myriades de chambres, de corridors, de passages souterrains, des ponts et des arceaux de pierre, des magasins, etc. La solidité, la hardiesse de ces constructions, leur adaptation au but rivalisent avec les œuvres des hommes. Dans l'intérieur de ces édifices il y a une habitation royale entourée de chambres et de passages pour le service, ainsi que des chambres pour l'incubation et l'élevage des jeunes ; enfin, une grande place publique. Pour l'écoulement des eaux pluviales on a ménagé de nombreuses gouttières, des conduits, des canaux souterrains de dérivation, etc. On ne peut douter, que les termites n'aient même un langage, qui leur sert à s'entendre mutuellement sur des sujets très-complexes. — Les célèbres sociétés de chiens des prairies de l'Amérique du Nord ne sont pas moins remarquables. On y voit de vraies villes, qui parfois ont jusqu'à treize milles anglais de circuit et logent des centaines de milliers d'habitants. A en croire des témoins oculaires très-dignes de foi, le chien des prairies vivrait dans sa maison fréquemment avec une espèce de hibou et avec le serpent à sonnettes. Cette étonnante association aurait pour base, paraît-il, le besoin de se procurer des vivres et de se défendre contre le danger.

(70)... *la pudeur*. — Les naturels de la Nouvelle-Angleterre en Australie sont dépourvus de tout sentiment de pudeur et ne songent pas même à couvrir leurs organes génitaux. Les Australiens, selon G. Pouchet, si la police ne les en empêchait, offenseraient chaque jour la pudeur publique dans les villes de la colonie anglaise, comme font les singes dans les ménageries. « Les Australiens, disent Lesson et Carnot (*Annales des sciences naturelles*, 1867), n'ont jamais senti le besoin d'un vêtement de laine, si ce n'est pour couvrir leur poitrine ; jamais aucune idée de pudeur ne leur a fait songer à voiler leurs parties sexuelles. » Les mêmes faits ou des faits analogues s'observent à un degré plus grand ou moindre chez la plupart des peuples sauvages, qui sur ce point ressemblent absolument aux enfants européens. Même chez des peuples très-civilisés, par exemple chez les Japonais, les idées de pudeur sont tout autres que chez nous. Les nations les plus civilisées de l'ancien monde, les Grecs, les Romains, les Égyptiens, les Phéniciens pratiquaient dans tout ce qui a trait aux relations sexuelles une lascivité de mœurs dont aujourd'hui nous avons peine à nous faire une idée. (Voir les détails dans l'intéressant écrit de Rosenbaum : *Histoire de la maladie vénérienne*.) Les soins délicats avec lesquels la morale règle aujourd'hui tout ce qui a trait aux relations sexuelles, avec lesquels elle les couvre d'un voile mystérieux, tout cela n'est nullement inné, c'est le résultat du développement de la civilisation, de la graduelle élévation de l'homme au-dessus de l'animalité. Pourtant, de temps à autre, la vieille barbarie reparaît, soit dans d'horribles explosions de l'instinct comprimé ou violemment contenu, soit dans certaines nudités tolérées par la morale, sinon permises même par l'impudeur sociale. Habituellement pourtant ces monstruosités sociales, en quelque sorte maladives, apparaissent à des époques de décadence, de déchéance morale, et disparaissent devant le souffle d'un nouvel esprit politique ou social.

(71)... *la croyance en Dieu.* — Outre les faits cités dans la note 67, on trouvera dans notre livre *Force et matière*, ch. XVI, de nombreux exemples de peuples sauvages à qui manque cette croyance et qui même n'ont pas un seul mot dans leur langue pour exprimer les idées de Dieu, de religion, de justice, de péché, etc. « Trois grandes régions de la terre, dit G. Pouchet, encore habitées par des sauvages, paraissent jusqu'ici être restées exemptes d'idées religieuses ; ce sont : l'Afrique centrale, l'Australie et les régions polaires ; ce sont aussi les contrées les plus mal explorées et les plus imparfaitement connues. »

Latham dit des Australiens, que jamais ils ne sont arrivés à se créer même les plus grossiers éléments d'une religion et que leur esprit paraît être trop engourdi pour la superstition. « Que faire, dit en parlant d'eux un missionnaire, d'un peuple qui n'a pas une seule expression pour dire « justice, » « péché, » etc., et pour l'esprit duquel les idées représentées par ces mots sont parfaitement étrangères et inintelligibles ? »

S. W. Baker (*l'Albert Nyanza*, etc., 1867) dit des Latoukas, tribu habitant vers les sources du Nil, qu'ils n'ont aucune idée de la divinité et manquent même du fétichisme le plus grossier.

Rien d'inné dans la croyance en Dieu, c'est le produit, le résultat d'une certaine réflexion, d'une certaine méditation, que fait l'esprit humain au sujet des phénomènes de la nature ambiante ; l'ignorance où il est des lois naturelles, de leur intime union, ne lui permettant pas d'expliquer simplement ces phénomènes, il les rapporte à des causes invisibles, mystérieuses ; mais le sauvage, tout à fait grossier, n'éprouve jamais le besoin de cette explication superficielle. La science est une guerre perpétuelle contre ces notions imaginaires ; à chaque pas qu'elle fait en avant, elle refoule la croyance aux forces surnaturelles ou le besoin de telles forces dans une région plus éloignée, plus difficile à occuper. Toute science et surtout toute philosophie, qui est en quête de la réalité et non de l'apparence, de la vérité et non de l'hypocrisie, *doit donc être nécessairement athée;* autrement elle se barrerait elle-même le chemin vers son but, qui est le vrai. Aussitôt donc qu'un livre de philosophie emploie le mot « Dieu, » à moins qu'il ne s'agisse de critique ou d'une citation, on peut sans crainte le jeter de côté, car on n'y trouvera rien qui puisse faire avancer réellement la science. Dans les livres vraiment scientifiques, à part les cas indiqués par nous, le mot Dieu ne se rencontre que rarement, en passant. Car en matière de science, le mot « Dieu » est simplement une circonlocution ou une manière d'exprimer notre ignorance, tout à fait comme dans certains cas les mots « force vitale, » « instinct, » « âme, » etc., etc.

Que d'ailleurs l'idée de Dieu ne soit pas absolument nécessaire, même pour les religions, cela est démontré par l'exemple si souvent cité du système religieux le plus répandu sur la terre, c'est-à-dire du Bouddhisme. M. Barthélemy Saint-Hilaire, l'auteur d'un excellent livre intitulé : *le Bouddha et sa religion*, dit en propres termes : « Il n'y a pas la moindre trace de la croyance en Dieu dans tout le bouddhisme, et supposer qu'il admet l'absorption de l'âme humaine dans l'âme divine ou infinie, c'est une supposition toute gratuite, qui n'est pas même possible dans la pensée du Bouddha. Pour croire que l'homme peut se perdre en Dieu, à qui il se réunit, ne faudrait-il pas commencer par croire en Dieu lui-même? Mais c'est à peine si l'on peut même dire que le Bouddha n'y croit pas. Il ignore Dieu d'une manière si complète, qu'il ne cherche même pas à le nier ; il ne le supprime pas : il n'en parle pas, ni pour expliquer l'origine et les existences antérieures de l'homme, ni pour expliquer sa vie présente, ni pour conjecturer sa vie future et sa délivrance définitive. Le Bouddha ne connaît Dieu d'aucune façon. » (*Le Bouddha*, etc., Avertissement, p. 5.) Le même écrivain ajoute la réflexion suivante, tout à fait digne d'être prise en considération : « L'esprit humain n'a guère été observé que dans les races auxquelles nous appartenons nous-mêmes. Ces races méritent sans doute de tenir une très-grande place dans nos études ; mais si elles sont les plus importantes, elles ne sont pas les seules. Les autres ne doivent-elles pas aussi être observées, tout inférieures qu'on les suppose? Si elles ne rentrent pas dans des cadres prématurément tracés, faut-il les défigurer pour les soumettre à des théories trop étroites? Ou ne vaut-il pas mieux reconnaître que les anciens systèmes sont en défaut et qu'ils ne sont pas assez compréhensifs pour tout ce qu'ils prétendent expliquer? » (*Le Bouddha*. Avertissement, p. 20.)

(72)... *la science des nombres*. — Que les nombres et les mathématiques, qui reposent sur eux, ne soient pas innés dans l'esprit humain, mais qu'ils se soient lentement formés et développés par l'éducation, la culture, cela est démontré par l'exemple de ces tribus sauvages d'Australie ou du Brésil, qui n'ont pas pu pousser leur numération au delà des nombres 3 et 4 et ne peuvent indiquer les nombres plus forts que par des gestes. Oldfield décrit une tribu qui compte seulement jusqu'au nombre deux et désigne tout ce qui est au-dessus par l'expression *boul-tha*, qui veut dire beaucoup. Un naturel de cette tribu, voulant indiquer au narrateur le nombre d'hommes tués dans un combat, levait un doigt en prononçant le nom de chaque mort ; mais, après plusieurs tentatives inutiles, il finit par lever trois fois de suite l'une de ses mains. Il voulait dire par là que le nombre des morts s'était élevé à quinze.

En général, c'est en comptant les doigts et les orteils que toutes les numérations ont commencé, et aujourd'hui encore elles n'ont pas dépassé ce degré chez la plupart des peuples sauvages. C'est pourquoi cinq, dix et vingt sont partout les nombres fondamentaux, et les mots mêmes, qui représentent ces nombres, rappellent ceux qui désignent doigts et orteils. Chez beaucoup de tribus sauvages de l'Afrique et de l'Amérique, par exemple, pour dire cinq on dit « toute une main, » pour dix « deux mains, » pour vingt « tout un homme. » Le nombre six se dit « un doigt de l'autre main, » etc. ; le nombre onze se dit « un doigt du pied, » etc. Pour dire vingt et un on dit « un doigt de la main d'un autre Indien, » etc. Parfois les noms de nombre sont tirés des particularités de chaque doigt ; d'autres fois on se sert pour désigner les nombres des noms d'autres objets naturels, simples ou multiples. Ainsi les anciens Indiens, pour dire *un*, disaient *terre* ou *lune* ; pour *deux* ils disaient *yeux*, ou *bras*, ou *ailes* ; pour *trois*, *Rama*, ou *feu*, ou *propriétés*, parce qu'ils admettaient trois Ramas, trois espèces de feu et trois propriétés ; pour *quatre* ils disaient *âges* ou *védas*, parce qu'ils admettaient quatre âges et quatre védas, etc. — Les Abepoins, en Amérique, pour dire *quatre* disent *patte de huppe*, parce que la patte de cet animal a quatre doigts. L'habitude dans certaines îles de la mer du Sud d'attacher les pommes de pin par quatre, y a fait désigner le nombre quatre par le mot *pono*, qui signifie paquet, et pour dire *dix* ou *cent* on emploie le mot *botte* ou *gros paquet*.

D'ailleurs, l'habitude de compter par 5, 10, 20, c'est-à-dire d'après le nombre des doigts et des orteils, est si générale, qu'on ne s'en écarte qu'exceptionnellement et qu'elle sert de base à la numération des peuples les plus civilisés.

Quelques observations paraissent prouver, que les animaux peuvent aussi compter. Une souris, à qui l'on avait pris neuf petits, revint neuf fois les chercher l'un après l'autre, puis ne revint plus, quoi qu'il lui eût été impossible de voir dans l'intérieur de la casquette, où l'on tenait les petits captifs. La pie peut compter jusqu'à quatre, mais pas au delà. Si quatre chasseurs s'embusquent, puis que trois d'entre eux s'en aillent, l'animal sait très-bien qu'il en reste encore un et ne cesse pas d'être sur ses gardes. Si les chasseurs sont au nombre de cinq et que quatre d'entre eux partent, la pie croit qu'il n'en reste plus et est sans inquiétude.

(73)... *l'industrie.* — Les animaux se servent d'outils. Les singes introduisent des pierres entre les coquilles ouvertes des mollusques pour les empêcher de se refermer ; ils ouvrent les huîtres en les frappant avec des pierres. On sait mieux que les singes se défendent avec des bâtons et font tomber sur ceux qui les poursuivent des branches ou des fruits pesants. Forbes a aussi observé (*Onze ans à Ceylan*), que les éléphants sauvages cassent des branches d'arbre et s'en servent pour chasser les mouches. Les animaux apprivoisés et dressés apprennent, on le sait, à se servir de tous les ustensiles possibles avec une grande dextérité. D'autre part, on rapporte de beaucoup de tribus sauvages qu'elles ont à peine d'industrie. D'après la relation d'un voyageur, communiquée à la Société anthropologique de Paris, les Mincopies ou noirs habitants des îles Andaman, dans le golfe du Bengale, n'ont ni habitations, ni haches, etc. Ils ne connaissent pas l'usage du feu, n'enterrent pas leurs morts ; chez eux le mariage n'est soumis à aucune règle, et du côté de l'instinct social ils paraissent inférieurs à l'animal. Colebrooke disait déjà des Mincopies, que leur conformation et les traits de leur visage annonçaient l'état le plus misérable et la sauvagerie la plus extrême. Des relations récentes nous en ont fait connaître des faits d'une incroyable bestialité, et, comme l'avait déjà fait Schaafhausen à la Société d'histoire naturelle et de médecine du Bas-Rhin, le 8 juin 1864, R. Owen a brièvement montré que chez eux la structure corporelle, notamment celle du système osseux, indique un degré très-inférieur d'organisation, ce qui, étant donnée leur grossièreté intellectuelle, est tout à fait remarquable.

(74)... *l'usage du feu appliqué à la cuisson des aliments.* — Aujourd'hui encore il y a des peuples, par exemple les Dokos, les Andamanites, etc., qui ignorent l'usage du feu et dévorent leurs aliments tout crus. Qu'il ne faille pas d'ailleurs considérer l'usage du feu comme un attribut essentiel de l'homme, cela ressort de cette circonstance que nombre de peuples ont été, que certains sont même encore adorateurs du feu et qu'ils regardaient le feu comme quelque chose d'extraordinaire, de surnaturel. La même chose advint aux habitants des îles Mariannes, quand Magellan apporta chez eux le feu, qui y était inconnu, et s'en servit pour incendier leurs cabanes ; ils regardèrent le feu comme une sorte de monstre vivant dévorant le bois. Enfin, on trouve assez de vestiges d'une très-ancienne époque où l'usage du feu était encore inconnu, des traces aussi de son introduction, de son invention graduelle dans les traditions des Égyptiens, des Phéniciens, des Perses, des Chinois, des Grecs, etc.

(75)... *l'usage des vêtements*. — Que beaucoup de peuplades sauvages d'Afrique, d'Amérique, d'Australie, d'Asie, ainsi que des îles du Grand océan, ne connaissent pas l'usage des vêtements et aillent parfaitement nus, cela est connu et ressort d'ailleurs suffisamment des extraits cités par nous. Ils dédaignent même les vêtements qu'on leur offre. En 1858, la frégate américaine *Niagara* enleva au navire négrier *Elcho* 455 Africains pour les reconduire dans leur pays. Voici en quels termes le docteur Rainey, qui les accompagnait, parle de ces sauvages : « Tous sont fort sales et aucun vêtement ne leur convient. On ne peut les décider, même dans l'intérêt de leur santé, à s'astreindre aux plus simples règles de propreté. Les vêtements, qu'on leur fournit à Charleston, furent aussitôt mis en pièces par eux. Ils ne se soucient guère les uns des autres, tout au plus se grattent-ils mutuellement en cas de démangeaison. Ils ne s'occupent même pas le moins du monde de leurs malades et de leurs mourants. L'un d'eux vient-il à mourir, ils laissent le cadavre gisant pendant des heures entières, comme s'il n'était rien arrivé. Mais à peine le dernier signe de vie a-t-il disparu, qu'ils s'emparent sans façon de la couverture, de la cuiller, de tout ce qui a pu servir au défunt. Ce sont les créatures les plus stupides, les plus brutales, les plus misérables que j'aie jamais rencontrées. » (Voir *Allgem. Zeitung*, 1858, n° 313.) William Bischoff raconte d'une manière analogue ses impressions dans les États à esclaves : « La vraie *tête laineuse*, comme on en trouve souvent parmi les nègres des plantations, fait sur l'Européen inaccoutumé à un tel spectacle une impression très-désagréable, accrue encore par ce fait qu'habituellement le caractère de ces hommes répond parfaitement à la laideur de leur esprit. On trouverait bien difficilement en Europe, et surtout en Allemagne, un type humain, qui puisse ressembler même de loin à celui-là. A part le langage et la forme du corps, ces nègres ont à peine quelque chose d'humain; leurs mouvements, leur allure générale rappellent plutôt l'animal, et ils ne paraissent pas susceptibles d'un certain degré d'éducation, etc.... » « Presque tous sont voleurs et menteurs, aussi le témoignage d'un noir n'est point admis en justice. On perd son temps à vouloir leur faire comprendre combien cela est mal, car le mot honte n'a pas de sens pour eux, etc. »

S. W. Baker dit des nègres Nuehr, en Afrique: « Ils vivent dans une extrême sauvagerie; les hommes sont aussi nus qu'en venant au monde; leur corps est couvert de cendres et leurs cheveux rougis avec de la cendre délayée dans de l'urine de vache. Ce sont les plus diaboliques drôles que j'aie vus; on ne peut leur donner d'autre nom. Les femmes non mariées vont aussi toutes nues; les femmes mariées portent autour des reins une frange d'herbes en ceinture. » Le même voyageur en dit autant des Kytches, des Latoukas habitant vers le haut Nil, etc.

(76)... *le suicide.* — Il y a, je crois, un cas de suicide bien authentique chez un singe. Mais quand il n'en serait rien, quantité d'animaux (chevaux, chiens, etc.) ont, par attachement extrême pour leurs maîtres morts ou tués, refusé toute nourriture jusqu'à la mort. D'autre part, le vrai suicide, le suicide déterminé par des motifs intimes, moraux, est extrêmement rare chez les enfants et les sauvages.

(77)... *l'agriculture.* — Quoique M. Rochet (*Bulletin de la Société d'anthropologie de Paris*) ait cherché à faire de l'agriculture en même temps que des autres caractères intellectuels et moraux déjà cités une différence essentielle entre l'homme et l'animal, ce n'est pourtant que le résultat d'une civilisation assez avancée; en effet, le sauvage et l'homme primitif vivent uniquement des productions spontanées de la nature, de leur gibier, et ils ne sont parvenus à la phase agricole qu'en passant par le stade pastoral. D'ailleurs, les animaux font quelquefois de l'agriculture, comme le prouve l'exemple des fourmis agricoles du Texas, que le docteur Lincecum a observées pendant dix ans et qu'il a décrites dans *the Journal of the Linneæn Society* (cité dans l'*Ausland*, 1862, n° 10). Dans un terrain à sous-sol pierreux, ces fourmis creusent un logement, un magasin souterrain, puis elles plantent autour une sorte de gazon qui porte des petites graines blanches. Cette graine est recueillie, séchée et emmagasinée. Dans les temps humides on la sort parfois pour la sécher et la trier.

Ces animaux sont donc en quelque sorte supérieurs à ces nègres Kytches, que le voyageur en Afrique S. Baker appelle des singes, et qui pour soutenir leur existence s'en remettent aux productions spontanées de la nature, sans semer, sans planter et par suite mourant souvent de faim.

(78)... *on peut à peine l'appeler langage dans le sens humain de ce mot.* — Au dire de Du Chaillu, la langue des Fans (Afrique occidentale) est un assemblage de sons gutturaux, que l'on ne peut comprendre, et la langue des Oschebas est encore pire, encore plus rauque. — De la Gironnière dit des Ajetas de Luçon (Philippines), parmi lesquels il passa quelques jours, que cette peuplade lui fit l'effet d'une grande famille de singes ; leur voix rappelait le cri bref de ces animaux, et leurs mouvements fortifiaient l'analogie. Le Botocudo du Brésil a, selon Adolphe d'Assier, une langue très-imparfaite, et il se sert du même mot pour désigner quantité d'objets assez différents. Aussi il appelle *tschohn* un arbre, une solive, une branche, un éclat de bois ; le mot *po* lui sert à la fois pour dire pied, main, doigt, orteil, ongle, talon, etc. La langue de l'Australien est très-pauvre ; elle compte seulement quelques centaines de mots, parmi lesquels il n'en est pas un qui exprime une idée générale. Ainsi les Australiens ont des mots pour désigner chaque arbre en particulier ; ils n'en ont pas pour dire arbre en général. On en peut dire autant des langues de la plupart des peuples sauvages, qui ne contiennent pas ordinairement de mots pour désigner des idées générales ou des propriétés communes à la fois à des corps différents, des mots par exemple comme « couleur, » « son, » « arbre, » etc. On y trouve des mots spéciaux pour chaque espèce de couleur, d'arbre, etc. —

La langue des sauvages de Bornéo est plutôt une sorte de gazouillement animal, de croassement, qu'un moyen d'expression vraiment humain, — La langue des Hottentots et des Bushmens est remarquable aussi par sa pauvreté. En général, les sauvages ont plutôt recours aux gestes, à la mimique, qu'à des mots réels. Plus un peuple, plus un homme sont inférieurs, plus leur langage est pauvre, car une grande richesse de mots est un signe tout particulier d'élévation intellectuelle; en effet, le mot n'est que la pensée incarnée. — Sir Emerson Tennent rapporte des Veddahs de Ceylan, qu'ils communiquent entre eux presque uniquement au moyen de signes, de grimaces, de sons gutturaux ressemblant généralement fort peu à de vrais mots, à une vraie langue.

Mais le langage n'est nullement une faculté spéciale à l'homme, puisque les animaux communiquent et se comprennent très-bien entre eux. Les animaux se comprennent entre eux; ils se font comprendre de nous, ce qui serait impossible sans un genre quelconque de langage. On sait fort bien que les chiens savent se faire entendre de leurs maîtres, dans des cas très-précis, par des gestes, des mines, des coups d'œil, des aboiements, des gémissements, etc.; on sait même qu'ils comprennent exactement ce qu'on en dit ou ce qu'on leur dit, quand on leur donne des ordres. Chaque animal a sa langue spéciale et un certain nombre de sons de voix déterminés pour exprimer ses désirs, ses besoins, ses sentiments, etc. Ainsi Dupont a trouvé par une observation exacte, que les pigeons et les poules ont douze sons de voix différents, que les chiens en ont quinze, les chats quatorze, les bêtes à cornes vingt-deux, et ce compte est vraisemblablement beaucoup trop faible. D'abord tous les sons de voix furent gutturaux, comme il arrive encore chez les animaux et les sauvages; plus tard seulement apparurent les sons labiaux. Du reste, comme le remarque très-justement M. G. Pouchet, il faut séparer de la parole le langage, simple moyen de communication entre deux êtres vivants, moyen commun à l'homme et à l'animal en tant que langage des signes et des sons. La parole est bien particulière à l'homme; mais pour qu'elle soit possible, il faut un certain développement du langage articulé et l'existence de mots exprimant des idées générales. D'après Clémence Royer, il y a plus de différence entre la langue hautement analytique, la langue d'un Shakespeare, d'un Corneille et celle d'un nègre Papou, qu'entre ce dernier langage et le balbutiement criard d'un singe grondant sa femelle ou son petit. Les sons que les singes ont l'habitude de proférer se rapprochent même beaucoup des radicaux les plus inférieurs du langage humain. « Le langage, dit Tuttle, est l'expression de la pensée, et si les pensées, que les animaux incontestablement se communiquent mutuellement, ne sont pas identiques aux pensées humaines, elles sont du moins très-analogues. Le chien appelle son camarade ou son maître par un aboiement tout particulier ; dans le rugissement du lion, le grognement du tigre, le chant de l'oiseau, dans les mille bruits que produisent les insectes, on trouve tous les modes d'expression de sentiment et de mutuel accord, depuis le cri d'appel jusqu'au signal d'alarme, depuis l'amour jusqu'à la rage, etc. » Enfin, en comparant le langage humain au langage animal, il ne faut pas oublier que le perroquet, l'étourneau, le corbeau, etc., peuvent proférer même des sons articulés, qu'ils prononcent beaucoup de mots très-intelligiblement, même avec la conscience de leur signification, cela parfois sans qu'on le leur ait enseigné, mais par une imitation, une observation spontanées.

(79)... *à partir du plus humble début.* — Dans l'opinion du célèbre linguiste A. Schleicher (*Sur l'importance du langage pour l'histoire naturelle de l'homme*, 1865) le langage s'est produit lentement et n'a pas toujours existé. Les langues les plus savamment organisées sont sorties peu à peu d'organismes verbaux simples ; elles se sont développées pendant d'énormes laps de temps. Les langues les plus simplement construites sont graduellement provenues des *cris-gestes* (Lautgeberden), des sons imitatifs que les animaux possèdent aussi, et le langage lui-même est le produit d'un lent devenir soumis à ces lois de la vie, que nous pouvons formuler dans leurs traits essentiels. Cette évolution se produisit en même temps qu'un grand perfectionnement du cerveau et des organes vocaux.

Du reste, Schleicher, contrairement à l'opinion de Pouchet, définit le langage l'expression de la pensée par des mots, et le considère comme la caractéristique exclusive de l'homme, car les *cris-gestes* se trouvent aussi chez les animaux. Le langage, selon lui, n'appartenant qu'à l'homme, il en résulte que nos premiers pères ne méritaient nullement le nom d'hommes ; les données de la linguistique conduisent donc, comme celles de l'histoire naturelle, à l'idée nettement formulée d'un développement graduel de l'homme à partir des formes les plus inférieures. »

Dans son livre bien connu, *Sur l'origine du langage* (sixième édition, Berlin, 1866), le fameux linguiste allemand, J. Grimm, appelle aussi le langage « un travail progressif, » une conquête de l'homme, et il déclare expressément, que le langage n'est pas inné ni naturel, mais qu'il doit à nos efforts son origine et ses progrès. Au début, dit-il, le langage était imparfait, c'est seulement peu à peu qu'il a acquis toute sa valeur ; il ne peut donc pas nous venir de Dieu. Toutes les racines verbales renferment des images sensuelles, et toutes les idées naissent d'une contemplation sensuelle. De l'idée de respiration est née l'idée de vie ; de l'idée d'absence de respiration est venue l'idée de mort ; de l'idée de chant du coq est venue l'idée de l'animal, etc.

D'après J. P. Lesley, toute langue a un certain nombre de racines (de 200 à 600), d'où elle est provenue. Quant à l'origine de ces racines, il n'y a que trois choses possibles. Ou il y a eu révélation divine, présent d'une langue toute faite, ou bien don spécial fait au premier homme d'une faculté de langage, ou bien enfin ces racines sont le produit humain, graduel, d'une faculté d'expression, de langage répandue dans tout le règne animal. De la première possibilité, dit Lesley, il ne saurait plus être question aujourd'hui, si ce n'est par ceux qui croient encore à Adam et Ève ; même le grand nombre des langues rend cette supposition inadmissible. On ne peut scientifiquement s'occuper que des deux dernières possibilités ; or, le fait que tous les animaux ont une sorte de langage, cet autre fait que, si la faculté du langage est plus grande chez l'homme, cela tient simplement à la meilleure organisation, à la délicatesse plus grande de son cerveau, tout cela décide en faveur de la dernière des trois possibilités. Mais, d'après Lesley, le langage s'est développé d'abord peu à peu, graduellement, comme nous le pouvons encore observer aujourd'hui chez nos enfants ; il croit et change perpétuellement à mesure que se modifie l'esprit des peuples. Jamais nous ne pourrons étudier le langage de l'âge de pierre; depuis longtemps il est éteint et remplacé par d'autres. Le langage fait partie de l'histoire naturelle. Les mots, les langues vivent et meurent, exactement comme les êtres vivants, comme eux aussi ils deviennent fossiles.

Les langues mortes, c'est-à-dire ayant déjà parcouru le cycle de leur existence, sont : le sanscrit, le pehlvi, l'égyptien, le chaldéen, l'hébreu, le grec, le latin.

(80)... *phénomènes observables encore chez l'animal.* — Le cri, le cri animal est, selon Clémence Royer, le commencement du langage. Il y a des cris différents pour exprimer les impressions diverses, comme la haine, l'amour, l'effroi, la joie, la colère, la crainte, etc. Ces sons ou cris primitifs sont les racines premières de toutes les langues; à eux se rattachèrent ensuite les cris imitant les bruits de la nature extérieure. Ces mots-cris existent chez l'animal aussi bien que chez l'homme, et tout animal a un langage dans le sens le plus général du mot; il a un moyen de se faire comprendre, que ce moyen se compose de cris, de chants, de gestes, de regards, etc. Désirs, crainte, faim, amour, etc., tous ces sentiments ont leur expression distincte chez l'animal. Seul le langage parlé est propre à l'homme, mais au début ce fut seulement un bégaiement animal.

L'intervalle entre nos langues perfectionnées actuelles et cet état ancien, naturel et originel du langage, est comblé par toute la longue série des peuples préhistoriques, avec lesquels des milliers peut-être de langues primitives ont disparu. Mais aujourd'hui encore nos langues sont très-imparfaites, et c'est là un grand empêchement pour l'esprit, un grand obstacle pour se faire entendre. Le destin de l'humanité dépend donc du perfectionnement futur du langage.

L'HOMME
SELON LA SCIENCE

TROISIÈME PARTIE

OÙ ALLONS-NOUS?

PARIS. — IMP. SIMON RAÇON ET COMP., RUE D'ERFURTH 1.

L'HOMME
SELON LA SCIENCE

SON PASSÉ, SON PRÉSENT, SON AVENIR

OU

L'OÙ VENONS-NOUS ? — QUI SOMMES-NOUS ?
OÙ ALLONS-NOUS ?

EXPOSÉ TRÈS-SIMPLE

SUIVI D'UN GRAND NOMBRE D'ÉCLAIRCISSEMENTS ET REMARQUES SCIENTIFIQUES

PAR

LE DOCTEUR LOUIS BÜCHNER

AUTEUR DE *FORCE ET MATIÈRE*

TRADUIT DE L'ALLEMAND PAR LE DOCTEUR CH. LETOURNEAU

ORNÉ DE NOMBREUSES GRAVURES SUR BOIS

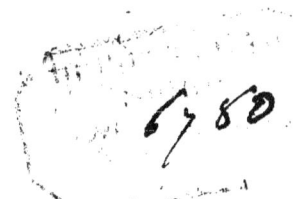

TROISIÈME PARTIE
OÙ ALLONS-NOUS ?

PARIS

REINWALD ET Cie, LIBRAIRES-ÉDITEURS

15, RUE DES SAINTS-PÈRES, 15

1872

III

OÙ ALLONS-NOUS?

(AVENIR DE L'HOMME ET DE L'HUMANITÉ.)

« Le privilége de l'homme consiste dans la conviction où il est, qu'il ne peut se proposer un but plus élevé que celui de l'humanité, dont le progrès se confond avec celui du monde terrestre. »

RADENHAUSEN, *Isis*.

« Aussi longtemps que l'animalité domina dans l'homme, le climat et le milieu influérent sur lui sans entraves, d'où, dans la forme humaine, une variabilité tout aussi grande que celle des végétaux et des animaux. Mais, avec l'éveil de l'intelligence, entre en jeu une activité qui, sous les climats les plus divers, travaille à affranchir l'homme du joug de la nature. Enfin, au degré le plus élevé de la civilisation, toutes les sociétés ennoblies ont contracté des habitudes analogues relativement à l'alimentation, au vêtement, à l'habitation ; bien plus, dans la similitude de la pensée, du sentiment, des tendances, se montre alors cette unité supérieure de la nature humaine, absente, il est vrai, à l'origine de notre espèce, mais qui, néanmoins, et cela est bien plus important, resplendit à nos yeux comme le but éclatant du développement humain. »

SCHAAFFHAUSEN, *la Doctrine de Darwin et l'anthropologie*.

« Quand une fois l'on a bien compris que la vie et l'activité de l'individu sont seulement un petit fragment de la grande, de l'éternelle vie de l'humanité, que c'est à l'unique condition de participer à cette dernière, que l'homme isolé peut réellement vivre, et vivre, nous pouvons l'espérer, éternellement, alors le souci du bien général ne semble plus un devoir pénible, mais une nécessité de notre nature, une nécessité qui nous éclaire d'autant mieux la véritable essence des choses, que nous savons y moins résister. En vérité, c'est le sentiment d'une telle relation qui est la grande source de tout noble et bel effort. Ni la crainte d'une damnation éternelle, ni l'espérance d'une béatitude individuelle, n'agissent réellement comme appuis moraux pour ennoblir la vie de l'homme ; même en négligeant d'observer que ces deux pivots du dogmatisme vulgaire se bornent, à vrai dire, à appeler au secours de leur morale l'égoïsme individuel. »

J. BLEEK, *de l'Origine du langage*.

Il nous semble, qu'après les éclaircissements contenus dans les deux premières parties de ce livre sur la place de l'homme dans la nature et ses rapports naturels avec l'univers, le grand mystère, qui a usé les efforts de tant de générations, le mystère de l'existence et de l'origine de l'homme est expliqué! Quels plus amples éclaircissements voudrait-on ou pourrait-on demander à ce sujet? Un exposé détaillé du mode de formation, du *comment* naturel de l'origine de l'homme et de son développement graduel dans le passé et le présent, voilà tout ce qu'on a raisonnablement le droit d'attendre de la science humaine. Comment? d'où? Ce sont là les seules questions que les lois générales des causes et des effets nous permettent de poser au sujet de la nature et de l'existence des choses; tandis que le pourquoi est une question insensée, dépassant nos forces et à laquelle par suite il nous est toujours impossible de répondre. Demander pourquoi l'homme existe, c'est demander pourquoi tout le reste, pourquoi l'univers existe, pourquoi d'une façon générale il y a de l'être? Qu'à de telles questions nous ne puissions pas attendre de réponse satisfaisante, cela va de soi. L'être, en particulier ou en général, est simplement un fait, qu'il nous faut accepter comme tel, et puisque, d'après les lois de la logique et de l'expérience, ce fait doit être considéré comme n'ayant ni fin ni commencement dans le temps et dans l'espace, il ne saurait naturellement être question d'une cause déterminée, d'une création, d'un *pourquoi*.

— Tout change au contraire dès que nous embrassons du regard le *comment*, dès que nous nous demandons de quelle manière les phénomènes particuliers et successifs de la nature et de l'être se lient, s'enchaînent conformément aux inviolables lois des effets et des causes. Alors, comme on l'a vu, la science contemporaine nous fournit, nous indique une conclusion des plus importantes et des plus inattendues, savoir, que tout le grand mystère de l'être, et surtout de l'être organisé, consiste dans un développement lent et graduel. Car ces modes si simples de développement fournissent la solution simple aussi de tous ces mystères compliqués, que jusqu'ici l'humanité ne croyait pas pouvoir expliquer sans recourir à l'aide d'une puissance extra-naturelle ou surnaturelle. Scruter ces modes dans leurs particularités, les poursuivre à travers le temps et l'espace et par là apprendre à toujours mieux connaître les fils indestructibles, qui relient l'homme à la nature et à l'ensemble de l'univers extra-humain, telle est la tâche de la science contemporaine. Toute explication auxiliaire, extra-naturelle ou non naturelle ou même simplement forcée devra être rigoureusement écartée. On n'accordera de valeur qu'aux hypothèses simples, naturelles, en harmonie ou, du moins, pas en contradiction avec les lois naturelles connues, et cela seulement jusqu'au moment où ces hypothèses céderont la place à des données meilleures et plus voisines de la vérité et de la science réelle. Là où les ressources de la science actuelle ne peuvent donner d'explication, il faut signaler le problème comme attendant une solution, et se bien garder de l'enfouir, de le dérober au vulgaire, en le cachant, selon l'habitude si commode et si connue des philosophes spéculatifs, sous les voiles de théories imaginaires ou de mots obscurs ayant eux-mêmes besoin d'explication ou n'en pouvant pas recevoir. Mais en outre, de telles explications doivent toujours porter sur la simple succession d'un plus tard, d'un plus tôt et de leur relation de cause à effet; car, avec toutes nos connaissances, nous sommes forcés de nous mouvoir dans un cercle où il n'y a nulle part, à aucun point déterminé, de commencement ni de fin ; nous devons donc nous contenter de ces constatations de connexion nécessaire ; c'est pourquoi toute question relative à une cause première, souveraine ou au pourquoi de l'être, ne peut être philosophiquement soulevée (81).

« Ce qui est absolument incomparable, a dit Buffon, est aussi absolument inintelligible; nous ne connaissons que des rapports. »

Il résulte donc de la nature de toutes nos connaissances que la dernière des trois grandes questions posées par nous, c'est-à-dire la question : « Où allons-nous ? » ne peut être comprise que dans le sens de cette vie terrestre ou dans la seule pensée d'un avenir et d'un perfectionnement terrestres. En effet, même en accordant que, vu la faible étendue de notre science ou l'imperfection de nos moyens de connaître, toute notion certaine touchant l'au delà de la vie terrestre individuelle et générale nous sera à jamais interdite ou bien que jamais nous ne verrons clair dans l'essence des choses, (82) quel dommage, si petit soit-il, résulterait pour nous de cet aveu? Nos efforts, théoriquement et pratiquement, n'en continueraient pas moins à se porter sur ce que nous sommes en état de connaître et de juger? Une expérience bien longue, plus que millénaire nous a appris que toujours notre connaissance scientifique s'est étendue en profondeur et en surface d'autant plus qu'elle s'unissait plus étroitement à la nature et à la vie terrestre, tandis que les hypothèses spiritualistes et les rêveries du passé l'entraînaient en sens inverse dans une mesure proportionnelle. Pas de meilleure démonstration de cette proposition que les investigations exposées dans les deux premières parties de ce livre touchant l'antiquité et l'origine de l'homme et du genre humain, touchant leur connexion régulière avec l'ensemble des êtres organisés. L'homme n'est pas venu sur la terre immédiatement, mais médiatement et grâce à ces mêmes forces, à ces mêmes causes naturelles, qui ont produit toute vie et toute existence. Il n'est point tombé d'en haut, de l'éther, mais il est issu d'en bas, s'est lentement perfectionné suivant les modes auxquels est soumis tout développement terrestre, et, dans l'état actuel de nos connaissances, il le faut considérer seulement comme le produit ultime et suprême de cette lente évolution progressive, par laquelle notre planète, notre terre a accompli, à travers d'immenses périodes de temps, le cycle de sa vie, cycle qui est simplement une phase particulière de l'éternité. Quelles formes plus élevées, plus parfaites que la nôtre sommeillent encore dans le giron du Temps et en pourront émerger à la fin par la continuation de cette évolution? Nous n'en savons rien. Mais un point sur lequel notre science ne nous permet pas le doute, c'est que jusqu'ici la nature n'a rien produit de plus élevé, de plus perfectionné que l'homme, et que, par suite, ce dernier a non-seulement le droit mais même le devoir de se considérer comme le souverain de tout ce qui lui est accessible dans l'univers et de façonner ce domaine, d'y tout diriger autant que possible suivant ses besoins et son but. Par là, comme on le conçoit sans peine, s'introduit dans le monde et la nature un principe tout nouveau, jusqu'alors inconnu et se différenciant essentiellement de tout ce qui jusqu'alors avait existé. En effet, dans l'homme le monde devient jusqu'à un certain point conscient de lui-même et il secoue comme un songe l'existence purement naturelle, qu'il avait subie jusqu'alors. La nature, naguère presque absolument despotique, obéit à son tour à une souveraineté. Cela toutefois ne se produisit pas instantanément et d'un seul coup, mais très-graduellement et longtemps après la naissance de ces êtres, qu'il faut considérer comme les premiers représentants du type humain. Le perfectionnement graduel, la transmission héréditaire par la génération des facultés subitement éveillées au sein d'une organisation plus parfaite, furent tout d'abord incapables de réaliser ce progrès, ce développement avancé, que nous devons aujourd'hui considérer comme le but le plus élevé de toute vie terrestre. Mais tandis que, durant ces primitives périodes de son développement, l'homme subissait les lois et les relations naturelles, identiquement comme la flore et la faune qui l'avaient devancé sur la longue échelle du progrès, tandis qu'il ne pouvait alors opposer aux influences favorables ou nuisibles de la nature qu'une très-faible résistance, il est parvenu aux époques suivantes, grâce à un plus grand perfectionnement de ses facultés intellectuelles, à s'émanciper de plus en plus de ces influences naturelles, et finalement à pouvoir dire, non sans fierté, que son présent et son avenir sont plus ou moins indépendants de la nature, c'est-à-dire que son sort est entre ses mains. La nature s'est en quelque sorte reconnue dans l'homme, en lui elle s'est sciemment regardée elle-même et par là elle a abordé une œuvre essentielle du progrès, une œuvre dont la réalisation graduelle la séparait de plus en plus de l'homme depuis les époques grossières et imparfaites du passé terrestre.

En parlant des travaux de Darwin nous avons signalé comme causes principales des métamorphoses et du progrès du monde organique, dans l'état de nature, la concurrence vitale, dont on a tant parlé depuis lors, et en outre, se combinant avec elle, l'influence de la variabilité, de la sélection naturelle. Toutes ces influences, l'hérédité exceptée, devaient agir avec d'autant plus d'intensité que le pouvoir de la nature sur les êtres organisés était plus considérable. On peut en dire autant de l'influence récemment invoquée de la migration et de l'action trop peu appréciée par Darwin des circonstances extérieures, des relations de la vie. En effet, plus l'individu était hors d'état de lutter contre ces influences par son jugement, par son indépendance, plus il était désarmé par les conditions excessivement rudimentaires de son existence, plus ces influences durent peser sur lui avec force. Si le concours entièrement fortuit de toutes ces causes purement mécaniques a pu entraîner non-seulement une simple transformation, mais encore un progrès du monde organique en grandeur, en perfection, et finalement provoquer la naissance d'un être destiné à remplacer la mécanique ou le pouvoir de la nature par des déterminations libres, il en résulte qu'il n'y a eu ni plan préconçu ni poursuite d'un avantage personnel quelconque. Il y a là simplement une suite nécessaire de relations naturelles, déterminées, ayant concouru ensemble de cette façon et pas autrement. L'homme ne doit donc son existence à personne ; le but de sa vie est en lui-même, c'est son bien particulier et celui de son espèce. (83) Mais ce bien n'est pas autre chose que le degré le plus complet possible d'émancipation vis-à-vis de ces forces naturelles qui jadis ont appelé à la vie l'homme et le monde organique et qu'il faut maintenant maîtriser. Si la lutte pour vivre est la condition qui rapproche le plus l'homme de l'animalité, elle doit être extrêmement dure, extrêmement sauvage dans l'état naturel ou primitif et revendiquer d'abord la vie tout entière, sans laisser la moindre place à ce développement intellectuel humain, que nous considérons maintenant comme la tâche de l'humanité! Mais, d'autre part, le malheur même de sa condition, le manque de moyens de défense naturels contre le monde animal durent énergiquement pousser l'homme primitif à utiliser de son mieux ses forces intellectuelles et corporelles dans sa lutte avec le pouvoir écrasant de la nature ambiante, d'où une des causes principales du progrès humain dans la fabrication des armes, des vêtements, la construction de l'habitation, le soin de l'alimentation, etc. Les difficultés de la lutte poussèrent aussi les hommes à s'assister mutuellement, à s'associer, et cette association à son tour fut un des principaux stimulants du progrès. Quand fut heureusement et victorieusement terminée la lutte avec l'animalité, commencèrent aussitôt les guerres des hommes entre eux, ces hostilités éternelles et sanglantes, qui composent dans le passé l'histoire de tous les peuples et de toutes les races sans exception. Mais ce qui profita surtout à l'homme dans sa concurrence vitale avec l'animal, ce fut que chez lui les connaissances ou l'expérience acquise ne périssaient pas avec chaque individu, mais se transmettaient par l'éducation, la tradition, et que, par suite, chaque génération nouvelle pouvait, dans sa lutte pour vivre, développer une plus grande force de résistance que la génération précédente. A l'aurore de l'humanité, quand l'homme était encore très-voisin de l'animal, cette influence fut peut-être bien faible, comme nous l'avons montré dans la première partie de ce livre, le progrès fut sans doute infiniment difficile et lent; pourtant la situation s'améliora d'autant plus que l'homme s'éloigna davantage de son origine animale et mit en usage les nombreux secours que lui fournissait une civilisation progressive.

Dans l'état présent de nos connaissances, on ne peut déjà plus mettre en doute la transmission héréditaire des particularités corporelles, natives ou acquises. Or, si ces particularités peuvent servir dans la lutte pour vivre, elles poussent à un progrès, à un perfectionnement plus grand ; mais l'expérience acquise nous permet encore moins de contester des faits semblables, touchant les particularités intellectuelles, telles que facultés plus puissantes, aptitudes, etc. Le fonds matériel de ce progrès peut être cherché dans une finesse, une souplesse extraordinaire de l'organe intellectuel, c'est-à-dire du cerveau, dont le perfectionnement graduel ne peut pas plus être sérieusement contesté dans la série animale que dans la série humaine. Grâce à cet organe, à son activité, l'homme a facilement contre-balancé tous les anciens désavantages de son organisation comparée à celle des animaux, et peu à peu il s'est élevé jusqu'au rang de maître incontesté de la création. Il a même tellement dompté les forces naturelles et les a si bien réduites à le servir, que les rapports primitifs de la nature avec le monde organisé semblent maintenant exactement renversés et retournés tout à l'avantage de l'homme. Bien plus, la lutte pour vivre, qui dans le principe était, comme chez les animaux, limitée aux conditions extérieures de l'existence, s'est modifiée essentiellement par le progrès de l'esprit humain et s'est transportée du domaine de la vie matérielle dans le domaine politique, social et scientifique. Du moins en est-il ainsi chez les nations cultivées, tandis que chez les peuples sauvages ou occupant les points les moins favorisés de la surface terrestre, la lutte pour vivre se déchaîne encore avec une partie de sa brutalité première. Il est clair que l'indépendance de l'homme vis-à-vis de toute influence déterminante de la nature extérieure croit en même temps que la civilisation, et par conséquent que l'action presque illimitée sur les mondes végétal et animal du climat, du sol, de l'alimentation, de la localité, etc. doit être plus ou moins neutralisée pour l'homme civilisé. Ne voyons-nous pas en réalité combien, grâce à leur outillage perfectionné et à leurs connaissances, l'Européen policé et l'Américain peuvent résister aux intempéries, aux conditions plus ou moins défavorables, et même lutter avec succès contre des peuples indigènes, résidant dans leur pays et mieux adaptés au climat et aux localités? Toutes les branches de la grande famille humaine arrêtées sur l'échelle du progrès disparaissent, à bien peu d'exceptions près, sous la pression de l'homme civilisé, et déjà l'on peut sans peine prévoir l'époque où une certaine uniformité de culture, de condition matérielle, c'est-à-dire un vrai cosmopolitisme de l'homme civilisé, régnera sur la plus grande partie de la surface habitée et habitable de notre planète. Même ces influences naturelles qui, dans l'état de nature, agissent sur notre espèce si énergiquement, par exemple le climat, la constitution du sol, la distribution des eaux et de la terre, etc. ; tout cela est devenu dans une assez large mesure tributaire de l'homme civilisé; et, quant aux agents naturels, qu'il n'a pu directement dompter, il a du moins trouvé des moyens de locomotion si puissants, que ces obstacles ne le peuvent plus guère incommoder (84). A peine est-il besoin d'ajouter que la domination de l'homme sur ses parents du monde organisé, c'est-à-dire sur les animaux et les plantes, est déjà si grande et si bien établie, que dès à présent, comme l'a très-bien exposé et senti un collaborateur de Darwin, A. Wallace[1], on peut prévoir le temps où il n'y aura plus que des plantes et des animaux cultivés, c'est-à-dire tolé-

---

[1] Comparez mes *Six leçons sur la théorie darwinienne*. Leipzig, Thomas, 1868, p. 256, etc., 2ᵉ édition; et Paris, Reinwald, 1869.

rés ou élevés par l'homme, un temps où la sélection de l'homme aura remplacé, excepté dans l'Océan, celle de la nature.

La claire exposition de cette vue nous oblige à répondre à une question bien souvent soulevée depuis l'apparition de la théorie darwinienne. Est-il possible que, dans le cours des temps à venir, un autre rameau de la grande famille humaine, une autre race, plus élevée encore, se détache, comme il arrivait autrefois, du genre humain actuel? Cette question si intéressante et si importante pour l'avenir de l'humanité a donné lieu à diverses réponses où l'imagination et l'amour des hypothèses ont pu amplement se donner carrière (85), mais sans avoir jusqu'ici produit rien qui vaille. A ne concevoir la question qu'au point de vue transformiste et conformément à l'incontestable loi naturelle du passé, on ne peut guère se dispenser de répondre affirmativement. Admet-on au contraire que l'activité humaine a introduit dans le monde vivant un ordre tout nouveau, qu'elle a dans une certaine mesure substitué à l'aveugle pouvoir de la nature des déterminations raisonnables, alors on en arrive à se demander si l'homme, dans son état actuel, est encore soumis sans condition à cette loi, à cette relation naturelle. Les causes, qui, dans les premiers temps de l'humanité, contraignaient des tribus isolées, des rameaux humains à délaisser leur pays, à se transporter dans des contrées lointaines et là à soumettre des peuples étrangers, à s'y mêler aussi, ces causes, aidées par la plus grande rudesse et l'influence plus puissante des forces de la nature, ont pu maintes fois faire sortir du tronc commun de l'espèce des races ou des variétés. Cela est vraisemblable, même sans admettre, comme le fait la théorie darwinienne de Wallace, une unité originelle absolue du genre humain, sans croire que tous les caractères différentiels si nombreux des types humains soient uniquement dus à des déviations, que la lutte pour l'existence a fait sortir d'une forme primitive unique. Au contraire, nous avons démontré, dans la seconde partie de ce livre, que des raisons nombreuses et fortes plaident en faveur de l'opinion suivant laquelle l'homme, dès son premier essor au-dessus de l'animalité, aurait déjà formé des espèces multiples. Sans doute, ces variétés ont pu se multiplier extraordinairement, s'accroître et se croiser ; mais malgré tout on ne peut admettre que tout cela puisse triompher absolument du pouvoir si fort et si niveleur de la civilisation. Il est bien plus vraisemblable que, sous l'influence de cette dernière cause, un mouvement inverse d'égalisation s'est opposé au mouvement de différenciation, d'où une tendance dans notre espèce, et par toute la terre, à une ressemblance, à une analogie toujours croissantes, dues sans doute à l'extinction des races faibles et à la multiplication de plus en plus grande des races fortes, c'est-à-dire intelligentes.

Sans doute, la possibilité de la formation, dans quelque coin particulièrement favorisé du globe, d'une race nouvelle et supérieure, d'où naîtrait un rameau humain distingué par des aptitudes spéciales, n'est pas absolument écartée ; mais cette possibilité n'étant pas en harmonie avec la tendance à l'uniformité du présent, et surtout avec la rapidité des communications, d'où résulte aussi l'extension prompte du progrès civilisateur, n'est, par conséquent, pas vraisemblable. L'influence corporelle ou plus généralement l'influence extérieure est peu ou point importante dans la manière actuelle de guerroyer pour l'existence ; c'est principalement sur le terrain intellectuel ou moral que se livre la bataille, et ce terrain s'égalise aujourd'hui facilement et promptement dans tout le monde civilisé.

Si notre raisonnement est fondé, la formation dans l'avenir d'une nouvelle race humaine mieux douée n'est guère probable. Il est donc inutile d'invoquer cette éventualité au point de vue du développement progressif de l'humanité et du genre humain. Le progrès marche du même pas, il est même plus important ; mais sa voie, sa manière de se réaliser sont autres. Les peuples rivalisèrent au début par la bonté des armes, de l'habitat, par la vigueur, le courage, la férocité, etc. Aujourd'hui leur émulation mutuelle a pour objet les arts utiles, les découvertes, l'organisation et les sciences. Le temps où un peuple en subjuguait un autre et l'exterminait est passé ; c'est en surpassant les autres et non plus en les exterminant que l'on obtient la prééminence. Mais de là résulte justement cette civilisation uniforme, ce mélange des races supposés par notre raisonnement et qui s'oppose si fortement à l'émergence de nouvelles espèces. Le développement progressif de l'humanité n'est donc plus artificiel comme autrefois, quand il était seulement le partage d'une race isolée, résolue à détruire ou à expulser les autres ; il se fait au bénéfice du genre humain tout entier sans distinction. Jusqu'où marchera ce progrès ? il est difficile de le prédire ; mais, changeant de forme, comme la lutte pour l'existence, ce développement deviendra, ainsi que nous l'avons déjà dit, plutôt intellectuel que corporel ; en d'autres termes, il ira de pair avec un perfectionnement, un développement plus grand des aptitudes et des facultés qui sommeillent dans le cerveau humain. En effet, puisque l'homme de nos jours triomphe dans la lutte pour l'existence, surtout grâce à son cerveau, et qu'il le fera de plus en plus à l'avenir, les bienfaits et les avantages de cette lutte amélioreront surtout l'organe cérébral, et l'expérience nous apprend qu'il en a déjà été ainsi dans le passé (86). Même les peuples ou les races en retard ou en arrière (par exemple les Chinois ou les Africains en Amérique) ne pourront soutenir longtemps la concurrence de l'homme civilisé, là même où les favorise l'absence de besoins, qui leur est particulière, s'ils ne s'approprient aussi tous les secours de la civilisation actuelle et ne suivent la route de la culture intellectuelle, où l'humanité présente marche laborieusement. Aussi verra-t-on ces races, sûrement malgré elles ou du moins à leur insu, s'engager de plus en plus dans le mouvement civilisateur général qui a formé le cerveau européen, et perdre plus ou moins les caractéristiques de leur race.

On voit donc que toutes les causes solidaires du mouvement en avant de la civilisation et de son extension à la surface de la terre sont bien moins favorables à la formation d'une nouvelle race d'hommes qu'à la multiplication d'un type humain supérieur et plus ou moins uniforme. Cette issue finale du développement humain serait bien la plus désirable au point de vue des principes généraux d'humanité et de justice. La suppression des races ou des peuples les plus inférieurs par les races supérieures ou plus puissantes a toujours eu pour conséquence une telle somme de misère et d'iniquité, que la répétition de tels événements ne pourrait que provoquer chez le philanthrope les émotions les plus tristes. En outre, de telles suppressions de peuples seraient dans l'état actuel de la conscience humaine, doublement cruelles et regrettables, quand même on pourrait légitimer la substitution d'un type plus élevé ou meilleur à un type inférieur. Mais comme, dans l'état présent de l'humanité,

cette substitution de type peut s'effectuer sans violence
et simplement par la puissance victorieuse de la conviction, la généralisation et l'uniformité du progrès deviennent plus vraisemblables que la destruction des races. Le
seul exemple ne suffit-il pas déjà parmi les nations civilisées du globe pour réaliser rapidement et au profit
général tout progrès, toute amélioration, toute vulgarisation de connaissance!

Ainsi, dans le cours des temps et grâce à des modifications progressives, la lutte pour l'existence, que nous
voyons encore dans toute sa rigueur au sein de l'animalité et des civilisations arriérées, s'est transformée en une
concurrence, une rivalité entre les individus et les peuples
pour obtenir les premiers, les plus élevés des biens terrestres; par suite on a moins songé à se détruire mutuellement qu'à se surpasser les uns les autres, à s'enrichir
aux dépens d'autrui. Il n'en faut pas conclure que pour
cela la guerre soit devenue moins acharnée, moins rude.
Au contraire, elle se déchaîne non moins intense, non moins
inexorable aujourd'hui sur le terrain moral qu'autrefois
sur le terrain physique. Elle est même plus compliquée
et plus variée que la lutte grossière de l'état de nature; car
il ne s'agit plus simplement de durer, mais de posséder
du même coup quantité d'avantages politiques, sociaux
ou matériels. On y a gagné d'un côté, en ce sens que la
concurrence humaine a suscité toute une série spéciale
de penchants et de facultés peu ou point développés chez
l'animal, d'où une cause très-importante de progrès
général et individuel; mais d'autre part la vie morale a
été le théâtre d'autant d'horreurs, de cruautés sans
nombre qu'autrefois la vie physique. (87)

Un grand inconvénient de la guerre sociale comparée
à la guerre simplement naturelle, c'est que, les influen-

ces de la loi naturelle étant plus ou moins entravées par la volonté et les institutions humaines, ce n'est pas toujours le meilleur, le plus robuste, le mieux adapté au milieu, qui a chance de triompher de son concurrent. Au contraire, ce serait plutôt la grandeur individuelle de l'esprit qui serait volontairement et habituellement sacrifiée à des préférences personnelles inspirées par la position sociale, la race, la richesse. Néanmoins le penchant de la nature humaine vers le mouvement et le progrès est si décidé, qu'en dépit des circonstances défavorables, le but se trouve atteint. Mais comme il le serait bien mieux encore si, tout obstacle, toute inégalité étant aplanis dans la mesure du possible, on laissait à la loi dont nous parlons un champ aussi libre qu'il le peut être, sans injustice, sans oppression! La lutte pour l'existence est chez l'homme bien autrement pénible que chez l'animal; car habituellement l'homme, pris individuellement ou en masse, sent lourdement, douloureusement les suites de l'humiliation, de l'oppression, de la défaite; au contraire, l'animal y voit seulement une fatalité naturelle, à laquelle il se soumet sans conscience et sans résistance. Cette sensibilité humaine est surtout douloureusement froissée alors que la conscience générale du bien ou du mieux est plus ou moins en avance sur l'organisation existante. C'est dans une de ces périodes critiques que nous nous trouvons; jamais peut-être à aucune autre époque il n'y a eu autant de désaccord entre le besoin et sa satisfaction, entre l'idée et la réalité, entre la pensée et ce qui est. L'organisation tout entière de l'État, de la société, de l'Église, de l'éducation, du travail, etc. est, en raison d'une loi d'inertie dominante, bien en arrière de ce que réclame la conscience générale de l'humanité, que la science, la réflexion et le progrès matériel ont ennoblie. Si les forces ennemies du progrès ne trouvaient un si important et si puissant appui dans l'indolence et l'immobilité de la grande masse ignorante, l'état de choses actuel aurait depuis longtemps cédé la place à un autre.

Dans une telle situation peut-il y avoir pour le philanthrope une tâche plus haute, plus noble que d'examiner les points mêmes où ce désaccord est le plus profond et où la lutte pour vivre peut être allégée et mieux utilisée pour l'individu et pour la collectivité? C'est aussi par les points en question que l'homme est surtout capable de mettre en pleine lumière sa supériorité sur les grossières lois de la nature ou plutôt sur ses rapports avec la nature; c'est par là encore qu'il peut dominer de plus haut son humble passé. Plus l'homme s'éloigne de son passé et de sa parenté avec l'animalité, plus il remplace le pouvoir de la nature, qui jadis exerçait sur lui un empire absolu, par ses propres décisions libres et raisonnées, plus alors il devient homme dans le vrai sens du mot, plus il approche du but que nous devons considérer comme étant l'avenir de l'homme et de l'humanité. Mais pour cela il lui faut avant tout reconnaître que jamais il n'atteindra sa destinée naturelle tant que, à l'imitation de la bête, il aura seulement le sentiment de son individualité, tant qu'il se bornera à guerroyer sa lutte pour l'existence pour son propre compte et en obéissant à des mobiles égoïstes. L'homme est un être sociable ou social, par conséquent c'est seulement en s'unissant aux êtres de son espèce, c'est seulement dans la société humaine, qu'il peut accomplir sa destinée et arriver au bonheur. C'est seulement au sein de l'humanité et par elle que l'individu atteint son plein développement; par conséquent l'effort de cet individu vers le bonheur personnel est nécessairement lié de la façon la plus étroite à l'effort de l'humanité vers le bien-être et le progrès.

Malheureusement cette grande et importante vérité a été jusqu'ici trop méconnue ou trop négligée. Cependant l'homme civilisé a depuis longtemps dépassé la forme tout à fait primitive et grossière de la lutte pour vivre; grâce à des conditions politiques et sociales régulières, il a créé quantité d'institutions dans le but de protéger l'individu, avant qu'il ait subi l'issue la plus funeste de cette lutte, dans le but même d'assurer la possibilité de vivre au plus faible, au plus désarmé. Obéissant à l'amour général de l'humanité, la bienfaisance privée a fait beaucoup, tout ce qu'il était possible, pour atténuer la rigueur et l'horreur de la guerre ou pour protéger les combattants contre une impitoyable extermination. Mais tout cela est bien plus l'œuvre du hasard que de la nécessité, et l'on ne peut nier que les principes fondamentaux de la société ne soient encore entièrement ceux de la vieille, de l'antique et grossière lutte pour vivre; seulement cette lutte étant transportée sur le terrain moral ou intellectuel en a revêtu une forme moins dure. Si ces principes fondamentaux ne reçoivent pas partout leur pleine et entière application, c'est que la bonté des institutions humaines, considérées d'un point de vue général, en adoucit l'effet ; c'est aussi que les principes d'humanité se sont largement propagés parmi les hommes. Mais ces principes humanitaires n'agissent guère que si le bien ou l'intérêt individuel ne sont pas en jeu ; dans le cas contraire, l'égoïsme social ne recule devant rien. Aujourd'hui encore le plus fort, le plus riche, le plus haut placé, le plus savant, etc., exercent un empire presque absolu sur le faible, sur l'ignorant, sur l'homme des classes inférieures, et il leur semble tout naturel d'épuiser à leur profit personnel les forces de ces derniers. La société entière doit nécessairement souffrir d'un tel état de choses; elle doit comprendre qu'il vaudrait mieux voir tous les individus, concertant leurs efforts, se soutenant l'un l'autre, tendre au même but, c'est-à-dire à secouer le joug des forces naturelles, au lieu d'user le plus clair de leur vigueur à s'entre-déchirer, à s'exploiter mutuellement. La rivalité, si utile en soi, doit subsister, mais en dépouillant l'antique et rude forme guerrière et exterminatrice de la lutte pour vivre, en revêtant la forme ennoblie et vraiment humaine d'une concurrence ayant pour but l'intérêt général. En d'autres termes : au lieu de la lutte pour vivre, la lutte pour la vie en général ; au lieu de l'homme, l'humanité; au lieu de la guerre intestine, l'harmonie générale; au lieu du malheur personnel, le bonheur universel; au lieu de l'universelle haine, l'amour universel ! A mesure que l'homme progresse dans cette voie, il s'éloigne davantage de son passé bestial, de sa subordination aux forces naturelles et à leurs inexorables lois pour se rapprocher du développement idéal de l'humanité. Dans cette voie aussi l'homme retrouvera ce paradis dont la vision flottait déjà dans l'imagination des plus anciens peuples, ce paradis que, suivant la légende, le péché a ravi à l'homme ; avec cette différence toutefois que le paradis futur n'est pas imaginaire, mais réel, qu'il ne se trouve pas à l'origine, mais à la fin de l'évolution humaine, qu'il n'est pas le don d'un dieu, mais le résultat du travail, le gain de l'homme et de l'humanité.

Après avoir aussi bien déterminé dans leur généralité, dans leur ensemble les principes du futur développement humain tel que le comprend et le prédit la conception matérialiste ou naturelle du monde, tant au point de vue physique qu'au point de vue moral, il s'agit maintenant de particulariser ces données acquises, de se demander comment, dans leurs directions diverses, la pensée et la société humaines pourront se modeler sur elles.

L'ÉTAT.

Le but de l'État est d'arriver à la plus grande somme possible de prospérité pour tous. Comme de notre temps une telle prospérité ne se peut même pas concevoir sans la plus grande somme de liberté possible pour tous, toute constitution politique future devra avoir pour premiers principes la complète indépendance des peuples et l'égalité des droits pour tous les citoyens. Que cette nécessité exclue dorénavant tout principe monarchique ou hiérarchique, cela va de soi. Politiquement, personne ne doit être le serviteur d'un autre, personne ne doit être le maître d'un autre! L'établissement d'une forme politique républicaine n'est donc plus pour les États constitués d'Europe, d'Amérique, etc., qu'une simple question de temps. Les monarchies encore existantes ne sont que les débris de la vieille féodalité, des anciennes guerres de conquête, les ruines croulantes d'un temps où l'homme ne connaissait en politique d'autres rapports que ceux de maître à esclave, de vainqueur à vaincu. Toute la conscience de l'humanité actuelle se soulève jusque dans ses dernières profondeurs à la pensée qu'un seul homme puisse en maîtriser et en quelque sorte en posséder beaucoup d'autres, ou qu'une foule d'hommes puisse être assujettie à un seul; aussi un tel état de choses serait depuis longtemps aboli si les partisans de l'ancien système ne s'appuyaient, par un calcul bien entendu, sur les masses indolentes et depuis longtemps façonnées à l'obéissance, pour résister à la conviction des gens éclairés ; si même, parmi ces derniers, il ne s'en trouvait chez qui une certaine crainte

de tout changement et l'incertitude de l'avenir passent
bien avant la notion du progrès. En alléguant habituellement, en faveur de leur conduite, que le peuple n'est pas
mûr pour une forme politique, pour une constitution républicaines, les défenseurs du vieil état de choses appliquent
une image bonne en soi à un raisonnement vicieux ; car
les fruits les mieux exposés arriveraient-ils à maturité en
l'absence des conditions vitales nécessaires, d'air, de lumière, de chaleur, d'alimentation, etc.? Quel mode meilleur
d'alimentation, d'éducation pour mûrir la liberté que la
liberté même ! Comment un homme lié apprendrait-il à
se mouvoir librement? Qu'au contraire il puisse user
sans entraves de ses membres, sans doute il fera parfois des chutes, mais pour se relever. En outre, la liberté
politique est chose si simple, si naturelle, que déjà
plusieurs des peuples les plus anciennement civilisés,
et justement les plus éminents d'entre eux au point de
vue intellectuel, possédaient cette liberté dans une large
mesure ; et il serait vraiment bien étonnant que, dans
leur état actuel de civilisation, les hommes fussent
encore mal préparés à une forme politique pour laquelle
leurs ancêtres éclairés, d'il y a des milliers d'années,
étaient déjà mûrs. Faut-il attendre que, sous la pression
d'une forme politique monarchique, tous les hommes
sans exception, unis dans une même pensée, dans une
même conviction, s'accordent pour passer à une forme
politique républicaine? alors l'attente pourrait bien être
éternelle. Mais de tout temps la minorité a devancé,
par la justesse de ses vues, la majorité déraisonnable ;
de tout temps elle a préparé aux plus grandes révolutions politiques les conducteurs des masses inintelligentes. Telle doit être la règle politique de l'avenir et d'autant mieux que l'exemple du plus grand développement

politique que l'histoire ait mentionné se produit actuellement sous une forme politique républicaine. Est-il possible de croire que les États-Unis d'Amérique, quelque critique que l'on puisse faire de leurs agissements, auraient pu sous un gouvernement monarchique prendre leur étonnant essor politique et matériel !

Beaucoup objecteront, et à bon droit, qu'en politique il s'agit moins de la forme que de l'essentiel et que parfois, comme le démontre l'histoire, on peut vivre moins libre sous un régime politique républicain que sous tel autre que l'on voudra. Mais l'abus d'une chose ne suffit pas à justifier tout le blâme que peut entraîner cet abus ; et si une monarchie respecte la liberté, c'est plus ou moins une affaire de hasard ou de bienveillance ; au contraire, si, dans une république, la liberté souffre dommage, la responsabilité retombe sur la masse même des citoyens, mais cette masse a aussi le pouvoir de réparer sa faute. Négligeons même toutes ces raisons tirées de l'utilité. Est-ce que la fierté de tout homme né libre ou pensant librement ne devrait pas repousser avec indignation toute idée de subordination personnelle en politique ? ne devrait-elle pas revendiquer le droit de complète indépendance et le bienfait de l'égalité des droits ?

Parmi les républicains contemporains existe une assez profonde dissidence d'opinion au sujet des avantages du *fédéralisme* et du *centralisme*, c'est-à-dire d'une république fédérée ou d'une république unitaire. La dernière forme, étant la plus simple et la plus naturelle, n'aurait sans doute pas rencontré tant d'adversaires, si les fâcheuses expériences d'une centralisation immodérée, que l'on a faites et que l'on continue à faire en France, n'avaient prévenu contre elle plus que de raison l'esprit des hommes politiques. Mais les expériences qui ont eu lieu dans les deux républiques fédérales de la Suisse et de l'Amérique du Nord, ne plaident nullement en faveur du fédéralisme, qui a produit dans le premier de ces deux pays le *cantonalisme*, devenu proverbial, la guerre du Sonderbund, et a amené dans l'autre pays la grande guerre civile américaine, source de tant de maux, de tant de malheurs pour la puissante république occidentale. Dans les républiques fédérales on a à craindre le principe de l'éparpillement, de l'isolement volontaire des États fédérés ; dans les républiques unitaires il faut redouter que le pouvoir central ne porte préjudice à la liberté et ne subordonne inutilement à la volonté générale les particularités politiques locales. Dans l'opinion de l'auteur, les deux difficultés se peuvent facilement aplanir par l'union du principe de l'unité absolument nécessaire pour une bonne administration avec l'autonomie aussi étendue que possible de la commune. Dans la liberté de l'administration communale, telle que la possédèrent déjà nos vieux ancêtres germaniques, réside le plus solide appui, la base de la liberté individuelle du citoyen ; par elle toutes les tendances spéciales légitimes de chaque race, de chaque région trouvent un libre jeu, sans que pour cela l'unité nécessaire du tout politique et de son administration ait à en souffrir. De même, dans l'organisme animal, que nous pouvons citer comme un excellent modèle d'organisme politique, chaque partie, bien plus chaque cellule ou groupe de cellules jouit de son indépendance et pourtant, par son activité, chacun de ces éléments contribue pour sa large part à la conservation de l'ensemble. Cette admirable intrication de la vie de chaque partie avec la vie de l'ensemble, telle que nous l'offre l'organisme animal, repose sur un principe destiné à prédominer de plus en plus dans notre état politique et social ; ce principe est celui de la division du travail ; et nous voyons ce principe s'accuser d'autant plus nettement, nous voyons l'activité de chaque partie s'employer dans l'intérêt de l'organisme total d'autant plus que l'on s'élève davantage dans le règne animal, tandis qu'au contraire, chez les plantes et chez les animaux les plus inférieurs, les parties isolées possèdent pour la plupart une telle indépendance, que très-souvent on peut sans inconvénient diviser l'organisme total en deux ou plusieurs organismes, vivant ensuite de leur vie propre. Nous trouvons là un excellent indice de la direction, que doit suivre notre progrès politique ; nous voyons par là, que nous atteindrons d'autant mieux le but de l'organisme politique, que nous saurons mieux faire concorder le travail de tous pour le bien, et la conservation de l'ensemble à l'aide d'une division graduée du travail et de la plus grande somme possible d'indépendance, laissée aux individus et groupes d'individus (communes) composant l'État (88).

LES PEUPLES.

Ce même principe, que nous avons reconnu conforme au progrès naturel dans les rapports mutuels des individus, nous servira aussi de règle à l'avenir pour les relations réciproques des peuples et des nations. La guerre d'extermination fera place à une rivalité ayant pour objet tout ce qui est utile et à une plus ou moins grande communauté d'efforts, pour triompher des obstacles qui s'opposent au bonheur de l'humanité. Ce principe est déjà devenu si puissant, si considérable, même dans l'état de choses actuel, que nos gouvernements contemporains, quoique fondés pourtant essentiellement sur les vieilles idées d'oppression et de guerre diplomatique ou militaire, n'ont pu échapper entièrement à son influence. Dans les temps modernes, chaque État s'efforce évidemment d'éviter autant que possible les complications guerrières et de les remplacer par les œuvres de la paix, par le salutaire effet de mutuelles explications. Cet état de choses toutefois n'est que provisoire, et il peut être troublé à chaque instant par l'ambition de potentats insensés ou par l'ardeur batailleuse des énormes armées que ces potentats tiennent sur pied. Mais quand ces débris d'une civilisation arriérée auront disparu, la guerre de peuple à peuple sera presque impossible; car on considérera que toute guerre entreprise par un peuple contre un peuple voisin tourne en même temps contre ce peuple et contre ses propres intérêts. Toute occasion même manquera à des chocs armés de ce genre; car personne ne songera plus à asservir ou à opprimer, dans l'intérêt d'une autre nation, un peuple jouissant de sa légitime indépendance; en outre, les compétitions d'autrefois, qui pourraient surgir encore, seraient très-facilement réglées par un arbitrage des peuples ou un aréopage de nations. Le principal obstacle à cette alliance des peuples consiste dans la détermination et la délimitation des nationalités. Quelques puissantes objections que l'on puisse faire à la stricte application du principe des nationalités, le ressort principal pourtant de tous les mouvements politiques actuels des peuples, ce n'en est pas moins le seul principe sur lequel on puisse baser une juste et durable délimitation des nations. Tout peuple doué d'une vitalité assez grande pour s'être donné une langue, une histoire, une littérature propres, tout peuple, qui n'est pas un simple accessoire et ne peut être regardé comme un rameau détaché d'une grande race et incapable de vivre seul, a droit à une existence indépendante; on la lui doit garantir et conserver. Les cas douteux, et aussi les difficultés au sujet de la délimitation des diverses nationalités, là, où il y a mélange partiel, seront soumis à la décision d'experts impartiaux désignés par les peuples arbitres, à moins que les parties intéressées ne réussissent à régler entre elles l'affaire. De telles transactions ne sauraient d'ailleurs souffrir de difficulté dans l'avenir politique, qu'il est permis de prévoir, puisqu'il ne sera plus question alors de s'opprimer mutuellement, d'extirper violemment les traits particuliers des nations, mais d'arriver à vivre pacifiquement ensemble. Cette ridicule haine internationale de l'antiquité, qui jadis a causé tant de désastres, est déjà éteinte dans le cœur des gens éclairés des grandes et puissantes nations; elle a fait place à une mutuelle reconnaissance, au désir général de relations pacifiques ou d'une paisible émulation, par exemple, entre Allemands et Français, Allemands et Italiens, Français et Anglais, etc. Sans doute, ce sentiment pénétrera peu à peu dans les masses et s'opposera aux grandes guerres internationales. Quel énorme et incalculable gain de prospérité nationale résultera de la cessation de ces armements énormes, dévorant la moelle des peuples, mais que les États européens considèrent aujourd'hui comme nécessaires à leur sécurité! Cela est trop connu et reconnu pour qu'il soit nécessaire d'insister sur ce point.

LA SOCIÉTÉ.

Il faut mettre bien au-dessus de toutes les réformes nationales ou politiques la réforme de la société dans le sens du progrès civilisateur que nous avons exposé. De quelle utilité en effet, de quel secours sont à l'individu

toutes les libertés politiques ou bien la satisfaction de
son orgueil national, si l'oppression sociale lui rend tout
cela amer ou l'empêche d'en jouir ? Tout progrès politique est et demeure une chimère tant que la société
ressent du malaise et de la douleur jusque dans ses entrailles ; et les peuples n'obtiendront pas la paix et la
sereine jouissance de la vie, tant que l'affranchissement
social n'aura pas apporté à l'affranchissement politique
son complément nécessaire. Jamais dans l'humanité la
lutte pour vivre ne s'est déchaînée avec plus de fureur
qu'à partir du moment où elle s'est transportée surtout
sur le terrain moral ou intellectuel ; jamais elle n'a laissé
derrière elle de plus horribles traces de son action dévastatrice. Malheureusement nos nerfs sont, dans une
certaine mesure, émoussés par l'habitude journalière
et par le spectacle incessant de tant de misère ; c'est
pourquoi cette inégalité, cette injustice exorbitantes,
qu'entraîne la lutte sociale pour vivre, ne nous frappent
guère plus et tout cela nous semble aussi naturel que la
guerre atroce et sans merci dans le champ de la nature.
Mais, ce faisant, nous oublions quelle énorme différence
existe entre la loi naturelle, qui ne souffre pas d'exception, qui inflige ordinairement à sa victime une mort
prompte, inattendue, et la lutte pour vivre sciemment
menée par l'homme obéissant à des institutions, à des
conditions humaines, et par suite susceptibles d'amélioration. Sans doute ces institutions, ces conditions sont le
produit d'une évolution historique très-analogue à l'évolution naturelle et la libre coopération de l'homme ne
peut les influencer que dans de certaines limites. Mais
plus l'humanité grandit, plus elle devient capable de substituer à la grossièreté des conditions naturelles de libres
et raisonnables déterminations, plus aussi elle peut et

doit se demander si cette inégalité, cette injustice sociales, que nous voyons s'exercer presque sans entraves, sont fatales ou plus ou moins fortuites et s'il ne serait pas possible de réagir par le jeu même des institutions sociales contre les conséquences de cet état de choses, conséquences funestes en même temps à l'individu et à la collectivité.

Nous avons dû reconnaître tout à l'heure les grands principes d'égalité et de liberté, comme devant être les bases certaines et presque inattaquables de la politique future, il n'est donc nullement douteux que la constitution sociale doive s'appuyer aussi sur ces mêmes fondements. Sans doute, il est encore très-petit le nombre des hommes à qui la nécessité de la réforme sociale paraît aussi évidente que celle de la réforme politique; souvent même c'est précisément parmi les politiques libéraux, que se trouvent les adversaires les plus acharnés des aspirations vers une amélioration sociale. Pourtant qui oserait prétendre que l'oppression et l'exploitation soient moins pernicieuses socialement que politiquement? A la question de savoir si tout homme n'a pas au moment même de sa naissance un droit sur l'ensemble des biens matériels et intellectuels de l'humanité et, dans l'espèce, sur ceux de son peuple ou de sa nation, qui oserait répondre par un non catégorique? On oserait tout aussi peu contester qu'en réalité, dans l'état actuel des choses, ce droit n'est qu'une cruelle dérision. Tel, en effet, naît avec la couronne sur la tête ou, dès le berceau, se roule sur les millions; il lui a suffi de respirer pour posséder en propre une grande partie de ce sol, sur lequel nous sommes tous nés et qui devrait, en bonne justice, être le patrimoine commun à tous; il ne pense pas encore, et déjà il doit avoir rang, richesse, places, savoir ; il doit dominer ses concitoyens. Tel autre naît nu et pauvre ; pareil au fils de l'homme, il n'a pas où reposer sa tête. La terre même qui l'a enfanté semble le regarder comme un banni ou comme un retardataire, obligé d'abord d'établir son droit à une misérable existence, en asservissant à autrui pendant toute sa vie les forces corporelles ou intellectuelles dont l'a doué la nature. Même à de telles conditions, même quand il sacrifie vie et santé à ce servage, la société le contraint ordinairement, lui et les siens, à traîner la plus triste existence ; elle leur impose, au sein d'une richesse publique inouïe, le supplice de ce mythique Tantale, spectateur éternel de repas, où il ne peut être convive. L'excès de pauvreté et l'excès de richesse, l'excès de force et l'excès d'impuissance, l'excès de bonheur et l'excès de misère, l'excès de servitude et l'excès du caprice, l'excès du superflu et l'excès du dénûment, une fabuleuse science et une ignorance fabuleuse aussi, le travail le plus pénible et la jouissance sans effort, tous les genres de beauté et de splendeur et la plus profonde dégradation de l'existence et de l'être, voilà le caractère de notre société actuelle, qui, par la grandeur de ses contrastes, surpasse les pires époques d'oppression politique et d'esclavage. Tous les jours, les plus émouvantes tragédies, fruits de ces contrastes, se passent sous nos yeux sans que nous en puissions prévenir le retour, et nous sommes obligés de nous dire que chaque jour, à chaque heure, des hommes, privés des choses les plus nécessaires à la vie, périssent rapidement ou lentement, tandis que, tout près d'eux, la portion mieux favorisée de la société regorge de superflu et de bien-être, tandis que la prospérité nationale a pris un essor jusqu'alors inconnu. Parcourons nos grandes villes et nos principaux districts manufacturiers, cela nous suffira bien pour voir, tout auprès du séjour de la Richesse et du Bonheur, au-dessous et au-dessus de lui, se cacher les repaires du Vice et de la Misère ; pour voir, près des **tables** surchargées et des estomacs soûlés, **la Faim** à l'œil cave subir sa silencieuse **torture ;** pour voir, à côté de tous les genres de luxe et d'arrogance, le Dénûment sans espérance se blottir, craintif et anxieux, dans un sombre recoin, ou bien, en proie à un morne désespoir, couver d'horribles desseins. Que de fois, avec les bribes tombant de la table du riche et dédaignées même de ses chiens, que de fois le pauvre travailleur pourrait ravir au plus horrible trépas ses enfants affamés et grelottants ! Tel mets, que rebute avec dégoût le palais blasé du gourmand, serait une friandise pour l'homme qui mange pour apaiser sa faim ! Et la nourriture intellectuelle, le plaisir de l'intelligence, la répartition en est aussi tellement inégale, que souvent la plus petite parcelle de ce qui en est offert à l'homme haut ou bien placé ferait le bonheur de tel esprit dépourvu mais curieux et peut-être suffirait à lui indiquer un but meilleur. Que de talents, que de génies sommeillent peut-être dans la foule, empêchés de prendre leur légitime essor, obligés de traîner la charrue du labeur quotidien, tandis que sur le siége du potentat, dans la chaire de la science s'étalent l'incapacité et l'étroitesse d'esprit ! Que de faim intellectuelle et physique serait sans peine assouvie par une équitable répartition de la propriété et de l'éducation ! Comme tous pourraient manger et apprendre à leur appétit, si l'activité était pour tous un devoir, si tant d'hommes ne travaillaient pas pour un seul ou pour quelques-uns (89) !

Toutes ces inégalités, ces monstruosités, il faut, comme nous l'avons dit, les attribuer à la lutte sociale pour vivre, lutte non encore régie par la raison et la justice ; tout cela a été particulièrement maintenu par ces nombreux actes d'oppression politique, de violence, de spoliation, de conquête, etc., qui remplissent les annales des peuples, l'histoire du passé, et semblent, aux yeux de l'esprit mal éclairé des contemporains, une inévitable conséquence du mouvement social. L'état social de notre temps, la répartition actuelle de la propriété ne sont pas, comme tant de gens le croient, les résultats de la seule évolution naturelle, mais bien d'un enchaînement de circonstances et de causes, parmi lesquelles le travail honnête et la diligence de chacun ont joué un rôle important sans doute, mais néanmoins généralement secondaire. A la place de l'ancienne violence politique est apparue cette rage d'oppression et d'exploitation sociales, ayant pour unique but de s'enrichir, de posséder le plus vite possible aux dépens d'autrui et ne reculant pour y arriver devant aucun moyen pour surpasser ou léser les autres. Il va sans dire que ceux qui ont été surpassés ou lésés résistent par tous les moyens, par la ruse ou par la violence, quoique, en raison de l'inégalité des forces, le succès leur soit bien difficile. La modération, la pitié sont aussi inconnues habituellement dans cette guerre sociale, dans cette guerre de tous contre tous, qu'elles l'étaient dans la rude guerre naturelle que nous avons décrite ; c'est en quelque sorte une fuite générale, une course universelle devant la crainte de la pauvreté, de la misère. Dans la précipitation d'une telle fuite, la plupart ont à peine un regard de compassion à jeter, bien moins encore une main secourable à tendre à ceux qui s'affaissent, et ils terrassent, sans même y songer, ceux qui se trouvent sur leur chemin. La tempête sévit avec une irrésistible fureur sur les malheureux, sur ceux qui tombent, et le cri de guerre général est : Sauve qui peut ! succombe qui doit !

On ne peut douter qu'un tel état de choses ne soit extrêmement préjudiciable aux nobles penchants, à la nature morale de l'homme et qu'il ne doive donner pour principal mobile aux actions humaines un égoïsme effréné. Toute désobéissance aux préceptes dictés par l'égoïsme social est aussitôt châtiée de la façon la plus douloureuse et contraint celui qui l'a commise à revenir vite à lui-même, sous peine d'être infidèle aux ordres impérieux de l'instinct de conservation. Même le plus dévoué des philanthropes ne pourrait résiter à cet ordre de l'égoïsme social sans subir sur-le-champ les plus graves inconvénients personnels (90).

Bien peu d'hommes contesteront la justesse de ces propositions inspirées par l'expérience de tous les jours, bien peu oseront aussi attaquer ce principe fondamental du droit naturel précédemment formulé, aux termes duquel tous les hommes apportent avec eux, en naissant, un droit égal pour tous au patrimoine de l'humanité, tel qu'il existe alors, matériellement et intellectuellement. Mais ces vérités et d'autres analogues une fois confessées, on ajoute aussitôt avec un dédaigneux haussement d'épaules, qu'il n'y a, pour remédier à cet état de choses, aucun moyen raisonnable ou acceptable; que de tout temps il y a eu des pauvres et des riches, que l'inégalité de situation, de biens, que la différence des conditions, de l'éducation, etc., sont des attributs nécessaires et indispensables de la société humaine, et sans lesquels cette société ne saurait subsister. On allègue encore que si aujourd'hui, en dépit des droits existants et pour la plupart fondés, on tentait une répartition générale des biens, l'antique inégalité ne tarderait pas à se rétablir. Enfin l'on dépeint avec les couleurs les plus chargées, les périls, les uns réels, les autres imaginaires, de ce qu'on appelle le communisme, on rappelle que toutes les tentatives de cette espèce ont échoué de la façon la plus honteuse et l'on affirme, qu'en raison de la faiblesse, de l'insuffisance de la nature humaine elles échoueront toujours.

Sans doute ces derniers arguments ne se peuvent absolument accepter ; on peut y objecter que l'égoïsme, dominant actuellement dans la société et la nature humaine, est dû principalement à des formes sociales, à des états moraux égoïstes, ayant des milliers d'années de durée, et auxquels de perpétuelles luttes pour vivre ont imprimé un cachet de dureté. On peut prétendre que par une meilleure direction, par une meilleure éducation donnée à l'esprit humain et surtout à l'esprit social dans le sens de la réciprocité, de la fraternité, on obtiendrait des résultats tout autres et étonnants. On peut objecter encore qu'il est faux que tous les essais communistes aient été malheureux ; que là où ils ont échoué, leur insuccès a été amené par des difficultés extérieures plutôt qu'intérieures (91). On peut enfin faire remarquer à bon droit, qu'au point de vue économique et social les avantages de la communauté des biens promettent d'être tout à fait extraordinaires (92), et qu'il est très-possible d'imaginer un état social, où sans péril pour le but même de la société ou pour l'individualité de chacun[1], le travail, dégagé de toute contrainte et purement volontaire, aurait uniquement pour but le bien de la communauté. Tout cela sans doute peut être objecté

---

[1] L'*effacement de l'individualité*, cela résume tout ce qu'ont dit nos philosophes et économistes nationaux contre les systèmes communistes de toute espèce, quoique cela soit tout à fait sans fondement et quoique, pour quantité d'individualités, cet effacement n'ait vraiment pas d'objet. Il me semble d'ailleurs que déjà notre société actuelle prend suffisamment soin d'effacer l'individualité et d'amener un nivellement général des caractères.

aux adversaires du communisme, mais, comme pour le moment on ne peut guère songer à appliquer pratiquement de telles idées, de tels projets, il est superflu d'en parler davantage. Cette impossibilité tient en partie à l'antipathie générale et absolument invincible de l'homme pour tous les genres de projets, de systèmes communistes, en partie à la vraie faiblesse, à la réelle insuffisance de la nature humaine, qu'il faudrait d'abord par de longues années d'éducation préparer à un tel état de choses, à laquelle il faudrait inspirer l'esprit de la communauté et de la philanthropie générale.

Il ne nous reste donc plus qu'à nous tourner vers un autre moyen d'atténuer, au moins dans une certaine mesure, les effrayants contrastes, les monstruosités de l'état social actuel et d'arriver ainsi graduellement à un meilleur état de choses. C'est encore la science et plus particulièrement l'histoire naturelle qui nous fourniront ici les meilleures indications. Si, en effet, comme nous l'avons montré, le vrai problème de l'humanisme ou du progrès de l'humanité consiste dans la lutte contre le grossier état de nature, dans la lutte *contre* la lutte pour vivre, c'est-à-dire dans la substitution de la force raisonnable à la force brutale, il est clair que, pour atteindre ce but, il faut avant tout égaliser autant que possible les moyens et les conditions, à l'aide et au milieu desquels tout individu se bat pour son existence et lutte avec ses rivaux pour la conservation de sa vie propre (*standard of life*). La nature ignore ce genre d'égalisation ou du moins elle ne le pratique que fort imparfaitement ; dans son sein l'individu faible ou moins bien favorisé se tire d'affaire bien plus en évitant, en fuyant l'individu robuste ou les influences dangereuses, qu'en les combattant ouvertement. Jusqu'à présent, il en a été généralement de même dans l'humanité, si l'on excepte les influences naturelles immédiates, que l'homme a plus ou moins combattues en face, grâce à sa faculté de réflexion et à ses connaissances. Mais de même qu'il a heureusement livré cette bataille à *l'extérieur* et qu'il continue partout ce victorieux combat, de même il doit faire une guerre bien autrement pénible à *l'intérieur*; il doit combattre sa propre nature bestiale et, selon notre expression, substituer la loi de la raison à celle de la nature. Si, depuis fort longtemps, on est arrivé en politique à remplacer l'ancien système d'oppression et de despotisme par la maxime généralement acceptée aujourd'hui : *égalité des droits, égalité des devoirs*, il faut aussi de même remplacer socialement le système d'exploitation mutuelle usité jusqu'ici par la maxime : *égalité des moyens, égalité des conditions*. Que serait une guerre où l'un des belligérants s'avancerait nu et armé d'épées de bois contre un adversaire couvert d'acier de pied en cap, muni de sabres et de canons? Que serait une course où l'un des coureurs devrait se fier uniquement à ses pieds nus, tandis que l'autre disposerait de tous les moyens de locomotion que peuvent fournir l'art et la mécanique? Que serait une lutte pour vivre, dans laquelle l'un des concurrents entrerait avec tous les nombreux avantages que peuvent donner le rang, la richesse, l'éducation, la position sociale, la propriété, etc., tandis que l'autre aurait à sa disposition ses seuls bras nus ou son intelligence inculte et de plus bien sûrement étiolée, dès la plus tendre jeunesse, par le dénûment corporel et intellectuel? Le nom de lutte, de rivalité pour vivre ne convient plus, à proprement parler, à un tel état de choses, puisque dans l'immense majorité des cas, l'issue en est décidée d'avance, puisque dans l'ensemble c'est simplement un état d'asservissement social permanent, sanctifié par l'âge et se transmettant de génération en génération. Naturellement cette situation paralyse considérablement chez cette fraction sociale le désir de lutter, de tendre vers un état meilleur; car celui, à qui toute chance de victoire est d'avance ravie, n'a aucune velléité de se battre, et son unique souci est de maintenir sa misérable vie au jour le jour. Heureusement que la plupart de ces parias de la société n'ont ni une conscience bien nette de leur situation, ni une notion exacte des causes déterminantes de cette situation, ni même le sentiment de son horreur. S'ils avaient cette conscience et ce sentiment, la révolution sociale tant de fois prophétisée et si redoutée, serait depuis bien longtemps réalisée (93).

Il faut pourtant ajouter qu'une égalisation parfaite des moyens, avec lesquels chacun doit livrer sa bataille pour vivre, est bien difficilement possible; mais une égalisation même partielle aurait socialement les conséquences les plus bienfaisantes et elle aiguiserait l'éperon si désirable de la concurrence bien loin de l'émousser. En effet, si chacun était bien averti qu'il bénéficiera seulement du fruit de son propre labeur, de ses propres efforts; que jamais, pendant qu'il se roule sur la couche de la paresse, on ne lui versera dans le sein le prix du travail et du bonheur d'autrui, on le verrait aussitôt, dans l'intérêt de sa propre conservation, s'adonner au travail, à l'activité, tandis qu'aujourd'hui des gens même, qui sentent en eux le goût du travail, sont fréquemment condamnés par leur position sociale à une servile oisiveté. Les inégalités sociales naturelles elles-mêmes et la différence si nécessaire des occupations ne sont pas un obstacle; car la naissance, la famille, le lieu d'origine, les aptitudes, l'instinct, la vigueur corporelle ou la faiblesse, les avantages intellectuels constituent dans la nature humaine une quantité de différences, que les moyens externes ne peuvent niveler, et qui même, par le fait de l'égalisation des autres moyens de vivre, s'accuseraient sans doute avec une force plus grande.

Sans doute, pour établir dans une certaine mesure cette égalisation tant réclamée, pour mettre l'individu en état de développer suffisamment ses aptitudes naturelles, de trouver le champ libre pour son travail, pour ses facultés dans toutes les branches de la vie sociale, il faudrait que la collectivité ou l'État possédât des moyens d'action et des richesses infiniment plus considérables qu'aujourd'hui. Ce but peut être atteint soit par la restriction des revenus fonciers, particulièrement de ceux, qui sont dus à un simple accroissement de la population, soit par le retour, dans une certaine mesure, à la collectivité de la propriété du fonds, du sol, qui en bonne justice appartient à tous (94), soit aussi par la limitation graduelle et progressive, en faveur de la collectivité, du droit d'héritage de la propriété privée (95). Quoi qu'il puisse sembler au premier coup d'œil, toutes ces mesures n'ont rien de commun avec le communisme, puisqu'en elles il n'y a rien de contradictoire au principe fondamental de la propriété privée, rien qui puisse empêcher l'individu de profiter, d'user aussi complétement que possible du fruit de son propre labeur, de ses propres efforts. Le souci même de sa descendance ne serait pas interdit à l'individu, aussi longtemps du moins que l'on ne serait pas arrivé à la complète abolition du droit d'héritage ; seulement ce souci pèserait infiniment moins sur chacun, puisque la collectivité veillerait à élever, à éduquer les enfants, jusqu'à ce qu'ils fussent en âge de lutter quand même, et s'occuperait de ceux qui seraient impropres à cette lutte, là où la sollicitude privée ne pourrait suffire à la besogne (96). Mais chacun ayant conscience que son activité n'a pas seulement pour objet sa personnalité ou des héritiers souvent très-indignes ou très-peu besoigneux, qu'elle se rapporte au souci de la collectivité, cela refrènerait de la manière la plus bienfaisante ces instincts, ces penchants égoïstes, qui, nous l'avons vu, constitueront longtemps encore le mobile dominant de l'activité sociale, et qui vicient profondément à ce point de vue la nature humaine. Bientôt chacun aurait compris qu'en travaillant pour la collectivité, en s'en inquiétant, il s'inquiète et travaille pour lui et les siens; puisque tout particulier est seulement une parcelle de l'ensemble, et que son bien-être fait partie du bien-être collectif. Sans doute ceux qu'on appelle les hommes de Manchester ne comprendront rien à ceci; pour eux, l'État n'est qu'une police garantissant la vie et la propriété; ils entendent se soucier de l'État le moins possible et demandent seulement que, sous sa tutelle, le meurtre social et l'asservissement se puissent perpétrer sans entraves. En cela ils trouvent un puissant appui dans la tendance de notre État politique actuel, où, en fait, toute immixtion de l'État dans les relations privées et sociales semble extrêmement peu désirable et où l'on voit seulement l'exploitation politique en grand de l'existence du peuple, au profit d'une minorité dominante.

Mais bien différent de ce régime violent et féodal, qui semble un débris du moyen âge, est le véritable État populaire, où la collectivité est seulement l'expression de tous et où tous ne sont que l'expression de la collectivité. Un tel État ressemble réellement à un organisme, où par des courants perpétuels et ininterrompus toutes les humeurs affluent de la périphérie au centre pour en refluer instantanément vers chaque partie du tout et y charrier la force et la santé. Dans ce va et vient sans trêve, dans cet incessant échange d'humeurs entre chaque partie et le grand organe central, réside la meilleure garantie de santé, tandis que toute interruption de ce mouvement, toute stagnation ou accumulation du sang dans une région isolée, entraîne maladie et malaise. Il en est exactement de même dans un corps politique, qui éprouve d'autant plus de mal être que l'échange des humeurs est moindre entre le tout et chaque partie, et que la propriété et la richesse s'amoncèlent d'une manière contraire à la nature sur des points isolés de la périphérie et y stagnent, soustraits à la libre circulation avec l'ensemble du corps. Les fortunes privées excessives, qui peu à peu et principalement par voie de succession, d'héritage, se sont accumulées entre les mains des particuliers, des familles, et dont l'emploi a pour seule règle le caprice individuel, constituent pour la collectivité ou l'État le même péril que l'extension immodérée de la propriété privée du sol. Par l'influence énorme, que la propriété et la fortune ont peu à peu acquise dans notre État politique et social, ces fortunes sont arrivées à former un État dans l'État et avec le temps, surtout si la théorie des hommes de Manchester a du succès, elles croîtront de plus en plus et finalement jusqu'à rendre impossible un État politique ordonné. L'or ou le dieu Mammon finira par être le seul maître en politique; et dès à présent on donne aux grands financiers le titre très-caractéristique de « princes de la finance, » pour dire, qu'entre leurs mains les biens et la richesse sont liés à une influence politique excessive. Contre cet accroissement démesuré des fortunes privées, qui contrarie la nature et préjudicie à la collectivité, les règlements modérateurs indiqués par nous auront à réagir très-énergiquement, afin de ramener sans cesse des mains des particuliers la richesse nationale là où la veulent voir la nature et la justice, c'est-à-dire dans le sein même de la nation. De là, pareille à une pluie bienfaisante, cette richesse se répandra de nouveau partout, pour réveiller la vie et la santé là où régnaient auparavant la solitude et la misère. Sans recourir au partage communiste si exécré, sans léser les intérêts privés, on établira néanmoins une sorte de partage incessant, un équilibre normal et régulier entre le tout et les parties ainsi qu'entre ces parties elles-mêmes. Il ne faudrait pas, comme le feront sans doute beaucoup de lecteurs, rejeter sans examen un moyen qui, sans toucher, sans préjudicier aux droits individuels de personne, rendrait tant de services, et il le faudrait au contraire soigneusement étudier et juger librement, sans préjugé. Même les difficultés pratiques, les difficultés d'exécution, que l'on fait si fort valoir, comme il est habituel de le faire contre toute nouveauté, ces difficultés ne sont pas sérieuses. C'est là un point qu'il est facile de rendre aussi clair que possible, avec un peu de réflexion. Enchaîner par des lois la liberté illimitée de tester et rendre impossible toute manœuvre frauduleuse pour éluder la loi, n'est pas bien difficile. Il n'y a pas à craindre, comme beaucoup le pensent, que la limitation de la liberté absolue de tester n'affaiblisse outre mesure l'émulation individuelle. De nombreux exemples montrent déjà que le désir d'augmenter sa fortune n'est nullement altéré ou atténué par l'absence d'héritiers directs ou pauvres ; et quand même, çà et là, un particulier serait induit par défaut d'hoirie à dépenser, sa vie durant, pour lui ou pour d'autres plus qu'il n'aurait fait autrement, cela ne pourrait nullement être considéré comme domma-

geable à la collectivité. Il serait au contraire bien utile
d'avoir un contre-poids à opposer à cette avide et inutile
fureur d'accumuler, qui le plus souvent domine maintenant dans le cœur de ceux qui possèdent; et du moins la
dépense utile et nécessaire pour le moment ne serait plus
aussi restreinte qu'elle l'est aujourd'hui en prévision de
l'avenir et au détriment du présent. Une particularité
qu'offre la soif de l'or et de la richesse, c'est de ne pouvoir s'apaiser par l'assouvissement, comme tout autre
soif; ordinairement plus elle absorbe, plus elle grandit.
Tout riche brûle du désir de devenir plus riche encore,
afin d'égaler ou d'éclipser par son faste un plus riche
que lui. On voit assez rarement les grandes fortunes privées se consacrer à l'utilité générale, à des projets, à des
institutions ayant pour objet le bien commun ou encore à
soutenir le talent naissant, etc. L'objet habituel des penchants et des appétits est tout ce qui est nuisible ou inutile au bien commun, l'avidité, la jalousie, l'envie, l'étalage du luxe, le dérèglement, cela saute aux yeux.
Au contraire, la philanthropie, le progrès du bien général, l'assistance à donner au nécessiteux, à l'indigent, le
dévouement à la grande œuvre, à l'accroissement du bien
matériel et intellectuel dans l'humanité, tout cela est
primé de beaucoup par les motifs, les penchants égoïstes.
Mais cet état de choses doit changer et changera aussitôt,
qu'en vertu même des institutions sociales l'individu
sera autrement et plus intimement uni à la société même
et à la vie commune. On verra grandir au delà de toute
attente le désir d'employer ses richesses, non plus seulement pour soi, mais dans un but d'utilité générale; cette
manie d'accoutrement ridicule, habituelle aujourd'hui
chez presque tous ceux qui possèdent, et qu'ils satisfont
en gaspillant sans hésiter des sommes incalculables, coût

de petits, de misérables caprices personnels, de futilités, sans cesser de montrer pour tout ce qui n'est pas égoïste une avarice également mesquine, cette manie cèdera la place à l'amour du bien général, au désir d'aider autrui, de faire progresser la grande œuvre commune, etc., et, en supposant même que cette action sur le cœur des individus, que cette amélioration de la nature humaine reste à l'état d'espérance, ce serait alors à l'État ou à la communauté à s'en préoccuper; dans ce cas, toutes les richesses, affluant sans cesse des mains de la propriété privée, devraient être utilisées, non plus seulement pour élever le niveau du bien-être commun, mais encore pour marcher vers tout but ayant un caractère de généralité et comme tel intéressant l'humanité et ses progrès. Tandis qu'aujourd'hui la richesse nationale, captive en quelque sorte dans les mains des particuliers, est habituellement employée d'une manière inutile ou même nuisible à la communauté, il en serait tout autrement alors pour le bien de tous. Tout cela nous conduit nécessairement à une question bien importante de nos jours, bien débattue, à la question du capital, au sujet de laquelle une obscurité infinie règne encore malheureusement dans la plupart des têtes.

LE CAPITAL.

Dans le sens le plus général, le mot capital désigne un travail fait par avance, réalisé, ou plus exactement tout travail corporel ou intellectuel accumulé, entassé, soit par les ancêtres, soit par les contemporains et transformé en biens, en propriété lucrative de toute sorte, tels que monnaie, sol labourable, maisons, marchandises, moyens de transport, ustensiles, connaissances, etc., etc.[1]. Cette définition fait déjà ressortir, combien sont insensées et absurdes les criailleries si à la mode dans le monde des travailleurs contre le capital en tant que capital. Le cri de guerre du travailleur ne devrait pas être : « A bas le capital, » mais bien « Ici le capital ! » S'il était en notre pouvoir d'anéantir aujourd'hui d'un seul coup tout le capital du monde, nous nous rejetterions volontairement dans cet état grossier et misérable où nos premiers ancêtres traînaient tellement quellement une existence à demi bestiale ; car le progrès de la civilisation consiste principalement dans l'accumulation graduelle des innombrables engins et connaissances, qui seuls rendent possible une vie civilisée et affranchie des rudes liens des forces naturelles. Plus s'agrandit, s'étend et s'enrichit cet immense trésor de biens physiques et intellectuels que, dans sa marche lentement progressive, l'humanité amoncèle et se lègue de génération en génération, plus aussi l'humanité approche de la destinée qui lui est propre, plus elle augmente sa masse de bonheur. L'inconvénient, dont on a lieu de se plaindre, ne consiste donc pas dans l'existence même de ce trésor, de ce capital, dans le sens le plus général du mot, mais bien en ce que ce trésor n'est pas équitablement à la disposition

---

[1] Souvent on définit le capital comme étant le superflu du produit du travail sur le prix du travail, ou bien la plus-value du travail exécuté à l'aide de tous les genres de capitaux industriels, plus-value qu'empoche le capitaliste. Évidemment ce n'est pas là une définition, puisqu'elle n'explique même pas le mode de formation originelle du capital, c'est seulement une expression pour désigner un des multiples procédés par lesquels le capital s'accumule entre les mains des particuliers. De telles définitions n'éclaircissent rien ; elles sèment seulement une irritation inutile. F. A Lange (*La Question du travail*, etc.), n'éclaircit non plus nullement le mode d'origine du capital, il signale seulement les causes ou mieux l'une des causes de son inégale répartition en disant que le capital provient généralement, soit directement, soit indirectement, de la possession seigneuriale et des privilèges féodaux.

de chacun. Si tous avaient du capital, personne n'aurait plus à s'en plaindre et vraisemblablement chacun aurait à s'en louer. C'est surtout la rente ou le loyer du capital, qui en fait une arme du riche contre le pauvre, une arme avec laquelle le premier est sûr d'utiliser pour lui, quand il lui plaira, sans presque aucun effort de sa part, le travail accompli par l'autre.

En examinant le fond des choses, on voit bien clairement, que tout le blâme qui s'attache à la *domination du capital* n'est pas occasionné par l'existence même du capital, mais par le fait de sa répartition malheureusement en désaccord non-seulement avec les principes du droit, mais aussi avec ceux d'une saine économie sociale. Tous les reproches, toutes les malédictions contre le capital paraissent sans fondement, tant que l'on considère le capital en soi et pour soi ; mais on les trouve plus ou moins fondés dès que l'on substitue au mot « capital » l'expression « capital privé ». En effet on ne voit nullement, pourquoi le produit du travail passé et celui de la collectivité contemporaine ne reviendraient jamais à la collectivité, pourquoi ils sont accaparés par l'intérêt individuel, pourquoi ce qui appartient à l'humanité est détenu par l'intérêt particulier. Mais, sans plus nous occuper de ce que nous ont légué nos ancêtres et du droit de tous sur le fonds, sur le sol, citons l'énorme plus-value que tous les biens existants acquièrent par le seul accroissement de la population, par l'augmentation de la confiance, par l'amélioration des conditions de l'industrie, du commerce, etc., toutes choses résultant immédiatement de l'activité générale. Ne doit-on pas regarder comme la plus criante injustice que le plus clair de cette plus-value aille échoir en partage uniquement à des individus, parfois à des personnes, dont la position est telle, qu'évidemment elles n'ont en aucune façon coopéré par leur propre activité au résultat obtenu ? Qui oserait prétendre que tous les principaux possesseurs actuels du capital ou des revenus du travail, du talent, des efforts de la pensée, du labeur des générations passées ou contemporaines, aient mérité ces biens par leur activité, par leur application propre ou que la pauvreté et le dénûment des classes inférieures et laborieuses soient toujours la conséquence d'une infortune méritée? Pour faire cesser une telle inégalité, pour satisfaire à la fois l'équité et les besoins de l'économie politique, il n'y a donc pas d'autre moyen que de recourir à des mesures ayant les unes une action permanente, les autres une action intermittente, mais toutes propres à ramener le capital, la richesse publique, les biens de l'humanité là où les veulent voir la nature et la justice, c'est-à-dire à la disposition de la collectivité ou de l'humanité même. En mettant de nouveau ces biens à la disposition de l'individu, dans la mesure nécessaire au développement et à l'utilisation de ses forces, on affranchit cet individu de la domination du capital privé, on le rend capable d'être utile à lui-même aussi bien qu'à la collectivité et à l'humanité, sans pour cela sacrifier ses forces au service d'autrui. Par l'énorme concentration de la richesse publique dans les mains de l'État ou de la collectivité le pouvoir jusqu'ici si grand du capital privé perd toute importance, et les rentes, qui en dérivent, étant abaissées ou même abolies par la concurrence de l'État, il ne serait plus possible à un paresseux de vivre aux dépens de la collectivité sans faire aucun effort, sans rendre aucun service. Mais le bienfait principal serait que la richesse nationale étant ravie au caprice, à la sottise, à la mauvaise volonté, à l'avidité des particuliers, ne serait plus dépensée dans un but improductif ou même nuisible, mais seulement pour l'utilité et la prospérité générales. Le pernicieux et irrésistible vertige de l'argent et du papier cesserait et, à la place d'incalculables dettes publiques, on verrait une inépuisable richesse nationale. Le particulier même qui aurait travaillé longtemps et heureusement pour « se retirer », suivant l'expression usitée, préférerait le plus souvent abandonner totalement ou partiellement à la communauté ses richesses acquises en échange d'un entretien viager proportionnel. En résumé, de tout ce que nous appelons aujourd'hui capital, il en est une partie, celle à laquelle on attribue surtout les méfaits du capital, c'est-à-dire l'argent, dont l'État n'aurait plus guère besoin, puisqu'il réussirait vraisemblablement le plus souvent à atteindre tous les buts de la société par l'organisation et le nivellement mutuel du travail.

LE TRAVAIL ET LES TRAVAILLEURS.

Une des plus grandes folies que l'on ait commises et que l'on commette encore, c'est d'avoir créé une question spéciale du travail, distincte de la grande question sociale. Là encore, comme pour la question du capital, la grande difficulté n'est pas dans le travail en lui-même, mais seulement dans l'inégalité de sa répartition. En réalité tous les hommes travaillent, si l'on excepte le nombre relativement restreint de ceux qui vivent, soit aux dépens du riche embonpoint de leurs ancêtres, soit aux dépens du travail d'autrui. Si cependant le travail est très-diversement rétribué, cette diversité est le plus souvent dans un juste rapport avec la grandeur des dangers ou des frais qu'entraînent l'apprentissage ou l'exercice de ce travail. C'est donc ressusciter d'une manière tout à fait intempestive la rivalité entre les classes, contrairement à tous les principes de la société moderne, que d'opposer, comme l'a fait Lassalle, le travailleur par excellence, c'est-à-dire le travailleur industriel, l'ouvrier des fabriques, à toutes les autres classes de la société et de réclamer pour lui des priviléges particuliers au sein d'une société basée sur l'égalité politique. Oui, le travail est opprimé, mais le travailleur n'est pas opprimé en tant que travailleur. Si l'on admet les principes sur lesquels reposent les sociétés modernes, il faut aussi en accepter les conséquences et ne pas se plaindre, si l'inexorable lutte pour vivre donne des résultats inégaux, comme le sont les ressources des combattants. Que l'ouvrier ignorant et excité par des démonstrations de toute sorte ait pris aujourd'hui l'habitude de considérer son maître ou le patron de sa fabrique comme la cause particulière de sa misère, des dommages qu'il subit, cela est aussi inintelligent et insensé que de regarder comme son ennemi le capital en tant que capital. Sans capital et sans fabricant, l'ouvrier serait à chaque instant en danger de mourir de faim et, en acceptant simplement du travail, il est souvent dans une situation relativement plus heureuse que celui qui fournit le travail. En effet, si ce dernier n'est pas capitaliste lui-même, il dépend aussi d'un capitaliste et ordinairement il doit lutter contre mille soucis cuisants, mille périls, dont le travailleur n'a pas même l'idée.

L'ouvrier, dont tous les efforts tendent uniquement à une élévation de son salaire, ne songe pas que le patron, quelle que soit sa richesse et la bonté de sa situation, ne paye pas, en puisant dans sa propre bourse, mais bien dans la bourse du public, condition qui, ajoutée aux concurrences sans nombre, lui imposent certaines limites, au delà desquelles il n'y a plus pour lui que la ruine. La position actuelle du travailleur et du patron ou des entreprises industrielles résulte uniquement, nécessairement et inévitablement de notre état social actuel ; et ceux qui, faute de comprendre cette situation, tonnent sans cesse contre ces entreprises industrielles et leurs conséquences, vraiment fort tristes (97) parfois, agissent aussi intelligemment qu'un médecin prenant un symptôme ou un phénomène morbide pour la maladie même. Les innombrables reproches lancés aux entreprises industrielles et au salariat ne sont justes ordinairement que pour les très-grandes entreprises industrielles, pour ces affaires où la main du travailleur et le capital sont seuls et face à face ; mais partout où une affaire, une fabrique se soutient grâce à l'activité créatrice, au génie inventif, au labeur, plus généralement grâce aux facultés spéciales de son patron, de son propriétaire, ou même par l'excellence de toute l'organisation, le gain plus élevé, ce que l'on a à tort appelé la prime du capital, de l'entrepreneur ou de l'organisateur est parfaitement mérité (98).

Pour abolir le salariat et substituer au simple loyer du travail le revenu réel du travail, Lassalle et ses adhérents surtout ont fait leur fameux projet d'association productive ou d'associations libres de travailleurs dans un but productif, en invoquant le secours du crédit national ou l'aide de l'État. Ce projet rencontre tant de difficultés extérieures et intérieures que la possibilité de sa réalisation, dans l'état actuel des choses, est fort douteuse. Même dans l'hypothèse contraire, même si l'on arrivait, au moyen du suffrage universel préconisé par Lassalle à assurer à ce projet le bon vouloir et la coopération de l'État, chose très-invraisemblable sans une réforme sociale préalable, même alors on ne tarderait guère à voir que ces fabriques de l'État n'atteindraient pas ou n'atteindraient que fort incomplètement le but projeté, c'est-à-dire l'affranchissement social du travailleur. En premier lieu, la moyenne du bénéfice net d'une seule fabrique ou d'une affaire, très-grande en apparence, quand ce bénéfice se concentre dans les mains d'un seul, devient relativement très-petite, aussitôt qu'il y a partage entre tous les participants, tous les coopérateurs de cette affaire, c'est-à-dire entre beaucoup de mains ; il peut même arriver en temps de crise que les besoins de l'entreprise ou le progrès de la concurrence fassent tomber ce bénéfice au-dessous du salaire habituellement payé au travailleur.

En second lieu, étant admis par hypothèse, que les fabriques avec garantie de l'État aient pu se fonder et durer, qu'elles aient produit une augmentation de revenu durable aussi, cela ne pourrait dans tous les cas profiter qu'à une partie et vraisemblablement à une faible partie de la population laborieuse ; car personne n'osera prétendre, que toutes les affaires de la vie quotidienne pourraient s'accomplir par des fabriques, des associations pareilles, sans compter que la discorde intestine entre les coopérateurs serait une terrible pierre d'achoppement. Songeons seulement à la classe si nombreuse des domestiques et à tant d'autres branches de l'activité humaine !

Admettons même que ces confédérations instituées avec l'aide de l'État donnent les résultats attendus, il restera toujours en dehors des confédérations un nombre de travailleurs non occupés par ces associés. D'où résulte nécessairement la formation d'une aristocratie de travailleurs, une cinquième condition sociale à ajouter aux quatre déjà existantes. Au sein de cette cinquième classe, parmi ces vrais prolétaires, tout le mouvement social recommencerait à nouveau, plus intense, plus violent, plus furieux encore que précédemment, puisque la haine des pauvres contre leurs frères mieux placés, plus favorisés ne reposerait plus seulement sur des griefs sociaux, mais aussi sur des griefs politiques. Non-seulement le prolétariat physique, mais encore le prolétariat intellectuel ainsi que toutes les autres classes de la société réclameraient aussitôt l'aide de l'État avec autant de droit que l'auraient fait les ouvriers industriels, les travailleurs des fabriques, et l'on ne pourrait pas le leur refuser davantage. En fin de compte, où l'État, quelque grand que soit encore son crédit, puiserait-il les moyens de satisfaire à tant de réclamations? Sans doute, en soi et en principe, le secours de l'État n'est pas aussi condamnable que le prétendent les adversaires de Lassalle; et les objections que l'on s'efforce de tirer de la nature essentielle de l'État telle qu'on l'admet sont particulièrement caduques (99). Mais, si l'on n'a pas auparavant procédé à une réforme préalable du droit de propriété, si l'on n'a pas fourni à l'État d'immenses ressources, le projet de Lassalle est une simple impossibilité; il est donc bien naturel que dans le monde travailleur vraiment intelligent on lui préfère « *l'aide-toi toi-même* » du célèbre économiste Schulze-Delitzsch. Sans doute, cet « aide-toi toi-même », que tant de gens préconisent aujourd'hui à tort, n'est en soi qu'un très-pauvre expédient et est en principe aussi inefficace que l'aide de l'État. « L'aide-toi toi-même, » sans les moyens de s'aider, signifie seulement la mort ou un lent dépérissement. Voilà un homme, qui ne sait pas nager et est dépourvu de tout moyen de se maintenir à la surface de l'eau, jetez-le dans un courant impétueux (c'est l'image de la vie), il ne peut manquer d'y périr. Apprenez-lui, au contraire, à nager ou à voguer et donnez-lui une barque, un aviron, et alors il pourra lutter victorieusement avec les flots. Mais, dans l'état présent de la société, l'aveuglement est si grand que ceux-là même qui, pour lutter ou marcher en avant, disposent d'une surabondance de ressources, n'en cèdent pas la moindre partie au pauvre combattant, leur frère, et lui reprochent le plus souvent avec ironie de n'avoir pas mis en pratique « l'aide-toi toi-même », dont ils n'usent pas pour eux ; plutôt que d'abandonner à d'autres quelque chose de ce superflu, qui leur est à charge, ils aimeraient mieux étouffer dans leur graisse. Pendant que le navire du riche, de l'homme haut placé vogue fièrement, le don de l'un des avirons, de l'une des planches, qui sont à son bord, suffiraient souvent à sauver le pauvre d'une mort certaine; mais le principe « aide-toi toi-même » s'y oppose, et le pauvre doit succomber, en jetant un dernier regard de désespoir sur ce trésor, pur embarras souvent pour un autre, et qui pour lui serait le salut et le bonheur (100).

Tout cela montre que « l'aide-toi toi-même » sans l'aide de l'État est aussi impossible que l'aide de l'État sans l'aide de la société, et, en outre, que la racine de tout le mal n'est pas dans la situation actuelle de la classe laborieuse en tant que laborieuse, mais bien dans la fausse et insuffisante organisation de la société. La situation du travailleur est simplement une conséquence nécessaire de l'état général, économique et de la mauvaise et inégale répartition du travail dans la société. Une mutuelle et équitable égalisation des biens, la répartition sur la collectivité et avec la participation de l'État de ceux qui sont devenus inutiles à l'individu, d'où la garantie des ressources et des conditions préalables nécessaires à chacun dans la lutte pour vivre, tels sont encore ici les seuls moyens de salut. Que les travailleurs et leurs guides actuels comprennent une bonne fois cette vérité, et ils pourront alors s'épargner beaucoup de mots inutiles et, ce qui est plus important, beaucoup d'illusions. On ne guérit pas un mal en en combattant les symptômes ou les phénomènes extérieurs, mais en l'attaquant à sa racine. Sous ce rapport, Lassalle a préparé bien des maux, en créant une question spéciale des travailleurs, alors qu'il aurait dû découvrir et attaquer les vices de l'état social ; son suffrage universel et ses associations par l'État ont été un appât auquel les travailleurs ont avidement mordu, mais qui, à l'heure du péril, les laissera misérablement dans l'embarras. Lassalle n'était pas socialiste, comme tant de gens le croient par suite d'une énorme méprise, mais bien économiste ; du moins ses projets n'ont en aucune façon le caractère socialiste. Presque au moment même de l'apparition de Lassalle, dans un rapport fait à Rödelheim, le 19 avril 1863, sur le programme lassallien des travailleurs[1], l'auteur a exprimé publiquement l'opinion qu'il expose ici, et, quoique neuf années se soient écoulées depuis lors, il signerait encore aujourd'hui cette pièce sans presque y rien changer. Les généralités vides dans lesquelles le mouvement lassallien a fini par dégénérer depuis sont la meilleure preuve qu'il était essentiellement vain. Mais quant aux travailleurs mêmes et à leurs intérêts, c'est un signe fâcheux de les voir prendre des noms, comme ceux de Lassalle et de Schulze-Delitzsch, pour une sorte de Schiboleth ou de cri de guerre ; de les voir, à ce sujet, se diviser en deux camps guerroyant avec rage ; cela indique un manque effrayant de réflexion ou de jugement, et, en revanche, un penchant aveugle à l'imitation servile et à l'idolâtrie. Sur aucun terrain, religieux ou politique, scientifique

---

[1] *Monsieur Lassalle et les Travailleurs.* — Rapport et exposé, etc., par L. Büchner. — R. Baist. Francfort-sur-le-Mein.

ou social, l'homme ne doit plus avoir d'idoles. Laissons l'idolâtrie au moyen âge, aux piétistes, à la sottise, à la stupidité !

LA FAMILLE.

A chaque projet d'amélioration ou de réforme sociale répond un cri retentissant ; ce sont les adversaires du projet qui, à l'unanimité, s'écrient que l'on médite de saper les éternels et indestructibles piliers du droit, de la morale et de la famille. C'est surtout la famille, qui alors est célébrée comme l'indispensable fondement de la société, comme la pépinière de tout bien, de toute noblesse, comme le plus solide appui de ce qu'on appelle un État chrétien ; et quiconque dit un mot contre cette institution sanctifiée par l'âge, est marqué au fer chaud presque comme un malfaiteur. Il vaut donc bien la peine d'examiner une bonne fois dans quelle mesure est vraie ou fausse cette assertion si généralement et si incontestablement acceptée, de voir si réellement une limitation du droit de famille aurait pour le bonheur général des suites aussi funestes qu'on se le figure ordinairement. Constatons avant tout que la famille, dans sa forme actuelle, est encore étroitement et nécessairement liée à cet état d'égoïsme social qui, nous l'avons vu, provient de la lutte pour vivre non réfrénée, non maîtrisée encore par la puissance de la raison, et que la famille est pour la société, sans conteste, mais dans une mesure agrandie, ce que l'individu est pour la collectivité. Pourtant l'histoire nous apprend que les aspirations vers la gloire de la famille, la puissance de la famille, la richesse de la famille ont de tout temps été les principaux mobiles du labeur humain, et que, pour satisfaire ces aspirations, on a, un nombre infini de fois, sacrifié sans hésitation, sans retard tout l'idéal humain, tout souci du bien général. Sans doute la grande révolution française a beaucoup amélioré la famille à cet égard, et, en introduisant dans le monde le principe de la liberté personnelle et de l'égalité, elle a brisé le pouvoir politique direct des grandes familles ; mais sur le terrain social le système est toujours debout, et indirectement il pèse encore sur le domaine politique. Aussi le népotisme, c'est-à-dire la protection accordée à certaines familles et à leurs membres, au détriment des autres et de la collectivité, est particulièrement un des côtés les plus odieux et les plus nuisibles de notre état politique et social.

Abstraction faite de ces vices, la famille est, personne ne l'oserait contester, une chose si naturelle en soi, qu'elle constitue une institution essentiellement humaine et destinée à exercer, dans sa forme idéale, l'influence la plus bienfaisante sur le développement et la civilisation de l'humanité. Mais demandons-nous où et comment le plus souvent se réalise cette famille idéale, la réponse sera des plus tristes. Là comme partout, la lutte pour vivre s'est déchaînée avec une indomptable fureur, et le bonheur, la douceur infinie d'une vraie et réelle famille sont échus en partage à un très-petit nombre. La famille, dans sa vraie forme, existe seulement pour le riche ou l'homme aisé ; mais la famille du pauvre, du prolétaire est habituellement le contraire de ce qu'elle devait être. Parcourons du regard d'abord les couches sociales les plus infimes ; là, les moyens de fonder une vraie famille manquent ordinairement et nous trouverons assez souvent à la place de cette famille le vice ou le concubinage. Même quand il en est autrement, comme la vie de famille est malheureusement presque toujours d'ordre inférieur ou même exécrable, elle devient un séminaire de maux bien plus que de biens et n'atteint son but véritable que d'une manière très-imparfaite. En effet, pendant le meilleur de la journée, les parents sont tous deux absents de la maison pour gagner leur vie et, quand les enfants, après une éducation domestique et des soins insuffisants, ont atteint un certain âge, ils sont regardés par les père et mère bien plus comme des instruments de travail que comme des êtres humains confiés à leur sollicitude. Le père, qui, le plus souvent, mène dans la vie civile une existence dépendante, servile, uniforme, mortelle pour l'esprit, voit dans les siens, femme et enfants, les seuls êtres au monde, sur lesquels il ait le droit d'exercer un certain pouvoir personnel, et, pendant les courts moments de sa présence à la maison, de sa vie de famille, il se venge sur ces êtres par une conduite grossière, par de mauvais traitements de son humiliation sociale. Ajoutons à cela, comme il n'est que trop fréquent, l'ivrognerie, et le mal empire encore. Les pauvres petits enfants grandissent dans une angoisse, dans des privations perpétuelles, dans un milieu des plus défavorables pour la vie, pour la santé, et l'exemple incessant de la grossièreté et du vice les égare ([1]). Ainsi se sème dès l'âge le plus tendre le germe de l'étiolement intellectuel et corporel ; puis, tout ce que la nature avait encore sauvegardé de bon en eux se perd dès que, parvenus à un âge où l'enfant du riche commence à peine à jouir de l'existence, ils sont assujettis à un travail pénible et destructif. Grâce aux instincts animaux, que ne contient aucun contre-poids moral, grâce au défaut de lumières, au manque de vrai senti-

---

[1] Les suicides, on le sait, sont très-rares chez les enfants. Néanmoins, M. Durand-Fardel a constaté, en France, de 1835 à 1844, 192 cas de suicide chez des enfants au-dessous de seize ans, et, de ces 192 cas, 132 avaient pour causes des mauvais traitements de la part des parents !

ment familial, la famille du pauvre devient ordinairement bien plus nombreuse que celle du riche et par là grandit d'une manière incalculable la misère des générations nouvelles. Mais la police de nos gouvernements, qui dépense tant afin de faire parade de sa sollicitude pour le dénûment de ses administrés, et qui envoie pour de longues années dans une maison de force une pauvre fille, quand celle-ci, dans un premier mouvement de honte et de désespoir, rejette loin d'elle son enfant illégitime et voué à une misérable existence, cette police ne s'inquiète pas de savoir si et comment un si grand nombre de ses futurs citoyens, le plus grand nombre, subit dès l'enfance des mauvais traitements corporels et intellectuels ; elle les considère uniquement comme la propriété de leurs parents, et ces parents pourtant sont tout aussi capables d'en faire des monstres que de bons citoyens. Mais une fois le monstre créé malgré lui, oh ! alors la société est toute prête à châtier sa propre faute sur une malheureuse victime. Pour cela elle a des chaînes et des cachots, un glaive et des supplices, ainsi l'exige une société soi-disant chrétienne, c'est-à-dire soi-disant basée sur les vrais principes de la morale.

Quiconque a vu cela de ses yeux, quiconque sait quel nid de misère et de désespoir, d'horreur et de crimes dans le présent et l'avenir, recouvre souvent et même ordinairement la famille dans sa forme la plus grossière, celui-là ne saurait nier que, du moins dans les classes infimes, l'éducation sociale ne soit de beaucoup préférable à l'éducation domestique, il ne saurait contester qu'en amoindrissant, en limitant les familles de cette espèce, grâce à une éducation de la première jeunesse instituée et surveillée par l'État, on préjudicie aussi peu aux principes de la morale qu'à ceux de la saine raison. — Mais ce n'est pas seulement au bas de la société, c'est aussi dans ses régions moyennes et même à son sommet le plus élevé que la famille est trop souvent une école de despotisme ou de vice et bien plutôt un tombeau qu'un berceau de biens ; là par exemple où le chef de la famille est de mauvais caractère, de mauvaise volonté ; quand le malheur, les revers ont aigri son humeur, ou bien quand la concorde, indispensable à une bonne famille, manque entre les époux. Ces choses ne se remarquent pas ordinairement dans ce qu'on appelle la bonne société ; mais les effroyables tragédies de famille, que de temps à autre des circonstances particulières étalent en plein jour, permettent de juger tout ce que l'on cache ou dissimule. Là même où il n'en est pas ainsi, au sein de ce qu'on appelle les bonnes familles, la vie commune n'exerce pas toujours une influence fortifiante sur le système nerveux et le caractère. Tant de dames hystériques, anémiques, nerveuses ; tant d'hommes sans énergie et sans caractère ne déposent guère favorablement en faveur de notre éducation de famille. Somme toute, une bonne famille, aisée, bien et intelligemment conduite n'a besoin pour ses membres d'aucun autre système d'éducation ; mais la valeur du principe familial diminue en raison même de la rareté de ce genre de famille, tandis que grandit dans la même mesure la valeur d'un système d'éducation sociale, c'est-à-dire, instituée par l'État.

En négligeant même toutes les hautes considérations morales politiques, tout principe d'humanité sociale, on n'en devrait pas moins, uniquement au point de vue économique et égoïste, diriger toute son attention sur ce qui va former le sujet du chapitre suivant, sur l'éducation.

L'ÉDUCATION.

Le devoir et l'intérêt prescrivent à l'état futur de prendre pour objet capital de ses préoccupations l'organisation d'un système d'éducation publique, générale, uniforme et répondant aux exigences de la science contemporaine. Il y a devoir, parce que, comme nous l'avons vu, tout homme apporte en naissant un droit égal non-seulement aux biens matériels, mais encore aux biens intellectuels de l'humanité et qu'il ne peut soutenir victorieusement sa lutte pour vivre, s'il n'est armé des ressources indispensables de la civilisation contemporaine, alors qu'il apparaît sur la scène de la vie. Il y a intérêt, parce qu'il ne saurait y avoir rien de plus avantageux à l'État que d'inutiliser par une bonne éducation publique, par une bonne direction donnée aux esprits la plupart des énormes dépenses absorbées par les casernes, les prisons, la police, l'administration de la justice criminelle. La théorie des hommes de Manchester, enlevant à l'État tout ce qui ne touche pas à la protection des personnes et de la propriété, laissant le champ libre à l'activité individuelle, a été bien mal sanctionnée par l'expérience en Angleterre, cette terre classique de la liberté individuelle, en ce qui a trait à la puissante influence de l'éducation publique. Là, la rudesse, la grossièreté des classes inférieures sont devenues tellement effrayantes, qu'aujourd'hui l'opinion générale réclame l'instruction universelle et obligatoire d'après la méthode continentale et spécialement allemande. Tout l'avenir de l'État et de l'humanité est dans les écoles primaires. Quiconque serait sûr, dans un État donné, de diriger pendant vingt ou trente ans, ce qu'on appelle le ministère de l'instruction publique pourrait garantir d'avance dans cet État un changement quelconque dans le sens de la civilisation, de la liberté et du progrès. Par l'éducation, on peut obtenir de l'homme, particulièrement de l'homme moyen, tout le bien possible ; tout le mal possible pourra provenir du défaut d'éducation. Que les violations criminelles des lois de l'État ou de la société aient pour cause une insuffisante diffusion de l'instruction, une fausse éducation, et qu'il faille attribuer tout cela à la pénurie générale de la société actuelle, c'est là un fait tellement connu et reconnu qu'il suffit de le mentionner. Les criminels sont donc plutôt malheureux que haïssables et, dans un avenir meilleur que notre présent, on regardera sans doute nos procès criminels actuels comme nous regardons aujourd'hui les procès politiques ou les procès de sorcellerie d'autrefois. A mesure que grandissent l'instruction, le bien-être, la moralité, les crimes diminuent proportionnellement, comme le prouve l'expérience, et tellement, que, le temps aidant, ils disparaîtront, comme les grandes épidémies du passé. Le crime est dans la vie sociale ce qu'est la maladie dans la vie physique et de même, qu'en médecine et en hygiène publique, on est peu à peu arrivé à comprendre, qu'il est meilleur et plus avantageux de prévenir les maladies que de les combattre après leur invasion, l'on comprendra aussi que dans la vie sociale il vaut mieux prévenir le crime par des institutions raisonnables, l'étouffer en germe que de le combattre avec le fer et le feu, alors qu'il est accompli. Que l'on fonde de bonnes et sages institutions! Crions-le aux pilotes politiques! Ensuite les hommes deviendront sages et bons.

Quant à l'éducation et à l'enseignement mêmes, en présence des réclamations si fréquentes, si pressantes de tous les partis libéraux, réclamations, qui concordent avec les principes formulés par nous, il est à peine besoin de remarquer que la généralité, l'obligation et la gratuité de l'enseignement dans les écoles primaires jusqu'à un certain âge forment le minimum de nos exigences. Quant aux établissements d'instruction supérieure, ils doivent être au moins gratuitement ouverts à quiconque en veut user. Que le souci de la science en elle-même doive former la principale préoccupation de l'État, surtout de l'État dans l'avenir, cela va de soi ; quand même il faudrait pour cela modifier nos universités actuelles, nos établissements d'instruction supérieure, déchus maintenant de leur antique gloire et devenus peu à peu et plus ou moins, de libres pépinières scientifiques qu'ils étaient, de simples établissements de dressage et d'élevage destinés à peupler les diverses carrières lettrées, et surtout à fournir des instruments aussi dociles que possible au mécanisme politique (101). D'ailleurs il ne suffit pas de s'occuper uniquement de l'éducation pendant la jeunesse ; il faut aussi laisser à l'adulte le temps et l'occasion de continuer à cultiver son intelligence et de participer au moins dans une certaine mesure aux grandes conquêtes intellectuelles de son temps. Cela est particulièrement important pour les classes laborieuses, qui actuellement sont, à l'expiration de leur temps scolaire, presque exclues du domaine intellectuel contemporain et chez qui l'homme s'anéantit presque complètement dans l'ouvrier. Mais, dans un État humainement organisé, l'homme doit être et rester entier ; et pour les classes laborieuses un tel résultat n'est pas possible sans une diminution légale de la durée du travail, sans la fixation par l'État d'une journée de travail normale (102). Les heures de liberté laissées ainsi au travailleur lui permettront d'étendre ses connaissances, d'apprendre à connaître son époque, de s'habituer à des plaisirs décents et moralisants, en un mot de vivre en homme et non plus en simple machine ou en bête de somme.

L'éducation corporelle appelle, tout autant que l'éducation intellectuelle, la sollicitude de l'État ; il faut protéger les générations qui croissent contre un étiolement physique précoce. Il se commet aujourd'hui, sous ce rapport, des méfaits si indescriptiblement grands et nombreux, qu'on en pourrait remplir des volumes. Là encore on ne peut invoquer que l'éducation sociale et la surveillance de l'État. C'est un fait statistiquement démontré et vraiment épouvantable, que, parmi les classes inférieures et infimes de la société, spécialement parmi les classes laborieuses, la durée ordinaire de la vie est seulement la moitié ou les deux tiers de ce qu'elle est chez les classes élevées et très-élevées ; par conséquent, dans l'état social actuel, ces classes laborieuses sont frustrées d'environ la moitié ou le tiers de leur vie normale. Les causes de ce lugubre état de choses sont les imperfections excessives de l'hygiène publique et privée, la négligence de l'éducation corporelle dans la jeunesse, et le peu de souci que prennent du bien-être corporel les classes laborieuses pendant le reste de la vie. Pour améliorer cette situation, il est encore besoin que la durée de la journée de travail soit abrégée par une loi ; de là résultera une alternative de labeur et de repos dont l'effet sera extrêmement bienfaisant.

LA FEMME.

C'est un fait historiquement bien fondé que le respect et la considération pour la femme ont grandi en même temps que s'élevait le niveau de l'instruction générale et des bonnes mœurs. De même nous voyons la position actuelle de la femme être d'autant plus considérable dans une nation que cette nation s'élève davantage à l'étiage de la civilisation, tandis que, chez les peuples sauvages, la femme remplit encore la fonction infime d'esclave et de bête de somme du sexe fort. C'était le rôle qui lui était généralement assigné au début de la civilisation, et aujourd'hui encore, chez les peuples à demi-civilisés, ceux de l'Orient, par exemple, la position de la femme n'est qu'un peu améliorée; elle est esclave à demi.

A eux seuls ces faits suffiraient à nous indiquer dans quelle voie s'améliorera la position de la femme dans l'avenir, et comment doit se comporter vis-à-vis de la femme tout homme appartenant à une nation civilisée ou ayant cette prétention. « Nous autres hommes, dit Radenhausen (*Isis*, volume III, p. 100), nous devons nous habituer à considérer et à traiter la moitié féminine de l'humanité, non pas comme objet d'utilité et de plaisir, mais comme l'égale de l'autre moitié ».

Il n'y a pas non plus la moindre raison pour que le principe de l'égalité des droits, aujourd'hui si généralement reconnu, ne soit pas aussi appliqué à la moitié féminine du genre humain. En effet les devoirs et les travaux, qui incombent à la femme dans l'organisme social, ne le cèdent à ceux de l'homme ni en importance ni en difficulté, et cette tâche pourrait s'agrandir encore considérablement si on lui accordait un champ plus vaste et plus libre! En admettant même, comme beaucoup le prétendent, qu'en général la femme ne puisse lutter avec l'homme par la force, par l'élévation des œuvres, est-ce une raison pour lui ravir même la faculté de concourir, et pour la léser dans la rivalité générale pour vivre, plus encore que ne l'a fait la nature. Du reste, cette concurrence pour vivre offrira d'autant moins de danger que la femme, une fois toutes les barrières abaissées, ne saurait franchir les limites assignées par la nature à son activité, et la toute-puissance des mœurs réussira bien mieux que les règlements de police à écarter la femme délicate des choses et des domaines pour lesquels elle n'est ni faite ni créée. On sait d'ailleurs que, pour nombre de branches de l'activité humaine, la femme vaut autant, sinon mieux que l'homme, par exemple pour l'agriculture, l'élève du bétail, l'horticulture, l'horlogerie, l'art du tisserand, la broderie, etc., la composition typographique, le service des postes, la tenue des livres, celle des caisses, le métier d'auteur, etc., etc. Les arts et même les sciences de toute sorte, le professorat, la médecine, le soin des pauvres et des malades, l'éducation des enfants; de tout cela encore les femmes s'occupent parfois de la manière la plus distinguée. Qu'elles ne s'acquittent pas de tous ces travaux exactement comme les hommes et aussi bien qu'eux, cela ne se doit pas seulement imputer à la faiblesse de leur nature, à leur pauvre capacité, mais tout autant à l'imperfection de leur éducation et à l'oppression sociale qui pèse sur elles. Que l'on délivre les femmes de cette oppression, qu'on leur donne l'éducation et l'instruction nécessaires, et l'on verra ce qu'elles pourront faire une fois devenues, politiquement et socialement, les égales des hommes. Que leur labeur soit grand ou petit, qu'importe? Il sera nécessairement avantageux à la collectivité, que, par le fait d'une concurrence plus active, l'ardeur de la compétition grandisse aussi de part et d'autre, et que la société profite de tant de forces jusqu'ici stériles. Mais le moins que puisse réclamer la femme, c'est qu'on lui laisse libre l'accès de la voie où elle veut essayer de lutter avec le sexe le plus fort.

« Quoi qu'il en soit, dit très-bien Radenhausen, la moitié féminine du genre humain a le droit d'exiger qu'il lui soit permis d'essayer ce qu'elle peut faire pour aider au progrès de l'humanité dans toutes les branches de l'activité humaine, et que toutes les routes pour arriver à l'instruction lui soient ouvertes, aussi bien qu'à la moitié masculine de l'espèce. » Si cette moitié virile, si le sexe fort, comme on l'appelle, redoutait cette concurrence et cherchait à l'écarter par des mesures despotiques, ce serait une preuve qu'en réalité on prise la femme et ses aptitudes au travail plus qu'on ne veut en avoir l'air, et que l'on ne peut se résoudre à renoncer en faveur de ce sexe à la douce habitude de la domination et de l'oppression. L'état d'esclavage adouci, qui, aujourd'hui encore, est en général celui de la femme vis-à-vis de l'homme, est simplement un reste de ce temps barbare où l'homme, plus fort, attelait à la charrue la femme plus faible et, en dépit de sa moindre vigueur physique, lui imposait tous les travaux les plus pénibles et les plus humbles, et ce pendant dormait sur une peau d'ours. Si l'Européen d'aujourd'hui exclut la femme de tant de carrières utiles, sous prétexte que sa nature n'est pas faite pour elles, cette logique ressemble à la maxime esclavagiste bien connue qui dénie à l'esclave ou à l'opprimé, en général, l'aptitude à être libre, et conséquemment lui refuse la liberté dans l'intérêt de l'oppresseur. Si bien réellement la femme n'a pas les facultés nécessaires pour lui garantir dans la vie une position égale à celle de l'homme, s'il ne lui est pas possible de lutter, alors, en dépit de toute émancipation, sa situation sociale ne saurait changer, elle restera invariable. Il s'agit donc d'une expérience sans danger, mais qui démontrera si, oui ou non, la supposition est fondée.

Les objections contre ce que l'on appelle l'émancipation de la femme, c'est-à-dire contre l'égalité politique et sociale des deux sexes, sont pour la plupart si futiles, que, pour les combattre, un écrivain consciencieux doit se faire une certaine violence. L'objection la plus habituelle, la plus usitée consiste à dire que la femme étant, de par son organisation tout entière, destinée à la maison, à la famille, à l'éducation des enfants, sa participation aux choses d'intérêt public ou social, donnant un cours nouveau à son activité, préjudicierait à sa vraie fonction. Cette objection ne touche pas le point dont il s'agit principalement, elle présuppose à tort que l'émancipation de la femme a pour but de l'enlever sans nécessité à la sphère naturelle de son activité, c'est-à-dire à ses devoirs domestiques, pour la précipiter dans le grand engrenage du monde. Est-il une femme, qui, possédant un champ d'activité dans sa famille et y trouvant la satisfaction intellectuelle et morale, puisse songer à s'en écarter? Mais à toutes celles, si nombreuses, qui sont dépourvues de ce champ d'activité ou qui n'y trouvent point une pâture suffisante, la privation de la liberté impose les plus cruelles souffrances; elles sont condamnées, malgré elles, à une inaction physique ou intellectuelle, qui est bien fréquemment la source des pires maux. Que de femmes, mariées ou non, s'étiolent et se dégradent physiquement ou intellectuellement sous la pression mortelle d'une perpétuelle oisiveté imposée, soit par le chimérique souci de leur position mondaine, soit par l'obligation de la paresse et de l'inactivité! Le besoin inné d'activité finit par se faire jour aux dépens du caractère par le babil, la coquetterie, toute sorte de frivolités et de ridicules, qui ravalent à bon droit le sexe féminin aux yeux des hommes intelligents. Au contraire, une femme habituée à l'étude et au travail et douée par conséquent d'une activité utile, se suffisant à elle-même et meublant sa vie, se gardera bien de telles folies; elle ne sera point obligée de spéculer sur son mariage, d'accorder sa main au premier venu, qui souvent lui déplaît, uniquement, comme on dit, pour « ne pas coiffer sainte Catherine »; qu'elle reste fille, elle ne s'en trouvera pas pour cela malheureuse toute sa vie; qu'elle se marie, son attitude vis-à-vis ou à côté de son mari sera bien changée. La main dans sa main, elle s'avancera avec lui dans la vie, non pas comme sa servante ou comme une amie absolument dépendante, mais comme une libre compagne ayant des droits égaux et capable même, dans les cas extrêmes, de pourvoir à ses besoins, à ceux de ses enfants, tandis qu'aujourd'hui la famille tout entière tombe ordinairement, à la mort de celui qui la soutient, dans les bras perpétuellement ouverts de la Misère toute nue.

Rien de pédant et de ridicule comme de prétendre que l'instruction et le travail découronneront la femme de l'auréole de son sexe et qu'une femme indépendante, intellectuellement développée ne puisse montrer à l'homme une véritable abnégation. C'est justement le contraire, qui est vrai, et certainement, pour élever le mariage et la vie de famille, il n'y a pas de plus sûr moyen que l'émancipation de la femme par le travail, l'émulation, l'instruction. Rien que la conscience de ne pouvoir soi-même subvenir à ses besoins, d'être sa vie durant, à charge à un époux ou à un père, éveille chez la femme un sentiment d'autant plus pénible qu'elle est plus intelligente et plus cultivée; cela seul suffit à troubler ce contentement de soi-même si nécessaire au bonheur de la famille. Le mot de Fanny Lewald, d'ailleurs si amèrement raillé, ce « pudique crépuscule de la famille », au sein duquel seulement la vraie *féminité* peut prospérer est simplement une grande superstition et un anachronisme, à notre époque partout avide de lumière et d'affranchissement. S'il en était autrement « le pudique crépuscule de la famille » uni à « la vraie féminité » se trouverait surtout dans le harem du grand Turc!

Sans doute et en dépit de tout, la plupart des femmes chercheront et trouveront toujours et quand même l'emploi de leur vie dans le mariage et la vie domestique, même alors que l'épouse et la mère auraient essentiellement modifié par une plus large mesure d'instruction et d'autonomie, par une plus grande indépendance leur situation vis-à-vis de l'homme et aussi l'assiette de la famille. S'ensuit-il, qu'il faille condamner à une éternelle oppression, à une inactivité forcée toutes les femmes, qui ne peuvent ou ne désirent pas atteindre ce but? S'ensuit-il, que l'intelligence et l'esprit ne doivent plus compter pour rien par cela seul qu'ils habitent un cerveau féminin? S'ensuit-il que facultés et aptitudes doivent rester sans culture par cela seul qu'une femme les possède? L'instinct d'agir, le besoin de créer devront-ils s'étioler sans profit pour l'humanité, parce qu'ils ne se seront pas incarnés dans une forme virile? L'histoire prouve sans conteste, qu'il y a eu parmi les femmes aussi bien que parmi les hommes des savants, des artistes, des politiques remarquables; et, si le nombre en est petit comparativement à celui des hommes, cela tient en partie à la vocation naturelle de la femme pour une sphère d'activité plus limitée, en partie au défaut de liberté et d'égalité et aussi de l'indispensable éducation préalable

Rien que dans l'inégale direction de l'instruction pour les deux sexes, pendant les jeunes années où l'éducation est possible, il y a une énorme injustice et plus tard, pour la femme, le mariage, la famille, un dommage que rien ne peut compenser. Une femme instruite et une femme grossière sont pour la maison l'une une bénédiction, l'autre une malédiction d'égale importance !

Sans doute on a cherché à faire contre l'habileté de la femme à s'instruire des objections scientifiques et physiologiques graves, en prétendant, d'après les faits, que le volume du cerveau feminin le cède à celui du cerveau masculin d'une quantité qui n'est pas négligeable. A coup sûr une telle objection est assez singulière dans la bouche de gens, qui, partout repoussant l'application des principes matérialistes, ne les dédaignent pas, dès qu'ils en peuvent faire un usage avantageux ; mais, si les faits invoqués sont exacts, il en faut bien accepter les conséquences, à la seule condition qu'elles soient bien déduites. Tel n'est pas le cas ici. Tout d'abord la forme amoindrie, le plus faible développement des muscles chez la femme entraînent une moindre épaisseur des masses nerveuses correspondantes dans les centres nerveux, d'où naturellement une diminution dans le volume total du cerveau féminin, sans que pour cela le développement et l'énergie des régions cérébrales préposées aux fonctions intellectuelles en doivent souffrir. En second lieu, quand même il serait démontré que même ces régions cérébrales spéciales se développent moins chez les femmes que chez l'homme, on le pourrait attribuer au défaut d'exercice et de culture tout aussi bien qu'à une infériorité originelle ; car, on le sait, tout organe, sans en excepter le cerveau, a besoin pour arriver à son point de perfection, et par suite à son plein développement, de trouver occasion de fonctionner, de faire longtemps effort. Que ces conditions soient bien moins réalisées pour la femme que pour l'homme et cela depuis des milliers d'années, par suite d'une éducation et d'une instruction généralement défectueuses, personne n'oserait le contester. Que l'on modifie une situation si préjudiciable à la femme et dont elle est tout à fait innocente; que l'on tâche, bien plus qu'on ne le fait, de cultiver ses aptitudes naturelles, assez pour lui faire perdre le goût des colifichets et du clinquant, assez pour qu'elle trouve du plaisir à occuper son esprit de choses plus sérieuses et plus utiles. Cela fait, on pourra, sans dommage pour la communauté, accorder aux femmes ces droits politiques, que les plus avancées d'entre elles revendiquent aujourd'hui pour leur sexe sur le pied d'une égalité parfaite avec les hommes.

Enfin pour achever de mettre à néant cette objection anatomique, il importe de rappeler un point sur lequel on n'insiste pas assez, c'est que pour déterminer la valeur intellectuelle d'un cerveau, il faut tenir compte non-seulement de sa grandeur ou de sa circonférence, mais tout autant, sinon plus, de sa texture intime, de la délicatesse de chacune de ses parties. Il ne répugne donc pas de supposer que, sous ce rapport, le cerveau féminin l'emporte sur le cerveau masculin autant qu'il est primé par lui en volume, et cela concorde avec la finesse, la délicatesse plus grande du corps féminin.

Le plus souvent, on s'est élevé dans le monde masculin, contre l'extension de l'égalité des droits politiques aux femmes émancipées; et en réalité, *dans l'état actuel des choses*, une telle expérience serait passablement aventureuse et fort périlleuse pour la liberté et le progrès. Loin de nous la pensée de prétendre que les femmes ne puissent exceller en politique! L'histoire apprend au contraire, jusqu'à l'évidence, qu'il y a eu parmi les femmes d'aussi bons politiques qu'il y en a eu de détestables parmi les hommes. Aujourd'hui même, sous le rapport politique, sans parler des autres, que d'hommes sont femmes, femmes plus astucieuses et commères plus babillardes que les femmes elles-mêmes ! Que d'hommes seraient mieux à leur place assis près d'un foyer ou la quenouille à la main que parmi les hommes, dans de graves assemblées délibérantes ! Quoi de comparable entre une femme éclairée, familiarisée avec les besoins de son temps, et ce valet, ce savetier dont le regard n'a jamais franchi le cercle étroit de ses humbles occupations quotidiennes ! Pourtant cet homme détient une part du suffrage universel, et par là il participe aux déterminations et à l'histoire de sa nation, tandis qu'à côté de lui la femme raisonnable, cultivée est considérée comme incapable d'exercer le même droit ! Mais tout cela n'est vrai que dans les cas particuliers, et, dans la généralité, le sexe féminin est trop peu mûr encore, trop mineur, trop faible sous le rapport religieux, pour que sa complète émancipation politique soit praticable. Il est besoin, au préalable, de réaliser les indispensables conditions d'éducation et d'instruction, de soumettre les deux sexes à une même culture intellectuelle. Tous les politiques expérimentés s'accordent à croire que l'octroi immédiat du droit de suffrage universel à la femme serait le signal d'un recul politique et religieux, résultat moins désirable encore pour les femmes, qui pensent librement, surtout pour celles qui dirigent le mouvement, que pour les démocrates masculins. Pourtant, une de nos femmes auteurs les plus distinguées à la fois par l'esprit et la vigueur de la pensée, Fanny Lewald, a été amenée par ces considérations à se prononcer contre le suffrage universel des femmes actuellement appliqué, et à formuler ainsi son programme d'émancipation : « Instruire les femmes ignorantes et celles des classes inférieures, reconnaître la capacité politique des femmes, dont l'esprit est mûr ! » L'auteur croit devoir souscrire de tout son cœur à cette formule (103).

LE MARIAGE.

Quoique existant aussi chez les animaux, notamment chez les cigognes, le mariage dans sa forme, dans son organisation actuelle, est essentiellement un produit de la civilisation humaine. Ce n'est donc pas un don de la nature, à jamais fixe, immuable; il doit changer et se perfectionner au fur et à mesure des progrès de la civilisation. Ces modifications sont d'autant plus nécessaires pour notre mariage actuel, qu'il est encore réglé par les vieux principes despotiques qui dominaient autrefois dans l'État, dans l'Église et dans la société. Pour arriver à créer politiquement et socialement une vraie humanité, rien ne saurait être plus efficace que d'affranchir le mariage de ses entraves, de le métamorphoser en une légitime union des deux sexes, résultat d'un choix amoureux, libre et non contraint des deux parts, en une union trouvant la raison de sa durée dans la durée même d'une mutuelle affection. On peut, dans un certain sens, avancer que tout l'avenir physique et intellectuel de l'humanité dépend plus ou moins de la future constitution du mariage. En effet, sans recourir à l'union des meilleurs avec les meilleurs, comme le voulait Platon dans sa république idéale, on peut dire que l'union des mieux assortis est le meilleur moyen de créer le mieux possible la future humanité. Déjà Darwin a reconnu la sélection sexuelle comme le plus puissant aiguillon du progrès chez les animaux, et le professeur Häckel n'hésite pas à déclarer, en se basant sur ses propres recherches, que le progrès historique de l'humanité est dû, pour une large part, à cette sélection sexuelle bien plus active encore chez l'homme que chez les animaux ! Mais cette influence spéciale que l'histoire naturelle a mise la première en lumière, ne saurait déployer pleinement et sans entraves sa toute-puissante efficacité que là où l'union des deux sexes est réellement due à un choix entièrement libre, à un parfait et mutuel accord, source d'un contentement mutuel, intime et simultané ; cela, personne ne l'osera contester. Au contraire, notre mariage despotique actuel, ce mariage de convention, offre malheureusement trop souvent, comme on le sait, le spectacle si repoussant d'une disconvenance mutuelle, aussi propre à nuire extrêmement au perfectionnement de l'espèce, qu'à favoriser le mécontentement d'où naît l'antipathie. Déjà, en émancipant la femme, comme nous l'avons demandé, en lui donnant vis-à-vis de l'homme une position libre et indépendante, on doit aussi nécessairement modifier la constitution future du mariage. Le libre choix amoureux, qui jusqu'ici a été, contre tout droit et toute raison, accordé à l'homme seul, devra être aussi, à l'avenir, un privilège de la jeune fille. A l'avenir, la jeune fille, devenue indépendante, ne sera plus forcée de se laisser vendre comme une marchandise au marché, ou bien, à demi-contrainte, de saisir le mariage, qui se présente, uniquement pour éviter la tristesse du célibat ; elle contractera alliance là où l'avenir offrira, soit à elle-même, soit à ses conseillers, plus d'espoir de bonheur et de contentement que n'en offrirait le présent. Le nombre aujourd'hui malheureusement si grand des mariages malheureux et préjudiciables au perfectionnement de l'espèce diminuera, celui des mariages heureux et utiles à la collectivité grandira. Là pourtant où il y aurait eu méprise, l'issue si nécessaire d'un divorce légal rendra impossible ces épouvantables drames de famille qui, aujourd'hui, se déroulent si fréquemment devant nos tribunaux, à la honte de l'humanité. Les faits horribles qui se produisent isolément au grand jour de la publicité, permettent de deviner combien d'horreurs plus grandes encore la crainte du déshonneur public fait supporter et souffrir en secret. Liberté, spontanéité, réciprocité complète, voilà l'air vital absolument nécessaire aux heureux mariages ; cela conduit nécessairement à écarter tous les obstacles artificiels, entravant et les mariages qui se nouent et ceux qui se dénouent par défaut de convenance.

Une des mesures les plus insensées inventées par la sagesse ou plutôt par la stupidité des gouvernements consiste dans les empêchements que l'on met, aujourd'hui encore, dans tant d'États, aux mariages des classes pauvres, c'est-à-dire aux mariages des travailleurs, pour éviter un excès de population et un surcroît de pauvreté. Y a-t-il une injustice plus grande, plus cruelle, que de rendre à l'individu plus dure et plus sensible encore une pauvreté dont il n'est pas coupable, en l'éloignant despotiquement de l'une des fins les plus naturelles à l'homme, celle de la propagation de l'espèce? Pourtant, ne tenons pas compte de cette injustice ! Mais, en se multipliant, un peuple ne s'appauvrit pas; au contraire, il s'enrichit, surtout quand des institutions sociales améliorées permettent à chacun d'arriver à une existence vraiment humaine. Tout nouveau-né est un capital qui, en augmentant la somme de travail et de consommation, est utile à l'ensemble social. Plus une contrée est dépourvue d'hommes, plus elle est pauvre aussi et plus ses habitants sont misérables, tandis qu'au contraire, dans les régions cultivées de l'Europe, le niveau du bien-être s'élève partout avec le chiffre de la population. En effet, il est hors de doute que, par l'augmentation de la civilisation et des nombreux moyens dont elle s'aide, par une plus grande division du travail, la richesse alimentaire grandit beaucoup plus vite que le nombre des hommes; et même en accordant que, dans des conditions normales, la population ne puisse dépasser une certaine limite, nous sommes à coup sûr encore bien éloignés de cette limite. De grandes famines naissent très-facilement dans les contrées peu peuplées ou dépeuplées par la guerre ou la peste, tandis que l'excès des ressources alimentaires n'est nulle part plus grand que dans les énormes métropoles, dans les capitales des États européens, où des millions d'hommes vivent ensemble. Les conquérants espagnols trouvèrent en Amérique une population indigène que décimaient de fréquentes disettes, tandis qu'aujourd'hui l'Amérique nourrit luxueusement un bien plus grand nombre d'habitants, et ne manque en outre ni de place, ni d'aliments pour d'autres innombrables millions d'hommes!

LA MORALE.

Le seul principe de morale juste et solide repose sur l'idée de réciprocité. Donc point de meilleure règle en morale que la vieille maxime bien connue : « Ne fais pas aux autres ce que tu ne veux pas qui te soit fait ». En complétant cette maxime par la suivante : « Fais aux autres, ce que tu voudrais, qui te fût fait », on a tout le code de la vertu et de la morale, mieux et plus simplement que ne le pourraient donner les plus épais manuels d'éthique et la quintessence de tous les systèmes religieux. Tous les autres guides moraux que l'on peut tirer de la conscience, de la religion ou de la philosophie deviennent parfaitement inutiles à côté de ces règles simples et pratiques. Naturellement ces règles doivent paraître d'autant plus efficaces, que l'idée de réciprocité s'est plus développée en raison du perfectionnement de l'état social et d'autant plus aussi que l'individu est plus en état, grâce à ses lumières, à son instruction, de comprendre le but social, la relation qui le relie à ce but ainsi qu'à son semblable et d'ordonner sa conduite en conséquence. C'est donc un fait universellement reconnu et suffisamment démontrée par l'histoire que la conception morale, en général et en particulier, se développe et se perfectionne à mesure que grandissent la civilisation, les lumières et la connaissance des lois nécessaires au bien commun; il est aussi reconnu qu'en même temps l'ordre public s'améliore et les lois pénales s'adoucissent. Comme individu, comme être primitif, l'homme est étranger à toute morale; il suit en aveugle les impulsions de la passion, de la faim, de la barbarie, qui lui sont communes avec les animaux; ses facultés morales commencent à se développer par la cohabitation avec d'autres hommes au sein d'une société soumise à certains principes de réciprocité et par la connaissance des lois nécessaires au maintien d'une telle communauté. La conscience innée, les lois morales innées, que tant de gens prétendent être les mobiles vraiment déterminants des actions humaines, ne sont rien qu'une grande superstition ou « une morale bonne pour les écoles d'enfants », comme l'a si bien dit le philosophe Schopenhauer. La conscience se forme et se développe seulement à mesure que progresse la connaissance des devoirs que l'individu doit remplir ou croit avoir à remplir, soit envers des puissances surnaturelles imaginaires (dieux, héros, etc.), soit envers ses semblables, soit envers la société, soit envers l'État, etc. Mais cette croyance dépend entièrement et absolument du degré de civilisation, de lumière, où sont arrivés peuples et individus, par conséquent elle varie selon le temps, le lieu, les circonstances. Moïse, le grand éducateur, le grand chef du peuple Juif, n'éprouvait aucun remords de conscience en faisant massacrer, à titre de sacrifice expiatoire offert au Seigneur, trois mille de ses compatriotes ; sa seule crainte était que ce fût insuffisant; or aujourd'hui un tel acte paraîtrait une abomination, une brutalité monstrueuse. Le vénérable David, le mignon des théologiens, s'empara de la ville de Rabba « et ayant fait sortir les habitants, il les coupa avec des scies; fit passer sur eux des chariots avec des roues de fer ; les tailla en pièces avec des couteaux ; et les jeta dans des fourneaux où l'on cuit la brique. C'est ainsi qu'il traita toutes les villes des Ammonites. David revint ensuite à Jérusalem avec toute son armée. » (Les Rois, livre II, chap. XII, verset 31, cité par Radenhausen, *Isis*, vol. II, page 34 et suivantes.) Les Phéniciens, les Carthaginois, les Perses, etc., quoique figurant parmi les peuples civilisés de l'antiquité, ne se sentaient pas retenus par leur conscience, alors qu'ils brûlaient vifs leurs propres enfants ou enterraient vivants des innocents. Les inquisiteurs du moyen âge ainsi que leurs émules des temps antérieurs ou postérieurs crurent avoir fait seulement leur devoir en brûlant dans l'espace de onze cents ans, environ neuf millions d'hommes, comme sorciers ou magiciens, et en faisant subir à quantité d'autres innocents d'effroyables supplices. En éprouvant la communauté chrétienne, alors nouvellement formée, par les plus sanglantes persécutions, les empereurs romains croyaient bien faire et rester purs devant leur conscience, tout comme plus tard, après le triomphe de leur doctrine, les chrétiens rendirent avec une large usure ces persécutions à ceux qui ne pensaient pas comme eux. Les guerres modernes, si homicides, sont ordinairement et fréquemment entreprises pour les motifs les plus futiles par des gens qui n'éprouvent pas le moindre remords, en menant à une mort, à une détresse souvent horribles tant de milliers d'hommes. Ils y gagnent gloire, honneur, considération, tandis que, plus tard, dans un avenir plus heureux, de tels faits sembleront sans doute les pires attentats à la morale. La conscience n'est donc pas quelque chose d'immuable, d'inné ; c'est une chose, qui change, qui naît, c'est-à-dire une manifestation de l'entendement humain, grandissant et progressant avec lui. Maintes fois ces progrès de l'entendement ont fait reconnaître innocents et permis des actes jadis considérés comme des fautes graves ; maintes fois, d'autre part, ils ont stigmatisé, comme criminels, des actes jadis licites ; c'est pourquoi les idées de bien et de mal nous offrent les plus grandes, les plus frappantes différences, même les oppositions les plus complètes dans des temps et des pays divers ; ce qui serait totalement impossible, si une conscience innée intimait à l'homme des ordres une fois donnés. La conscience est aussi entièrement indépendante de la croyance en Dieu et des notions religieuses en général ; elle change peu ou point avec le degré de foi de chacun ; elle a pour unique guide l'entendement ou le degré de civilisation de chacun. Que l'on ne redoute donc pas de voir la conscience périr avec telle ou telle forme de croyance ; cette crainte est tout à fait dénuée de fondement ; au contraire, on voit la conscience individuelle s'aiguiser, s'affiner à mesure que le niveau de la conscience générale de l'humanité s'élève de concert avec celui de la civilisation, et cela d'autant plus, que l'homme est mieux affranchi dans son essence, dans la pensée, de toute règle purement extérieure, de tout dogme. Nos contemporains, quoique biens moins assujettis à certaines règles de croyance que les hommes du passé, sont généralement bien moins enclins au crime et à la violence! et la tolérance, la compassion, le sentiment de l'utilité générale, le respect de la loi, l'amour de l'humanité ont grandi en même temps que le savoir, la civilisation et le bien-être! Car le bonheur et le bien-être sont avec la civilisation les sources principales de la morale et de la vertu. En général, pour pratiquer la vertu, l'homme a besoin d'être heureux et toutes les transgressions, tous les vices donnent la main à la faim, à la misère, à la maladie, à l'oisiveté. Si nous admettons que les propriétés ou les aptitudes morales soient aussi terrestres que les aptitudes corporelles et intellectuelles, il doit nous paraître évident que tout le progrès moral de l'humanité repose sur des métamorphoses, des perfectionnements perpétuels au point de vue social et intellectuel; nous devons voir que les fautes et les crimes seront chassés du monde, dès que seront taries les sources d'ignorance, de grossièreté, coulant encore aujourd'hui à pleins flots.

La morale peut donc être définie la loi du respect mutuel pour l'égalité des droits de l'homme en général et en particulier, dans le but d'assurer le bonheur commun de l'humanité. Tout ce qui trouble, tout ce qui mine ce bonheur et ce respect est mauvais, tout ce qui les favorise est bon. Le mal, d'après cette définition, c'est seulement la dégénération ou les empiétements de l'égoïsme privé aux dépens tant de ce bonheur général que de l'intérêt de nos semblables. En général, ce qui est utile à la communauté ou à nos semblables est bien ; mais si l'individu fait passer impudemment la notion de ce qui lui est personnellement utile ou avantageux, avant la notion de ce qui est utile à la communauté, avant la notion de l'égalité des droits pour autrui, alors c'est le contraire du bien. Les plus grands pécheurs sont donc les égoïstes, c'est-à-dire ceux qui placent leur propre moi au-dessus des intérêts et des lois du bien commun, et s'efforcent de le satisfaire sans mesure aux dépens et au préjudice de leurs égaux en droits. Sans doute, l'égoïsme n'est nullement condamnable en soi ; c'est, en particulier, le plus puissant et le suprême mobile de tous nos actes, mauvais ou bons (104). Oter l'égoïsme de la nature humaine sera même toujours impossible ; il s'agit donc seulement de le diriger dans la bonne voie, de le rendre raisonnable et humain, en tâchant de le satisfaire sans contrarier le bien de tous et l'intérêt de la collectivité. Pour cela, pas de meilleur moyen que les réformes sociales réclamées par nous dans l'intérêt même du bien commun. En effet, dès qu'au moyen d'une bonne organisation sociale on sera arrivé à faire coïncider la satisfaction du moi individuel avec l'intérêt général et, inversement, à faire que l'intérêt général se confonde avec la satisfaction du moi individuel, alors cessera tout conflit suscité par des motifs égoïstes entre l'intérêt de chacun et l'intérêt social, alors on aura écarté la cause principale du crime et de la faute. En effet, l'individu pourra alors, bien plus facilement qu'aujourd'hui, rechercher son bonheur personnel ou des impressions agréables, sans léser les intérêts sociaux ; il accroîtra son bien propre en travaillant au bien de la collectivité et inversement.

C'est donc dans cet accord de l'intérêt individuel avec l'intérêt général, c'est-à-dire l'intérêt de tous les autres, que consiste tout entier le grand principe moral de l'avenir. Que l'on parvienne à établir un tel accord et l'on aura en profusion de la morale, de la vertu et des nobles sentiments. Si l'on n'y parvient pas, tout cela fera défaut dans la proportion où la société sera éloignée du but indiqué ; et nul moyen interne ou externe, nulle religion, nulle conscience, nul prédicateur de morale, nulle loi pénale, etc., ne seront, à beaucoup près, en état de suppléer à la persistance de cette lacune. *La conscience publique est en même temps la conscience de l'individu*, et cette conscience publique ne peut provenir que d'un état politique et social raisonnable, d'une éducation, d'une instruction générale et basée sur des principes philanthropiques. C'est pendant la jeunesse, à cette époque de la vie, où l'homme est si susceptible d'éducation et d'instruction, si accessible aux impressions du dedans et du dehors, qu'il faut jeter les fondements de cette conscience, et par suite de toute morale ; ce doit être la principale tâche de l'éducation publique et générale que d'éveiller, de fortifier chez le jeune homme les bonnes aptitudes, les bons penchants utiles à la société, et en même temps d'affaiblir et d'anéantir les penchants mauvais et nuisibles. Ainsi s'élèvera peu à peu une race toute nouvelle, toute morale, autrement constituée ou organisée, et le crime, la faute, le vice, etc., disparaîtront au fur et à mesure que se rétrécira le sol hors duquel ils ne peuvent fructifier !

LA RELIGION.

Moins l'homme est familier avec l'histoire, la nature, la philosophie, etc., plus il est enclin, aussitôt qu'il a commencé à réfléchir sur les phénomènes ambiants, à croire à des influences surnaturelles, extrahumaines et mystérieuses, et à leur rapporter tout ce qui lui semble énigmatique dans la vie de la nature et dans celle de l'homme. En conséquence, plus un homme est religieux, moins il sent en lui le besoin de se perfectionner et de connaître; aussi les anciens Hébreux ne pouvaient voir grandir chez eux l'art et la science, comme il arriva aux Grecs, libres penseurs, parce que leur dieu Jéhovah suppléait à tout.

C'est par les plus grossières superstitions, nées d'une connaissance insuffisante ou nulle des lois naturelles, que débutent les nations, et, à partir de là, elles s'élèvent graduellement et lentement à la science, destinée à remplacer et à inutiliser à l'avenir toute espèce de religion. Que ceux-là qui dans cette substitution de la science à la foi verraient un péril pour la morale, pour la moralité et, par suite, pour l'État et la société; que ceux-là sachent bien que, dans le principe, la morale et la religion, la foi et la moralité n'avaient absolument rien de commun, et que, selon toute apparence, on les a plus tard confondues dans le cours de l'évolution historique, pour des motifs de convenance purement extérieure. Enfin, plus on remonte haut dans l'histoire des religions, plus on voit disparaître et la loi morale et la caste sacerdotale veillant à sa conservation; à leur place apparaissent des dogmes, des cultes ou les cérémonies extérieures de l'adoration divine. Les plus récents travaux de MM. Renan et Burnouf mettent hors de doute que, chez les peuples ariens, la morale ne faisait nullement partie intégrante ou nécessaire de la religion, et que, dans les vieilles religions de ces peuples, on rencontre seulement deux éléments, l'idée de Dieu et le rit. Il en est de même pour le sacerdoce chez les Aryas, dont les tendances religieuses originelles étaient nettement panthéistiques, tandis qu'au contraire les Sémites, chez qui a germé le christianisme, inclinaient au monothéisme, et, par suite, à l'entretien d'un puissant clergé. Dans le sanscrit, qui renferme les racines verbales classiques de la race arienne, on ne trouve pas un seul mot qui signifie créer, dans le sens des dogmes sémitiques ou chrétiens. Les célèbres préceptes moraux mosaïques, les dix commandements, ne se trouvent pas non plus, comme l'avait déjà remarqué Gœthe, sur les tables, où Moïse rédigea le pacte d'alliance que Dieu conclut avec son peuple.

La diversité extraordinairement grande des nombreuses religions répandues à la surface de la terre montre déjà que ces religions n'ont avec la morale aucune connexion nécessaire, car, on le sait, partout où existe un état politique ou social quelque peu ordonné, existent aussi les principes essentiels de la morale; au contraire, partout où fait défaut un tel état social, il n'y a plus qu'une promiscuité sauvage et déréglée, avec un manque absolu d'idées morales[1]. L'histoire démontre aussi sans réplique que la religion et la morale ne se fortifient point, ne se développent point ensemble, mais qu'au contraire les époques et les contrées les plus religieuses ont été et sont souvent, d'après l'expérience de tous les jours, le théâtre des plus nombreuses infractions morales, des crimes les plus nombreux. L'histoire de presque toutes les religions est remplie de tant d'actes sanglants, de tant de faits si effroyablement pervers, qu'à leur seul souvenir, le philanthrope sent son cœur se glacer. Que

---

[1] En Chine, où l'on est fort indifférent ou fort tolérant en matière religieuse, a cours cette belle maxime : « Les religions sont diverses, la raison est une, nous sommes tous frères. »

si, pour justifier la religion, on allègue qu'elle a contribué au progrès, à l'accroissement de la civilisation, on peut répondre que de tels services, en face de la lumière des faits historiques, paraissent infiniment douteux, qu'il s'agit dans la plupart des cas de faits rares ou isolés. En général il est impossible de contester que la plupart des systèmes religieux se soient montrés bien plus hostiles que favorables à la civilisation. En effet, comme nous l'avons déjà mentionné, la religion ne tolère nul doute, nulle discussion, nulle recherche contradictoire et pourtant ce sont là les pionniers éternels de la science future et de l'intelligence ! Cette seule circonstance que l'état actuel de notre civilisation laisse depuis longtemps derrière lui tous les degrés de l'idéal, même les plus élevés, qui aient été proposés ou obtenus par les anciennes religions ; cette seule circonstance suffit à montrer, combien peu la religion a influé sur le progrès intellectuel. Éternellement ballotée entre la religion et la science, l'humanité progresse intellectuellement, moralement et physiquement d'autant plus qu'elle s'applique davantage à la science.

Il est donc évident, que, pour notre époque et pour l'avenir, il faut chercher et trouver d'autres principes de civilisation que ceux qui nous sont fournis par la religion et par la foi en Dieu. C'est craindre absolument sans raison, que de redouter pour la société et l'humanité des conséquences nuisibles de la suppression d'une croyance, qui vraisemblablement n'a jamais sérieusement retenu personne sur le bord du crime. Ce n'est pas la crainte de Dieu, qui adoucit et ennoblit les mœurs, comme le moyen âge le démontre surabondamment, mais bien l'élévation croissante de la conception du monde, compagne inséparable du progrès de la civilisation. Que l'on cesse donc d'étaler sempiternellement des articles de foi, qui paraissent destinés à être constamment démentis par les faits et gestes de leurs adhérents ! L'homme de l'avenir n'en sera que plus heureux et plus tranquille, puisqu'il n'aura plus à guerroyer à chaque pas de son développement intellectuel avec ces douloureuses contradictions entre la science et la foi, qui tourmentent les jeunes années et imposent à l'âge mûr la lourde tâche de secouer des illusions sucées avec le lait de la jeunesse[1]. Quoi qu'il en soit, le moins que l'on puisse attendre sous ce rapport de la société et de l'état futur, c'est une séparation complète entre le domaine de l'Église et le domaine laïque, c'est-à-dire un affranchissement absolu de l'État et de l'école de toute influence cléricale. L'éducation doit avoir pour base la science et non la foi ; dans les écoles publiques, la religion ne doit apparaître que sous la forme historique ; elle doit être enseignée seulement comme exposition objective et scientifique des divers systèmes religieux en vigueur parmi les hommes. Quiconque, après une telle éducation, sentirait encore le besoin d'une règle de croyance déterminée, aura le droit de s'adjoindre à telle secte religieuse qu'il lui plaira, mais pas celui d'exiger que la communauté fasse les frais de ce goût particulier !

Quant à ce que l'on a appelé à tort christianisme, c'est-à-dire quant au paulinisme (105), toute sa partie, toute sa substance dogmatique est, d'une manière si éclatante, si implacable et même si singulière en contradiction avec les conquêtes et les principes de la science nouvelle, que le sort final caché pour lui dans l'avenir est simplement une question de temps. Mais la partie éthique, les prin-

---

[1] Le dieu personnel est un anthropomorphisme, c'est-à-dire une abstraction de nous-même, une création imaginaire faite à l'image de la pensée ; le dieu impersonnel, au contraire, est une chimère de la logique.

cipes moraux de ce paulinisme ne se distinguent par rien d'essentiel des principes formulés par les autres époques, par les autres peuples et, bien avant son apparition, ils étaient aussi bien et parfois mieux connus de l'ancienne humanité. Non-seulement sous ce rapport, mais encore dans sa prétention à être une religion universelle (106), il est inférieur à des systèmes religieux beaucoup plus anciens et vraisemblablement les plus répandus sur la terre, par exemple au célèbre bouddhisme, à qui sont inconnues et l'idée d'un Dieu personnel et celle de la pérennité de la personne humaine et qui pourtant enseigne une morale très-élevée, pleine d'amour et même d'une pureté ascétique. La doctrine de Zoroastre ou de Zarathustra a aussi prêché, dès l'an 1800 avant Jésus-Christ, les principes de l'humanité, de la tolérance pour la pensée d'autrui avec une grandeur et une pureté que n'ont jamais connues les religions sémitiques et le christianisme en particulier.

C'est, on le sait, à une époque de décadence générale des mœurs, d'excessive corruption morale et politique que se placent la naissance et les progrès du christianisme ; son succès extraordinaire se doit attribuer en partie à la fatigue intellectuelle et morale, semblable aux effets de l'orgie, qui énerva les cœurs après la chute de la civilisation antique et aussi à l'influence démoralisante qu'exerça le lent et total écroulement de l'empire romain. Mais, même alors, les hommes doués de quelque élévation, de quelque profondeur intellectuelle virent très-bien le côté inquiétant de ce nouveau mouvement de l'opinion ; et il est très-remarquable de voir que, parmi les empereurs romains, les meilleurs, les plus intelligents, comme Marc Aurèle, Julien, etc., furent les plus ardents persécuteurs du christianisme, tandis que les plus dépravés, un Commode, un Héliogabale, etc., le supportèrent très-bien (107). Une fois le christianisme de plus en plus triomphant, un de ses premiers actes d'hostilité contre le progrès humain fut la destruction fanatique de la célèbre bibliothèque d'Alexandrie, qui renfermait tous les trésors intellectuels de l'antiquité; irréparable dommage pour la science. Si l'on prétend, à la louange du christianisme, qu'au moyen âge les cloîtres chrétiens ont sauvegardé les trésors de la science et de la littérature, on peut répondre que ce fut d'une manière fort incomplète, car une ignorance et une grossièreté excessives régnaient dans les cloîtres et d'innombrables prêtres ne savaient même pas lire. Les précieux trésors littéraires contenus dans les bibliothèques des cloîtres étant écrits sur parchemin, étaient souvent détruits, quand les moines, ayant besoin d'argent, vendaient les livres comme parchemin simple ou en déchiraient des feuillets, pour y écrire des psaumes. Souvent ils effaçaient entièrement les lignes des vieux livres classiques pour écrire à la place leurs légendes et leurs homélies; il arriva même que la lecture des classiques, par exemple d'Aristote, fut défendue par une bulle papale. — A la Nouvelle-Espagne le fanatisme chrétien détruisit aussitôt toutes les œuvres d'art, tous les produits d'une civilisation élevée dus aux indigènes. L'importance de ces œuvres n'était pas à dédaigner, comme le prouvent les monuments en ruine, attestant un assez haut degré de civilisation. Tout cela n'a pas été remplacé par la moindre trace de moralité chrétienne chez les Indiens actuels qui vivent toujours dans l'abrutissement et l'ignorance la plus stupide. (Voy. Richthoffen : *L'état de la république Mexicaine*, 1854. Berlin.)

Le christianisme a donc toujours agi selon les maximes du père de l'Église, Tertullien, qui dit :

« Toute curiosité de l'esprit, après Jésus-Christ, toute recherche, après l'évangile, sont inutiles. » Si néanmoins la civilisation a accompli de si énormes progrès chez les peuples européens et particulièrement chez les peuples chrétiens dans le cours des siècles, une appréciation historique, libre de préjugés, doit avouer que ces progrès ont eu lieu sans que le christianisme y ait énormément contribué.

LA PHILOSOPHIE.

On peut dire aujourd'hui qu'elle a vécu cette philosophie proprement dite ou spéculative, qui, pendant si longtemps, surtout en Allemagne, a exercé sur les esprits une influence fâcheuse et préjudiciable au véritable et libre esprit de recherche. Cette philosophie, accoutumée à jouer avec des mots à demi clairs ou obscurs, avec des non-sens, ou bien avec des locutions spéciales est peu à peu devenue odieuse aux gens éclairés[1] ; la confiance en ses formules, en ses paroles prophétiques a diminué à mesure que l'esprit de recherche est devenu plus clairvoyant, plus avide de connaître, plus honnête. Nous ne sommes plus disposés aujourd'hui à prendre l'apparence pour l'être, les mots pour des faits, l'illusion pour la réalité, et nous avons reconnu que c'est dans la seule expérience scientifique, dans les faits, qu'il faut chercher et trouver une base solide aux théories scientifiques. « Ce salmigondis confus d'être et de néant », comme B. Suhle-

---

[1] Depuis l'époque de la scolastique, à vrai dire même depuis Platon et Aristote, la philosophie, comme l'a excellemment démontré Schopenhauer, n'est en grande partie qu'un abus perpétuel d'idées générales, dont on force le sens, par exemple les idées de *substance*, d'*origine*, de *cause*, de *bien*, d'*être*, de *devenir*, etc.; aussi est-elle descendue, peu à peu, à n'être plus qu'une pure affaire de mots.

(*Schopenhauer et la philosophie actuelle*) appelle très-bien la méthode dite dialectique de ces philosophes par métier, qui domina pendant la première moitié de ce siècle et atteignit dans le grand Hegel son point culminant ; « ce déluge de mots versé sur un désert d'idées, » selon l'expression si juste employée par Helvétius pour désigner les productions de la scolastique du moyen âge à peine éteinte de son temps, tout cela aujourd'hui ne nous en impose plus. Nous avons regardé derrière le voile mystérieux et nous n'y avons trouvé que le squelette d'une doctrine philosophique de l'esprit et de la pensée absente paré du clinquant bariolé d'une terminologie. Il n'est plus et il ne sera jamais plus possible d'écarter la science humaine de l'expérience et la philosophie des conclusions tirées de l'expérience. Le sublime essor intellectuel des professeurs de philosophie, jusqu'ici vanté comme prodigieux, n'est plus que ridicule ; et la noblesse de la métaphysique philosophique rappelle l'adage : Du sublime au ridicule il n'y a qu'un pas ! (Suhle). Toutes les conclusions relatives au transcendentalisme ou à ce qui est au-dessus de l'expérience sont illogiques ; il n'y a pas de science transcendentale. Il n'y a pas de cause sans cause ; par conséquent c'est inutilement que les philosophes cherchent une cause suprême ou première. L'enchaînement des causes ou la relation de cause à effet n'a ni commencement ni fin. L'idée d'une cause *première* a pour conséquence nécessaire une hypothèse absurde, contraire à toute logique et à toute expérience ; il faudrait donc diviser l'histoire de l'être en deux parties distinctes et séparées, dans l'une desquelles il y aurait eu changement sans causalité et dans l'autre changement avec causalité. Tout dans le monde s'enchaîne nécessairement et régulièrement, quoique nous ne puissions démontrer encore le bien fondé de cette proposition que dans un certain nombre de cas. Notre science est donc faite de pièces et de morceaux ; elle est susceptible et elle a besoin de se perfectionner perpétuellement, de se compléter, tandis que la philosophie nous grise par avance avec son hypothèse erronée d'une *connaissance illimitée*. Nous devons donc nous former des convictions, qui ne soient pas fixées une fois pour toutes, comme celle de ces philosophes et des théologiens, mais qui puissent se modifier et s'améliorer suivant les progrès de la science. Quiconque ne pense pas ainsi, quiconque s'est ancré sur une croyance invariable, considérée une fois pour toutes comme vérité dernière, que cette croyance soit théologique ou philosophique, est naturellement incapable de se laisser diriger par une conviction scientifiquement fondée. Malheureusement notre éducation toute entière a reçu de bonne heure une impulsion systématique de ce genre, notre esprit a été enchaîné par des dogmes philosophiques ou théologiques ; il n'est donné qu'à un nombre d'hommes relativement restreint de briser ces entraves dans le cours des années qui suivent l'enfance, de les briser par leur propre force ; la plupart restent pris dans les liens habituels et forment leur jugement conformément à ces paroles de l'évêque Berkeley : « Peu d'hommes pensent, mais tout homme veut avoir une opinion. » De là tant de jugements faux et défavorables portés sur les nouveaux progrès scientifiques, quand même ils seraient aussi clairs que le soleil et aussi incontestables que la réalité.

De grands philosophes ont appelé la mort la cause de toute philosophie. S'il en est ainsi, la philosophie expérimentale de nos jours a résolu la plus grande énigme philosophique ; elle a montré logiquement et empiriquement qu'il n'y a pas de mort, et que le grand mystère de l'existence consiste dans une métamorphose ininterrompue. Tout est immortel et indestructible, le plus imperceptible vermisseau et l'astre le plus énorme, le grain de sable et la goutte d'eau, aussi bien que l'être le plus élevé de la création, c'est-à-dire l'homme et sa pensée. Seules les formes, par lesquelles l'être s'exprime, sont changeantes ; mais l'être même demeure éternellement le même, impérissable. A la mort, ce n'est pas nous qui sommes anéantis, c'est uniquement notre conscience personnelle, la forme accidentelle, que notre être, éternel et impérissable en soi, avait revêtue pour un court moment; nous continuons à vivre dans la nature, dans notre espèce, dans nos enfants, dans notre descendance, dans nos actes, dans nos pensées, bref, dans toute la participation matérielle et psychique que nous avons prise pendant notre courte existence personnelle aux fonctions persistantes de l'humanité et de l'univers. « L'humanité, dit Radenhausen (*Isis*, vol. III, p. 121), dure et suit son cours en dépit de la disparition de l'individu après une brève durée ; la vie de celui-ci se perd, mais à la manière d'une goutte d'eau qui tombe. De même que la goutte ne peut parcourir le cours de son existence sans provoquer la dissolution ou la combinaison d'autres éléments matériels, ainsi tout homme laisse derrière lui des traces de son existence ; ce sont les nœuds qu'il a déliés, ceux qu'il a noués de nouveau, la part que tout homme apporte au trésor de la civilisation, depuis la plus minime jusqu'à la plus grande. »

Où sont les morts ? demande Schopenhauer, et il répond : En nous-mêmes ! En dépit de la mort et de la putréfaction, nous sommes tous réunis !

« Insensés, ne disputez plus — sur l'immortalité de votre âme, — car jamais le pouvoir de la mort ne ravira

— aux choses leur nature impérissable. — Tout ce qui est et vit — parcourt un cercle éternel, — et là même, où ces êtres inclinent vers la destruction, — s'attisent à nouveau les flammes de la vie! — Immortel est le plus petit vermisseau, — immortel aussi l'esprit de l'homme — qui, à chaque nouvel ouragan de mort — s'élance dans des routes toujours nouvelles. — Ainsi vous vivez, ainsi vous mourez — encore, dans les générations futures — et cette éternelle action, — change seulement de temps et de lieu. »

Autant il est impossible à un atome, c'est-à-dire à la plus petite parcelle de matière imaginable, de disparaître, de s'anéantir dans la vie générale de la nature, autant il est impossible que le plus petit acte ou la moindre pensée d'un homme s'anéantisse ou se perde dans la grande vie de l'humanité. Acte et pensée se propagent dans la série infinie des impulsions qu'ils ont données, à la manière dont les ondes soulevées par la chute d'une pierre dans une nappe d'eau vibrent en s'étalant circulairement et s'affaiblissant de plus en plus. Et si l'acte et la pensée, de même que les ondulations, arrivent graduellement à s'éteindre dans le repos, ils ont aussi, comme elles, chemin faisant, suscité quantité de mouvements physiques ou intellectuels qui, à leur tour, joueront et continueront le même rôle. Ainsi se confondent la vie de l'individu et celle de l'humanité et inversement. Quiconque ne peut ou ne veut pas se contenter de cette grande vérité, quiconque n'y trouve pas un motif plus puissant que tous les autres pour s'attacher à la vertu, pour bien agir, celui-là, aucune force, aucune influence ne le sauraient maintenir dans la droite voie. Point de croyance philosophique ou théologique capable de fournir une sorte d'équivalent capable de remplacer, par des motifs ou égoïstes ou imaginaires, le frein moral, solide comme un roc, que donnera à l'individu la connaissance de l'immortalité de son être et de son indissoluble union avec l'humanité tout entière.

MATÉRIALISME ET IDÉALISME.

Ordinairement le matérialisme et l'idéalisme sont considérés comme absolument contradictoires. Le matérialisme est représenté comme une doctrine triste, désolante, désespérée, sombre et vide, bonne uniquement pour des hypochondriaques, des misanthropes ou des hommes guidés par la seule raison; tandis qu'au contraire l'idéalisme vise à satisfaire les besoins les plus élevés de l'esprit et du cœur, et à élever l'homme au-dessus de l'imperfection et du néant de cette vie terrestre, en lui donnant une conception plus haute du monde et de la vie. Cela est en réalité si peu exact que l'on pourrait fort justement indiquer le matérialisme scientifique comme réalisant le plus haut idéalisme de la vie. En effet (et l'auteur s'est déjà étendu avec détails sur ce sujet dans les années précédentes), plus nous nous sommes affranchis de tout leurre fallacieux touchant ce monde extérieur et supérieur, qu'on a appelé *l'au-delà*; plus naturellement nous sommes enclins à utiliser toutes nos forces, tous nos efforts pour nous renseigner sur *l'en-deçà*, c'est-à-dire sur le monde où nous vivons déjà; plus aussi nous sentons le besoin d'arranger ce monde et notre existence aussi utilement que possible pour l'individu et la collectivité. Il y a là évidemment pour l'idéalisme, c'est-à-dire pour les tendances idéales de la nature humaine, un incommensurable champ, où ces tendances peuvent se donner carrière et agir; mais un champ qui n'est plus situé par delà les étoiles, qui est sous nos pieds, et où la vision a fait place à la réalité. Il n'y a donc pas de plus ardents pionniers du progrès, de plus grands amis de la liberté, de plus enthousiaste défenseur de l'universalité et de l'égalité des droits de l'homme, du bonheur de l'humanité que les matérialistes et les libres penseurs. Leur croyance, car les matérialistes ont aussi leur croyance, leur croyance est que l'homme est meilleur qu'il ne le paraît, qu'il peut plus qu'il ne sait, et qu'il mérite d'être plus heureux qu'il ne l'est. Le ciel et l'enfer, ces deux épouvantails du despotisme intellectuel, existent aussi pour le matérialiste, mais il les cherche et les trouve non plus au dehors, mais au dedans de l'homme ; il montre qu'il dépend uniquement de l'homme et de sa conduite de trouver ici-bas le ciel ou l'enfer.

Les aspirations vers le perfectionnement humain, vers l'amélioration et la félicité terrestres, ont en outre attiré au matérialisme le reproche de n'envisager que les plaisirs, que les joies des sens, et par là d'oublier les besoins intellectuels les plus élevés, les intérêts de l'âme, de les subordonner aux penchants purement animaux. Ce reproche repose sur une confusion si ridicule et si évidente du matérialisme scientifique ou théorique avec le matérialisme pratique, celui de la vie, qu'il est à peine digne d'une réfutation sérieuse. Le matérialisme de la science et celui de la vie sont à cent lieues l'un de l'autre, et la malveillance ou la stupidité les peuvent seules confondre. Celui qui sacrifie sa vie à l'étude, son intérêt personnel à la vérité, son activité, ses forces intellectuelles à l'amélioration du sort de l'humanité ; celui qui n'a pas le loisir de s'adonner aux plaisirs sensuels, celui-là, en réalité, l'emporte de beaucoup en idéalisme sur ceux qui trouvent, dans leur idéalisme, un moyen de gagner de bonnes places, de gros traitements, de riches prébendes ou d'éclatantes distinctions. Mais quand même il arriverait que le matérialisme propageât et fortifiât encore dans les masses, en exceptant, bien entendu, ses adeptes scientifiques, le goût des plaisirs et des jouissances terrestres, déjà assez dominant d'ailleurs, on devrait encore, au point de vue du progrès, accueillir avec satisfaction un tel résultat, *à la condition* que le plaisir, compris dans le sens de la conception scientifique et matérialiste du monde, ne satisfît pas seulement les instincts grossiers et animaux, mais ennoblît en même temps le corps et l'esprit. Alors nous nous rapprocherions de cette claire et salutaire conception du monde en vigueur dans la classique antiquité, et dont nous ont si fort écartés notre sombre monachisme et l'appétit de dominer inhérent à l'Église ; alors ces moyens de civilisation si nombreux, si puissants, que l'antiquité ignorait, serviraient à faciliter, à multiplier et à ennoblir le plaisir.

De tout cela ressort, que le matérialisme et l'idéalisme ne sont pas, comme le croient tant de gens, par suite d'une excessive ignorance, des ennemis nés, mais qu'au fond ce sont seulement des expressions diverses d'une seule et même chose. En théorie, le matérialisme surpasse en valeur idéale la vieille philosophie de l'idéalisme, car il ne se contente pas, comme elle, de déclarer simplement nombre de faits inexplicables par l'expérience et d'en déduire l'existence de causes surnaturelles et innées (esprit, âme) ; au contraire, il va au fond des choses et cherche à pénétrer les connexions dernières les plus intimes. En pratique, il l'emporte sur tous les autres systèmes, sur toutes les conceptions du monde de nature idéaliste, en ce qu'il met le monde idéal en nous, au lieu de le mettre hors de nous, en ce qu'il s'efforce d'aller au-devant de sa réalisation. Jamais aucune autre philosophie ne fut aussi intimement unie à la vie, et la meilleure pierre de touche de sa valeur et de sa justesse c'est l'influence qu'elle exerce déjà et qu'elle exercera encore plus sur la vie et son organisation. Sa tendance pratique est aussi simple, aussi unitaire, aussi claire et nette que sa théorie, et tout son programme, pour l'avenir de l'homme et de l'humanité, peut s'exprimer en six mots, contenant tout ce que l'on peut et doit théoriquement et pratiquement revendiquer pour cet avenir. Les voici :

Liberté, instruction et bien-être pour tous !

APPENDICE

MATÉRIAUX JUSTIFICATIFS

(81)... *ne pas être philosophiquement soulevée.* — « Le mystère de l'être, écrivait l'auteur, il y a des années, sur l'album d'une personne de sa connaissance, se peut représenter par la figure d'un cercle. Sans fin ni cause, l'éternité roule sur elle-même ; elle commence et cesse à chaque point de l'incommensurable univers. Mais l'esprit humain habitué à voir tout ce qui existe obéir dans l'espace et dans le temps à la relation de cause à effet, frémit dès que, dans le champ de la méditation et de la connaissance, il s'écarte quelque peu de ces étroites limites, et recule encore bien plus devant cette solution si simple de la grande énigme du monde. »

Sans doute les philosophes spéculatifs, c'est-à-dire les métaphysiciens n'accepteront pas plus cette solution si simple que la grande masse des ignorants ou des gens pris dans les rets étroits de la théologie ; en effet par elle tous leurs efforts pour découvrir les causes surnaturelles du monde et de l'ordre, qui y règne, seraient annihilés et leur commode manière de philosopher descendrait à n'être plus aux yeux de tout homme sensé qu'un pur combat de mots.

« Il est facile de comprendre, dit excellemment l'Anglais James Hunt, pourquoi tant de philosophes s'attachent encore à la philosophie pure pour résoudre le problème du monde. La raison en est que la méthode de cette philosophie est infiniment plus facile que celle qui consiste à observer immédiatement la nature, à rassembler péniblement des faits pour en tirer systématiquement et patiemment des conclusions ; aussi y aura-t-il toujours des hommes pour préférer une philosophie basée sur une éloquente dialectique et sur des sophismes au labeur d'une méthode réellement scientifique. »

(82)... *que jamais nous ne verrons clair dans l'essence des choses*. — Les bornes restreintes de notre connaissance physique, l'altération, les additions, que les objets de notre étude subissent ou reçoivent du fait de nos moyens physiques de connaître, c'est-à-dire dans la trame même de nos sens; voilà la dernière citadelle, où s'est réfugié le spiritualisme philosophique, après avoir été sur tous les autres points chassé du champ de bataille par le matérialisme philosophique ou réalisme. Solitaire et aigri, il espère, des rochers abandonnés, où il s'est retiré, reconquérir plus tard le terrain perdu. Mais à cela il y a un obstacle, c'est que, pas plus que ses adversaires, il ne peut rendre compte de ce que sont les choses dites *en soi*, c'est-à-dire au delà des phénomènes. S'il se peut que les choses ou plutôt les mouvements matériels du monde extérieur reçoivent seulement de nos organes des sens les propriétés, que nous leur attribuons; s'il se peut que le son, la couleur l'odeur, même les sensations de chaleur, de lumière, de saveur, soient de simples produits de notre moi subjectif ajoutés au monde extérieur objectif, et si ce monde extérieur dépouillé de ces additions ne semble plus être qu'un assemblage, une somme d'innombrables atomes ou particules matérielles, se groupant par leurs vibrations opposées et confuses sous des formes et des rapports multiples, pourtant ces vibrations, où les choses en général, n'en sont pas pour cela moins réelles, moins effectives et, dans la forme de leurs claires représentations, elles constituent l'unique fondement de toute connaissance humaine. Déjà Locke, le célèbre fondateur du sensualisme, savait fort bien cela, alors qu'il attribuait à notre sensibilité spéciale une grande partie des propriétés des corps et divisait ces propriétés en *primaires* et *secondaires*, plaçant dans la première catégorie l'étendue, l'impénétrabilité, la forme, le mouvement et le repos, le nombre; dans la seconde catégorie, la couleur, le son, la saveur, l'odeur, la dureté, la mollesse, l'aspérité des surfaces, etc. Les philosophes matérialistes de l'antiquité, par exemple Épicure, distinguaient même déjà les qualités sensibles des choses, ou la sensibilité des corps organiques animaux, d'avec les choses elles-mêmes, mais ils ajoutaient que derrière les choses du monde des phénomènes, il n'y a rien et qu'il ne faut même y rien chercher. C'est donc seulement par suite d'une lourde erreur, que l'on entend si souvent aujourd'hui vanter cette distinction, comme une découverte toute neuve de la science (dans l'espèce, de la physiologie des organes des sens), quand il est vrai, que la plus simple réflexion nullement aidée par la science avait déjà conduit à séparer notre sensibilité de l'influence qui la provoque.

On ne conçoit pas comment un penseur, d'ailleurs si pénétrant, F. A. Lange, dans son histoire bien connue du matérialisme (Iserlohn 1866), a pu se laisser égarer sous ce rapport; comment il a pu s'armer aussi, d'abondance, contre le matérialisme de la célèbre distinction kantienne entre *la chose en soi* et le *phénomène*, comment il a pu même se déclarer d'accord avec Kant au sujet de la maxime suivant laquelle, *ce ne sont pas nos idées qui se règlent d'après les objets, mais bien les objets qui se règlent d'après nos idées*. La conséquence d'une telle manière de voir serait la supposition folle que tout ce que nous connaissons est une simple illusion des sens, supposition qui met à néant non-seulement toute philosophie, mais toute connaissance en général. L'imperfection même et les bornes de nos moyens de connaître par les sens, bornes suffisamment constatées, puisque nous manquons même d'organe de perception immédiate pour quantité de mouvements se produisant dans la nature, ce en quoi nous sommes sûrement inférieurs à beaucoup d'animaux, tout cela ne suffit pas pour donner une base scientifique à la doctrine kantienne purement spéculative. La « chose en soi » de Kant est un pur non-sens, c'est, logiquement et empiriquement, une chimère sans connexion imaginable avec nos notions tirées de la connaissance par le moyen des sens. Une chose *en soi* est donc par cela même inintelligible, car toutes les choses sont essentiellement unies et n'ont pas de sens en dehors de leurs relations réciproques. Si même il y avait une chose *en soi*, elle serait absolument impossible à concevoir et à connaître, par suite absolument sans valeur dans la vie pratique et dans la vie de la pensée. Pourtant nous estimons en général d'autant plus les choses que nous leur trouvons, que nous leur constatons plus de rapports entre elles et avec d'autres objets! Mais les qualités, les propriétés mêmes, que revêtent les choses dans la trame de nos organes et de nos appareils de perception, tout ce que les philosophes appellent ordinairement « phénomène » par opposition avec la « chose en soi », tout cela n'en est pas moins réel et répond cependant à des états tout à fait déterminés et réels aussi, c'est-à-dire à des mouvements du monde extérieur. Si donc Lange appelle le monde des sens « un produit de notre organisation » cette opinion ne s'appuie que sur une conception entièrement unilatérale des rapports réellement existants et sur la confusion artificielle d'un état de choses très-simple en lui-même. Si les sens procurent quelquefois une fausse apparence, comme il arrive par exemple pour le mouvement des corps célestes, nous pouvons corriger cette erreur à l'aide de notre réflexion, c'est-à-dire en appliquant les lois naturelles, dont nous devons la connaissance aux sens, puisque cette connaissance découle des impressions sensuelles. *Le pouvoir décevant* des apparences sensuelles dans *des cas isolés* a donc pour fondement leur fidélité en général.— L'auteur se réserve d'ailleurs de traiter en détail plus tard et à une place plus convenable l'importante question effleurée ici et, en attendant, pour finir cette notice, il recommande à MM. les philosophes par métier, qui croient encore à « la chose en soi » et, sans une ombre de fondement, la tiennent pour le fait suprême, de vouloir bien mettre en musique le lied suivant et de le faire chanter dans leurs réunions au lieu et place du bénédicité et des grâces de MM. les théologiens :

> O chose en soi, je t'aimerais,
> Si seulement je te voyais !
> Quel peut bien être ton visage ?
> Est-il gai, vif ou languissant ?
> As-tu le regard séduisant ?
> Tout au moins apprends-nous ton âge.
>
> Car, pour t'adorer, chose en soi,
> Pour être à jamais tout à toi,
> Pour te vouer son existence,
> Il ne manque que de pouvoir
> Un seul instant t'apercevoir.
> D'où vient ton éternelle absence ?

> Quand chacun te cherche, pourquoi
> Te cacher ainsi, chose en soi,
> Chose en soi, que l'on veut connaître,
> Chose en soi, que l'on veut aimer,
> Chose en soi, qui pour nous charmer,
> A nos yeux n'aurait qu'à paraître !
>
> Et pourtant je te jure ici,
> O chose en soi, mon seul souci,
> De te rester toujours fidèle.
> Je n'ai jamais rien su de toi,
> Mais je veux, douce chose en soi,
> Chanter ta présence réelle[1] !

(83)... *et celui de son espèce*. — Toute réponse tirée d'une autre manière d'envisager les choses et faite à la question si souvent agitée de la destinée de l'homme, c'est-à-dire du but de son existence, semble absurde ou insoutenable, dès qu'on la rapproche des faits, des résultats réels de la vie et de l'histoire de chaque homme et du genre humain. Partout, dans tout état, à tout moment de l'être, l'existence est à elle-même son propre but ! L'homme n'existe pas pour se préparer un meilleur *au-delà*, selon le langage des théologiens, ou pour habiter et peupler la terre, selon le langage des téléologiens, ou bien pour réconcilier l'être et la pensée, Dieu et le monde, selon le langage des philosophes ; il existe *pour exister !* On pourrait ajouter « pour trouver bonheur et bien-être », si au milieu de la masse de misère et d'horreurs, qu'entraîne la bataille pour vivre et posséder les biens de la terre, ce but ne disparaissait en grande partie. Seulement la libre indépendance en harmonie avec le bien général qui est réservé à l'homme dans l'avenir, le rendra le créateur de son propre bonheur.

En attendant, cessez de le leurrer par la trompeuse fantasmagorie d'un état invisible, impossible à atteindre, qui lui est présenté même comme réellement atteint et conquis depuis longtemps ; vous le détournez ainsi du souci de son bien-être et de celui de sa race ! Pour trouver la réelle destinée de l'homme, il faut donc abandonner l'idée générale, que renferme en soi le mot « destinée, » car ce mot suppose l'existence non démontrée

---

[1] La plaisante chanson de l'auteur, ne pouvait guère se traduire en prose, ou du moins elle perdait ainsi tout son sel. Un écrivain bien connu. M. Eugène Noël (de Rouen) a bien voulu nous donner en jolis vers très-français l'équivalent du lied allemand. (Note du traducteur.)

de quelqu'un qui destine, il faut chercher le but de son existence en soi-même, et aussi dans les rapports particuliers avec le milieu ambiant. C'est tout à fait ainsi que l'être en général ne peut se concevoir avec un but quelconque en dehors de lui ; il ne peut vouloir que pour lui-même et par conséquent à chaque instant il accomplit sa destinée et atteint son but. Nous supposons, bien entendu, que l'on cherche à appliquer l'idée généralement antiphilosophique par essence de *destinée* ou de *but*.

(84)... *ces obstacles ne le peuvent plus guère incommoder.* — Sur la grande voie ferrée du Pacifique, l'homme traverse aujourd'hui en quelques jours, dans sa largeur maximum, le plus grand des continents ; ce faisant, il est environné de toutes les commodités d'un luxe recherché, il n'éprouve pas la moindre fatigue, en s'enfonçant tantôt dans des prairies sans fin, tantôt au milieu de montagnes neigeuses et d'effrayants précipices, qui autrefois ont arrêté des mois entiers de malheureux voyageurs et leur ont coûté la vie et la santé. Encore sait-il que, au moment de son départ, son arrivée à destination, qui aura lieu une semaine plus tard, a été signalée par le télégraphe de la voie et annoncée, à jour fixe, dans les journaux du pays.

(85)... *l'imagination et l'amour des hypothèses ont pu amplement se donner carrière.* — A en croire l'Anglais J. W. Jackson (voy. *Antropological Review*, 1867), l'homme actuel serait, d'après la théorie de l'évolution, seulement le point de départ d'un nouvel ordre zoologique, c'est-à-dire le type d'un mammifère bipède, à deux pieds. Plus tard il se couvrira de poils et de plumes, se divisera en nombre d'espèces et de genres divers et arrivé à son point de perfection il habitera seulement les soleils, dont les planètes ne sont que les simples embryons. Par sa nature morale, l'homme ne remplit pas encore les vues de la divinité, il n'est qu'à l'état d'ébauche. « Il y a de la méthode dans cette folie ! »

(86)... *et l'expérience nous apprend qu'il en a déjà été ainsi dans le passé.* — Le développement plus considérable du cerveau et son perfectionnement grandissant, chez les races humaines supérieures, avec les progrès de la civilisation, ce sont là des faits aussi bien établis que l'échelle de perfection graduée du cerveau et de ses diverses parties dans la série des vertébrés. Cela est surtout vrai pour la région cérébrale antérieure ou frontale, tandis que les régions postérieures semblent s'aplatir au fur et à mesure des progrès de la civilisation ; par conséquent une sorte de redressement de l'ensemble du cerveau coïncidant avec un *élargissement*, tels paraissent être les signes principaux du perfectionnement cérébral, surtout quand il est dû à la civilisation. Ce ne sont là d'ailleurs que des signes accessoires, très-grossiers, tirés seulement de la grandeur et de la forme extérieure ; car le perfectionnement interne de la structure, de la texture, de la forme de chaque partie, etc., échappe ordinairement à l'œil de l'anatomiste. Mais c'est en cela, ainsi que dans le perfectionnement du fonctionnement de l'organe cérébral, que se trouve la cause principale de sa supériorité relative et de la continuation future de son développement. C'est donc seulement par indigence de jugement et de connaissance, que, dans beaucoup d'écrits dirigés contre la théorie du progrès et surtout contre les conséquences qu'en a déduites K. Vogt relativement au développement futur du genre humain, on a prétendu que la suite nécessaire de ce développement conformément au darwinisme serait un accroissement difforme et nuisible du cerveau et du crâne, c'est-à-dire une macrocéphalie pathologique. Même avec la capacité actuelle du crâne humain, dont la croissance est d'ailleurs subordonnée au type et à des lois déterminées de réciprocité avec les autres parties et les autres organes du corps, il y a possibilité d'un plus grand perfectionnement de l'organe de la pensée dans ses détails les plus délicats et cette possibilité est telle, qu'elle peut suffire à des milliers d'années et à un énorme progrès de la civilisation. Mais il ne faut pas oublier que déjà l'organe cérébral, avec sa forme et sa texture actuelle, peut par l'usage, par l'exercice, atteindre à un perfectionnement fonctionnel, qui est, on le sait, le partage d'un très-petit nombre d'hommes. C'est un fait suffisamment connu des physiologistes, que la structure et la fonction d'un organe ne sont pas toujours dans un rapport rigoureux, que le contraire arrive souvent. Ainsi la main, qui, chez les animaux les plus voisins de l'homme, sert seulement comme organe de préhension et de mouvement, quoique sa forme diffère peu de celle de la main humaine, cette main, qui chez l'homme primitif, servait seulement aux plus simples usages, peut acquérir, chez l'homme des civilisations supérieures, une perfection et une dextérité presque merveilleuses. De même le cerveau humain devient par l'exercice et la civilisation, par exemple chez les savants, capable de fonctions, qui semblent incompréhensibles à l'homme simple et illettré. Si l'on ajoute qu'un cerveau ainsi perfectionné ou exercé peut, dans des circonstances favorables et conformément aux lois de l'hérédité, transmettre ses aptitudes acquises à sa postérité, on comprendra facilement, qu'il y a là un élément matériel suffisant pour un progrès intellectuel illimité, sans que pour cela l'organe de la pensée doive se tuméfier, au point d'atteindre un volume matériel incompatible avec les lois qui règlent sa forme générale. Enfin n'oublions pas, que le cerveau de l'homme instruit s'assimile aujourd'hui avec relativement peu de peine et dans un temps très-court toute une série de notions, d'idées, de connaissances, dont l'acquisition a épuisé les forces intellectuelles de nombre de générations humaines. Pourtant les richesses de la civilisation actuelle, aussi bien que les richesses matérielles de l'humanité sont le résultat de la vie et de l'activité de l'humanité tout entière pendant des centaines et des milliers d'années! — Ce fait que tout homme, apparaissant dans la vie, recueille ce précieux héritage sans plus de peine et continue à travailler en s'appuyant sur ce sol solide, voilà surtout, en y ajoutant une organisation plus parfaite, ce qui donne à l'homme son énorme supériorité sur l'animal. Corporellement en effet, l'homme n'est qu'un singe ennobli, plus parfaitement organisé; intellectuellement, il est devenu, par le graduel développement de ses forces et de ses aptitudes, un demi-dieu en comparaison de l'animal!

(87)... *la vie morale a été le théâtre d'autant d'horreurs, de cruautés sans nombre qu'autrefois la vie physique.* — F. A. Lange (*La question du travail*, 1865) a ajouté à la lutte sociale pour vivre la lutte pour obtenir la meilleure place. La loi fondamentale de cette lutte est d'ailleurs identique à celle de la lutte pour vivre, car la tendance et l'aptitude à occuper les meilleures places se sont répandues dans les masses, mais néanmoins les tendances de ces masses sont le plus souvent destinées à avorter. Écartez ou allégez le poids, que la lutte pour vivre fait peser sur les forces grandissantes, aussitôt jailliront avec une abondance inouïe les formes, les travaux d'ordre supérieur; augmentez la pression, aussitôt les talents les plus brillants s'étioleront et sans doute en ayant le sentiment navrant de leur étiolement. Croire que tout talent, tout génie se fraye quand même une route, c'est là simplement une erreur invétérée.

On oublie de porter en ligne de compte l'influence d'une position élevée sur le développement des aptitudes et on prise au-dessus de leur valeur, au point de vue de l'utilité générale, les travaux de ceux que le hasard a élevés. Pour réformer ce fâcheux état de choses, il faut adoucir le plus possible la guerre pour l'existence à l'aide d'institutions, qui garantissent à tout talent naissant l'espace et la possibilité de se développer, *qui empêchent aussi qu'à l'avenir le bien de millions d'hommes soit encore sacrifié à la splendeur du petit nombre!* C'est dans la plus grande égalisation possible des moyens à l'aide desquels l'individu soutient sa lutte pour vivre, que consiste le problème de tout l'avenir du genre humain.

(88) ... *la plus grande somme possible d'indépendance laissée aux individus et groupes d'individus composant l'État.* — Comme l'a fort bien démontré le professseur E. Häckel dans un excellent traité sur la division du travail, etc. (Berlin 1869), le principe de la division du travail est répandu par tout le monde organique et s'exerce non-seulement dans la distribution de chaque organisme, mais aussi dans les relations sociales et politiques de chaque espèce animale. Pour Häckel la vie est simplement le résultat mécanique total des fonctions des divers organes séparés par la division du travail, et de leur côté ces organes sont dérivés de formes plus simples, entièrement simples, de ce qu'on nomme formes primitives et fondamentales, grâce aux progrès de la division du travail. La forme la plus simple ou la forme primitive de la vie organique est la *cellule*, c'est l'individu organique le plus petit, c'est-à-dire l'organisme élémentaire composant tous les organes simples ou complexes. « L'apparente unité de tout organisme polycellulaire est, tout aussi bien que l'unité politique de tout État humain, le résultat général de l'union et de la division du travail de ces petits citoyens. » Dans les corps organisés animaux ou végétaux, chaque cellule jouit donc jusqu'à un certain point d'une vie indépendante. Les cellules les mieux partagées, les

mieux douées se chargent des plus hautes fonctions de la vie animale, comme la conscience de soi-même, la sensibilité, la pensée et la volonté.

La division du travail dans l'organisme est elle-même un produit de la lutte pour vivre dans le cours de tant et tant de millions d'années, sous l'influence des milieux extérieurs et elle dérive du principe de la mutabilité et de l'hérédité.

(89) *... si tant d'hommes ne travaillaient pas pour un seul ou pour quelques-uns.* — Si la maxime « qui ne travaille pas n'a pas le droit de manger » doit certainement être considérée comme très-juste, l'expérience nous apprend pourtant que beaucoup mangent, qui ne travaillent pas et même n'ont jamais travaillé; d'où ressort l'incontestable conséquence que ceux qui travaillent se fatiguent nécessairement non-seulement pour eux-mêmes, mais encore pour tout un troupeau d'oisifs. Il doit donc sembler d'autant plus injuste que la part de bonheur échéant dans la vie à chacun soit d'ordinaire en raison inverse des efforts de l'individu pour soutenir son existence et celle des autres, tandis que les meilleures et plus grosses parts tombent habituellement en partage à ceux qui ont fait peu ou point d'efforts pour les gagner. Que l'on n'objecte pas, que ces derniers vivent des efforts ou des mérites de leurs pères, car les choses absolument indispensables à la vie ne peuvent être créées d'avance et quand elles sont une fois consommées, il est de toute nécessité que les contemporains les produisent à nouveau.

Ce que nous disons du travail corporel s'applique bien mieux encore au travail intellectuel, qui devient habituellement d'autant moins lucratif, d'autant plus prolétaire, qu'il se tourne davantage vers les problèmes humains les plus élevés, ayant le plus un caractère idéal. Les philosophes et les poëtes sont des prolétaires nés, à moins que par hasard le bonheur de posséder ne leur rie dès le berceau et, même dans ce genre de labeur, le travail le plus pénible, le plus fatigant est ordinairement accompli par ceux, qui sont le moins rétribués. C'est une triste consolation et par-dessus le marché une consolation sans fondement que de dire : la nécessité excite les grands esprits à enfanter des œuvres extraordinaires, tandis que la richesse et le bien-être les en détournent. Quiconque se laisse détourner de la production intellectuelle par la richesse et le bien-être, celui-là ne porte pas en lui les caractères d'un esprit élevé et créateur, pour qui faire rayonner sur le sein de l'humanité le foyer qu'il porte en lui est un besoin aussi impérieux que ceux de manger, de boire et de dormir. Au contraire, la pauvreté, le dénûment rendent mélancolique, indolent, paresseux d'esprit ; par leur fait le pauvre manque des excitations internes et externes si absolument nécessaires au développement intellectuel, même pour le plus grand esprit. Bien plus, les loisirs indispensables aux poëtes, aux philosophes, aux savants manquent à ceux qu'écrasent le besoin et le souci de la vie ; aussi l'éparpillement de forces, qui en résulte, les empêche absolument ou ne leur permet que trop tard d'arriver à ce qui constitue et doit constituer pour un esprit créateur un excitant capital de progrès, je veux dire au *succès*. Naturellement tant que les principes sociaux actuellement en vigueur régiront la lutte pour vivre, il ne faut même pas songer à améliorer cet état de choses, puisque l'on rémunère seulement les travaux intellectuels, d'où résulte ou paraît résulter une utilité matérielle immédiate. Que cela ait pu peser et ait en effet pesé de la façon la plus pernicieuse sur notre littérature moderne, c'est un fait tellement connu, qu'il suffit de le mentionner. Les travaux de détail exécutés à la manière des professeurs, les travaux hâtifs, la fabrique littéraire spéculant sur la bourse du lecteur, et comme conséquence la soumission servile au tour d'esprit ou au goût de ce lecteur ; tels sont les caractères de notre littérature. Pendant ce temps, le bon sens et les vraies convictions philosophiques rencontrent partout une montagne de bassesse, d'ignorance et de mauvaise volonté.

(90) ... *sans subir sur-le-champ les plus graves inconvénients personnels*. — D'après Radenhausen (*Isis*, vol. IV), la méfiance, l'exploitation mutuelle, l'égoïsme sont les principes actuels de la société; c'est une guerre de tous contre tous, où l'excitant principal est non pas l'amour de l'humanité, mais un insatiable appétit de gain. F. A. Lange, qui, comme nous, regarde la lutte pour vivre comme l'excitant particulier du mouvement social, désigne aussi l'égoïsme, comme étant la base principale de notre société (*Vues de J.-St. Mill sur la question sociale*, etc. 1866). Ce sont au contraire, d'après

Lange, les principes de justice et de fraternité, jusqu'ici si fort ravalés politiquement et socialement, qui doivent tenir le premier rang. La morale doit pénétrer dans l'économie politique et faire ainsi disparaître cet odieux conflit entre la théorie et la pratique, qui agite malheureusement notre société actuelle. Mais la morale elle-même doit, comme le sentait déjà A. Smith, être fondée sur la sympathie ; le souci que l'individu prend de l'ensemble est la mesure de la moralité.

Déjà dans la première édition de son livre, *Force et matière* (pag. 256 et 257), l'auteur écrivait sur l'état actuel de notre société les passages suivants supprimés plus tard : « Enfin, que l'on examine d'un peu plus près la société humaine elle-même et que l'on se demande si, oui ou non, elle agit conformément à des instincts moraux ! N'est-elle pas en réalité *bellum omnium contra omnes* ? Une universelle course au clocher, où chacun cherche à en devancer un autre et même à l'anéantir. Ne pourrait-t-on pas la dépeindre à peu près comme Burmeister dépeint les Brésiliens ? « Chacun fait tout ce qu'il croit pouvoir faire sans danger ; il trompe, lèse, fraude autrui, lui nuit autant que possible ; bien convaincu que tout le monde en agirait de même avec lui. En général on considère celui qui ne se conduit pas ainsi, comme trop sot, trop niais, pour le pouvoir faire, etc. Chacun agit conformément à sa nature, obéissant à ses impulsions ou aux conditions externes de la vie ; il fait ce qui lui paraît avantageux, convenable à son point de vue, ou pour atteindre son but, sans nullement s'inquiéter d'une morale sans promesses nettement définies. » « Tous les hommes sont athées dans la pratique » (Feuerbach). Habituellement on appelle un homme, qui se soucie plus des autres que de lui-même, « un bon garçon stupide, suivant l'expression de Cotta, etc. »

(91) ... *leur insuccès a été amené par des difficultés plutôt extérieures qu'intérieures.* — M. Busch (*Voyage entre l'Hudson et le Mississipi*, Cotta, 1854) parle à la page 129 et suivantes, de Watervliet, ville des shakers, en Amérique. On y avait adopté le principe de la communauté des biens et de la liberté du travail (travail attrayant). La colonie était alors dans un état de haute prospérité. — L'Écossais Pohl fonda aussi en Amérique une colonie d'où toute contrainte avait été bannie et où

chacun travaillait suivant son penchant et ses forces. L'idée lui en avait été suscitée par le spectacle d'une fabrique à lui appartenant en Écosse et où il élevait des enfants pauvres. D'ailleurs la colonie, qui avait même adopté le principe de la communauté des femmes, ne réussit pas. La plus célèbre des nombreuses sociétés instituées d'après les principes communistes est le grand phalanstère de New-Jersey en Amérique, qui ne se dispersa qu'après une durée de treize années de prospérité. Une active philanthropie était le principe directeur de cette société. Le sol était commun à tous ; on habitait et on mangeait aussi en commun. Chacun travaillait, comme il l'entendait; le travail était évalué et inscrit pour une certaine somme à l'actif de chacun. Toutes les semaines on relevait le compte et l'on établissait le doit et l'avoir de chacun proportionnellement à son travail et à sa contribution légitime à l'entretien de la société. Point de religion, point d'église, mais de bonnes écoles. Les femmes avaient entièrement les mêmes droits que les hommes, même **le droit de suffrage** ; un comité choisi dirigeait l'association et statuait sur l'admission des nouveaux membres, qui étaient soumis à une année d'épreuve. — Deux circonstances ruinèrent l'entreprise; la première fut, que beaucoup de gens profitaient de l'administration peu coûteuse du phalanstère uniquement pour épargner un capital; la seconde fut que les capitalistes, *étrangers à la société*, qui avaient prêté l'argent pour l'achat du sol, préférèrent reprendre ce sol bien situé, bien cultivé et le vendre à un haut prix.

Même dans la prosaïque terre du Milieu, en Chine, le communisme a pris racine. En effet il y a là, depuis le commencement de ce siècle, une société commune appelée Thianti-hoei (c'est-à-dire Union du ciel et de la terre), qui s'est étendue de Canton à Malacca, à Java, dans l'archipel Indien; elle se révéla en 1824 et elle attira l'attention par une émeute à Malacca en 1826. Les adhérents de cette secte entendent venir à bout de l'effrayant contraste entre la pauvreté et la richesse ; ils partent de ce principe que tous les hommes ont un droit égal à la possession de la terre et des biens terrestres. Ils ont adopté les purs préceptes d'amour fraternel, de bienveillance pratique et s'efforcent d'affranchir l'homme de la misère et de l'oppression. (Voy. Milne, *Transactions of the Ass. Soc.*, 1827, tome I, et

Thianti-hoei, histoire de la fraternité du ciel et de la terre, de la propagande communiste en Chine. Berlin, 1852).

Que la communauté des biens ait été un principe reconnu et pratiqué par nombre de sectes religieuses antiques et modernes à des degrés divers, c'est là un fait historiquement connu. Citons parmi les sectes judaïques les Esséniens, parmi les communautés chrétiennes, les albigeois, les vaudois, les frères de Bohême, les frères Moraves, etc., etc.

(92) ... *les avantages de la communauté des biens promettent d'être tout à fait extraordinaires.* — Radenhausen, dans son Isis (vol. IV, p. 455 et suivantes), discute très-bien les avantages économiques et autres de la communauté des biens. La méfiance, la folle recherche d'un gain trompeur, l'exploitation, l'égoïsme, etc., qui forment aujourd'hui le fond du commerce, disparaîtraient; au contraire, la confiance la civilisation, la dignité, la valeur morale, etc., grandiraient d'autant. Tandis qu'aujourd'hui beaucoup de gens, justement de ceux qui occupent les positions dominantes, cherchent à entraver la civilisation, visent seulement à leur utilité particulière, au contraire, la communauté s'efforcerait de faire progresser cette civilisation dans son intérêt même, puisque l'individu lui deviendrait d'autant plus utile. »

L'effort vers le plaisir s'ennoblirait; le maintien de l'existence serait beaucoup plus facile, puisque les communautés peuvent toujours vivre à moins de frais que l'individu; le travail deviendrait par l'activité commune plus facile, plus agréable, plus sain, plus profitable; l'esclavage financier des petits métiers cesserait; la vieillesse et la maladie ne préjudicieraient pas plus à l'existence matérielle de l'individu qu'une oisiveté passagère; les connaissances, l'habileté de l'individu ne s'anéantiraient pas à sa mort, mais profiteraient à la communauté et aux successeurs; l'amour du travail même croîtrait extraordinairement; car il n'y aurait plus simple travail salarié, mais bien travail utile à tous, etc., etc.

Le passage même de la vie individuelle à la vie commune n'est pas aussi glissant qu'il le paraît; car notre vie actuelle incline déjà plus qu'on ne le pense habituellement vers la communauté. Des épargnes directes ou indirectes incalculables se feraient du côté des institutions politiques actuellement si coûteuses et aussi du côté des mesures multiples prises dans le but de sauvegarder la propriété privée ; en même temps cesseraient les dommages si nombreux qu'enfante le troupeau des mauvais instincts : l'avarice, la cupidité, la haine, l'envie, la vengeance, la calomnie, l'insensibilité, etc, plus funestes à l'humanité, que la peste même. La valeur de l'homme jusqu'ici méconnue ou mal appréciée apparaîtrait dans sa réalité et un homme libre ne serait plus prisé moins haut qu'un cochon de lait, un agneau, ou un fils d'esclave, comme cela a eu lieu jusqu'ici, etc., etc.

(93) ... *la révolution sociale... serait depuis bien longtemps réalisée*. — Que les classes qui possèdent, mues par des intérêts personnels, par le souci de leur position redoutent et exècrent la révolution sociale, cela se conçoit et se pardonne, quoique les imaginations que l'on se forge au sujet de telles révolutions et de leurs conséquences soient ordinairement plus effrayantes que la réalité même. Alors il est inconcevable et impardonnable, que ces classes craignent et repoussent tout autant que la révolution sociale elle-même, tout projet tendant à imprimer au malaise social une direction pacifique et à parvenir par une réforme graduelle à un meilleur état de chose. Plus on veut méconnaître le mouvement social, plus on se refuse à le regarder en face, plus il grandit en silence et moins il devient possible, en fin de compte, d'éviter une solution violente. Au lieu de poursuivre haineusement et calomnieusement ceux qui mettent en lumière le malaise social et projettent de le guérir, il faudrait leur en être reconnaissant et les écouter tranquillement et intelligemment. Mais la classe de ceux qui possèdent aujourd'hui, de ceux en qui se concentre la plus grande partie de l'influence politique, c'est-à-dire la *bourgeoisie*, manque encore de tout ce qui serait nécessaire pour cela et surtout d'instruction. Ses membres, qui se sont élevés des couches inférieures de la société et sont lentement parvenus à la fortune et à l'influence, le plus souvent à leur propre surprise, grâce au prodigieux essor de l'industrie, du commerce, des affaires, ne connaissent rien de plus noble que de conserver cette situation et leur bien-être matériel, aussi méprisent-il tout le reste comme des rêveries impraticables et de l'idéologie. Les mots « argent », « crédit », «parlement», «libéral», «responsabilité ministérielle», etc.

orment toute la richesse de leurs idées sociales et politiques et tout au plus vont-ils jusqu'au « libre chemin pour tous » considéré par eux comme le *nec plus ultra* du libéralisme, c'est-à-dire jusqu'à vouloir bien écarter tous les obstacles originaires du moyen âge et qui obstruent encore la voie devant le libre travail. Ils ne songent sûrement pas que ce n'est pas un libre chemin, celui-là, où les meilleures places sont prises d'avance et où les piétons peuvent à peine se frayer passage, au risque d'être écrasés entre les roues de ceux qui roulent carrosse ; ils oublient qu'il ne saurait être question de liberté du travail, tant que ce travail sera tributaire du capital privé ou de la propriété privée. En réalité aujourd'hui tout est comme autrefois au temps où le seigneur faisait travailler ses serfs pour lui ; il y a eu seulement changement de rôles et la pression morale exercée sur le travailleur par la propriété et le capital actuel est souvent plus dure que l'ancien joug physique. Que tout cela ne puisse pas durer, cela est clair, et il dépendra du plus ou moins d'intelligence de notre bourgeoisie actuelle, c'est-à-dire de la portion émancipée de nos concitoyens, que nous ayons ou une révolution sociale avec ses conséquences horribles et incalculables ou une réforme pacifique et graduelle.

(94)... *la propriété du fonds, du sol, qui, en bonne justice appartient à tous.* — Il va sans dire, qu'il ne saurait être question d'une expropriation formelle, c'est-à-dire d'une expulsion des propriétaires fonciers au profit de l'État, mais bien d'un rachat, moyennant un prix modéré fixé après évaluation. Cette évaluation devrait pour les petits biens, les petits morceaux de terre, par exemple ceux qui forment l'unique propriété d'un homme ou d'une famille, équivaloir à la valeur réelle ; tandis que les grands biens complexes, les seigneuries terriennes, etc. devraient subir une certaine réduction. Beaucoup de titres de la propriété foncière privée et justement les plus importants, relatifs à des biens, qui ordinairement étaient communs dans le principe, se targuent de n'être pas du tout le produit d'une industrie légitime, mais de provenir des époques de conquête, de féodalité, de domination violente, et le retour de ces biens à la propriété commune pourrait soulever fort peu de scrupules légitimes. Néanmoins, comme, à cause du long laps de temps écoulé, les enquêtes sur la justice et la légitimité des titres seraient impossibles, comme il ne faut pas rendre les descendants responsables des fautes de leurs ancêtres, personne ne devrait être lésé dans ses prétentions légitimes et une indemnité convenable serait la condition du retour des biens à l'État.

D'ailleurs, en dehors même de tout principe social, de tout scrupule de justice, ce retour de la propriété foncière à l'État est une nécessité économique et est par conséquent inévitable avec le temps, quelque résistance qu'on y fasse. Car plus la population s'accroît, plus il devient nécessaire d'exploiter le fonds, le sol, jusqu'à l'extrême limite de sa faculté de rendement, tant au point de vue de la quantité qu'à celui de la qualité des produits. On ne peut donc plus permettre au possesseur d'une parcelle foncière de ne pas l'exploiter ou de l'exploiter, comme bon lui semble. L'intérêt général prescrit d'arracher à cette parcelle tout ce qu'il est possible d'en arracher. Mais ce résultat ne peut s'obtenir, que par la grande exploitation basée sur les principes de l'agriculture scientifique ; il faut que chaque coin de terre soit cultivé conformément à sa position, à sa nature ; or le propriétaire privé procède en cela tout à fait capricieusement, souvent très-irrationnellement, du moins il le peut faire. C'est ainsi qu'en Angleterre de grandes surfaces cultivables sont ou bien laissées incultes par leurs propriétaires ou bien transformées en pâturages, en parcs, en hippodromes, en jardins seigneuriaux, et destinés à servir à l'agrément individuel, mais pas du tout à l'utilité générale[1]. Il en est de même partout, quoique à un degré moindre qu'en Angleterre. — Faut-il que l'État ou la communauté entreprenne l'administration du sol ? L'État doit-il, moyennant certaines garanties, certains règlements faire bail avec les sociétés agricoles, les communes et même des particuliers ? Ce sont là des questions d'importance secondaire, qui vraisemblablement seront tranchées de diverses manières suivant les divers lieux et l'état particulier des divers pays.

La question du sol est, on le sait, devenue très-pressante dans le pays de la liberté politique, en Angleterre, à cause des condi-

---

[1] Le comté de Sutherland, en Angleterre, contient plus d'un million d'acres appartenant à deux propriétaires et dont 25,000 acres seulement sont cultivés. Les lords anglais préfèrent les pâturages, les terrains de chasse, les énormes parcs aux champs cultivés.

tions particulières auxquelles y est soumise la propriété foncière, et l'agitation pour obtenir la communauté de la propriété du sol ou du moins une réforme radicale des conditions actuelles de cette propriété, a commencé et recruté beaucoup d'adhérents. D'après Radenhausen (*Isis*, vol. III, p. 354), l'esclavage terrien est devenu en Angleterre un des principaux moyens à l'aide desquels la haute noblesse s'enrichit démesurément, tandis que d'autre part, il en résulte les plus sérieux obstacles aux améliorations agricoles nécessaires.

Le loyer du sol est surtout excessivement injuste, quand il provient d'un simple accroissement de la population et de l'élévation graduelle du prix du sol, qui en est la conséquence. Cela est surtout frappant au milieu et dans le voisinage des grandes villes en voie d'accroissement ; là bien souvent des morceaux de terre qui auparavant étaient presque sans valeur, deviennent en fort peu de temps de vraies mines d'or. Évidemment un tel accroissement de revenu ou de propriété se produit sans aucune participation de l'individu propriétaire, uniquement par suite du travail et de l'activité de la communauté et pourtant cette communauté abandonne ce résultat de son travail, sans en rien distraire, au propriétaire privé. Dans ce cas, la collectivité pourrait déjà, sans recourir à la communauté du sol, participer au moins par le moyen d'un impôt à un bénéfice, qui est son ouvrage.

(95)... *par la limitation graduelle et progressive en faveur de la collectivité du droit d'héritage de la propriété privée.* — Ce projet diffère beaucoup d'une totale abolition du droit d'héritage, qui a aussi été proposée. L'abolition bouleverserait si profondément toutes les conditions sociales, que, pour l'établir immédiatement, il n'y aurait d'autre moyen que la violence sans limites. Les réformes sociales ne peuvent s'effectuer brusquement, comme les réformes politiques ; car leur accomplissement suppose un certain accord de l'opinion publique, c'est-à-dire des classes sociales. A cet égard, le projet de limiter le droit d'héritage se recommande particulièrement à l'attention ; en effet, grâce à lui, on peut passer tout à fait graduellement de l'état social actuel à un meilleur, sans que personne éprouve, sa vie durant, une gêne ou un dommage quelconque dans sa propriété ; en outre, cette mesure est susceptible d'une application graduée et de plus en plus efficace suivant les besoins et les circonstances. En principe, la limitation du droit d'héritage est depuis longtemps adoptée dans tous les pays, sous la forme des *droits de succession;* et en réalité il est impossible de rêver un impôt plus juste, moins onéreux, surtout quand il s'agit d'héritages indirects. En effet l'individu n'a pu acquérir ce qu'il possède que grâce à l'aide de la collectivité ou de la communauté; quoi donc de plus juste, de plus équitable que de laisser à sa mort à cette communauté une portion du bien acquis, qui ne peut plus lui servir à rien? A coup sûr, ces legs capricieux ou ridicules, par exemple celui de ce riche Anglais, léguant toute sa fortune à une dame, qui lui était entièrement étrangère en considération de son beau nez, ou bien encore les legs faits à des collatéraux très-éloignés et nullement pauvres, tout cela ne devrait pas plus être toléré politiquement que la formation par de perpétuels héritages d'énormes fortunes privées, constituant un État dans l'État, un pouvoir financier au sein d'un pouvoir politique et conservant aux possesseurs de telles fortunes et à leurs familles une influence monstrueuse et préjudiciable à la prospérité de la communauté. A la place de l'ancienne aristocratie de naissance s'est substituée peu à peu une aristocratie d'argent aussi opposée, sinon plus que l'autre, aux principes démocratiques et au bon sens et, si on ne lui oppose pas une digue, elle empiétera de plus en plus. On objectera sans doute, que par l'hérédité, les grandes fortunes s'éparpillent ordinairement, se divisent entre plusieurs branches. Néanmoins, l'expérience apprend que la grande richesse demeure habituellement dans certaines familles, résultat auquel doit surtout contribuer ce fait que les riches ordinairement se marient entre eux. D'autre part bien souvent, de grandes fortunes s'accumulent par héritage dans des mains isolées, alors beaucoup de sources affluent sur un même point. Les futurs héritiers d'une grande fortune sont ordinairement considérés avec de tout autres yeux que les mortels ordinaires; on les regarde presque comme des êtres d'une espèce supérieure; ils ont le privilége de pouvoir être stupides, gâtés, grossiers, fats, même absolument sans culture, sans que cela nuise beaucoup à leur considération. Ne sait-on pas en effet que certainement ils compenseront tous ces défauts par leur richesse et occuperont quand même une position élevée et influente dans la société? Aussi n'ont-ils guère coutume de beaucoup apprendre, de beaucoup travailler, de s'acquitter bien exactement de leurs autres devoirs envers la société ; ne sont-ils pas sûrs ordinairement, sans se donner tant de peine, de toucher leur gros lot?

D'ailleurs en terminant cette notice, il faut encore faire remarquer, que la négation du droit de propriété et d'hérédité n'est pas absolument une invention des temps modernes et des affreux communistes, mais que cette négation est déjà vieille de plusieurs milliers d'années et que, dans les temps les plus divers, des hommes de raison et de bon sens ont projeté ou exécuté des mesures qui y tendaient. Que l'on consulte à ce sujet Radenhausen (*Isis*, vol. III, page 376 et suivantes) ; on y trouvera démontré que, à diverses époques, des empiétements légaux sur les droits de propriété et d'hérédité ont été effectués. Que l'on n'oublie pas en effet que déjà, dans l'État, la commune, la famille, les tribunaux, les associations, etc., nous possédons un nombre infini d'institutions communistes, toutes bonnes à supprimer, si la théorie des hommes de Manchester est juste et s'il faut uniquement s'en reposer sur l'activité privée presque toujours insuffisante.

(96) ... *contre ces entreprises industrielles et leurs conséquences vraiment fort tristes.* — L'abandon des familles incapables de gagner leur vie et uniquement confiées à la bienfaisance publique, par suite de la mort, de la vieillesse, ou de la maladie de ceux qui les soutenaient, est un des maux les plus criants et les plus repoussants de notre état social. Sans doute, nous ne l'ignorons pas, on remédie autant que possible à ce genre d'infortune par des moyens privés et publics. Les moyens privés sont les fonds de pension, les caisses de la vieillesse, les caisses mortuaires, celles contre la maladie, les nombreux établissements d'assurance sur la vie ; les moyens publics sont les établissements communaux de bienfaisance. Mais quiconque a quelque connaissance, quelque expérience de ces choses, sait combien insuffisants et défectueux sont tous ces expédients, quel germe de ruine ils portent en eux et combien ils sont impuissants ordinairement, précisément dans les cas les plus graves. Le but serait bien autrement et bien mieux atteint, si l'État, c'est-à-dire la collectivité, se chargeait de ce soin, qui lui incombe

si naturellement et formait une sorte de grande société d'assurance mutuelle pourvoyant au dénûment absolu, non mérité, par impossibilité. La part contributive de chacun aux charges publiques, c'est-à-dire l'impôt devrait être déterminée à l'avance de façon à pouvoir couvrir ses dépenses et d'ailleurs la répartition obligatoire de cet impôt entre tous, proportionnellement aux forces, au revenu de chacun, rendrait vraisemblablement la surcharge fort légère. Une association basée sur des principes humains ne peut souffrir, que ceux que l'on appelle les *invalides du travail*, une fois devenus vieux ou malades, souffrent des privations ou même meurent de faim après avoir consacré leur vie et toutes leurs forces au service de cette société et au but qu'elle veut atteindre ; elle ne saurait tolérer non plus que leur famille inapte au travail, c'est-à-dire les femmes et les enfants tombent sans pitié dans les bras de la pâle Misère. Les institutions actuelles en faveur des pauvres, les impôts pour les pauvres, etc., n'atteignent ordinairement que fort peu et fort imparfaitement le but proposé ; très-souvent ils sont plus propres à nourrir la débauche et la paresse, à entretenir la mendicité, qu'à remédier à la pauvreté réelle et imméritée. Ces mesures ne peuvent pas même empêcher que presque tous les jours, au sein d'une société ivre de superflu, ne se présentent les scènes les plus horribles, les plus navrantes de misère sociale, de mort par une lente inanition, de suicide par désespoir, etc.

(97) ... *contre ces entreprises industrielles et leurs conséquences vraiment fort tristes parfois.* — Les entreprises industrielles, dit J. G. Eccarius, dans sa *Réfutation des doctrines d'économie politique de J.-St. Mill* (Berlin 1869), sont, même, dans les circonstances les plus favorables, une guerre sociale sans trêve : autour d'elles, le besoin de perfectionner les instruments de production rôde, comme un lion rugissant, cherchant, qui il va dévorer. C'est une guerre terrible ; d'un côté, les canons et la victoire, de l'autre les morts et les blessés. C'est une guerre méprisable, vile, œuvre de l'avidité, de l'avidité sans masque, guerre d'autant plus haïssable que l'accumulation de la richesse pour la richesse elle-même y est représentée comme un noble principe, une institution que ses adorateurs proclament divine, éternelle, loi naturelle de l'humanité. Ceux qui succom-

bent dans cette guerre n'ont jamais la consolation de mourir pour une bonne et glorieuse cause ; ils ne sont animés d'aucun fanatisme, d'aucune illusion. Ce sont de simples victimes offertes à Plutus ; ils ont conscience de leur sort et voient d'avance tous les pas qui les conduisent à la mort. »

(98) ... *ce que l'on a à tort appelé la prime du capital, de l'entrepreneur ou de l'organisateur est parfaitement mérité.* — Dans un mémoire sur la prime du capital, Carl Heinzen, dit très-bien dans son *Pionnier* : Quelle règle adopter si, pour l'exploitation d'une affaire, des travaux de diverse nature sont absolument nécessaires et si le capitaliste n'est pas simplement l'entrepreneur, mais est aussi le créateur, le soutien, etc. de l'affaire? à coup sûr sans l'aide des travailleurs, l'affaire ne se soutiendrait pas plus que sans capital ; mais le capitaliste ne doit-il rien avoir de plus, que ses compagnons de travail? Doit-il avoir droit seulement à une part égale? La plus grosse part, qu'il s'approprie, doit-elle être considérée comme la coupable *prime du capital*, s'il est l'âme unique de l'affaire, si cette affaire ne se maintient que grâce à son activité féconde, s'il a des dons naturels particuliers qui le rendent seul propre à ce rôle et qu'il n'a acquis sans doute qu'au prix des plus grands sacrifices?

Même, quand il s'agit des affaires les plus vulgaires, la question de l'équité du partage nous met dans l'embarras. Prenons comme exemple une maison de commerce. Pour son exploitation il faut, outre les capitalistes bailleurs de fonds, des teneurs de livres, des commis, des jeunes gens pour faire les courses, des charretiers, des domestiques, etc. Tous auront-ils droit à une même part de bénéfice que le capitaliste? Doit-on contester à celui-ci la plus grosse part, comme « prime du capital? »

Prenons un autre exemple : Un écrivain, qui est en même temps possesseur du capital nécessaire, fonde un journal. Pour la publication de ce journal, son capital intellectuel et pécuniaire ne suffit pas ; il lui faut le concours d'un teneur de livres, d'un copiste, d'un personnel de compositeurs, même d'un démon d'imprimeur. Ce journal prospère, mais grâce au travail et au talent de son fondateur, grâce seulement à ce talent et à ce travail. Sans le talent de ce fondateur, son capital serait impuissant et inversement. L'équité exige-t-il de lui qu'il partage le bénéfice de l'entreprise avec tous ses compagnons de travail, sans excepter le démon d'imprimeur ? Ne fait-il pas assez, en estimant à chacun d'eux au taux le plus élevé possible, un travail qui ne peut être comparé au sien ? Est-il un capitaliste digne de l'enfer, parce qu'il évalue le produit de son activité, d'où dépend l'existence entière, tout le succès de l'affaire, plus haut que le travail de ses compagnons ?

(99) ... *les objections que l'on s'efforce de tirer de la nature essentielle de l'État sont particulièrement caduques.* — Il est insensé de rejeter en principe l'assistance de l'État, en se basant sur l'essence même de l'État, comme, l'a fait par exemple Wackernagel dans ses écrits contre Lassalle. L'État n'est pas seulement, comme le prétend le parti bourgeois actuel, une institution, dont l'objet est de rendre la justice et de protéger les citoyens, c'est la forme extérieure au sein de laquelle doivent s'accomplir les grands progrès de la civilisation. Tout ce qui intellectuellement ou corporellement peut accroître le bonheur et le bien-être des citoyens, en particulier tout ce qui peut à un moment donné servir la prospérité générale, tout cela est du domaine de l'État. Il ne faut donc pas séparer les individus de l'État, les considérer en dehors de lui. Dans notre opinion même les hommes sont hommes, grâce seulement au lien politique, qui relie leur vie individuelle à celle des autres hommes, et l'État se modifie à chaque instant dans son essence à mesure que changent les besoins et le degré de civilisation des membres qui le constituent. En ce sens, le concours de l'État est simplement l'assistance, que la communauté garantit à l'individu ; et plus cette assistance prend d'extension, mieux est atteint le grand but de l'humanité et du genre humain. Il n'y a donc pas lieu de discuter au sujet du concours de l'État en lui-même, mais seulement sur le mode de ce concours. Toutes les difficultés, touchant l'essence et le but de l'État s'évanouissent réellement, dès qu'on admet sans restriction le principe de la souveraineté du peuple, dès qu'on accorde que toute loi doit être l'expression de la volonté du plus grand nombre. La liberté individuelle, que font sonner si haut les partisans de l'État bourgeois, n'existe réellement que sur le papier, car, tant que l'égalité sociale ne sera pas réalisée, elle équivaut seulement pour le

moins favorisé, au règne de la violence, au droit du plus fort. A quoi peut servir au pauvre travailleur le droit d'émigrer, si partout il rencontre la même misère? A quoi lui sert la liberté industrielle, s'il est obligé partout de travailler au profit de ceux-là, qui seuls détiennent les instruments du travail? Où est la liberté individuelle de tous ces pauvres gens, de ces travailleurs, que l'on peut à chaque instant jeter sur le pavé ou livrer en proie à la plus extrême misère, en leur retirant leur misérable gain? La liberté du travail, dont les adversaires du concours de l'État et les défenseurs de l'État bourgeois font tant de bruit, exige précisément le concours de l'État, c'est-à-dire l'aide donnée aux moins favorisés par la communauté; afin que tout homme sain de corps et voulant travailler puisse acquérir par son labeur une existence indépendante et ne soit plus condamné à servir éternellement les autres en esclave. S'il suffisait de la seule liberté du travail dans le sens du libéralisme, c'est-à-dire d'écarter tous les obstacles politiques, qui limitent cette liberté, l'Angleterre et l'Amérique devraient être les contrées les plus bénies du monde, tandis, qu'en fait, les travailleurs y ont à formuler les mêmes plaintes et même des plaintes plus graves encore dans une certaine mesure que dans les autres pays; tandis, qu'en Angleterre surtout, les iniquités et les contrastes sociaux sont plus grands et plus énormes encore que partout ailleurs. En fin de compte, si les choses continuent à suivre leur cours actuel, si la grande exploitation, comme on l'appelle, continue à pressurer la petite, il arrivera en Angleterre et partout, qu'un seul dieu tout-puissant régnera encore une fois dans le monde, le dieu Mammon, c'est-à-dire la propriété, l'argent. A la fin, la société humaine se composera seulement d'un petit nombre de millionnaires ou grands capitalistes et d'une énorme armée de prolétaires destinés uniquement à épuiser leur vie au service des autres.

(100)... *ce trésor, pur embarras souvent pour un autre et qui pour lui serait le bonheur.* — Quoi qu'il en soit, Schultze-Delitzsch, avec son « aide-toi toi-même », a sur tous ses adversaires et sur tous les systèmes socialistes ou économiques, l'avantage de rester sur le terrain des conditions actuelles et, partant de là, de développer une activité immédiatement utile, tandis que les autres mettent leur espoir dans l'avenir et exigent d'importantes métamorphoses politiques, comme conditions préalables de leur activité pratique. On peut donc, tout en étant nettement socialiste, agir dans le sens du système de Schultze-Delitzsch, tant que dureront les vieilles institutions politiques. C'est d'ailleurs un fait généralement admis aujourd'hui, que ce système peut seulement servir au petit fabricant, au maître ouvrier, mais que le travailleur proprement dit n'en saurait tirer que peu ou point de profit.

(101)... *des instruments aussi dociles que possible en mécanisme politique.* — La décadence évidente, s'accélérant d'année en année et même assez généralement admise, de nos universités ou hautes écoles, si on les considère comme des pépinières de science libre et indépendante, provient d'une série de causes, dont voici les principales :

1° La pression exercée par les divers gouvernements sur les universités enseignantes, c'est-à-dire sur les fonctionnaires représentant la science, d'où l'impossibilité plus ou moins grande pour chaque professeur d'enseigner quelque chose, qui soit en contradiction avec les vues, les besoins du gouvernement, avec ses tendances le plus souvent plus ou moins réactionnaires. C'est là un frein, qui contient toute nouvelle recherche propre à frayer des voies nouvelles, une digue presque infranchissable opposée à tout ce qui dépasse le niveau de l'habituel, du convenu. Des hommes, qui sont l'ornement de la science, ceux qui, aux yeux des générations futures, brilleront comme des étoiles de première grandeur, sont, par suite de ce système, ou chassés de l'université ou en butte à de mauvaises chicanes, tandis que les petits esprits, les cœurs étroits, les marchands de science au détail restent maîtres des chaires les plus élevées, de ces chaires d'où devrait jaillir sur la nation la lumière de la civilisation et des plus hautes connaissances. Si l'on ajoute à cela l'incroyable multiplication dans nos hautes écoles, grâce au népotisme, d'êtres, qui forment une vraie clique, puis la pauvreté des traitements, la basse, la honteuse chasse aux élèves, aux étudiants, la situation opprimée des professeurs particuliers (*Privatdocenten*), le caractère avili de tous ceux, qui espèrent de l'avancement ou une haute paye, et tant d'autres choses encore, alors on comprendra sans peine que dans de telles mains, dans de tels milieux, la science aurait dû périr et aurait en effet péri depuis longtemps, si elle ne portait en elle une puissance d'attraction et d'élévation, que rien ne saurait détruire.

2° L'extraordinaire diffusion de l'instruction, qui diminue les ressources des universités et amoindrit l'intérêt qu'on leur porte ; car ces universités sont habituellement situées dans des villes petites, arriérées, tandis que grandit de plus en plus l'attrait des grands centres commerciaux, des villes renfermant une population nombreuse et intelligente.

Dans beaucoup de ces dernières villes, par exemple à Francfort-sur-le-Mein, l'activité privée fait souvent plus pour la science et le développement scientifique que les établissements consacrés spécialement à la culture des sciences, soutenus par l'État et pourvus de dotations et de priviléges.

3° La forme et l'organisation gothiques de nos universités, qui remontent au moyen âge et exercent l'influence la plus pernicieuse, non-seulement sur ceux qui enseignent, mais aussi sur ceux à qui l'on enseigne ; c'est là la raison de cette vie d'étudiants ridicule, fanfaronne, fainéante, avec toutes ses brutalités, ses vices préjudiciables au caractère et à la santé, son gaspillage de forces, etc.

4° L'importance et l'accroissement si extraordinaire de la librairie, qui transmet au public toutes les productions scientifiques et littéraires, toutes les créations intellectuelles plus facilement, plus rapidement et mieux que ne le pouvaient faire jadis les universités considérées comme des sortes de soleils d'instruction.

Aujourd'hui on peut presque tout apprendre dans les livres et même mieux que par les leçons orales des professeurs ; cela ne souffre une sorte d'exception que pour les branches scientifiques pratiques, reposant sur la contemplation, l'observation et l'expérimentation. Mais bien souvent la leçon orale du professeur est seulement une longue et fastidieuse répétition d'un compendium ou d'un manuel publié par lui ou par d'autres.

5° La tendance matérialiste de l'époque, qui a pénétré, dans leur essence, les établissements d'instruction supérieure et les a fait considérer et paraître, comme des sources de revenu, ressemblant, suivant l'expression de Schiller, à une bonne vache à lait et à beurre. Toutes les études élevées, les plus élevées, celles qui sont véritablement humanitaires, sont, pour ce motif, mises de côté et tellement délaissées, qu'il n'y a pas lieu d'en vouloir à quiconque porte ailleurs ses forces et ses efforts. Et pourtant le besoin d'un enseignement universitaire purement humain, général, n'ayant en vue aucune carrière spéciale est aujourd'hui plus fort et plus pressant que jamais ; car beaucoup de jeunes gens, appartenant au haut commerce, à la grande industrie ne se proposent aucune carrière savante et ont pourtant un vif besoin d'une telle instruction.

Dans nos universités actuelles, visant seulement des carrières savantes, et dont le programme indiqué par les feuilles publiques n'est ordinairement qu'une douce illusion pour tout le monde, les jeunes gens, dont nous parlons, ne pourraient atteindre le but qu'ils se proposent, aussi ou bien ils ne le tentent pas, ou bien ils gaspillent leurs efforts. Ce qu'il nous faut donc aujourd'hui, surtout en Allemagne, c'est la fondation d'une ou de plusieurs hautes institutions scientifiques, écoles ou universités, pleinement détachées de toute application aux carrières savantes et s'occupant de diriger l'esprit vers une étude générale, propre à le perfectionner et embrassant les principales branches de la science. Il va de soi que ces institutions devraient être soustraites à toute influence politique ou autre, et avoir, dans les limites de la science, le champ libre dans toutes les directions philosophiques ou autres.

(102)... *sans la fixation par l'État d'une journée de travail normal*. — La diminution de la durée du travail journalier et la fixation par l'État d'une journée de travail normal de huit à dix heures sont parmi les plus justes réclamations formulées par les travailleurs et avec le temps ces réclamations obtiendront certainement satisfaction. Les travailleurs allemands ont depuis neuf ans inutilement prodigué leurs forces dans une agitation lassallienne ayant pour but la revendication du suffrage universel et du concours de l'État, agitation aujourd'hui absolument inutile, et qui ne les a pas fait progresser de l'épaisseur d'un cheveu, si, au lieu de cela, ils avaient eu pour objet la réclamation, dont nous parlons, leurs affaires seraient vraisemblablement en meilleure voie. Je sais bien que, selon les adversaires de cette mesure, les ouvriers, au lieu de consacrer les heures de liberté, qui en résulteraient pour eux, à des occupations utiles ou instructives, les dépenseraient au cabaret. Cela pourra être vrai, sauf exceptions, bien entendu, tant que subsisteront la grossièreté et l'état inculte du travailleur, conséquences nécessaires de son genre de vie actuel ; mais il en adviendra tout autrement, dès que l'ouvrier verra la possibilité d'améliorer à l'avenir les conditions de son existence. Dans l'état actuel des choses, on ose à peine lui reprocher d'employer les courts instants de sa liberté de chaque jour à oublier, dans des plaisirs grossiers, sa triste situation que rien ne peut améliorer. Même les objections soulevées au point de vue économique sont sans valeur ; en effet, grâce à la conservation des forces et de la bonne volonté, on accomplit habituellement plus de besogne pendant une journée de travail abrégée que durant une journée plus longue, qui, en excédant les forces, ne laissant aucune distraction, rend l'homme triste, somnolent et épuise prématurément sa vigueur.

(103)... *l'auteur croit devoir souscrire de tout son cœur à cette formule.* — Tout cela naturellement ne saurait infirmer le droit de la femme au suffrage universel. En principe, nous sommes partisan décidé de ce droit, seulement nous ne le croyons pas susceptible d'être mis en pratique, tant que la femme ne sera pas rapprochée de l'homme par le genre de vie, par l'instruction, par le genre de travail.

Beaucoup d'adversaires de l'émancipation de la femme objectent ridiculement que, si la femme exerce le droit de suffrage universel, elle devra nécessairement subir comme les hommes le service militaire ; ils ne songent pas, qu'à ce compte, tous les hommes faibles, difformes ou plus généralement impropres au service militaire devraient être privés de leur droit électoral. La femme remplit à sa manière, dans la mesure de ses forces et de ses facultés, d'aussi grands, sinon de plus grands devoirs que l'homme envers l'État ; il lui faut sacrifier au dieu des armées non-seulement les fils enfantés et élevés par elle, mais encore ses frères, son mari, son soutien ; elle doit prendre soin des abandonnés. D'ailleurs avec quelle abnégation sans bornes, en temps de guerre, les femmes ne soignent-elles pas les malades, ne secourent-elles pas les soldats, et, quelle part ne prennent-elles même pas directement à la défense du pays et du foyer! Cela est trop connu pour qu'il soit besoin d'en parler longuement. Mais combien ridicule paraît une telle prétention, si l'on songe, que, même parmi les hommes sains, il y en a fort peu, qui s'acquittent réellement du service guerrier et que justement ceux qui possèdent et exercent le plus d'influence politique n'ont jamais porté un fusil; si l'on considère d'autre part, que la plus grande partie des jeunes gens en état de porter les armes, recrutée le plus souvent parmi la population rurale, est appelée au service militaire à un âge où toute participation légale au droit de suffrage universel lui est interdite.

En temps de guerre même, les armées en campagne ne prennent plus aucune part aux affaires politiques.

(104)... *le suprême mobile de tous nos actes mauvais ou bons.*
— Un des plus importants mobiles de bonnes actions en ce qui concerne notre conduite vis-à-vis de nos semblables, est la compassion. Mais, au fond, ce premier de tous les nobles sentiments est une simple émanation d'un égoïsme raffiné. En effet, en voyant souffrir un de nos semblables, nous nous mettons aussitôt par la pensée à la place de celui qui souffre et nous nous demandons quelle impression nous causerait l'aide ou l'abandon des autres. L'impression désagréable que nous donne l'idée du délaissement se change en impression agréable par l'idée du secours accordé, de la cessation du malheur, dès que nous avons réellement donné notre aide à la personne qui souffre.

Naturellement cela suppose aussi un certain développement de la sensibilité et de la pensée, qui fait plus ou moins défaut aux peuples et aux individus grossiers; et cette absence de compassion nous rend cruels et féroces pour nos semblables tandis que l'élévation de l'esprit et du cœur a des effets inverses. En outre, nous nous comportons bien vis-à-vis la société tout entière par égard pour notre propre bien, notre propre avantage, notre bonne réputation, notre position sociale, etc., et aussi en songeant aux lois, au châtiment; tandis que tous ces motifs disparaissent, dès que, considérant seulement notre propre personne, nous suivons notre instinct égoïste non réfréné par les autres, à la manière de la bête. Les relations sociales, la pensée du bien général, la conviction qu'il y a devoir à être utile à l'humanité, à laquelle l'individu doit tout ; voilà seulement ce qui fait de l'homme cet homme réel, cet être moral, que les moralistes et les théologiens s'imaginent être ainsi par le seul fait de sa naissance.

De même la méchanceté, source de toutes nos mauvaises actions vis-à-vis de nos semblables, comme la compassion est la source de toutes les bonnes actions, la méchanceté résulte simplement de la méconnaissance de la relation, dont nous parlons ; elle est donc, en dernière analyse, de même que tout vice, un produit du défaut d'instruction et de connaissance. L'indifférence morale elle-même, le simple fait de s'abstenir des mauvaises actions à l'égard de ses semblables repose en fin de compte sur un égoïsme raffiné par l'éducation ; en effet quand nous songeons au mal fait ou à faire aux autres, il arrive, par suite de l'association d'idées indiquées plus haut, que nous sentons dans une certaine mesure ce mal, comme si nous le subissions ou le devions subir, et nous nous abstenons de l'acte pour échapper à cette impression désagréable.

(105)... *quant à ce qu'on a appelé à tort le christianisme, c'est-à-dire quant au paulinisme*. — Jésus ou Jeschua appelé Christ ne fut pas, quoique des millions et des millions d'hommes l'aient cru et le croient encore, le fondateur d'une religion nouvelle et pas du tout d'une religion universelle ; il ne le voulut même pas. Ce fut seulement un réformateur de la religion judaïque et sa doctrine n'est rien de plus et rien de moins qu'un judaïsme amélioré ou purifié.

Il s'efforça seulement, suivant les vues de la secte des Esséniens, d'où il était sorti, de faire écarter les pratiques extérieures, alors si importantes, et de rendre la religion plus intérieure. Même après la mort de Jésus, la première communauté chrétienne vivait entièrement à la manière judaïque ; elle observait le sabbat et la loi juive, pratiquait la circoncision, respectait Jérusalem et le temple. Ce fut seulement Saul de Tarse, plus tard appelé Paul, d'abord le plus ardent persécuteur des juifs-chrétiens et plus tard converti, qui fit du christianisme une doctrine opposée au judaïsme et lui donna une grande extension par ses voyages et son infatigable activité. Néanmoins la pure doctrine originelle, le *pétrinisme*, se perpétua chez les juifs-chrétiens restés strictement fidèles à la doctrine du maître ;

mais elle périt bientôt, à la chute de la Judée, et fut entièrement supprimée par la religion, qui se développait de plus en plus et bientôt domina le monde, par le *paulinisme* ou religion des *païens-chrétiens*, lesquels haïssaient et méprisaient les juifs et leur doctrine. Paul est donc le véritable et réel fondateur du christianisme (voy., pour plus de détails, le petit écrit de K. W. Kunis : *Raison et révélation.* Leipzig, 1870).

(106)... *dans sa prétention à être une religion universelle.* — Le christianisme n'est nullement une religion universelle, quoique cela soit toujours vanté comme un de ses principaux mérites. Ainsi il ne convient nullement à l'Orient et, malgré tous les efforts des missionnaires, il n'y fait absolument aucun progrès, tandisque l'islamisme en fait beaucoup. L'islamisme se propage toujours de plus en plus en Asie et en Afrique ; c'est une religion tout à fait convenable pour des nomades et des demi-nomades. Presque la moitié de l'Asie a peu à peu accepté l'islamisme, quoiqu'on n'en puisse, pas plus que du christianisme, espérer quelque chose de favorable au progrès de la civilisation. En effet, les pères même de l'islamisme, les Arabes, sont tombés par lui dans une profonde décadence ; ils ont échangé leur vaillance, leur intelligence, leurs sentiments nobles et chevaleresques d'autrefois, du temps du paganisme, pour l'indolence et le goût des plaisirs honteux. Le christianisme renonce lui-même à son caractère d'universalité, à sa supériorité prétendue manifeste sur toutes les autres religions, là où, comme en Perse par exemple, il ne compte que de rares sectateurs et est pressé par d'autres systèmes de civilisation et de religion. Aussi le comte de Gobineau (*Les religions et les philosophies de l'Asie centrale*, Paris, 1866) rapporte qu'en Perse les chrétiens, catholiques, schismatiques ou hérétiques, ont tous les vices des musulmans et s'en distinguent seulement par une plus grande ignorance, par plus de superstition et par une antipathie profonde contre le progrès. Au contraire, ceux, qu'on appelle les libres penseurs, sont, en Perse, nombreux et instruits.

(107)... *un Commode, un Héliogabale le supportèrent très-bien.* — Les Romains avec leur civilisation classique considéraient les juifs et les chrétiens comme des athées ; croire à un dieu unique, sans forme, abstrait, c'était pour eux nier la divinité ou croire à une doctrine ténébreuse, dépouillée du caractère divin. Le culte des dieux antiques était métaphorique, beau, plein de vie; leurs fêtes étaient consacrées à la joie, à la sociabilité.

Les religions monothéistiques sont ordinairement des religions de zélateurs; elles sont intolérantes et par suite hostiles au progrès, à la civilisation, à la science; tandis que dans le paganisme et le polythéisme il y a une force d'expansion et une tolérance infinies. Les Grecs et les Romains reconnaissaient leurs divinités dans celles des autres peuples et par suite ne songeaient pas à des persécutions religieuses. — Quoi qu'il en soit, on ne peut ni ne doit nier, qu'au point de vue spécialement religieux le christianisme ne doive être considéré comme un progrès sur le paganisme et les ridicules sacrifices du culte païen; car il a rendu la croyance en Dieu plus intérieure, plus intellectuelle. Mais la conception grossièrement sensuelle, qui a de nouveau dominé le christianisme, dans le cours de son développement historique, fait douter même de ce service et à coup sûr ôte à ses représentants le droit de s'élever contre le matérialisme scientifique.

TABLE ALPHABÉTIQUE

A

Abbeville (Découvertes d').... 31
Agassiz............ 54-193
Age de pierre (quatre époques). 141
Age de pierre moderne.... 140
Ages de pierre, de bronze, de fer............ 80-81
Age du renne (Crânes de l'). . . 89
Ages géologiques (Durée des). . 61
Algodon-Bay (Crâne d').... 79
Ami-Boué............ 42
Amiens (Découvertes d').... 31
Angleterre (unie autrefois au continent)........... 59
Anomalies anatomiques simiennes de l'homme...... 167
Antédiluvien (Monde)..... 104
Anthropiniens......... 242
Anthropoïdes......... 161
Anthropoïdes (Analogie entre l'hommes et les)...... 204
Aurignac (Caverne d').... 19
Australien........... 160

B

Borreby (Crâne de)....... 74
Boucher de Perthes.. 30-32-33-37
Bourgeois (Abbé)....... 47
Broca (P.)........... 72
Buckland............ 27

C

Caithness (Crânes de).... 75-136
Camper (Angle facial de)... 259
Cannibalisme préhistorique . . 115
Canstatt (Crâne de).... 75-113
Capital (Le).......... 344
Capital (Prime du)...... 420
Capital (Mobilisation du).... 347
Catiano de Prado....... 37
Cavernes belges........ 144
Cavernes d'Afrique (Cannibales des)............ 143
Cavernes (Age de pierre des). . 142
Cellules vitellines...... 185
Celtæ............. 90
Centralisme.......... 324
Cerveaux humains et simiens. 255
Cerveau humain analogue au cerveau simien....... 171
Chauvaux (Crâne de)..... 133
Cheltenham (Crâne de).... 136
Chose en soi (La)....... 40
Chronologie chinoise..... 64
Chronologie égyptienne... 65-125
Chronologie biblique..... 63
Chronologie grecque..... 63
Communistes (Essais)..... 410
Copernic N. (Système de)... 103
Corde dorsale......... 187
Crânes (Infériorité des crânes préhistoriques)...... 158

Cuisine (Débris de). 54-120
Cuivre (Age de). 140
Cuvier (G.). 29-106

D

Danemark (Silex du) 147
Darwin 194-200
Demi-singes selon Häckel . . . 243
Denise (Homme fossile de). . . 41
Delta du Nil (Épaisseur du). . . 51
Desnoyers. 46
Dessins gravés de l'âge du renne 114
Dieu (Absence de la croyance en). 291
Diluvienne (Époque) 60
Discoplacentaires. 158
Dokos d'Abyssinie 280
Dolmens. 55
Dowler (Docteur). 52
Dupont (E.). 73

E

Ecriture (Origine de l') . . . 236
Education (L'). 360
Egoïsme social 400-427
Eguisheim (Fossiles d') . . . 110
Embryologie. 176
Embryologique (Évolution) . . 178
Engis (Crâne d') 85
Etat (L') 222
Evolution humaine. 219
Européens préhistoriques. . . 131
Européen primitif 24
Eyzies (Squelette des). . . . 71

F

Famille (La). 355
Famille (Vices de la). . . . 358
Fédéralisme. 324
Femmes (Capacité politique des). 373-426
Femme (Émancipation de la). . 367
Femme (La). 363
Feu (Ignorance du) 295
Fossile (Homme fossile de Néanderthal). 111
Fossile (Sens du mot), ... 107
Fossiles (Os du Mississipi). . . 51

Fourmis agricoles 298
Frère (John). 39

G

Géants (Tombeaux des) . . . 121
Glaciaire (Époque) 123
Génération (Divers modes de). 260
Gorille. 250
Guerre industrielle. 419
Guerre sociale. 317

H

Häckel. 36-193-217-407
Haches de silex (Époque tertiaire) 47
Halithérium de Pouancé. . . 48-49
Homme primitif (État de l'). 66-67-68-69-70
Horace. 95
Hoxne (Haches de). 38
Huxley. 77-99-155-201

I

Idéalisme. 394
Industrie humaine et animale comparée. 295
Inégalités sociales 330
Issel (A), ... 49

K

Khasias (Mouvements mégalithiques des). 122
Kjokkenmöddings 53

L

Lamarck 199
Langage (Apparition du) . . . 220
Langage (Origine du). . . . 232
Langage de l'homme et des animaux. 298
Langues (Classification et évolution des) . . . 271-300-302
Lartet (E.) 20-43-85
Lartet (Louis) 71
Lassalle. 350
Linnée (Classification de) . . . 241
Lund. 27
Lyell (Ch.). 25-43-62-97

TABLE ALPHABÉTIQUE.

M

Mâchoire d'Abbeville	109
Manethou (Chronologie de)	125
Mariage (Le)	373
Matérialisme (Le)	394
Matérialisme (Le) et Huxley	266
Microcéphales	263
Mississipi (Mounds du)	55-119
Monstres	225
Morale (La)	380
Mortillet (G. de)	45
Moulin-Quignon (Mâchoire de)	40

N

Naulette (Mâchoire de la)	112-204-269
Néanderthal (Crâne de)	42-76-137-203
Numérations	293

O

Œuf humain	183
Œuf (Développement de l')	261
Œuvres d'art des cavernes	44
Orang de M. Wallace	272
Organes rudimentaires	191
Orteils (employés comme doigts)	252
Os à moelle, aliments primitifs	113
Owen (Richard)	165

P

Palafittes	117
Paulinisme (Le)	386
Perfectionnement cérébral	405
Peuples (Des)	326
Pithécoïdes de Häckel	158
Philosophie (La)	389
Pliocène (Homme)	62
Potier (Art du)	147
Pouchet (G)	163-254
Primates	157
Progrès dans la taille des silex	139
Progrès (Lenteur du)	91
Progrès (Preuves du)	148
Propriété (Limitation du droit de)	339-416
Pudeur	290

Q

Quatrefages (De)	47-97
Queue embryonnaire de l'homme	189

R

Races	270
Races inférieures (Pas d'idées générales chez les)	277
Races humaines inférieures	278
Rapports entre la couleur de la peau et la forme du crâne	215
Reboux (Silex taillés de M.)	139
Reichenbach	265
Religion (La)	382
Renne (Age du)	87
Rigollot	33
Royer (Clémence)	302

S

Salles (Comte de)	96
Schaafhausen	77-198-264-269
Scheuchzer (Prétendu homme diluvien de)	105
Schleicher	215-271
Schmerling et Spring	26
Schopenhauer	392
Schulze-Delitzsch	352
Schussen (Fouilles de la)	146
Signes distinctifs de l'homme	253
Silex (Taille des)	108
Singes anthropoïdes	244
Société (La)	328
Sociétés (Organisation des)	290
Sol (Question du)	415
Somme (Silex de la)	34-80
Strabon	64
Suicide chez les animaux	297

T

Tasmanie (Age de pierre de la)	130
Tasmaniens	278
Thenay (Silex de)	47
Tinière (Fouilles de)	116
Titicaca (Crânes de)	138
Tonnerre (Pierres du)	109
Tourbières (Reliques des)	118
Travail (Le)	348

Travail (Journée normale de). 425	
Travailleurs (Les). 348	**V**
Trou du frontal 27-28	Vêtement 296
Tumuli. 55	Vogt (Karl) 34-47-85-196
U	**W**
Universités (Décadence des). . . 423	Wolf (G. F.) 262

TABLE DES MATIÈRES

CONTENUES DANS CE VOLUME

Avant-Propos. 1

Introduction. — Phases du développement intellectuel de l'humanité. — La question de la place de l'homme dans la nature, envisagée comme étant pour l'humanité la question des questions. — Origine et généalogie du genre humain. Il est l'œuvre de la nature — Comparaison de cette découverte avec celle de Nicolas Copernic. — Erreurs *géocentrique* et *anthropocentrique*, d'après Häckel. — Que les craintes relatives au danger des nouvelles découvertes sont sans fondement. — Causes de l'ancienne erreur au sujet de la place de l'homme dans la nature. — La nature et la matière méprisée. — Antiquité du genre humain. — La formation de l'homme date de plus de 6,000 ans. 7

PREMIÈRE PARTIE

ANCIENNETÉ, ÉTAT PRIMITIF DU GENRE HUMAIN ; SA BARBARIE ORIGINELLE

La grotte d'Aurignac. — Silex taillés de la vallée de la Somme et d'autres gisements. — Mâchoire humaine de Moulin-Quignon — Ossements d'espèces animales éteintes portant des entailles faites de main d'homme. — Silex taillés tertiaires de Thenay. — Côte de Halithérium trouvée à Pouancé et entaillée par la main de l'homme. — Débris humains et objets ouvrés des tourbières et des terrains d'alluvion. — Débris de cuisine. — Dolmens. — Enorme antiquité de l'homme. — Prodigieuse durée des âges géologiques. — Extrême brièveté des âges historiques. — Barbarie de l'homme préhistorique. — Caractère anatomique des races humaines préhistoriques. — Infériorité physique et intellectuelle de l'homme préhistorique. — Crânes de Néanderthal et autres. — Du progrès pendant l'âge de pierre. — Subdivision de l'âge de pierre. — Aptitudes artistiques de l'homme du renne. — Celtæ. — Domestication des animaux. — Agriculture. — Extraordinaire lenteur du progrès. — Vagues souvenirs des âges préhistoriques dans les légendes des divers peuples. 19

Matériaux justificatifs. — Du système de Copernic. — Sens du mot *antédiluvien*. — Prétendu *homo diluvii testis* de Scheuchzer. — Le mammouth Teutobochus. — Cuvier s'est seulement abstenu dans la question de l'homme fossile. — Sens du mot *fossile*. — De la taille du silex. — Pierres du tonnerre. — Mâchoire de Moulin-Quignon. — Objets trouvés à Lahr. — L'homme de Néanderthal. — L'homme des Eyzies. — Mâchoire de la Naulette. — Les mystifiés de l'Académie des sciences. — Des os à moelle dans les âges préhistoriques. — Dessins gravés de l'âge du renne. — Anthropophagie préhistorique. — Des Palafittés suisses. — Les tourbières danoises. — Habitants primitifs de l'Amérique. — Débris de cuisine d'Amérique. — Tombeaux dits des Huns ou des Géants. — Monuments mégalithiques. — Périodes glaciaires. — Chronologie égyptienne. — L'âge de pierre dans les temps modernes. — Infériorité physique et intellectuelle de l'homme préhistorique. — Crânes négroïdes des cavernes belges. — Crânes danois de Borreby. — Crânes de Caithness. — Ossements de Coltwood. — Le crâne de Néanderthal n'est pas pathologique. — Caractères anatomiques des crânes préhistoriques — Crâne de Titicaca. — Silex trouvés à Levallois-Perret, Clichy, etc., près Paris, par M. Reboux. — Age de cuivre. — Armes de pierre dans les temps historiques. — Les quatre subdivisions de l'âge de pierre. — Age de pierre des cavernes. — Faune des cavernes; troglodytes anthropophages d'Afrique. — Homme des cavernes en Belgique. — Du grand nombre des celtes et des ustensiles en silex. — Apparition de l'art du potier. — Loi du progrès 241

DEUXIÈME PARTIE

PLACE ACTUELLE DE L'HOMME DANS LA NATURE; HISTOIRE DE SON DÉVELOPPEMENT ET DE SON ORIGINE A PARTIR DE LA CELLULE OVULAIRE. — ORIGINE ET GÉNÉALOGIE DU GENRE HUMAIN

Place de l'homme dans la série zoologique. — Singes anthropoïdes. — L'homme ne peut constituer un ordre distinct. — Différences anatomiques entre l'homme et les mammifères : ce sont des différences de degré. — Embryologie de l'homme; elle ne diffère pas essentiellement de celle des animaux et lui ressemble identiquement au début de l'évolution. — Organes rudimentaires, qui sont des legs de l'animalité. — L'évolution de l'individu est le résumé de l'évolution du type, de l'espèce. — Théorie de l'origine animale de l'homme. — Du transformisme. — Preuves du transformisme tirées de l'examen des débris humains fossiles. — Les souches simiennes d'où l'homme a pu dériver. — Vue théorique de Häckel sur l'origine de l'homme. — Relativité de la prééminence de l'homme sur l'animal. — Point de caractéristique spéciale de l'homme. — Origine du langage. — Origine de l'écriture. 153

Matériaux justificatifs. — Classification de Linnée. — Les anthropiniens de Huxley. — Les demi-singes selon Häckel. — Des singes anthropoïdes. — Orteils employés au même usage que les doigts. — Examen des différences anatomiques entre l'homme et les animaux. — Relativité de ces différences. — La religiosité n'est pas une fonction particulière. — Critique des soi-disant caractères anatomiques différentiels du cerveau humain admis par Owen. — Des races humaines inférieures intermédiaires entre l'homme des races supérieures et les singes. — Des divers modes de générations. — Evolution de l'œuf. — Os intermaxillaire de Gœthe. — De la microcéphalie. — Origine animale de l'homme selon Schaafhausen. — Même sujet selon Reichenbach. — Le matérialisme honteux du professeur Huxley. — Infériorité anatomique des races préhistoriques. — Des races et des climats. — Des provinces linguistiques selon Schleicher. — Origine des langues, d'après le même. — Le nombril d'Adam et d'Eve. — Intelligence et mœurs des orangs et du chimpanzé. — Stupidité des races humaines inférieures ; leur absence de moralité. — Dokos d'Abyssynie, aborigènes des Philippines, de Sumatra, de l'Inde, de l'Amérique. — Organisation rudimentaire de la famille et de la société chez les sauvages. — L'idée de Dieu n'est pas pas innée et manque à certains peuples sauvages. — Numération imparfaite chez les sauvages. — Industrie comparée des animaux et des sauvages. — Des peuples à qui le feu est inconnu. — Suicide chez les animaux. — Fourmis agricoles ; sauvages sans agriculture. — Imperfection du langage des sauvages. — Langage des animaux. — Evolution du langage. 240

TROISIÈME PARTIE

La question du pourquoi est une question insensée. — La question de l'avenir humain doit être comprise dans le sens terrestre. — Nécessité du progrès découlant de la concurrence vitale. — Lutte pour vivre transportée dans le domaine social. — Un rameau plus élevé se détachera-t-il de l'humanité actuelle? — Ce que doit devenir la lutte pour vivre. — L'*Etat*. Quel doit être son but, son organisation. Du fédéralisme et du centralisme. — *Les peuples*. Que la guerre doit disparaître. Des nationalités. — *La société*. Atrocité de la lutte pour vivre sur le terrain social et moral. Des contrastes sociaux. Du communisme. Son impossibilité actuelle. Egalité des moyens, égalité des conditions. De l'hérédité des biens. Que la limitation du droit d'héritage est utile. — *Le capital*. De sa répartition. — *Le travail et les travailleurs*. — De l'ouvrier et du patron. Système de Lassalle. L'aide-toi toi-même de Schulze-Delitzsch. — *La famille*. Rareté de la famille dans sa forme idéale. — *L'éducation*. Extrême importance de l'éducation. Crime et ignorance. L'enseignement obligatoire. De l'hygiène publique. — *La femme*. La femme et l'égalité des droits. De l'émancipation de la femme. L'organisation cérébrale de la femme est-elle inférieure ? Les droits politiques doivent-ils être accordés à la femme? — *Le mariage*. Mariage chez les animaux. Le mariage doit cesser d'être despotique. Que le bien-être croît avec la population. — *La morale*. La réciprocité est la base de la morale. Point de conscience innée. Définition de la morale. L'égoïsme est le mobile des actes humains. Comment l'utiliser. — *La religion*. Religion et science. Religion et morale. Du paulinisme. Sa naissance et ses œuvres. — *La philosophie*. Elle doit reposer sur la science. Il n'y a pas de mort. — *Le matérialisme et l'idéalisme*. Le matérialisme scientifique réalise le plus haut idéalisme. Que le matérialisme de la science n'est nullement celui de la vie. Son programme. 303

Matériaux justificatifs. — Le mystère de l'être. — De la chose en soi. — Singulière hypothèse transformiste de J.-W. Jackson. — Développement progressif du cerveau. — La lutte sociale pour vivre. — Division du travail dans l'organisation physiologique et dans celle de l'Etat. — Injustes contrastes sociaux. — L'égoïsme dans la lutte sociale. — Des essais pratiques du communisme. Avantages qu'il pourrait procurer. — De la révolution sociale. — Du rachat des propriétés privées par l'Etat. La question du sol. — De la limitation des droits d'héritage. — Nécessité de remédier aux cruelles conséquences de l'industrie. — Acharnement de la lutte industrielle. — La prime du capital est le plus souvent légitime. — Du rôle de l'Etat. — Décadence des universités; ses causes. — Journée normale du travail. — Du droit politique de la femme. — Sentiments généreux dérivés de l'égoïsme. — Jésus et Paul. — Le christianisme n'est pas une religion universelle. — Christianisme et polythéisme. 399

www.ingramcontent.com/pod-product-compliance
Lightning Source LLC
Chambersburg PA
CBHW051824230426
43671CB00008B/822